जॉन स्ट्रैटन हौली

जॉन स्ट्रैटन हौली—जैक—के नाम से भी जाने जाते हैं। भारत की भक्ति परम्परा पर आपकी चर्चित किताबें हैं—*अ स्ट्रोर्म ऑफ सांग्स : इंडिया एंड दि आइडिया ऑफ दि भक्ति मूवमेंट* (हार्वर्ड, 2015), *सूर 'स ओशन* (कैनेथ ब्रायंट के साथ, हार्वर्ड, 2015), *इन टू सूर 'स ओशन* (हार्वर्ड ओरिएंटल सीरीज, 2016), *सूरदास : पोएट, सिंगर, सैंट* (प्राइमस, 2018)। आप गुग्गेनहेम और फुलब्राइट-नेहरू फेलो रह चुके हैं और अमेरिकन अकेडमी ऑफ आर्ट्स एंड साइंस के लिए भी मनोनीत हो चुके हैं।

फिलहाल कोलम्बिया यूनिवर्सिटी के बर्नार्ड कॉलेज के धर्म विभाग में प्रोफेसर हैं।

अनुवादक
अशोक कुमार

बिहार में 1974 के जन-आन्दोलन की पत्रिका 'तरुण क्रान्ति' और 'समग्रता' में पत्रकारिता का प्रारम्भिक पाठ पढ़ने के बाद दिल्ली के भारतीय जनसंचार संस्थान से पत्रकारिता का डिप्लोमा। 'धर्मयुग' (पत्रिका), 'जनसत्ता' (दैनिक), 'इंडिया टुडे हिन्दी' (पत्रिका), 'इंडिया टुडे साहित्य वार्षिकी' और 'शुक्रवार' के सम्पादक मंडल में विभिन्न पदों पर काम करने के बाद सम्प्रति गांधी शान्ति प्रतिष्ठान से जुड़ाव। आपके अनुवाद में ज्याँ द्रेज़ और अमर्त्य सेन की कृति 'भारत और उसके विरोधाभास' राजकमल प्रकाशन से प्रकाशित है।

भक्ति-मीमांसा

श्रृंखला सम्पादक

पुरुषोत्तम अग्रवाल

श्रृंखला की पुस्तकें

निर्गुण संतों के स्वप्न

रामचरित मानस; पाठ : लीला : चित्र : संगीत

भक्ति के तीन स्वर

मीराँ • सूर • कबीर

जॉन स्ट्रैटन हौली

अनुवाद
अशोक कुमार

राजकमल पेपरबैक्स

Three Bhakti Voices : Mirabai, Surdas, and Kabir in Their Time and Ours का अनुवाद

राजकमल पेपरबैक्स में
पहला संस्करण : 2019
तीसरा संस्करण : 2026

राजकमल पेपरबैक्स : उत्कृष्ट साहित्य के जनसुलभ संस्करण

राजकमल प्रकाशन प्रा.लि.
1-बी, नेताजी सुभाष मार्ग, दरियागंज
नई दिल्ली-110 002
द्वारा प्रकाशित

शाखाएँ : अशोक राजपथ, साइंस कॉलेज के सामने, पटना-800 006
पहली मंजिल, दरबारी बिल्डिंग, महात्मा गांधी मार्ग, प्रयागराज-211 001
1, अनमोल सोराबजी सन्तुक लेन, धोबी तलाव, मरीन लाइंस, मुम्बई-400 002
वेबसाइट : www.rajkamalprakashan.com
ई-मेल : info@rajkamalprakashan.com

बी.के. ऑफसेट
नवीन शाहदरा, दिल्ली-110 032
द्वारा मुद्रित

मूल्य : ₹399

BHAKTI KE TEEN SWAR : Miraan, Sur, Kabir
by John Stratton Hawley
Translated by Ashok Kumar

ISBN : 978-93-88933-10-0

प्रिय नैल को
सप्रेम

अनुक्रम

सम्पादकीय

'भक्ति-मीमांसा' शृंखला की यह तीसरी पुस्तक है। अपनी पुस्तक 'अकथ कहानी प्रेम की : कबीर की कविता और उनका समय' के प्रकाशन (2009) के तुरन्त बाद ही मन में इस शृंखला का विचार आया था। पहली पुस्तक थी, डेविड लोरेजंन के निबन्धों का संग्रह : 'निर्गुण संतों के स्वप्न'। उसके कुछ ही समय बाद दूसरी पुस्तक भी छप गई थी, लेकिन फिर यह सिलसिला रुक गया। कारण एक तो यह प्रतिज्ञा कि इस शृंखला में केवल वे ही पुस्तकें स्थान पाएँगी जो शोध और गम्भीर लेखन के कड़े प्रतिमानों पर खरी उतरती हों; जिनमें पांडुलिपियों के अध्ययन के आधार पर कोई नया पहलू रेखांकित करने की कोशिश की गई हो। भक्ति-मीमांसा में नई, लेकिन कड़े प्रतिमानों पर खरी उतरने में सक्षम व्याख्याओं का स्वागत है, मनमानी व्याख्याओं और हवाइयों का नहीं।

आज जबकि, राजनीतिक कारणों से 'भक्त' शब्द का भयानक अवमूल्यन हो गया है, तब भक्ति-संवेदना के प्रश्नों पर हवाबाजी के बजाय गम्भीर विचार करना और भी जरूरी है। यह सम्भव नहीं है कि आप अपनी मनचीती राजनीति के लिए भक्त कवियों को खींच-तानकर इस्तेमाल करें तो ठीक, आपका विरोधी करे तो बेठीक। भक्ति पर काम करते समय यह भी ध्यान रखने की जरूरत है कि भक्ति रचनाओं का काल कोई 'जबदी हुई मनोवृत्ति' (आचार्य हजारी प्रसाद द्विवेदी के शब्द) वाला मध्यकाल नहीं, बल्कि भारतीय जीवनानुभव के आधार पर विकसित हो रही, देशभाषाओं में अभिव्यक्ति पा रही देशज आधुनिकता का काल था। इस बात का तर्कसंगत आग्रह मैं 'अकथ कहानी प्रेम की : कबीर की कविता और उनका समय' के प्रकाशन से लेकर आज तक करता रहा हूँ।

इस आग्रह के कुछ पहलुओं को यहाँ दोहरा लेना उचित होगा।

आधुनिकता और प्रबोधन का अन्तर ध्यान में रखना चाहिए। इतिहास-क्रम में प्रबोधन आधुनिकता के पीछे ही आता है। आधुनिक होने के पहले कोई समाज प्रबुद्ध नहीं हो सकता। कुछ व्यक्ति प्रबुद्ध हो सकते हैं, ऐसे लोग अपने वक्त से आगे कहलाते हैं, लेकिन प्रबोधन के मूल्यों का व्यापक समाज में प्रचार तो आधुनिकता के बाद ही हो सकता है। यूरोप में आरम्भिक आधुनिक काल शुरू हुआ पन्द्रहवीं

सदी में। प्रबोधन(एनलाइटेनमेंट) का दौर शुरू हुआ सत्रहवीं सदी से। इसी अर्थ में यूरोपीय प्रबोधन से वंचित लोग—क्या अकबर, क्या कबीर और क्या तुकाराम—अपने वक्त से आगे और आधुनिक (अर्थात् प्रबुद्ध) चित्त के निकट कहे जाते हैं। प्रबोधन के मूल्य हैं—व्यक्ति-सत्ता की स्वीकृति, सहिष्णुता और विवेक। बोलचाल में आधुनिक और प्रबुद्ध घुल-मिल जाते हैं। आधुनिक का अर्थ हो जाता है विवेकपरक, व्यक्ति-सत्ता स्वीकार करनेवाला, सहिष्णु चित्त; और मध्यकालीन का मतलब व्यक्ति-सत्ता को नकारनेवाला। प्रेमी जोड़े को फाँसी चढ़ाने का आदेश देनेवाली पंचायत का व्यवहार मध्यकालीन और प्रेमी-प्रेमिका का आधुनिक।

अकबर ने हिन्दू-मुस्लिम, दोनों समुदायों की स्त्रियों की दशा सुधारने का प्रयत्न किया, दासों के व्यापार पर रोक लगाने की कोशिश की—दूसरे शब्दों में, व्यक्ति-सत्ता के सम्मान को, हर मनुष्य की मनुष्यता की स्वीकृति को राजकीय नीति और व्यवहार का आधार बनाने का यत्न किया। सुलहकुल (विभिन्न धर्मों का सम्मान) को राजकीय नीति बनाया, राजधर्म की अकबरी धारणा एम. अतहर अली के शब्दों में, यह थी : 'प्रचलित विश्वासों के प्रति सहिष्णुता शहंशाह के कर्तव्य का सिर्फ एक अंश है; बुद्धि का अनुकरण करने और इस तरह परम्परावाद को नकारने पर लोगों को आमादा करना भी एक आवश्यक और पूरक कर्तव्य है।'

उपरोक्त धारणा राजसत्ता की सामाजिक भूमिका की ठेठ आधुनिक समझ को व्यंजित करती है, लेकिन यूरोपीय न होने के पाप का फल ही कहिए कि अकबर तो मध्यकालीन कहलाता है, जबकि उसके समकालीन, विच-हंटिंग तथा इंक्वीजीशन में विशेष महारत हासिल करनेवाले स्पेन और फ्रांस के राजा आधुनिक समय में स्थित माने जाते हैं।

माना जाता है कि कबीर स्वयं प्रबुद्ध भले ही रहे हों, लेकिन उनका समाज आधुनिक नहीं था। उनके विचारों के प्रसार के लिए सामाजिक आधार नहीं था। सामाजिक आधार के अन्तर के हवाले से ही माना जाता है कि कुछ आपत्तिजनक बातें करने के बावजूद लूथर कुल मिलाकर आधुनिक ही थे। दूसरी ओर, मुक्तिबोध के मन में कबीर को लेकर और दिलीप चित्रे के मन में तुकाराम को लेकर विस्मय बना रहता है कि मध्यकाल के ये कवि अपनी संवेदना में इतने आधुनिक क्योंकर हो गए?

अनकहा, कई बार कहा भी, उत्तर यही है कि ऐसे कवि अपने वक्त से आगे थे। अपने वक्त में तो वे हाशिए की आवाज भर थे, उनकी बात व्यापक रूप से सुनी गई अंग्रेजी राज की स्थापना के साथ आई औपनिवेशिक आधुनिकता के बाद ही।

ऐसी स्थिति में सवाल बनता है—कैसा रहा होगा वह समाज और कैसा रहा होगा उसका परम्परा-बोध, उसका स्मृति-कोष और ज्ञानकांड, जिसने हर तरह की रूढ़ियों के आलोचक कबीर को, हिन्दू या इस्लामी परम्परा भर को नहीं, बल्कि

संगठित धर्म मात्र को नकारनेवाले कबीर को इतना व्यापक सम्मान दिया, इतने लगाव के साथ याद रखा? जिसे हम आधुनिकता का पूर्वाभास कहते हैं, वह क्या कबीर और तुकाराम के समय में हवा से टपक पड़ा था? इन तथा इनके जैसे अन्य कवियों की रचना ने जिस 'अस्तित्वगत संकट' को अभिव्यक्ति दी, उस संकट को इनके अपने श्रोता और प्रशंसक महसूस करते थे या नहीं? जिस ऊँच-नीच से ये कवि क्रुद्ध थे, उस ऊँच-नीच से वैसे ही क्रुद्ध हुए बिना ही क्या यह सम्भव था कि लोग न केवल इनके विचारों की सराहना करें, बल्कि स्वयं भी इनके सरीखी बानियाँ रचने लगें?

कबीर और तुकाराम जैसे 'आधुनिकता का पूर्वाभास' देनेवाले कवियों को क्या निरवधि काल और विपुला पृथ्वी से आशा करनी पड़ी कि कभी कोई समानधर्मा उत्पन्न होगा, जो उन्हें सराहेगा, उनके महत्त्व की 'खोज' करेगा; या उनके अपने 'स्तब्ध मनोवृत्ति' वाले तथाकथित 'मध्यकाल' में ही उन्हें विपुल श्रोता समुदाय और व्यापक सामाजिक सम्मान प्राप्त हुआ?

तुकाराम को विवश किया गया कि वे अपना काव्य स्वयं जलार्पित कर दें। कबीर को विवश किया गया कि वे अपनी काशी नगरी छोड़कर चले जाएँ। जिनका प्रभाव केवल हाशिए तक सीमित हो,उनके साथ ऐसा व्यवहार करने की आवश्यकता समाज-सत्ता को नहीं पड़ा करती। ऐसा व्यवहार उन्हीं के साथ किया जाता है, जिनके लोक-प्रभाव से समाज-सत्ता को डर लगता हो। हिन्दुओं और मुसलमानों के जो 'प्रतिनिधि' कबीर के विरुद्ध शिकायतें लेकर सिकंदर लोदी के हुजूर में पहुँचे थे, उनकी सबसे बड़ी शिकायत अनन्तदास के शब्दों में यही थी : 'तातैं हमें माने न कोई, जब लग जुलाहा कासी होई'। कबीर के अंतिम संस्कार को लेकर जिनके बीच तलवारें खिंच गईं, उनमें से एक राजा थे, दूसरे नवाब। ऐतिहासिक रूप से, कबीर ने स्वयं न तो कोई नया धर्म चलाया, न कोई निराला पंथ निकाला, लेकिन जब उनके नाम से पंथ चला तो एक सम्पन्न व्यापारी ने चलाया। काशी के कबीर-चौरा की आचार्य-परम्परा में कबीर के तुरन्त बाद नाम आता है सुरतिगोपाल साहब का। ये वही पंडित सर्वजीत थे, जो कबीर को शास्त्रार्थ में परास्त करने की इच्छा लेकर, दक्षिण से आए और कबीर के शिष्य बन गए। दूसरे शब्दों में, कबीर की ख्याति दक्षिण तक पहुँच चुकी थी। कुछ किंवदंतियों के अनुसार तो सर्वजीत का विवाह भी कबीर की पुत्री कमाली के साथ हुआ था।

किंवदंतियाँ ऐतिहासिक स्मृति के लोक-चित्त में स्थापित होने की विधियाँ हैं। किसी समय और समाज के चित्त, चिन्तन और चिन्ताओं को समझने के लिए उसमें प्रचलित किंवदंतियों के संकेतों को समझना ज़रूरी है। कबीर और तुकाराम हमें जिस 'समय से आगे' लगते हैं, वह समय जैसी सहजता से एक ब्राह्मण को जुलाहे के शिष्य तथा जामाता के रूप में याद कर रहा है, वैसी ही सहजता से उसने उस

जुलाहे को प्रसिद्ध ब्राह्मण विचारक के शिष्य के रूप में, और साथ ही स्वयं एक मौलिक विचारक के रूप में याद किया। किंवदंतियों के रूप में घटनाओं और उनकी व्याख्याओं को सामाजिक स्मृति में सुरक्षित करनेवाले उस समाज ने न तो जुलाहे को शिष्य बनानेवाले ब्राह्मण का कोई सामाजिक बहिष्कार दर्ज किया, न उसे गुरु बनानेवाले ब्राह्मण का।

किंवदंतियों से ही नहीं, साहित्यिक, ऐतिहासिक साक्ष्यों से भी मालूम पड़ता है कि कबीर के समय में वर्णाश्रम के सैद्धान्तिक निर्देशों, जन्मजात ऊँच-नीच के विचार-व्यवहार को वास्तविक सामाजिक व्यवहार में जबर्दस्त चुनौतियाँ मिल रही थीं। व्यापार का विस्तार होने के कारण व्यापार और दस्तकारी से जुड़ी जातियों की सामाजिक स्थिति में परिवर्तन आ रहा था। वर्णाश्रम-व्यवस्था अप्रासंगिक हो रही थी। कुछ लोगों को ऐसी अप्रासंगिकता कलियुग का प्रमाण लगती थी, और वे इस से बहुत संतप्त रहते थे। 'रामचरितमानस' का उत्तरकांड ऐसे संताप से भरा पड़ा है। तथाकथित निम्न जाति के लोगों द्वारा भक्ति के दावे, तुलसीदास को 'भगति बेद प्रकासा' का अक्षम्य उपहास करते लगते हैं। वे अपने संताप को दो टूक अभिव्यक्ति स्वयं राम के मुँह से दिलाते हैं : 'पूजिए न सूद्र सकल गुन प्रबीना'। तुलसीदास का यह निर्देश उनके समय में शूद्रों को पूज्य माने जाने के संताप से ही तो उत्पन्न हुआ है। दूसरी ओर, पीपा के अनुसार : 'जो कलि नाम कबीर न होते, तो लोक बेद और कलियुग मिलि भगति रसातल देते'।

इन कुछ बातों से जाहिर है कि भक्ति-संवेदना पर गहरा और व्यापक पुनर्विचार कितना जरूरी है। ऐसा पुनर्विचार हो भी रहा है, हिन्दी विभागों में कम, इतिहास विभागों में ज्यादा। हिन्दी क्षेत्र बल्कि भारत में कम, यूरोप और अमेरिका में ज्यादा। इस स्थिति के कारणों का विवेचन होना चाहिए, लेकिन यहाँ नहीं। यह जान लें कि 'भक्ति-मीमांसा' शृंखला हिन्दी विभाग या किसी अन्य विभाग, भारत या यूरोप या अमेरिका—कहीं भी किए गए महत्त्वपूर्ण, शोधपरक और विचारोत्तेजक काम का स्वागत करेगी।

लेकिन इतने बरसों तक इस शृंखला में कोई किताब न आने की वजह केवल बढ़िया किताबों की अनुपलब्धता ही नहीं थी। निस्सन्देह, मेरी अपनी 'अनुपलब्धता' भी एक वजह थी। उम्मीद है कि ये दोनों वजहें अब बाधा नहीं बनेंगी, और 'भक्ति-मीमांसा' की अगली पुस्तकें पाठकों तक जल्दी-जल्दी पहुँचेंगी।

जॉन स्ट्रैटन हौली की इस अत्यन्त महत्त्वपूर्ण पुस्तक को आपके सामने रखते हुए मुझे खास खुशी का अहसास हो रहा है। कोलम्बिया यूनिवर्सिटी में कार्यरत प्रो. हौली भक्ति-संवेदना के अत्यंत चर्चित अध्येता हैं। उनकी पुस्तक 'ए स्ट्रॉम ऑफ सॉन्ग्स' (2015) को प्रतिष्ठित 'आनन्दकुमार स्वामी पुरस्कार' से सम्मानित किया गया है।

प्रो. हौली पिछले कई दशकों से भक्ति और हिन्दू परम्परा के अन्य पहलुओं पर विचारोत्तेजक काम करते रहे हैं। केनेथ ब्रायंट के साथ मिलकर उन्होंने सूरदास के पदों की प्रामाणिकता और पाठ-निर्धारण पर काम किया है। कई बरस तक चले इस अकथ परिश्रम के सुपरिणाम विद्वत्‌जगत के सामने आ चुके हैं।

प्रस्तुत पुस्तक मूल अंग्रेजी में 2005 में प्रकाशित हुई थी। इस बीच नई खोजें हुई हैं, भक्ति-विमर्श में नये प्रश्न, नई शब्दावलियाँ आई हैं। भक्ति-रचनाओं के समय को मध्यकाल के स्थान पर आरम्भिक आधुनिक काल कहने का आग्रह बढ़ा है। सैद्धान्तिक स्तर पर भी आरम्भिक आधुनिकता की बात अब इक्का-दुक्का नहीं, अनेक विद्वान करने लगे हैं। प्रो. हौली ने पुस्तक की सामग्री को नई खोजों की रोशनी में अद्यतन किया है, हालाँकि ऐसा करते समय भी वे अपने मूल तर्क, आग्रहों और पद्धति को बनाए रहे हैं।

ऐसा एक आग्रह है, पाठालोचन के आधार पर रचनाओं की प्रामाणिकता का निर्धारण। दुर्भाग्य से, डॉ. माताप्रसाद गुप्त और डॉ. पारसनाथ तिवारी के बाद, भक्ति-सम्बन्धी पांडुलिपियों के पाठालोचन पर निरन्तर काम करते रहने की परम्परा, डॉ. गोविन्द रजनीश, ब्रजेन्द्रकुमार सिंहल जैसे अपवादों को छोड़कर, हिन्दी में क्षीण होती गई है। सूरदास के प्रसंग में हौली उल्लेख करते हैं किशोरीलाल गुप्त का, लेकिन उनके निष्कर्षों से असहमति के साथ ही। कुल मिलाकर हिन्दी की अकादमिक दुनिया का संस्कार कुछ ऐसा बन गया है जैसेकि भक्ति के प्रसंग में खोजने को तो नया कुछ बचा नहीं है, बस, व्याख्या ही करनी है। इनके भी ढाँचे बने-बनाए सुलभ हैं, बस, उन्हें अपने पसंदीदा कवि के बारे में लागू कर देने की विधि ही खोजनी है। परिणामस्वरूप, हिन्दी के पाठक और विद्यार्थी अभी भी ऐसी धारणाओं को आत्मसात किए हुए हैं, जो अंतरराष्ट्रीय विद्वत्‌जगत के बीच कब की छोड़ी जा चुकी हैं।

सूरदास रचित पदों की संख्या ठीक-ठीक लाख नहीं तो हजारों में माननेवालों के लिए यह बहुत चौंकानेवाली बात होगी कि प्रो. हौली इनमें से केवल चार सौ तैंतीस को इस अर्थ में प्रामाणिक मानते हैं कि वे सूरदास से सम्बन्धित प्राचीनतम पांडुलिपियों में प्राप्त होते हैं। कबीर के सन्दर्भ में प्रामाणिकता के सवाल पर विचार करते समय मैंने भारत की अपनी विशिष्ट स्थितियों और सांस्कृतिक स्वभाव को ध्यान में रखते हुए प्रामाणिकता के निर्धारण में केवल पाठ की प्राचीनता पर ही निर्भर रहने के बजाय संवेदना पर भी ध्यान देने का प्रस्ताव किया था, और साथ ही 'उप-रचना' की धारणा सामने रखी थी (देखें : 'अकथ कहानी प्रेम की...' चौथा अध्याय)।

मेरे इस प्रस्ताव का यह अर्थ नहीं लगाया जाना चाहिए कि कबीर या सूर के समय की उपेक्षा करते हुए किसी भी सदी में, किसी भी वर्ष में उनके नाम के साथ

जोड़ दी गई रचना को प्रामाणिक मान लिया जाए। वस्तुत: 'उप-रचना' की धारणा में ही 'मुख्य' रचना को वरीयता देने का बोध निहित है। जो रचनाएँ प्राचीन पांडुलिपियों में न होते हुए भी, कई सदियों से लोकमान्य रहीं हैं, उन्हें 'उप-रचना' के तौर पर ही स्वीकार कर लेने का व्यावहारिक लाभ यह है कि हम सूर के सन्दर्भ में 'मैया मोरी मैं नहिं माखन खायो...' और कबीर के सन्दर्भ में 'झीनी झीनी बीनी चदरिया' जैसी अत्यंत लोकप्रिय और सर्वमान्य रचनाओं से वंचित होने से बच जाते हैं। और, यह बात तो अपनी जगह है ही कि कल को ये किसी प्राचीन पांडुलिपि में मिल भी सकती हैं।

लेकिन, फिर भी, हौली के इस आग्रह की अवहेलना करना उचित नहीं कि इन कवियों की रचनाओं की प्रामाणिकता के निर्धारण में संवेदना की समानता के साथ ही ठोस ऐतिहासिक प्रमाणों और प्राचीनतर पांडुलिपि में उपलब्धता का भी लगातार ध्यान रखा जाए।

संवेदना की समानता और जहाँ रचना प्राप्त है, उस स्रोत की प्राचीनता के बीच सन्तुलन का ध्यान रखना इसलिए बहुत जरूरी है क्योंकि भक्ति-संवेदना के बहुत से पाठ ऐसे हैं जो रचना के अपने समय की उपेक्षा करते हुए उसे अपने मनमाफिक राजनीतिक प्रोजेक्ट में खींचने की कोशिश करते हैं। ये प्रोजेक्ट राष्ट्रवादी, समाजवादी या अस्मितावादी जो भी हों, इनके दबाव में भक्त-कवियों की संवेदना और उनके अपने ऐतिहासिक समय की विशेषताओं की उपेक्षा अवश्य होती है। हौली समकालीन राजनीतिक द्वंद्वों के प्रसंग में भक्ति-संवेदना के विविध पाठों, उपयोगों और उनकी परिणतियों पर भी गम्भीर विचार करते हैं।

अतीत से सीखना जरूर चाहिए, लेकिन सीखा तभी जा सकता है जब हम अतीत के अतीतपन का सम्मान करें। वर्तमान के राजनीतिक या सामाजिक द्वंद्वों को अतीत पर आरोपित करने से वर्तमान और अतीत दोनों की समझ धूमिल होती है। इस पुस्तक के आरम्भ में ही हौली इसे 'ऐतिहासिक तर्क और विवेक के प्रति अपील' कहते हैं, इन कवियों की रचनाशीलता और इनके समय के साथ कल्पनापूर्ण, आलोचनात्मक संवाद के महत्त्व पर बल देते हैं। ऐसे संवाद के बिना भक्ति-संवेदना का संवेदनशील अध्ययन असम्भव है।

हौली इस पुस्तक में इन तीन कवियों से जुड़े विशिष्ट सवालों—समय, रचनाओं की प्रामाणिकता, संवेदना का स्वभाव, लोक-स्मृति में उनका स्थान—आदि पर तो विचार करते ही हैं, वे इनके बहाने भक्ति-संवेदना से जुड़े व्यापक प्रश्नों पर भी विचार करते हैं। पाठ-निर्धारण ऐसा ही प्रश्न है। इसी तरह का सवाल है निर्गुण-सगुण विभाजन का।

क्या यह विभाजन हमेशा ही उतना स्पष्ट बल्कि कठोर था, जितना कि हिन्दी में भक्ति के आधुनिक इतिहास-लेखन में मान लिया गया है? वास्तविकता यह है

कि सूर और मीराँ की ही नहीं, स्वयं कबीर की भी काव्य-संवेदना ऐसे कठोर विभाजन में समाने से इनकार करती है। पुराने संकलनों से भी जाहिर होता है कि निर्गुण-सगुण का विभाजन इतनी सख्ती से लागू नहीं किया जाता था। आखिरकार, कबीर-पदों के प्राचीनतम स्रोतों में ही से एक है : 'पद सूरदासजी का'। इस विभाजन के होने न होने का अपना ऐतिहासिक महत्त्व है, जिस पर यह पुस्तक विचारोत्तेजक प्रकाश डालती है।

इन 'तकनीकी' प्रश्नों से जो ऐतिहासिक-सांस्कृतिक समस्याएँ रेखांकित होती हैं, हौली उन पर तो विचार करते ही हैं, वे कुछ और व्यापकतर समस्याओं पर भी गम्भीर विचार करते हैं। ऊपर हमने पीपा का कथन पढ़ा है, 'जो कलि नाम कबीर न होते, तो लोक बेद और कलिजुग मिलि भगति रसातल देते'। लगे हाथ, यह भी याद करें कि कबीर, पीपा, रविदास आदि संतों की परचइयाँ रचनेवाले अनन्तदास ने नामदेव की भी परिचई रची है, और उसकी शुरुआत ही ऐसे की है : 'कलिजुग प्रथम नामदे भइया, केसव अपने कर करि लइया'।

कलियुग के आरम्भ, अर्थात् महाभारत युद्ध की समाप्ति और श्रीकृष्ण के गोलोकगमन के सदियों बाद रच रहे नामदेव को कलियुग का पहला भक्त बताना बेहद संकेतपूर्ण है। स्पष्ट है कि अनन्तदास और उनके जैसे अन्य लोगों के लिए देशभाषाओं में व्यक्त भक्ति-संवेदना केवल प्राचीन भक्ति और उपासना का विस्तार नहीं थी। इसमें कुछ बहुत ही नया था।

हौली इस पुस्तक में उस विमर्श में भी हिस्सा लेते हैं, जो भक्ति-संवेदना के ऐतिहासिक और दार्शनिक रूप से अभूतपूर्व पहलुओं को समझने की कोशिश करता रहा है। भारतीय भाषा-संस्कार में धर्म आस्थातंत्र से कहीं अधिक व्यक्तियों और वस्तुओं के स्वभाव और नैतिक प्रतिमानों की सूचना देनेवाला शब्द है। इसी तरह, कलियुग केवल कालबोधक शब्द नहीं, बल्कि नैतिक विघटन और विकृत मानस की सूचना देनेवाला शब्द है। कबीर के प्रति पीपा की कृतज्ञता दिलचस्प है। उनके अनुसार कबीर ने भक्ति को लोक, वेद (यानी पारम्परिक धर्म-दृष्टि, नैतिकता बोध) और कलियुग (यानी नैतिक विघटन और विकृत मानस) के कुप्रभाव से बचा लिया।

पीपा ही नहीं, उस समय के अन्य लोग भी, देशभाषाओं में व्यक्त भक्ति-संवेदना की इस महत्त्वाकांक्षा से वाकिफ थे, बल्कि उसमें भागीदार थे कि भक्ति एक वैकल्पिक व्यक्तिगत और सामाजिक 'रहनी' (यानी जीवन-विधि) का प्रस्ताव बने। परम्परा से चले आ रहे धर्म-बोध और भक्ति-बोध की शब्दावली में रहते हुए भी केवल संवेदना ही नहीं, विचार के स्तर पर कुछ नया करे। निर्गुण ही नहीं, यह बात तुलसी, सूर, मीराँ जैसे सगुण कवियों के बारे में भी सच है कि उनकी कविता आचार्यों द्वारा कर दिए गए ब्रह्म-निरूपण का जन-सुलभ मुहावरे में प्रचार

करने के लिए नहीं रची गई है। वह सचमुच स्वायत्त और नवाचार सम्पन्न 'निज ब्रह्म विचार' है।

इस निज ब्रह्म विचार और इसकी काव्याभिव्यक्ति के तीन सर्वाधिक मनोहर स्वरों को सुनते हुए प्रो. जॉन स्ट्रैटन हौली बहुत ही विचारोत्तेजक निष्कर्षों तक पहुँचे हैं, जिनमें से कुछ इस पुस्तक के माध्यम से आपके सामने मौजूद हैं।

मुझे विश्वास है कि यह पुस्तक भक्ति के विद्यार्थियों के बीच ही नहीं, बल्कि साहित्य और संस्कृति में दिलचस्पी रखनेवाले अन्य पाठकों के बीच भी उत्सुकता के साथ पढ़ी जाएगी, विचार-विमर्श को जन्म देगी।

—पुरुषोत्तम अग्रवाल

हिन्दी संस्करण की भूमिका

अंग्रेजी में यह पुस्तक 'थ्री भक्ति वॉयसेज' 14 साल पहले प्रकाशित हो चुकी है। इन वर्षों में कुछ महत्त्वपूर्ण शोधों ने मीराँबाई, सूरदास और कबीर के जीवन को न केवल उनके अपने काल के व्यक्तियों के रूप में बल्कि आज के हमारे समय के लिए भी नये सन्दर्भों में प्रस्तुत कर दिया है। उनका अपना काल बेशक 16वीं सदी का था, आधुनिक काल के प्रारम्भिक दौर का। शायद कबीर 15वीं सदी में भी सक्रिय थे, लेकिन मेरा खयाल है कि इस बारे में जो प्रमाण हैं, वे कमजोर हैं। यह मैंने अपने लेख 'कैन देयर बी अ वैष्णव कबीर?' ('क्या कोई वैष्णव कबीर भी हो सकते हैं?') ('स्टडीज इन हिस्टरी' 32:2, 2016, पृष्ठ 147-161) में बताया है। बहरहाल, 'प्रारम्भिक आधुनिकता' जुमले का उपयोग शोध के एक नये दिलचस्प क्षेत्र की ओर संकेत करता है। अन्तरराष्ट्रीय विद्वानों के एक सक्रिय समूह ने, जिनमें शेल्डन पोलोक और संजय सुब्रह्मण्यम प्रमुख हैं, जोरदार तरीके से कहा है कि हमें उन वैश्विक प्रवाहों को वास्तविक श्रेय देना चाहिए, जिन्होंने 16वीं सदी के भारत को दुनिया के दूसरे हिस्सों में हो रही घटनाओं से जोड़ा। तो क्या यह बेहतर नहीं होगा कि भारतीय इतिहास के इस दौर को हम 'मध्ययुग' के धूलभरे तहखाने के हवाले करने की बजाय उसके बाद आनेवाली आधुनिकता की पूर्वपीठिका के तौर पर देखें, जैसाकि यूरोप में हुआ था? 'भक्ति के हमारे तीन स्वरों' के पक्ष में इस तर्क को पुरुषोत्तम अग्रवाल ने अपनी पुस्तक 'अकथ कहानी प्रेम की : कबीर की कविता और उनका समय' (2009) में जिस जोरदार तरीके से प्रस्तुत किया है, उतना किसी ने नहीं किया है। पुरुषोत्तम अग्रवाल कहते हैं कि कबीर ने उस नई शक्ति में भागीदारी की जिसे उनके समय के व्यापारी तथा कारीगर समूहों ने महसूस किया था; इससे इस तथ्य की पुष्टि होती है कि उनकी काव्य-संवेदना का इन समूहों से गहरा सम्बन्ध था।

कबीर की आधुनिकता भी—अग्रवाल जिस देसी आधुनिकता की बात करते हैं—2005 के बाद दूसरे रूपों में आगे बढ़ी है। उदाहरण के लिए, शबनम विरमानी द्वारा चलाई जा रही 'कबीर परियोजना' को लें जिसके अन्तर्गत कई संगीत रेकॉर्डिंग, चार नई फिल्में और चेतना जगानेवाले तरह-तरह के आयोजन किए जाते हैं। इन

सबको वेबसाइट www.kabirproject.org में सूचीबद्ध किया गया है; या अरविन्द कृष्ण मेहरोत्रा ने अपनी पुस्तक 'सांग्स ऑफ कबीर' (2011) में जो ताजा अनुवाद प्रस्तुत किया है, उसे देखें। यहाँ कबीर यह कह पाते हैं :

Those who are not
Devotees of Rama
Should be in Sing Sing
Or have been stillborn.

अन्त में, हम लिंडा हेस की दो पुस्तकों के प्रकाशन पर गौर करें। उनकी 'सिंगिंग एंप्टिनेस : कुमार गन्धर्व परफॉर्म्स द पोएट्री ऑफ कबीर' (2009) एक ऐसी पुस्तक है जिसकी लिखित सामग्री एक कम्पैक्ट डिस्क में भी उपलब्ध है। अपनी पुस्तक 'बॉडीज ऑफ सांग : कबीर ऑरल ट्रैडीशंस एंड परफॉर्मेंस वर्ल्ड्स इन नॉर्थ इंडिया' (2015) में वे उस सफर का जायजा लेती हैं जिसे इतिहास के कबीर ने आज का कबीर बनने तक पूरा किया है। मेहरोत्रा की कृति की तरह इस कृति में भी हम उस कबीर का साक्षात्कार करते हैं जो एक साथ प्रारम्भिक आधुनिक भी हैं, आधुनिक भी हैं और उत्तर-आधुनिक भी हैं।

'थ्री भक्ति वॉयसेज' के प्रथम संस्करण के प्रकाशन के बाद से सूरदास के मामले में दूसरी बातें घटित हुई हैं। इनमें सबसे नाटकीय घटना शायद 2005 में किशोरीलाल गुप्त की 'सम्पूर्ण सूरसागर' (पाँच खंड) का प्रकाशन है। इस विशद कृति को प्रस्तुत करके गुप्त ने सूरदास की बताई गई सभी रचनाओं को बड़े साहस के साथ इसी नाम के दो अलग-अलग कवियों के बीच बाँटने की कोशिश की है। गुप्त के अनुसार, एक सूरदास तो वे हैं जो वल्लभाचार्य के शिष्य थे और जिन्होंने 'अष्टछाप' की रचना की, और दूसरे सूरदास वे थे जिन्हें अबुल फजल ने अपनी रचनाओं में अकबर के दरबार के एक संगीतज्ञ के रूप में दर्ज किया है। 'थ्री भक्ति वॉयसेज' ('भक्ति के तीन स्वर') के पाठकों का इस निष्कर्ष पर पहुँचना ठीक ही होगा कि मैं सूर के सम्पूर्ण काव्य का इस तरह विभाजन करने के गुप्त के तर्कों को मजबूत नहीं मानता लेकिन सम्माननीय विद्वान गुप्त का यह प्रयास चमत्कारी है और उन्होंने 'सूरसागर' की कविताओं को लेकर जो टीका की है, वह महत्त्वपूर्ण है।

सूरदास की एक अलग ही छवि उभरती है, जिस सूर का अनुमान किया जा सकता है, यदि हम 16वीं सदी में सूर के नाम से प्रचलित कविताओं को उन कविताओं से अलग करें जो 'सूर्स ओशन : पोएम्स फ्रॉम द अर्ली ट्रैडीशन' में बाद में जोड़ी गईं। प्राचीन पांडुलिपियों में पाई गईं 433 कविताओं के लिए ब्रजभाषा में जो पाठ हैं, उनका केनिथ ब्रायंट ने जो आलोचनात्मक पुनर्पाठ किया है, उन्हें हार्वर्ड यूनिवर्सिटी प्रेस द्वारा 2015 में प्रकाशित संस्करण में प्रस्तुत किया गया है जिसके साथ-साथ सामने के पृष्ठों पर उनका अंग्रेजी अनुवाद भी प्रकाशित किया गया है।

यह अनुवाद मैंने किया है। हार्वर्ड यूनिवर्सिटी प्रेस ने इसे अपनी नई परियोजना 'मूर्ति क्लासिकल लाइब्रेरी ऑफ इंडिया' के अन्तर्गत प्रकाशित किया है। इस परियोजना का एक दिलचस्प पहलू यह है कि इसका लक्ष्य कवि के 16वीं सदी वाले स्वर को, या कहें, उनकी प्रारम्भिक आधुनिकता को बरकरार रखना तथा पाँच सदी बाद भारत और विदेश में बसे पाठकों को उनकी आवाज उचित कीमत पर पहुँचाना भी है। इस कल्पनाशील परियोजना के लिए, जिसमें 'सूरसागर' के अलावा कई उत्कृष्ट कृतियाँ शामिल हैं, हम शेल्डन पोलॉक के सम्पादन और रोहन नारायण मूर्ति के उदार अनुदान के आभारी हैं।

अन्त में मीराँ की बात, जो भक्ति के हमारे तीन स्वरों में ऐसी हैं जिन तक पहुँचना सबसे कठिन है। वे एक ऐसी कवयित्री हैं जिनके पाठ का कोई अपना कोश नहीं है, जिनके विशिष्ट स्वर तथा जिनकी ऐतिहासिकता की पुष्टि सबसे कठिन है। इस पुस्तक के अंग्रेजी मूल के प्रकाशन के समय वे जितनी रहस्यमयी थीं, इतने वर्ष बीतने के बाद भी उतनी ही रहस्यमयी हैं। फिर भी कई सम्मेलनों, रेकॉर्डिंगों और फिल्मों का सिलसिला चलता रहा है, जो इस तथ्य की पुष्टि करता है कि मीराँ से उतनी ही प्रेरणा महसूस होती रही है जितनी कबीर या सूरदास से। ऐसा लगता है कि इन दोनों कविवरों के मुकाबले मीराँ की अभिगृहीत छवि हमारे समय के लोगों को उसे अंगीकार और आत्मसात करने लिए ज्यादा आमंत्रित करती है। यह बात हमें यह सोचने पर मजबूर करती है कि कई वर्षों की तलाश के बाद मीराँ जब द्वारका के भव्य मन्दिर में पहुँची थीं तब कृष्ण ने उनके जीवन को अपने में कैसे आत्मसात कर लिया था! हम यह सोचने पर भी मजबूर होते हैं कि हम हमेशा उस चीज की तलाश क्यों करते रहते हैं, जो एक ऐतिहासिक मीराँ से मिलती-जुलती हो? 'भक्ति के तीन स्वर' कानों में तब गूँजते रहते हैं।

इस पुस्तक में कई वर्षों के शोध को समाहित किया गया है। इससे दो समस्याएँ सामने आईं, जिन्हें मैंने एक सम्पूर्णता में गूँथने की कोशिश की है। पहली तो यह कि अंग्रेजी मूल के प्रकाशन के बाद से ऐसे मौके आए हैं जब नये शोध—मेरे अपने शोध—के कारण मुझे सम्पादन करते हुए नई चीजें जोड़ने की जरूरत महसूस हुई और मैंने यह बेहिचक किया। अध्याय 8 इसका नाटकीय उदाहरण है। 1979 में जब मैं 'द अर्ली सूरसागर एंड द ग्रोथ ऑफ द सूर ट्रैडीशन' को प्रेस में भेजने की तैयारी कर रहा था तब तक यह नहीं पता चला था कि सूरदास की सबसे प्रारम्भिक पांडुलिपियों में क्या है। अब पता चल गया है तो इस अध्याय में यथावश्यक संशोधन न केवल सम्भव हो पाया है बल्कि जरूरी भी हो गया है। मूल लेख के भाव को बदले बिना मैंने यह संशोधन करने की कोशिश की है। मेरा खयाल है कि सौभाग्य से मूल लेख का भाव बदलने की जरूरत नहीं है। कभी-कभी मेरे मन में यह विचार भी आया कि किसी निबन्ध के प्रकाशन के बाद उसके जिस पहलू को लेकर जो

नया शोध सामने आया हो, उसे अलग टिप्पणी के रूप में उस अध्याय के साथ जोड़ना महत्त्वपूर्ण है। लेकिन मैंने यह काम टीकाओं को पुस्तक की सम्पूर्णता में समाहित करके ही सम्पन्न किया है।

दूसरी समस्या इन निबन्धों की अपनी विशिष्टता से सम्बन्धित है क्योंकि ये सब अपनी-अपनी अलग-अलग रंग की पोशाकों में इस पुस्तक में कतार बाँधे खड़े हैं। मैंने नये और पुराने के बीच सन्तुलन बनाए रखने की कोशिश की है, फिर भी पाठकों के लिए यह सम्भावना छोड़ी है कि वे हरेक निबन्ध को उसके सन्दर्भों के मुताबिक देखें, मगर पुस्तक की सम्पूर्णता से उनके जुड़ाव की ओर भी संकेत किया है। इस वजह से पुस्तक में कुछ ज्यादा दोहराव हैं, जो कि आम तौर पर उन पुस्तकों में अपेक्षित नहीं हैं जिन्हें आद्योपांत पढ़े जाने की उम्मीद की जाती है। अलग-अलग अध्याय जो दावे करते हैं, उनके आधार यह स्पष्ट करते हैं कि मैंने किन संस्करणों का उपयोग किया है, किन कविताओं को मैंने प्रासंगिक माना है, किन आख्यानों को शामिल किया है। एक अध्याय से अगले अध्याय में कुछ दोहराव है क्योंकि मैंने कोशिश की है कि चुनिंदा पाठकों को अपने सामने प्रस्तुत जानकारी के सन्दर्भ को समझने के लिए पिछले अध्यायों को खँगालने का कष्ट न करना पड़े।

पूरी पुस्तक को तैयार करते हुए मैं उनके सन्दर्भों की विविधता देखकर दंग रह गया, जिनमें ये अध्याय पहली बार प्रकट हुए। 'मूल स्रोतों के विवरण' में मैंने इस पूरी प्रक्रिया से जुड़े मित्रों, सहकर्मियों और छात्रों के प्रति आभार व्यक्त करने की कोशिश की है। मैं उन प्रकाशनों और पत्रिकाओं से जुड़े लोगों का भी बहुत आभारी हूँ जिन्होंने अपने यहाँ प्रकाशित कुछ अध्यायों के प्रारम्भिक पाठ को फिर से प्रकाशित करने की अनुमति दी—द जर्नल ऑफ एशियन स्टडीज, यूनिवर्सिटी ऑफ कैलिफोर्निया प्रेस, स्टेट यूनिवर्सिटी ऑफ न्यूयॉर्क प्रेस, यूनिवर्सिटी ऑफ पेंसिलवानिया प्रेस, बीकन प्रेस, वनवर्ल्ड प्रेस, जर्नल ऑफ अमेरिकन ओरिएंटल सोसाइटी, जर्नल ऑफ द वैष्णव स्टडीज, कैंब्रिज यूनिवर्सिटी प्रेस, यूनिवर्सिटी ऑफ वाशिंगटन प्रेस, और भारतीय सांस्कृतिक सम्बन्ध परिषद।

मैं उन संस्थानों का भी बेहद ऋणी हूँ जहाँ मैंने काम किया और उस दौरान इस पुस्तक के विभिन्न हिस्से तैयार होते रहे—यूनिवर्सिटी ऑफ वाशिंगटन, कोलंबिया यूनिवर्सिटी, और खास तौर से बारनार्ड कॉलेज। इन वर्षों में जो अनुदान, शोधवृत्ति, शैक्षणिक छुट्टियाँ मिलीं, उनके लिए मैं अमेरिकन इंस्टीट्यूट ऑफ इंडियन स्टडीज, एंड्रू मेलन फाउंडेशन, बारनार्ड कॉलेज, जॉन साइमन गूगेनहाइम फाउंडेशन, स्मिथसोनियन इंस्टीट्यूशन, नेशनल एंडॉमेंट फॉर द ह्यूमनिटीज, और बारनार्ड कॉलेज में व्हिटनी ओलिन पीठ के लिए दान देनेवालों को धन्यवाद देता हूँ।

2003-04 और 2016-17 में मैंने भारत में काम किया और उस दौरान असंख्य लोगों ने मेरा उत्साह बढ़ाया, मानवीयता और सद्भावना जताई। मैं खास तौर से

मसूरी के लैंडॉर लैंग्वेज स्कूल, वृंदावन के श्री चैतन्य प्रेम संस्थान, फुलब्राइट-नेहरू फेलोशिप प्रोग्राम और दिल्ली के इंडिया इंटरनेशनल सेंटर का जिक्र करना चाहूँगा। मुकुंद लाठ, सुनील कुमार, सुमन केशरी तथा पुरुषोत्तम अग्रवाल, सुभाग तथा बी.पी. सिंह, सुभद्रा तथा कुणाल चक्रवर्ती, राजीव भार्गव, बजरंग तिवारी, हरीश त्रिवेदी, भारती जगन्नाथन, और वरुण अग्रवाल की बौद्धिक मित्रता का भी मैं आभारी हूँ। इनके अतिरिक्त कई और भी हैं।

मैं उन लोगों को भी धन्यवाद देना चाहता हूँ जिन्होंने इस पुस्तक को तैयार करने में इतना गहरा योगदान दिया है कि वह एक अध्याय या कई अध्यायों को प्रभावित करता है। ये लोग हैं—केन ब्रायंट और विद्युत अक्लुजकर, जिन्होंने 'सूरसागर' की प्रारम्भिक पांडुलिपियों के सम्पादन की समस्याओं को बड़ी कुशलता से सुलझाया; कृष्ण चैतन्य भट्ट और श्रीवत्स गोस्वामी, जिन्होंने सूरदास के नाम से जोड़ी गई रचनाओं पर गहन तथा प्रबोधक चर्चाएँ कीं; लॉरा शपीरो, जिनकी उत्कृष्ट अवधारणा ने मेरे विचारों को भटकने से बचाया है। ऐसे सम्पादक से विवाहित होना सचमुच अद्‍भुत बात है।

अन्त में, चार लोगों के प्रति आभार प्रकट करने में मुझे बहुत खुशी हो रही है, जिनके प्रयासों से आप यह किताब हिन्दी में पढ़ रहे हैं। यह अनुवाद मेरे लिए एक सपना सच होने जैसा है। इसके लिए मैं जिन चार लोगों का ऋणी हूँ, वे हैं : 'भक्ति-मीमांसा श्रृंखला' के सम्पादक श्री पुरुषोत्तम अग्रवाल, राजकमल प्रकाशन के प्रबन्ध निदेशक श्री अशोक महेश्वरी, अनुवादक अशोक कुमार और सम्पादकीय विभाग से उपेन्द्र झा, जिन्होंने एक महासागर पर सेतु का निर्माण किया है और अंग्रेजी के शब्दों को हिन्दी में ढाला है। मेरी कृतज्ञता महासागर जितनी गहरी है।

इस पुस्तक को मैंने बड़े प्यार से अपनी बेटी नेल को समर्पित किया है, जिसने न्यूयॉर्क की अफरातफरी से 2003 के पतझड़ के दौरान छुट्टी लेकर सबको चौंका दिया। उसे दुनिया का दूसरा हिस्सा इतना आनन्ददायी तथा चुनौतीपूर्ण और किस तरह इतना अपना लगा कि उसने यहाँ भारत में पूरा एक साल रहने का फैसला किया। कई वर्षों के बाद अब वह बाकायदा संस्कृतविज्ञा बन गई है।

—जॉन स्ट्रैटन हौली

भूमिका

इतिहास के मंच पर 15वीं-16वीं सदी में उत्तर भारत में भक्ति काव्य के जो महान तथा सबसे लोकप्रिय स्वर उभरे, उनके बारे में मैं लगभग 40 वर्षों से चिन्तन करता रहा हूँ। यह मेरे लिए विशेष गर्व की बात और एक चुनौती भी रही है। यह पुस्तक उनमें से तीन स्वरों—मीराँबाई, सूरदास और कबीर—को केन्द्र में रखकर लिखी गई है। यह त्रिमूर्ति मेरे मानस के गर्भगृह में अति सम्मानित वेदियों पर विराजमान है। कवियों के कवि, लोकमान्यता के मुताबिक नेत्रहीन भक्त कवि के रूप में विख्यात सूरदास इस त्रिमूर्ति के मध्य में स्थित हैं। मुख्यतः कृष्ण की भक्ति से सराबोर पदों के लिए विख्यात सूरदास की कविताओं में असाधारण विविधता है। उनके एक तरफ मीराँ हैं, जिनकी आनन्दातिरेक से ओतप्रोत कृष्णभक्ति स्त्री स्वर में मुखरित है; और दूसरी तरफ कबीर हैं, जिनकी उत्तम पुरुष वाली छवि वहाँ से उभरने लगती है जहाँ से सूर की छवि धुँधली होने लगती है। जैसाकि एक मशहूर दोहे में हम पढ़ते हैं : *'सूर सूर तुलसी शशि, उडगन केसब दास; अब के कवि खद्योत सम, जहँ तहँ करत प्रकास'*, इस संकलन में सूर सचमुच सूरज हैं। लेकिन मीराँ और कबीर इस पद की अगली पंक्ति में वर्णित 'शशि' या 'खद्योत' से कहीं उत्तम हैं। उनकी ख्याति उनकी अपनी वजह से है; वास्तव में कभी-कभी तो वे सूर से भी अधिक लोकप्रिय नजर आते हैं।

पिछले करीब 500 वर्षों से उत्तर भारत में भक्तिकाल के इन तीन तथा अन्य प्रमुख कवियों का जीवन और उनकी रचनाएँ भारत में होनेवाले धार्मिक आयोजनों तथा सांस्कृतिक विमर्शों का सन्दर्भ बिन्दु बनती रही हैं, जबकि हम 20वीं सदी से 21वीं सदी में कदम रख चुके हैं। यह वृत्त पूरी दुनिया को अपनी परिधि के अन्दर समेटने लगा है। उदाहरण के लिए, मेरे शहर न्यूयॉर्क को ही लीजिए। भारतीय-अमेरिकियों का समुदाय हर साल तुलसी के 'रामचरितमानस' पर आधारित रामकथाओं और भागवत कथाओं के, जिनमें सूर के गीतों की प्रमुखता रहती है, कई आयोजनों को प्रायोजित करता है। हर साल बैसाखी के मौके पर शहर का सिख समुदाय गुरु नानक के परचम को ऊँचा फहराता है। जहाँ तक कबीर की बात है, फिलिप ग्रास द्वारा प्रस्तुत समवेत गायन 'फिफ्थ सिंफनी' में कबीर के दोहे रूमी और सेंट पॉल

की अनूदित रचनाओं के बाद शामिल किए गए हैं। 'फिफ्थ सिंफनी' की पहली प्रस्तुति 1999 में साल्जबर्ग महोत्सव में हुई थी और वहाँ से यह कार्नेगी हॉल में पहुँची। 'सेक्स एंड द सिटी' नामक टीवी धारावाहिक के संगीत के लिए मशहूर संगीतकार डगलस कुओमो ने कबीर को 'भगवद्गीता' में वर्णित शाश्वत संघर्ष के एक टीकाकार के तौर पर चुना है। 'अर्जुन्स डाइलेमा' नामक अपने संकीर्तन में कुओमो ने अर्जुन को अपना कर्म करने की सीख देते कृष्ण के मुख से कबीर की वाणी बुलवाई है।

बारनार्ड कॉलेज और कोलंबिया यूनिवर्सिटी के रिहाइशी क्षेत्र में एक समय यह प्रथा थी कि परिसर की महिलाएँ हर साल कपड़ों के टुकड़ों को सिल कर बैनर बनाती थीं और बटलर लाइब्रेरी की बाहरी दीवार पर अंकित विख्यात पुरुषों के नामों को उस बैनर से ढक देती थीं। संस्थापकों में शुमार ये विख्यात साहित्यकार तथा दार्शनिक कम-से-कम एक दिन के लिए माताओं के सुपुर्द हो जाते थे। प्राचीन यूनानी कविता के आदर्श के तौर पर प्राचीन यूनानी कवयित्री सैफो प्राचीन यूनानी नाटककार सोफोकल्स का स्थान ले लेती थीं, और दीवार पर खुदी वह सूची सैफो के नाम से शुरू होकर तमाम चुनिंदा विख्यात महिलाओं के नामों को समेटती थीं। 1994 में इस प्रतिष्ठित सूची में मीराँबाई को भी शामिल किया गया था।

पाठ एवं इतिहास आधारित आलोचना

भारत के भक्तिकालीन सन्त-कवि तेजी से वैश्विक ख्याति प्राप्त कर रहे हैं। इसकी कुछ वजह तो यह है कि उन पर शोध अब वैश्विक मामला भी बनता जा रहा है और यूरोपीय भाषाओं में मुख्यत: अंग्रेजी में ऐसे शोध अधिक हो रहे हैं। इसने शोध के क्षेत्र पर, खास कर इतिहास और साहित्य पर आधारित आलोचना के क्षेत्र पर, दो महत्त्वपूर्ण प्रभाव डाला है। मैं इन दोनों पर बारी-बारी से विचार करूँगा।

अंग्रेजी तथा अन्य यूरोपीय—अधिकतर पश्चिमी—भाषाओं में लिखनेवाले विद्वान जोर देकर कहते रहे हैं कि किसी पाठ को समझने के लिए उन ऐतिहासिक परिस्थितियों की यथासम्भव अधिक से अधिक जानकारी अवश्य होनी चाहिए जिनमें उस पाठ की रचना हुई है। अगर सम्बन्धित पाठ उन परिस्थितियों की जानकारियाँ नहीं उपलब्ध कराता तो उन्हें हासिल करने के उपाय किए जाने चाहिए—न केवल यह कि लोग क्या कहते या मानते रहे हैं बल्कि यथासम्भव 'ठोस' प्रमाणों के आधार पर। उत्तर भारत के भक्ति साहित्य के मामले में इसका अर्थ यह है कि सम्बन्धित पाठ की उत्पत्ति की जानकारी देनेवाली कालांकित या अ-कालांकित पांडुलिपि प्राप्त करने की अथक कोशिश की जाए। यह प्रक्रिया प्राय: यह स्पष्ट करती है कि कोई पाठ वास्तव में पाठों की एक शृंखला होती है, केवल इसलिए नहीं कि मीराँ या सूर

या कबीर की कविता विशिष्ट, उपाख्यानात्मक गीतों और सूक्तियों के संकलन से निर्मित होती है बल्कि इसलिए कि उन्हें काफी लम्बी अवधि के दौरान संकलित किया गया। कई रचनाओं को सम्पूर्ण कृति में उस शताब्दी के खत्म होने के बाद जोड़ा गया जिस शताब्दी में प्रत्येक कवि के रचनाशील होने की याद की जाती है। इस तथ्य के परिणाम क्रांतिकारी हैं। मीराँ या सूर या कबीर के बारे में उपलब्ध ऐतिहासिक पृष्ठभूमि के साथ जब कोई बात करता है तब यह सवाल उठता है कि उसका तात्पर्य कवि के किस रूप से है—उसके 16वीं सदी वाले रूप से या 18वीं सदी वाले या आज वाले रूप से? ये सारे रूप एक जैसे नहीं हैं।

मैं इस बात पर इसलिए जोर दे रहा हूँ क्योंकि हिन्दी में प्रकाशित पुस्तकों में भक्तिकाल के सन्तों को लेकर की गई विवेचनाओं में प्राय: जो व्यापक धारणाएँ पाई जाती हैं, वे इससे एकदम विपरीत हैं। हिन्दी में पांडुलिपि तथा पाठालोचना से सम्बन्धित बेहद महत्त्वपूर्ण काम हुए हैं लेकिन बाद में जो कुछ लिखा गया, वे उसके स्वर को प्रभावित करने में विफल रहे। 1920 या 1930 के दशकों में काशी नागरी प्रचारिणी सभा से प्रकाशित प्रारम्भिक संस्करणों को आज भी सच्चा माना जाता है जब तक कि सम्बन्धित कवि की कविताओं के—जिन्हें लोग गाते हैं—उससे बड़े संकलन को कवि के बारे में की जानेवाली व्याख्या का प्रारम्भ-बिन्दु न मान लिया जाए। आज इन कवियों को जिस रूप में याद किया जाता है, वह इतिहास की लम्बी तथा कभी-कभी पेंचीदा धारा के अन्तिम बिन्दु के रूप में किस तरह उभरा है, इसे समझने में बहुत प्रयास नहीं करना पड़ता है।

बेशक इस नियम के अपवाद भी हैं। 1961 में 'कबीर ग्रन्थावली' के नाम से प्रकाशित दादूपंथी पाठ में कबीर की जो पांडुलिपि पाई गई, उसकी आलोचकीय विवेचना पारसनाथ तिवारी ने की है। उस पांडुलिपि ने इस क्षेत्र में यूरोपीय विवेचना में तब क्रांतिकारी परिवर्तन ला दिया, जब शालौट वॉदविल ने इसे भावी अध्ययनों के लिए प्रारम्भ-बिन्दु के तौर पर स्वीकार किया। लेकिन भारत में इसका बहुत गहरा प्रभाव नहीं पड़ा, बल्कि नागरी प्रचारिणी सभा की 'कबीर ग्रन्थावली' (1928) को हिन्दी के आलोचक अभी भी वह धुरी मानते हैं जिसे केन्द्र में रखकर कबीर के बारे में कुछ कहा जा सकता है।

इसी तरह, सी.एल. प्रभात (1965) और कल्याण सिंह शेखावत (1974, 1975) ने पांडुलिपियों के भंडार की खोज करके मीराँबाई की लिखी कविताओं के रूप में मशहूर पद्य के अध्ययन में भारी परिवर्तन ला दिया। 'मीराँ' कौन थीं और कौन हैं, यह समझने के लिए इन पांडुलिपियों का सहारा लेना जरूरी है। फिर भी, प्रभात की विशद कृति 'मीराँ : जीवन और काव्य' (1999) को देखें, तो पाएँगे कि वे अपनी ही कृति के महत्त्वपूर्ण गहन निष्कर्षों को स्वीकार करने से बचते हैं। इतिहास में दर्ज मीराँबाई के नाम के साथ जोड़ी जाने लायक कविताओं के चयन का समय आता

है तो प्रभात ऐसी किसी भी कविता को स्वीकार करते नजर आते हैं, जो एक-दूसरे के करीब मानी जानेवाली 'विभिन्न परम्पराओं' से उभरी हो। ऐसा करते हुए वे उन तिथियों की भी अनदेखी करते हैं जब ऐसी कविताओं को मीराँबाई द्वारा लिखी मानी गई कविताओं की पांडुलिपियों में शामिल किया गया। उनका मानना है कि असली चीज और बाद में 'प्रक्षेपित अंश' में अन्तर करने के लिए भाषायी कसौटी पर्याप्त होगी। वे पूछते हैं कि 'मीराँ के काल' में कौन-सी भाषा चलती होगी ?[1] फिर भी, असली सामग्री वास्तव में दुर्लभ है। हमारे पास ऐसी कुछ ही बहुमूल्य प्राचीन पांडुलिपियाँ हैं, जिनमें मीराँबाई की कविताएँ दर्ज हैं। प्रभात को यह अच्छी तरह पता है। उनकी अपनी कृति से यह स्पष्ट है लेकिन जब वे अपनी उत्कृष्ट पुस्तक में साहित्यिक-आलोचनात्मक पक्ष को आगे बढ़ाते हैं तब ऐसा लगता है कि वे इस तथ्य को भूल जाते हैं। कम-से-कम मेरे खयाल से तो इस कारण इतिहास वाला पक्ष अधूरा रह गया है।

सूरदास को लेकर हुए अध्ययनों में भी कुछ यही बात पाई जाती है। कबीर के मामले की तरह सूरदास रचित मानी गई कविताओं का जो संकलन (सूरसागर, 1936, 1948) नागरी प्रचारिणी सभा ने प्रकाशित किया है, वही सन्दर्भ ग्रन्थ बना हुआ है। हिन्दी में टीका या आलोचना लिखनेवाले अधिकतर विद्वान इसे ही अपना आधार मानकर चलते हैं। जैसाकि कबीर तथा मीराँबाई के साथ हुआ है, सूरदास पर हाल के समय में काफी अध्ययन हुए हैं।

इसका सबसे महत्त्वपूर्ण उदाहरण है प्रख्यात श्री माताप्रसाद गुप्त द्वारा अधूरे रूप से प्रकाशित संस्करण (1968-74, 1979), जो पांडुलिपियों की नये सिरे से खोज पर आधारित है। उनकी टीम ने 120 पांडुलिपियों की खोज की, जो बहुत अच्छी संख्या है। इनमें से 40 इस संस्करण का आधार बनीं।[2] इन 40 में से केवल चार पांडुलिपियाँ 16वीं-17वीं शताब्दी की मानी जा सकती हैं। गुप्त की टीम ने हालाँकि बड़ी संख्या में पांडुलिपियों को देखा मगर वह उस प्रारम्भिक काल की अन्य नौ प्रचलित पांडुलिपियों का कभी पता नहीं लगा सकी। इसके अलावा, प्रभात की तरह माताप्रसाद गुप्त भी सम्पादकीय निर्णय करते समय प्रारम्भिक पांडुलिपियों को प्राथमिकता देने के लिए कुछ नहीं करते; बल्कि वे अपनी 40 पांडुलिपियों को पाठ की समान विकृतियों के अनुसार वर्गीकृत करते हैं और कहते हैं कि जब पांडुलिपियों मे फर्क हो तब जिन पांडुलिपियों के पाठ को ज्यादा समूहों—मसलन तीन में से दो—का समर्थन प्राप्त होगा, उन्हें प्राथमिकता दी जाएगी। दूसरे मामलों के लिए उनका कहना है कि सरल की जगह कठिन पाठ वाली पांडुलिपियों को प्राथमिकता दी जाएगी। लेकिन प्रतियोगी समूहों में से किस पाठ को प्राथमिकता देनी है, यह फैसला वे खुद ही करते हैं।[3] माताप्रसाद गुप्त की गहन विशेषज्ञता के मूल्य पर कोई सन्देह नहीं किया जा सकता लेकिन वे जो तरीका अपनाते हैं, वह पांडुलिपियों के

वर्गों के बीच न तो मूल स्रोत वाले सम्बन्ध का ध्यान रखता है और न उनकी तिथियों का।[4] इसलिए एक बार फिर हम अपने ख्यात भक्ति त्रिमूर्ति के बारे में उनके अपने काल से या उसके करीब के काल से उपलब्ध होनेवाले स्रोतों के आधार पर विचार बनाने की दिशा में आधी दूरी ही तय कर पाते हैं।

इस पुस्तक में शामिल निबन्धों का एक मूल भाव यह है कि जब मैं मीराँ या सूर या कबीर का उल्लेख करता हूँ तब मैं इतिहास की परतों को हटाने की पूरी कोशिश करता हूँ या जब यह असम्भव हो तब कम-से-कम यह जरूर कहने की कोशिश करता हूँ। प्राय: मैं यह कोशिश करता हूँ कि जिस मीराँ या सूर या कबीर की हमें याद है, उनका निर्माण करनेवाली इतिहास-धारा के उद्गम के यथासम्भव करीब तक पहुँच सकूँ। इन तीनों के मामले में मुझे नहीं लगता कि हम किसी सच्चे स्रोत, एक सुनिश्चित ऐतिहासिक व्यक्ति तक पहुँच सकते हैं। लेकिन उनके और उनके दौर के प्रति सम्मान के कारण मेरा खयाल है कि हमें इसकी कोशिश करने से बचना नहीं चाहिए। कन्फूशियस (कंफूत्सु) ने नामों के संशोधन को महत्त्वपूर्ण बताया था। मैं शायद यह नहीं मानता होऊँ कि इनमें से किसी भी कवि का सचमुच कोई ठीक नाम होगा लेकिन मुझे विश्वास है कि नामकरण करनेवाले के तौर पर हमें अपनी सीमाओं का, और अपनी ताकत का भी तो कम-से-कम एहसास होना ही चाहिए। हमारे पास प्राचीन पांडुलिपियाँ हैं जो हमें इस मामले में—कविताओं के मामले में और कवियों के जीवन के मामले में भी—रास्ता दिखा सकती हैं, और तब हम सवाल कर सकते हैं कि बाद के कवि जब सूर, कबीर या मीराँ के नाम से अपनी बात कह रहे थे तब उनका आशय क्या था? जाहिर है कि ऐसा करते हुए वे पूरी तरह सहज थे, लेकिन इतिहासकार और आलोचक के तौर पर हमें अधिक जटिल दृष्टिकोण अपनाने की जरूरत है।

मुझे पूरा विश्वास है कि भारतीय पाठकों को यह दृष्टिकोण काफी असन्तोषजनक लगेगा। और मैं मानता हूँ कि इससे अड़चनें पैदा होती हैं। उदाहरण के लिए सूरदास को लें। यह पता लगता है कि उनकी अत्यधिक लोकप्रिय कविता 'मैया मोरी मैं नहीं माखन खायो...' 16वीं या 17वीं सदी के 'सूरसागर' की पांडुलिपियों में कहीं नहीं मिलती। सूर के मामले में यह खास तौर से महत्त्वपूर्ण बात है क्योंकि मीराँबाई के विपरीत उनकी स्थिति ऐसी है कि हमें उनकी कई प्रारम्भिक पांडुलिपियाँ उपलब्ध हैं। इसलिए इस पुस्तक में जब मैं सूरदास के बारे में इस सन्दर्भ में बात करता हूँ कि वे 16वीं सदी में सक्रिय एक कवि थे—यानी सूरदास ही—तब मेरा तात्पर्य उस कवि से नहीं हो सकता जिसने 'मैया मोरी मैं नहीं माखन खायो...' पद की रचना की। जाहिर है कि इसके रचयिता वह कवि, वह सूरदास तो कई सदी बाद हुए।

इसका अर्थ यह नहीं है कि समय के साथ जो 'सूर परम्परा' उभरी, उसके अध्ययन के सन्दर्भ में ये सूरदास या उनके बाद के कोई और सूरदास अप्रासंगिक

हैं।[5] इसके विपरीत, ये कवि तब महत्त्वपूर्ण हो जाते हैं जब हम सूरदास द्वारा रचित बताई जानेवाली प्रारम्भिक कविताओं के संकलनों और बाद में आए उन बृहत 'सूरसागरों' के बीच के अन्तर का अध्ययन करते हैं जिनमें कृष्ण को माखनचोर बतानेवाली कई कविताओं को संकलित किया गया है।[6] यह एक ज्ञानप्रद तथा दिलचस्प उपक्रम है। इस पुस्तक में संकलित कई निबन्ध ऐसे अन्तर पर विचार करते हैं। उदाहरण के लिए, मीराँबाई वाले अध्याय इतिहास पर उठाए गए सवालों से शुरू होते हैं और सुपरिचित मीराँबाई के, आज विख्यात मीराँबाई के बारे में विश्लेषणों की ओर मुड़ जाते हैं। एक अध्याय में जो मीराँ हैं, जरूरी नहीं कि दूसरे अध्याय में भी वही मीराँ हों। मैंने उन सब में स्पष्ट अन्तर रखते हुए बात कहने की कोशिश की है। इतिहास को लेकर इस तरह की सावधानी यह समझने के लिए काफी महत्त्व रखती है कि सूर, मीराँ और कबीर की परम्परा किस तरह समय के साथ फलती-फूलती रही। यह हमारे लिए यह सम्भावना भी बनाती है कि हम खुद को इस धारा के एक हिस्से के रूप में पहचानें। आखिर हम भी तो संरक्षक के तौर पर इस परम्परा को जीवित रखने में योगदान देते हैं। और हाँ, इसलिए भी कि हम यह कोशिश करके इस परम्परा को मजबूती देते हैं। यह केवल कलाकारों और रचनाकारों के लिए ही नहीं बल्कि शोधकर्ताओं के लिए भी सच है।

इस तथ्य को कई पाठक समभाव से स्वीकार नहीं करेंगे। वे चाहेंगे कि 'मैं नहीं माखन खायो' जैसे पद असली सूरदास के नाम ही माने जाएँ। दुर्भाग्य से मैं इसे तब तक स्वीकार नहीं कर सकता जब तक मुझे अपेक्षाकृत अधिक पुरानी, विश्वसनीय तिथि वाली ऐसी पांडुलिपि न मिल जाए जिसमें यह पद शामिल हो। इस तथ्य के एहसास के बाद 20वीं सदी में ऐसे कुछ कुख्यात उदाहरण मिलते हैं कि कुछ शोधकर्ताओं ने ऐसी पांडुलिपियाँ प्रस्तुत करने की कोशिश की जिनके बूते इस समस्या का समाधान हो जाए। ऐसी पांडुलिपियाँ प्राचीन तिथियों की थीं जिनमें वे तमाम कविताएँ शामिल थीं जिन्हें आज के पाठक पढ़ना चाहेंगे। इसे फर्जीवाड़ा ही कहा जा सकता है। इसका एक उदाहरण मीराँबाई द्वारा रचित बताई गई कविताओं वाली डाकोर पांडुलिपि है, जिस पर मैंने अध्याय 4 में विचार किया है।

कबीर के विख्यात अध्येता पुरुषोत्तम अग्रवाल ने 2003 में शोध आदि से सम्बन्ध न रखनेवाले परन्तु जानकार श्रोताओं के बीच 'महाभारत' पर व्याख्यान दिया था।[7] उन्होंने उन बातों के उल्लेख के साथ ही अपनी बात शुरू की थी, जिन पर मैं जोर देता रहा हूँ—विद्वान एकमत हैं कि यह पाठ कई संशोधनों का प्रतिफल है। इसके कई संस्करण हैं, और स्पष्ट है कि सबसे पुराना संस्करण 8000 पदों वाला है, तो सबसे नया 1,00,000 पदों वाला है और उनमें क्षेत्रों के हिसाब से महत्त्वपूर्ण परिवर्तन किए गए हैं। इसके बाद अग्रवाल ने एक बहुत महत्त्वपूर्ण बात रखी। उन्होंने कहा कि किसी कथित रचनाकार को—जिसने सम्भवतः सबसे प्राचीन और सबसे

कम पदों वाला यह पाठ रचा होगा—ध्यान में रखकर 'प्रामाणिक' 'महाभारत' की खोज करने का उनका कोई इरादा नहीं है; बल्कि वे तो इस पूरे ग्रन्थ के मूल सरोकार में स्थित जो शक्ति है, उसकी खोज करना चाहेंगे। अपनी बात स्पष्ट करने के लिए उन्होंने तुलना के वास्ते कबीर के इस दोहे को उद्धृत किया :

हरि ने ऐसी रेल चलाई
जा में बैठ चलो रे भाई।[8]

स्पष्ट है कि इतिहाससम्मत कबीर ने, चाहे वे जो भी रहे हों, ऐसी कोई बात नहीं कही होगी। हमें मालूम है कि भारत में पहली रेलगाड़ी कब चली थी। फिर भी कबीर का भावबोध इस दोहे में स्पष्ट है, और अग्रवाल के व्याख्यान वाले आयोजन में गानेवाले मालवा के कबीर गायक को यह अन्तर तो अवश्य पता होगा।[9]

मैं अग्रवाल के इस कथन का समर्थन करूँगा कि कबीर, मीराँ और सूर के नाम जिन भावबोधों के लिए विख्यात हैं—जो भावबोध वर्षों में विकसित हुए हैं और जो 15वीं-16वीं सदी में अचानक हवा में से पैदा नहीं हो गए थे—वे उनकी अपनी-अपनी परम्परा को ताकत देते हैं और उनकी ओर ध्यान आकर्षित करते हैं। लेकिन मुझे शक है कि ज्यादातर कलाकार समय के साथ भावबोध में परिवर्तनों से अवगत होंगे। आखिर उनका काम पदों का गायन है, इतिहास से उन्हें क्या मतलब? यहीं पर मंचन में विद्वानों की भूमिका की बात आती है, जिसे कई लोग गन्दा काम समझते हैं। भारत में तो इसे और भी गन्दा काम समझते हैं क्योंकि हमारी 'भक्ति त्रिमूर्ति' से वैध रूप से जुड़ी मंचीय प्रस्तुतियों की परम्पराएँ भारत में ही केन्द्रित रही हैं और फल-फूल रही हैं। ऐसे में छिद्रान्वेषी विद्वानों को कौन पूछे? इसलिए भारतीय विद्वत्ता की परम्परा जनता के बीच अपनी साख बनाए रखने और सम्बन्धित विद्वानों के बीच अपनी प्रामाणिकता की रक्षा के लिए मंचीय प्रस्तुति को संचालित करनेवाले भावों और नियमों से खुद को बहुत मुक्त रखने से परहेज करती रही है।

तर्क दिया जा सकता है कि इसकी जरूरत नहीं है। उत्तर-आधुनिक आलोचकों ने इस बात पर सन्देह व्यक्त किया है कि क्या पाठ और उसकी व्याख्या के बीच या पाठ की कलात्मक प्रस्तुति और उसके विमर्श के बीच कहीं सच्चा विभाजन वास्तव में सम्भव है? इस मामले में, भारतीय भक्ति काव्य-सम्बन्धी विवेचना इस खेल में बहुत आगे है। उत्तर-आधुनिक आलोचना कभी-कभी इस तरह लिखी जाती है कि विवेचना और कलात्मक प्रस्तुति के बीच अन्तर धुँधला रह जाए, लेकिन उत्तर-आधुनिकता से पूर्व की विवेचना इस अन्तर के बचाव को आसान बनानेवाली है। इसे 'उत्कृष्ट पश्चिमी शैली की विवेचना' कहा जा सकता है, अलबत्ता यह भी याद रखा जा सकता है कि इस शैली की आलोचना के कुछ सबसे विख्यात विद्वान भारतीय रहे हैं। मसलन, 'महाभारत' के लिए वी.एस. सुखंतकर। ऐसे विद्वान कलात्मक

प्रस्तुति के बोझ से खुद को मुक्त मानते हैं। उदाहरण के लिए, वे खुद को पाठ्यपुस्तक लेखक के रूप में नहीं देखते इसलिए वे इस अपेक्षा की अनदेखी कर सकते हैं कि वे जिस पाठ का उपयोग करते हैं, वह उस पाठ से मेल खाए जिसे लोग सुनते हैं। इसलिए अगर बात कबीर की हो, जैसीकि पारसनाथ तिवारी के लिए थी, तो यह जरूरी नहीं था कि 15वीं सदी वाले कबीर (जिन्हें 17वीं सदी में याद किया गया) उस कबीर से मेल खाते जिनके दोहों को पूरे उत्तर भारत में गाया जाता है।

पुरुषोत्तम अग्रवाल ने जब 'पाठ के केन्द्रीय सरोकार' को महत्त्वपूर्ण घोषित किया तब श्रोता उनसे थोड़ा यह ज्ञान प्राप्त करने की अपेक्षा कर रहे थे कि 'महाभारत' आज के भारत में मौजूद सामाजिक तथा धार्मिक द्वंद्वों पर क्या प्रकाश डालता है। मेरा यकीन कीजिए, श्रोताओं को अपेक्षा से अधिक ज्ञान मिला। लेकिन उसमें एक विशिष्ट पेंच था। अग्रवाल ने इस बात पर जोर दिया कि शताब्दियों से जिसे 'महाभारत' का केन्द्रीय सरोकार माना जा रहा है, वह उन एकरेखीय सूत्रों के विरोध में जाता है जो इस तरह के सवालों के प्रत्यक्ष जवाब उपलब्ध करा सकते हैं— 'महाकाव्य जो कुछ कहता है, उसे क्या हम आज लागू कर सकते हैं?' बल्कि यह धर्म की समय-समय पर उभरनेवाली परस्पर-विरोधी शर्तों के मद्देनजर सभी पात्रों के उत्तरदायित्व पर जोर देता है, चाहे वे व्यक्ति हों या समाज हों। उन्होंने कहा कि यह इस विशेष पाठ का विशिष्ट भावबोध है, और इसी वजह से इसे शताब्दियों तक सराहा जाता रहा है।

हमारे समक्ष उपस्थित भक्तिकालीन कवियों के साथ भी कुछ विशिष्ट भावबोध जुड़े हुए हैं, और ये बताते हैं कि रेल कबीर के दोहे में कैसे पहुँच गई। लेकिन मैं कहना चाहूँगा कि रेल आए या न आए, भक्ति से जुड़े ये भावबोध उन सवालों को ज्यादा स्पष्ट रूप से उभारते हैं कि इतिहास किन्हें इन पदों का रचयिता बताता है। 'महाभारत' को लेकर ऐसे सवाल उतने नहीं उभरते। कबीर की कविता को किस तरह ग्रहण किया जाता है, यह कबीर के मान्य व्यक्तित्व से अधिक प्रभावित होता है। व्यास के मामले में ऐसी बात नहीं उठती। लोग इस बात का खूब खयाल रखते हैं कि कबीर वास्तव में एक जुलाहे थे और लोग इस बात का भी खयाल रखते हैं कि 'महाभारत' का युद्ध वास्तव में हुआ था या नहीं, लेकिन बनारस में अपने करघे पर काम कर रहे या बनारस की गलियों में घूमते कबीर की जो छवि है, वह उनकी कविता को ग्रहण करने में गणेश को महाभारत लिखवाते व्यास की छवि के मुकाबले अधिक प्रभावी भूमिका अदा करती है। ये छवियाँ कविता में ही दर्ज हैं और अपेक्षा की जाती है कि कबीर का नाम असंख्य कविताओं में उनके ही एक तत्त्व के रूप में समाहित होगा और श्रोता को अपने मन में कवि की एक छवि बनाने और उसे याद रखने को प्रेरित करेगा। व्यास भी अपने पाठ में प्रकट होते हैं लेकिन उतने केन्द्रीय रूप में नहीं, बहुत कम।

विषय से भी फर्क पड़ता है। भक्ति धर्म नहीं है, और इसका साहित्य प्रवृत्ति और आचार-व्यवहार के मामले में प्राय: एक तरह की वैयक्तिकता की, बल्कि स्वभावगत विलक्षणता तक की माँग करता है, जो 'महाभारत' जैसी विशद रचना के विन्यास को निर्धारित करनेवाली समस्याओं तथा अभ्युक्तियों की अवहेलना करती है। इस मामले में भी, मीराँ, सूर और कबीर द्वारा रचित मानी गईं भक्ति कविताओं को शक्ति प्रदान करनेवाले केन्द्रीय सरोकार खुद को एक ऐसा इतिहास-आधारित तथा पाठ-केन्द्रित परिप्रेक्ष्य प्रदान करते हैं जोकि महाकाव्य की शर्तों से भी आगे जाता है।

अन्त में, ये पाठ हमारे पास ऐसी कालावधि से पहुँचते हैं, जिन्हें 'महाभारत' की तुलना में ज्यादा आसानी से इतिहास तथा पाठ-सम्मत सन्दर्भों में स्थापित किया जा सकता है। सीधी-सी बात है कि ये कहीं ज्यादा नजदीक के काल के हैं। ऐसा नहीं है कि इतिहास तथा पाठ-सम्मत पुनर्कल्पन आसान है, लेकिन महान भारतीय महाकाव्य के इस तरह के पुनर्कल्पन के मुकाबले यह निश्चित ही आसान है। मेरे खयाल से यह हम आलोचकों को अलग तरह का उत्तरदायित्व सौंपता है। यह इतिहास को कहीं ज्यादा गम्भीरता से लेने की आवश्यकता को बढ़ा देता है।

इसलिए मैं अग्रवाल के इस तर्क को स्वीकार करूँगा कि 'पाठ का केन्द्रीय सरोकार' एक तरह की आधिकारिकता तय करता है—ऐसी आधिकारिकता, जो समय के साथ मजबूत होती मीराँ, सूर और कबीर की परम्पराओं के साथ विकसित तथा टिकाऊ होती जाती है। लेकिन मैं, और वे भी इस बात पर जोर देना चाहेंगे कि इस तरह की आधिकारिकता और प्रामाणिकता को इतिहास तथा पाठ-सम्मत सन्दर्भों के द्वारा स्थापित आधिकारिकता के साथ सन्तुलित किया जाए क्योंकि इन समान 'केन्द्रीय सरोकारों' की प्रकृति की यही माँग है। इसके अलावा भी कुछ बातें हैं। 16वीं सदी में कबीर की जिस तरह, और खास कर तब के विशेष 'स्थानों' पर प्रस्तुति होती थी और आज तथा आज के विशेष स्थानों एवं स्थितियों में उनकी जिस तरह प्रस्तुति होती है, उसमें क्या अन्तर है, इसके बारे में हम वास्तव में जान सकते हैं। इतिहास-सम्मत कबीर के स्वर तक हम शायद न पहुँच पाएँ। जब हम उपलब्ध प्राचीनतम पांडुलिपियों को पकड़ते हैं तब हमें लग सकता है कि हम उस स्वर को सुन रहे हैं लेकिन यह पक्के तौर पर नहीं कहा जा सकता कि यह स्वर वाकई कब सुना जा सकता है। फिर भी, कबीर के प्रति हमारा उत्तरदायित्व बनता है कि 15वीं या 16वीं सदी वाली उनकी छवि का जो आकर्षण है, उसे ध्यान में रखते हुए हम इतिहास तथा पाठ-सम्मत अपना शोध यथासम्भव गहराई तक ले जाएँ।[10]

साहित्यिक आलोचना

पाठालोचना का साहित्यिक पहलू आश्चर्यजनक रूप से समानान्तर दिशा में चलता है। यहाँ भी पश्चिमी, यूरोपीय भाषा के साथ भारत की वाचिक परम्पराओं से दूरी

के कारण जो परेशानी जुड़ी है, वह उत्तर भारत के भक्तिकालीन महान कवियों पर शोध के लिए पश्चिमी विद्वानों को विशेष मसाला जुटाती है। इस मसाले की विशेषता का आंशिक पहलू यह है कि इस तरह के शोध हमसे प्राय: यह अपेक्षा रखते हैं कि भारत में भक्तिकाल पर हुए अधिकतर शोधों में विशिष्ट वाचन परिस्थितियों पर जितना ध्यान दिया गया है, उससे अधिक ध्यान हम उन पर दें।

उदाहरण के लिए, 1978 में केनिथ ई. ब्रायंट ने 'पोएम्स टु द चाइल्ड गॉड : स्ट्रक्चर्स एंड स्ट्रेटेजीज इन द पोएट्री ऑफ सूरदास' प्रकाशित की। इसके साथ उनका एक मुख्य उद्‌देश्य सूरदास के पाठ को लेकर मान्य समझदारी को काफी हद तक उलट डालना था। यह सारा उपक्रम उन 'सूरदास' के करीब जाने का है, जो उनके नाम से विख्यात कविताओं में से उभरते नजर आते हैं। मेरे खयाल से ब्रायंट ने अन्तिम तौर पर यह दिखाया है कि 'सूरसागर' में बड़ी संख्या में कविताओं—प्राय: आलोचकीय प्रशंसा पानेवाली कविताओं—के शामिल किए जाने का अर्थ यह है कि कुछ कविताओं को छोड़ा गया है या उन्हें इस भ्रांति के साथ पढ़ा गया है कि वे मुख्यत: एक ही रस की सृष्टि करती हैं। यह वही रस है, जिसकी सृष्टि हिन्दी आलोचना के स्थापित सिद्धान्तों के मुताबिक अपेक्षित है।[11]

इसकी जगह ब्रायंट ने व्यापक तौर पर लीक पर ही चलने का दृष्टिकोण अपनाया—वह दृष्टिकोण, जो कविता से यह अपेक्षा रखता है कि वह किसी अस्तित्वपरक भाव में न हो, जोकि रस सिद्धान्त का प्राय: तरीका रहा है बल्कि कविता विकसित हो, प्रस्फुटित हो। कविता के प्रस्फुटित होने की शर्तें वाचन की वे स्थितियाँ तय करती हैं जिनमें उन्हें लयबद्ध किया गया है। चाहे यह पहली बार किया गया हो, जैसीकि कल्पना की जाती है, या बाद के मान लीजिए, उस क्षण में जब पाठ ने एक मानक स्वरूप ग्रहण कर लिया हो या उस क्षण में जब उसे 'सूरसागर' के किसी संस्करण में प्रकाशित करने के लिए दिया गया हो। जिस भी स्थिति का चयन किया जाए, ब्रायंट का जोर इस बात पर है कि कविता को एक परिघटना के तौर पर समझना चाहिए।[12] इस मामले में वे 20वीं सदी में अंग्रेजी में लिखनेवाले तमाम आलोचकों—नॉर्थ्रोप फ्राये, डैनियल एच.एच. इंगल्स, स्टैनली फिश, बारबरा हेर्स्टाइन स्मिथ, और एडवर्ड सईद—की अगुआई करते नजर आते हैं। ब्रायंट का कहना है कि गहराई में जाकर देखा जाए, तो सूर की कोई भी कविता शब्द-दर-शब्द और पद-दर-पद विकसित होती है, और इस प्रक्रिया से रचनाकार/वाचक की मंशा प्रकट होती है, जोकि उसके इस एहसास से बनती है कि 'सुधी श्रोता' किस चीज की अपेक्षा रखते हैं या किस चीज की नहीं रखते हैं।

काव्य-रचना की इस तस्वीर में व्यक्तिपरक रचनात्मकता बुनियादी तौर पर इस बात से तय होती है कि कविता या पद को किस विधा का 'बता' दिया जाता है। इस विधा के बारे में रचनाकार/वाचक और स्रोता को जानकारी होती है, और कविता

की टेक के साझा गायन में इस जानकारी को बुनियादी तौर पर साझा किया जाता है। लेकिन अपेक्षा की ऐसी साझीदारी कवि की रचनात्मकता को हतोत्साहित नहीं करती; बल्कि कभी-कभी तो ऐसे विचलन को प्रेरित करती है, जो श्रोताओं की सामान्य अपेक्षा—या खुद कविता के साथ खेलने के कवि के हुनर के कारण श्रोताओं में पैदा हुई अपेक्षा—के विरोध में हो। ब्रायंट ने सूरदास को इन सब चीजों में सिद्धहस्त बताया है—कभी वे विरोधाभास में सिद्धहस्त दिखते हैं, कभी अपने श्रोताओं को 'जानबूझकर गुमराह' करने के दोषी, कभी 'इलहाम' की खातिर 'विकर्षण' फैलाने में निपुण।[13]

सूरदास की कई कविताओं को इस तरह पढ़े जाने से मैं काफी प्रभावित हुआ हूँ और मैंने पाया है कि यह प्राय: मीराँ और कबीर के मामले में भी कारगर है, हालाँकि ऐसा कभी-कभी ही होता है और इसके भिन्न परिणाम मिलते हैं। इस तरह का नजरिया पाठ-आधारित उन सिद्धान्तों के, जिन्हें मैं पहले प्रतिपादित कर चुका हूँ, इस तरह से समानान्तर चलता है कि किसी कविता के पर्याप्त वाचन में यह एक प्रकार के तनाव की अपेक्षा करता है। यह तनाव उस तनाव के जैसा नहीं होता, जो कविता के प्राचीनतम वाचन और उसके बाद के वाचन के तरीकों के ज्ञात इतिहास को लेकर पाठ आधारित प्रक्रिया से उत्पन्न होता है। विशुद्ध साहित्यिक प्रश्नों के मामले में, लोग कवि की मंशा और श्रोताओं की अपेक्षाओं तथा अनुभवों (अगर इन दोनों में, विश्लेषण की खातिर फर्क किया जा सकता हो) के बीच तनाव को समझना चाहेंगे, और इस तनाव के कारण उत्पन्न होनेवाली गत्यात्मकता को भी देखना चाहेंगे। पाठ आधारित और विवेचनात्मक, दोनों मामलों में रचनाकार तथा श्रोता भी शामिल होते हैं लेकिन किसी में भी हम उनके विशुद्ध रूप से नहीं मिल पाते। बल्कि कहा जा सकता है कि वे आलोचनात्मक अवधारणा के मार्गदर्शक सिद्धान्त हैं—आधार तत्त्व हैं। और दोनों मामलों में पांडुलिपियों के विभिन्न रूप और प्रस्तुति के विभिन्न तरीके अपनी भूमिका निभाएँगे।

यह हमें रस सिद्धान्त द्वारा प्रस्तुत बातों से अलग दिशा में ले जाता है। लेकिन मैं यह धारणा नहीं बनने देना चाहता कि इस तरह की टीका भारत में विकसित आलोचना के सिद्धान्तों के लिए एकदम अपरिचित है। उदाहरण के लिए, जरा इस पर विचार करें कि सहस्राब्दियों पूर्व मीमांसा पद्धति के अन्तर्गत वाक् का सामान्य विश्लेषण किस तरह किया जाता था। मीमांसक उद्घोषणा के उपक्रम और उपसंहार के बीच एक अर्थपूर्ण संवाद की अपेक्षा करते थे और उपक्रम द्वारा उत्पन्न आकांक्षा तथा उपसंहार द्वारा पूरित आकांक्षा की, जिसके बगैर दोनों में से कोई सार्थक नहीं होगा, संरचनाओं पर विशेष ध्यान देते थे। इसके साथ ही वे अपूर्वता, अभ्यास, और चुनौती तथा उसके प्रतिकार की प्रक्रिया द्वारा निभाई जा रही भूमिकाओं पर भी जोर देते थे। मेरे खयाल से इस तरह की विशेषताएँ—हालाँकि ये व्यापक तौर पर

वाक्चातुर्य हैं और विशेष तौर पर काव्यात्मक नहीं हैं—मीराँ, कबीर और खास कर सूर की भक्ति कविताओं को अच्छी तरह समझने में महत्त्वपूर्ण भूमिका निभाती हैं। ये यह समझने में भी सहायक होती हैं कि उनकी रचना किन पूर्वधारणाओं के तहत की गई।[14]

एक बार आलंकारिक आलोचना का जोर जब इस महत्त्वपूर्ण तथ्य पर केन्द्रित हो जाता है कि श्रोता किसी कविता पर किस तरह की प्रतिक्रिया करेंगे, तब कई सवाल उभरते हैं। आखिर यह काल्पनिक प्रथम प्रतिक्रिया कई प्रतिक्रियाओं में से केवल पहली ही होती है, वरना ये कविताएँ स्मृति में जीवित नहीं रहतीं। इस पुस्तक में कई अध्यायों में इस लम्बे इतिहास पर विचार किया गया है कि इन कविताओं पर, और ये कविताएँ जिन कवियों के नाम से जानी जाती हैं, उन पर किस तरह की प्रतिक्रियाएँ की गईं। आम तौर पर मैं साहित्यिक क्षेत्र पर कम जोर देता हूँ और इस बात पर ज्यादा कि भक्तिकाल के हमारे इन तीन कवियों का सांस्कृतिक तथा राजनीतिक 'उपयोग' किस तरह हुआ। और मैं प्रायः यह सुझाव देता हूँ कि उनका आज जो उपयोग हो रहा है, वह उन मंचीय संसारों से खासा अलग है जिनमें कविता का पहली बार विकास हुआ। यह मीराँ, सूर और कबीर के जीवन के साथ जुड़ी कथाओं के लिए भी सच है। और ये दो तत्त्व—जीवन और शब्द—प्रायः एक लय में चलते हैं। लेकिन भक्तिकालीन कवि-सन्तों के काल के मामले में भी इस प्रश्न का उत्तर खोजना महत्त्वपूर्ण है कि जीवन और शब्द खुद कवियों के लिए भी और उन्हें सम्मान देनेवालों के लिहाज से भी आपस में किस तरह संवाद करते हैं। पुस्तक के अंग्रेजी संस्करण के अध्याय 10 और 12 के रूप में सूरदास पर जो निबन्ध हैं, वे इस बात पर कुछ प्रकाश डालते हैं कि इसके पीछे क्या वजह हो सकती है।

पुस्तक की योजना

इस कृति के मूलभूत आयामों की पूर्वघोषणा करते समय मैंने गर्भगृह की बात की थी। और यकीन मानिए कि इस गर्भगृह को मुख्यतः उन सन्त-कवियों की अपनी-अपनी छवि के मुताबिक सजाया गया है, जिनकी पूजा की जानी है। फिर भी, इस रूपक के मुताबिक ये छवियाँ एक साझा जमीन पर गढ़ी गई हैं और पुस्तक के प्रथम खंड में शामिल निबन्ध यह स्पष्ट करने की कोशिश करते हैं कि यह जमीन कैसी है या कैसी होनी चाहिए। इस खंड के हरेक अध्याय में उत्तर भारत के समग्र भक्ति साहित्य को समेटने की कोशिश की गई है। अलग-अलग ढंग से हरेक अध्याय इस तथ्य की ओर ध्यान आकृष्ट करता है कि जब हम 'भक्तिकाल के सन्त-कवि' की बात करते हैं तब हमें काव्य तथा सन्त-चरित्रलेखन, दोनों में जीवन और शब्द के बीच के सम्बन्धों पर नजर रखने की जरूरत है।

पुस्तक का पहला अध्याय 'छाप और नाम' सिक्के के 'शब्द' वाले पहलू पर जोर देता है लेकिन इस बात पर भी अँगुली रखता रहता है कि सिक्के का जो दूसरा, 'जीवन' वाला पहलू है, वह 'शब्द' में किस तरह अपनी राह बनाता है या यह प्रक्रिया उलटकर किस तरह चलती है। यह अध्याय इस मूलभूत प्रश्न से निबटता है कि मीराँ, सूर और कबीर के नाम से जो कविताएँ जानी जाती हैं, उनके रचयिताओं के रूप में जब कोई उनकी बात करता है तो उसका क्या आशय होता है। यह प्रश्न केवल इसलिए महत्त्वपूर्ण नहीं है क्योंकि इन कवियों की जीवनगाथा मंचीय प्रस्तुति की प्रकट मंशा से कही जाती है—अगले अध्याय का विषय यही है—बल्कि इसलिए भी है कि कविताएँ खुद इस खेल में शामिल हैं। पद की विधा उत्तर भारत की भक्ति परम्पराओं के केन्द्र में रही है। और हर पद जब अपने उपसंहार तक पहुँचता है तो श्रोताओं को इसके रचयिता का नाम सुनने की अपेक्षा रहती है। वास्तव में, सामान्यत: इस नाम का उल्लेख मात्र श्रोताओं को यह सन्देश दे देता है कि पद का समापन होनेवाला है, कि रचयिता उस पर अपना मौखिक हस्ताक्षर कर रहा है।

'लेकिन नाम में भला क्या रखा है!'—क्या हम भी शेक्सपियर की तरह यह सवाल उठाएँ? इस अध्याय में यह तर्क रखा गया है कि इस तरह के सवाल का सबसे बढ़िया जवाब यह नहीं हो सकता है कि रचनाकार के बारे में उस तरह सोचा जाए जिस तरह आधुनिक यूरोप में पारम्परिक तौर पर सोचा जाता है। इसकी सांस्कृतिक रूप से सीमित पूर्वधारणाओं को फूको ने खोलकर रख दिया है। इस सवाल का जवाब आधिकारिकता के बारे में सोचकर दिया जा सकता है। पद सरीखी भक्ति कविताओं के रचयिता इस अर्थ में उसके रचयिता हैं कि वे उसके पाठकों-श्रोताओं के समक्ष उस कविता को एक आधिकारिकता प्रदान करते हैं।

इस आधिकारिकता का क्या इस्तेमाल किया जाएगा? इस मसले पर दूसरे अध्याय 'धर्म और भक्ति' में विचार किया गया है। यहाँ साहित्यिक विधा काफी भिन्न है; यह सिक्के का दूसरा पहलू है। अब हम सन्त-चरित्रलेखन की बात कर रहे हैं—जिसे कविता के रूप में लिखा गया है लेकिन इस बात के लिए जिसकी प्रशंसा नहीं की जाती, जबकि पदों की की जाती है। और मैं जिस पाठ का अन्वेषण कर रहा हूँ, वह अपनी तरह का सबसे प्रभावशाली सन्त-चरित्रलेखन है। यह नाभादास का 'भक्तमाल' (लगभग 1600 ई.) है उस रूप में, जिस रूप में उसे प्रियादास (1712 ई.) की 'भक्तिरसबोधिनी' में व्याख्यायित किया गया है। इस अध्याय में जिन तीन हिन्दू सन्तों का वर्णन किया गया है, उनमें से केवल एक, मीराँबाई 'भक्ति के उन तीन स्वरों' में शामिल हैं, जिन्होंने इस पुस्तक को समग्र स्वरूप प्रदान किया है। इस अध्याय के लिए मैंने बाकी जिन दो सन्त-कवियों को चुना है, वे हैं—नरसी मेहता, जो गुजराती में भक्ति काव्य के अग्रणी प्रतिमान हैं; और राजस्थान के राजसी दंपती पीपादास तथा सीता।

'धर्म और भक्ति' शीर्षक निबन्ध तुलनात्मक अध्ययन वाले खंड के लिए लिखा गया था, जिसमें सन्तों वाले आदर्श पर विचार किया गया है, और मेरा उद्देश्य यह दिखाना था कि 'भक्तमाल' और उसकी टीका भक्ति को नैतिकता की व्यवस्था के तौर पर निरूपित करती है, जो कि 'सामान्य' धर्म की शर्तों की विरोधी और उससे आगे की होती है। इसमें सन्देह नहीं है कि लोग नैतिक सलाह के लिए धर्मशास्त्रों के उपदेशों को देखते हैं लेकिन सम्भव है कि इस उद्देश्य के लिए आख्यानात्मक विधाएँ ज्यादा महत्त्वपूर्ण हों, साथ ही वे विधाएँ जो भक्तिकाल के सन्तों के जीवन की कथा कहती हैं। इसलिए भक्ति के साँचे में धर्म किस तरह दिखता है, इस समस्या का समाधान किया जाना चाहिए। यह किसी सामान्य सादृश्यता के मुकाबले कहीं ज्यादा असामान्य है, और समुदाय की जो परिभाषा भक्ति धर्म को उसका सन्दर्भगत अर्थ प्रदान करती है, वह 'मनुस्मृति' सरीखे पाठ में पाई जानेवाली परिभाषा से काफी भिन्न है। जैसाकि नाभादास और प्रियादास कहते हैं, भक्तिकाल के हरेक सन्त—मुख्यतः कवि—का जीवन अलग-अलग सीख को रेखांकित करता है, फिर भी सबमें एक सूत्र विद्यमान है। यह सूत्र है भक्ति की असीमता का। यह भक्ति को विशेष वर्चस्व प्रदान करता है।

पुस्तक के इस प्रारम्भिक खंड के तीसरे तथा अन्तिम अध्याय में इस पर भी विचार किया गया है कि उत्तर भारत में भक्तिकाल के सन्त-कवि किस तरह एक समूह की तरह उभरते हैं। यह मसला लेखन या आधिकारिकता का नहीं बल्कि वर्गीकरण का है, कि समूह को समूह की तरह कैसे समझा जाना चाहिए। 1929 में आचार्य रामचन्द्र शुक्ल की महत्त्वपूर्ण पुस्तक 'हिन्दी साहित्य का इतिहास' के प्रकाशन के बाद से भक्तिकाल को इस इतिहास का प्रारम्भ-बिन्दु मानने की प्रथा-सी बन गई है। आचार्य शुक्ल ने इस काल को वि.सं. 1395 से 1700 (1338-1643 ई.) तक का माना और जिन रचनाकारों को इस काल का माना गया, उन्हें दो धाराओं—सगुण तथा निर्गुण—में विभाजित किया गया।[15] निर्गुण कवि ईश्वर की 'निराकारता' पर जोर देते हैं और कहते हैं कि उसका कोई रूप देने की कोशिश वास्तविक लक्ष्य से भटकाव है। ईश्वर के बारे में इस तरह की चर्चा के बरअक्स वे मनुष्य के अस्तित्व के बारे में उस विश्लेषण को प्रस्तुत करते हैं जिसमें काल्पनिकता को छोड़ केवल स्पष्ट तथ्यों को चुना गया है। सगुण कवि इसका ठीक उलटा करते हैं। वे उस ईश्वर को सम्बोधित करते हैं, जो भक्तों की आवश्यकताओं को पूरा करता है और ऐसे रूप धरता है जो मनुष्य की अवधारणात्मक तथा भावनात्मक क्षमताओं के अनुकूल बैठता हो। ऐसी हस्ती की विशेषताएँ वास्तविक होती हैं, जो आत्म-आरोपित होती हैं। यह हस्ती—स्त्री या पुरुष—परिमित होती है। व्यक्तिगत स्वरूप वाले इस प्रकार के देवताओं के साथ आख्यानात्मक संसार जुड़ा होता है, जो साधारण जीवन के सामान्य चक्र से निर्मित होता है और उसमें इस चक्र में कुछ जोड़ता भी है। और ऐसे

आख्यानों की रूपरेखा प्रस्तुत करना सगुण कवियों को खूब पसन्द आता है। ऐसा वे प्रायः दैवी क्षेत्र की आवाजों का सहारा लेकर करते हैं।

निर्गुण/सगुण वर्गीकरण भारतीय दर्शन में बहुत प्राचीन काल से चला आ रहा है। दार्शनिक-धर्मशास्त्री शंकर (लगभग 800 ई.) के लेखन में इसे विशेष महत्त्व दिया गया है। आचार्य शुक्ल ने इस सूत्र को साहित्य तथा इतिहास के उपकरण के रूप में प्रयोग करके इसे एकदम अलग ही अर्थ प्रदान किया है। उनका मकसद एक ओर (घोर निर्गुणवादी) कबीर और दूसरी ओर (प्रबल सगुणवादी) मीराँ के बीच के अन्तर को स्पष्ट करना था। उन्हें सूरदास को मीराँ के खाते में डालने में कोई परेशानी नहीं होती।

'निर्गुण और सगुण' शीर्षक अध्याय में मैंने इस सवाल पर विचार किया है कि यह वर्गीकरण कितना पर्याप्त है। स्पष्ट है कि इस सवाल को बिलकुल अवधारणा या शैली के दायरे में ही उठाया जा सकता है लेकिन मैंने इसे ऐतिहासिकता के परिप्रेक्ष्य में उठाया है। अगर हम आचार्य शुक्ल द्वारा निर्धारित काल से पीछे चलें और उस काल में पहुँचें जब भक्तिकालीन कवियों को पहली बार कुल मिलाकर एक सुसंगत इकाई के तौर पर समूहित किया गया, तब क्या हम इसी तरह का वर्गीकरण पाते हैं? अगर ऐसा नहीं पाते हैं तो क्या आचार्य शुक्ल के प्रयास को कारगर माना जाएगा? या इसके बदले अलग तरह का वर्गीकरण करना पड़ेगा? मैं कुछ सन्त-चरित्रलेखनों और चयनिकाओं (स्फुटकर पदों) पर नजर डालता हूँ तो पाता हूँ कि निर्गुण/सगुण वर्गीकरण उन्हें उतनी अच्छी तरह नहीं प्रस्तुत करता, जितनी की अपेक्षा उसके प्रस्तुतकर्ताओं ने की होगी।

पाठ-सम्बन्धी रेकॉर्ड काफी मिला-जुला है। निर्गुण और सगुण कवियों को अलग-अलग चयनिकाओं में वर्गीकृत करने की जगह—जो कि प्रमुख सम्प्रदायवादी समुदायों का काम था—ये मुख्यतः विधागत तथा प्रायः छोटी चयनिकाएँ उन्हें एक साथ गड्डमड्ड कर देती हैं। उदाहरण के लिए, हाल में मैं 18वीं सदी की एक पांडुलिपि को देख रहा था, जिसमें शुरू में मराठी सन्त-कवि तुकाराम के नाम से दर्ज कविताओं को संकलित किया गया था। आचार्य शुक्ल के मुताबिक, सन्त तुकाराम स्पष्ट रूप से एक सगुणवादी कवि थे। लेकिन इस पांडुलिपि में उनकी कविताओं के बाद यह निर्गुण/सगुण भेद कबीर, मीराँ, रविदास, सूर, नामदेव, मलुकदास, रामदास को प्रस्तुत करनेवाली चयनिका में परिवर्तित हो जाता है। ये सारे कवि गाल से गाल सटाए खड़े नजर आते हैं। इस पुस्तक के बाद के अध्यायों में मैं यह विचार प्रस्तुत करूँगा कि सूरदास के जीवन तथा उनकी कविता को इस तरह विभाजित करने में वल्लभ सम्प्रदाय को काफी सम्प्रदायवादी रुख अपनाना पड़ा होगा कि सूर के निर्गुण तथा सगुण पहलू एक-दूसरे के विरोध में खड़े नजर आएँ और सगुण निर्गुण पर भारी पड़ता दिखे। जिस 'वास्तविक' सूरदास को हम पुरानी पांडुलिपियों

में पाते हैं, उनमें काफी कुछ मिलावट हो चुकी है, और मेरा मानना है कि यही कबीर तथा मीराँ के लिए भी सच है। जब हम इस त्रिमूर्ति को समग्र रूप में देखते हैं तब निर्गुण/सगुण झमेले को छोड़कर नई दृष्टि डालना अच्छा लगता है कि उन्हें एक-दूसरे के सन्दर्भ में कैसे समझा जा सकता है। विभिन्न पांडुलिपियों से अलग-अलग जवाब मिल सकते हैं और वे हमेशा बाद में किए गए वर्गीकरणों से मेल नहीं खा सकते हैं। वे हमें यह सोचने को प्रेरित करते हैं कि हम भक्तिकालीन कवियों को मिलाकर बने वर्णपट को एकल, जटिल, रंग-बिरंगे वर्णपट के रूप में देखें।

इस तरह की भूमिका के साथ हम पुस्तक के मूल तत्त्व की ओर बढ़ सकते हैं। यहाँ हम खुद को ऐसे दायरे में पा सकते हैं जो मीराँ, सूर और कबीर से मिलकर बना है। लेकिन मुझे उम्मीद है कि जो मनोदशा तथा मूल भाव उन्हें जोड़ते हैं, वे उन्हें एक साथ पढ़ने पर दृष्टिगोचर होंगे। इन कवियों को समानान्तर खड़ा करने के लिए मैंने पुस्तक के हरेक अगले खंड में एक ऐसा अध्याय जोड़ा है जो इस प्रश्न पर विचार करता है कि वे अपनी प्राचीनतम पांडुलिपि में किस तरह से उभरते हैं। सम्बन्धित निबन्ध ये हैं : 'पांडुलिपि में मीराँ' (अध्याय 4), 'प्रारम्भिक सूरसागर और सूर की परम्परा' (अध्याय 8), और 'फतेहपुर के हस्तलेख में कबीर' (अध्याय 10)। इन प्राचीन पांडुलिपियों पर विशेष प्रकाश डालते हुए मैं यह प्रदर्शित करने की उम्मीद करता हूँ कि हमारी 'भक्ति त्रिमूर्ति' से जुड़ी लिखित परम्पराएँ वास्तव में अत्यन्त दिलचस्प तरीके से भिन्न-भिन्न हैं। यहाँ कोई कतरब्योंत काम नहीं करेगी। निष्कर्ष चाहे जितने अलग-अलग क्यों न निकलें, मुझे विश्वास है कि हरेक के प्राचीन स्रोतों की मिली-जुली खोज जरूरी है।

हमारे जो 'तीन स्वर' हैं, उनमें से हरेक के लिए मैंने प्राचीन पांडुलिपियों से उभरी कविताएँ प्रस्तुत की हैं। कुछ पाठक इन कविताओं को पहली बार पढ़ेंगे क्योंकि इन्हें पहले कहीं प्रकाशित नहीं किया गया। पाठक गौर करेंगे कि मैं पहले की, ज्ञात काल वाली कविताओं का उल्लेख कर रहा हूँ, जो मीराँ या कबीर से ज्यादा सूरदास की हैं। मीराँ के मामले में, इसका सम्बन्ध इस तथ्य से है कि उनके नाम के साथ जोड़ी जा रही बहुत ही कम कविताएँ 16वीं-17वीं सदी की पांडुलिपियों में विद्यमान हैं। 'पांडुलिपि में मीराँबाई' में उपलब्ध पूरी कविताओं—मात्र छह ही हैं—को मैंने प्रस्तुत किया है (अध्याय 4)। जैसीकि व्याख्या की गई है, मीराँबाई के नाम से जुड़ी 17वीं सदी की कविताएँ अहमदाबाद के गुजरात विद्या सभा पुस्तकालय में कहीं पड़ी हैं लेकिन उनकी पांडुलिपियाँ कहीं नहीं पाई जा सकी हैं। उम्मीद करें कि वे और बाकी अन्य भी जल्दी मिल जाएँगी।

कबीर के मामले में मैंने उन कविताओं पर विशेष ध्यान दिया है जिनके साथ उनका नाम जुड़ा है और जो उपलब्ध प्राचीनतम कालांकित (फतेहपुर, वि.सं. 1639, 1582 ई.) पांडुलिपि में मिलती हैं, क्योंकि विद्वत्-मंडली में इन पर कम ही चर्चा

हुई है (अध्याय 10)। दूसरे प्रारम्भिक कालांकित संकलनों के महत्त्व को कम करने का मेरा इरादा नहीं है—खास कर सिख गोइंदवाल पोथियों (लगभग 1570 ई.) या दादूपंथी खजाने के महत्त्व को, जो हाल में जयपुर के संजय शर्मा संग्रहालय (लगभग 1615 ई.) में शामिल किए गए हैं। लेकिन मैं यह जरूर सोचता हूँ कि इस वैष्णव संकलन में कबीर को जिस तरह याद किया गया है, उसका अध्ययन करने से कुछ विशेष सीखा जा सकता है। इस मसले पर अधिक जानकारी के लिए पाठकों से अनुरोध है कि वे मेरा निबन्ध 'क्या वैष्णव कबीर भी हो सकते हैं?' (2016) पढ़ें।

जहाँ तक सूर की बात है, फतेहपुर पांडुलिपि ही उन कविताओं को यह आधार उपलब्ध कराती है कि उन्हें 16वीं सदी में उनकी बताकर प्रसारित की गई बताया जा सके। दूसरी कविताओं को भी इनके साथ जरूर प्रसारित किया गया होगा। अगर एक कविता के कई रूप सामने आते हैं तो इन्हें 17वीं सदी की पांडुलिपियों से छाँट दिया जा सकता है। ये प्राय: प्रारम्भिक 16वीं सदी में प्राप्त स्रोतों की ओर संकेत करती हैं। मैंने ऐसे मामलों पर अध्याय 8 में विचार किया है। पाठकों से अनुरोध है कि वे 'सूर्स ओशन : पोएम्स फ्रॉम द अर्ली ट्रैडीशन' (2015) नामक पुस्तक में, जो मैंने और केनेथ ई. ब्रायंट ने मिलकर लिखी है, प्रकाशित भूमिका को भी पढ़ें। हम यह सोचन के आदी हो चुके हैं कि सूरदास ने इतना सारा लिखा है कि उसकी तुलना सागर से की जा सकती है। सबसे बड़ी पांडुलिपि में लगभग 10 हजार पद हैं। लेकिन पता चलता है कि इनमें से केवल 433 पद ही ऐसे हैं जो उस सदी के हैं जिसमें खुद सूरदास जीवित थे। हो सकता है कि सूर का सागर वास्तव में एक नदी ही हो। इसकी शुरुआत 16वीं सदी में छोटी तथा ताजगी-भरी धारा के रूप में होती है, जो बाद में विशाल हो जाती है, और कभी-कभी सुस्त सहायक नदियों के रूप में दिखती है, जिनका उद्‍गम दूसरी सदियों में हुआ और उन्होंने मुख्य धारा में कुछ कविताएँ जोड़ दीं।

क्या यह रूपक हमारे सभी तीनों 'भक्ति स्वरों' पर भी लागू होता है? यह निर्णय मैं पाठकों पर छोड़ता हूँ। शायद हमें दूसरे रूपक खोजने पड़ेंगे। मीराँ के मामले में क्या कुछ भूमिगत धाराएँ हाल के दिनों में सतह पर उभर आईं—एक मौखिक परम्परा जिसे पांडुलिपियाँ शायद ही प्रतिबिम्बित करती हैं? कबीर के मामले में क्या कई तालाब थे, जिनका पानी कुछ मौसमों में एक-दूसरे में बहकर चला जाता था लेकिन दूसरे तालाब में पहुँचने के बावजूद अपनी पहचान बनाए रखता था? जो भी हो, हरेक मामले में उपमा तरल पदार्थ की ही दी जा सकती है।

हमारे 'भक्ति के तीन स्वर' से सम्बन्धित कविताओं तथा सन्त-चरित्रलेखन के सबसे प्राचीन जो स्रोत खोजे जा सकते थे, उन पर मैंने जोर दिया है और इसके लिए पुस्तक के दूसरे, तीसरे और चौथे खंड में ऐसे निबन्ध शामिल किए गए हैं, जो उस समय के बाद से काव्य तथा सन्त-चरित्रलेखन की परम्पराओं के विकास पर प्रकाश

डालते हैं। मीराँबाई के मामले में जाहिर है कि यह बात काफी महत्त्व रखती है कि वे स्त्री थीं। इसलिए मैंने 'लालसा की काया' (अध्याय 5) जोड़ा है। इसमें हम पाते हैं कि भक्ति काव्य में स्त्री काया की जो छवि उभरती है—चाहे यह मीराँ या सूर की कविताओं में उभरती हो—वह और कुछ भले हो मगर सहज, स्पष्ट नहीं है। पुरुषोत्तम अग्रवाल (2009) ने भी कबीर के सन्दर्भ में इस बात पर जोर दिया है।

सूरदास के लिए मैंने ऐसे अध्याय शामिल किए हैं जिनमें उनकी छवि के उन दो बहुत प्रमुख पहलुओं पर विचार करने का मौका है, जो परम्परा से हम तक पहुँचे हैं। पहला तो यह बुनियादी सवाल है कि क्या वे वास्तव में नेत्रहीन थे? अगर वे नेत्रहीन नहीं थे, तो आज उनकी जो नेत्रहीन वाली छवि हमारे मन में है, उसके लिए कौन जिम्मेदार है? यही विषय है 'कैसे बने सूरदास?' नामक अध्याय 6 का। इसमें हम वल्लभाचार्य के साथ उनके सम्बन्ध के बारे में भी जानेंगे। पूरी दुनिया मानती है कि धर्मशास्त्री वल्लभाचार्य उनके गुरु थे। इतिहास की नजर से देखें तो क्या यह सम्बन्ध वास्तव में था? पाठक देखेंगे कि मैंने इसका खंडन किया है। सूर और वल्लभ के बीच के सम्बन्ध को लेकर मेरी चिन्ता इसके अगले अध्याय 7 'सूर की दुनिया में अकबर' में भी जारी है।

'सूर की दुनिया में अकबर' अध्याय का दूसरा मकसद यह है कि इस प्रारम्भिक सूरदास का मूल्यांकन हमारे अपने समय की मजहबी राजनीति द्वारा प्रतिपादित परस्पर विरोधी मानकों के बरअक्स किया जाए। क्या सूरदास ऐसे व्यक्ति थे जिनकी काव्य-दृष्टि का विशिष्ट तथा 'शुद्ध' वैष्णववाद के साथ बढ़िया तालमेल बैठता था या वे कुछ उदार कवि थे, जो अकबर या इस्लाम ाह के दरबार में पेश हो सकते थे और हिन्दू तथा मुसलमान, दोनों की प्रशंसा हासिल कर सकते थे? संक्षेप में, उन्हें कट्टरवादी चश्मे से देखा जाए या समावेशवादी चश्मे से? जिस तरह से इस प्रश्न को रखा जाता है, उसके कारण इसका उत्तर देना असम्भव है। और इसमें कुछ आश्चर्य नहीं होना चाहिए। अगर हम सगुण/निर्गुण द्वंद्व की बात करें तो हम खुद को इसी स्थिति में पाते हैं। दोनों मामलों में हमें द्वंद्वात्मक दृष्टि अपनाने की जरूरत है। यह हमें कवि के उस सच के करीब पहुँचने में मदद करेगा जिसे 16वीं सदी में जाना जाता था। साथ ही यह हमें अपने ही सवालों की सीमाओं का भी बोध कराएगा।

मीराँबाई और सूरदास के उन निबन्धों की तरह, जिनकी हमने अभी समीक्षा की, ऐसे भी अध्याय हैं जिनमें मैंने उन बातों पर भी विचार किया है कि कबीर का क्या-क्या उपयोग किया गया है। 'कबीर : देश और विदेश में' नामक अध्याय 9 में हम काफी पहले से शुरू करते हैं और फिर रॉबर्ट ब्लाइ पर पहुँच जाते हैं जिन्होंने समकालीन अमेरिकी परिदृश्य के साथ कबीर को फिट करने की कोशिश की है। दूसरों के जरिये हमने कबीर को जिस तरह देखा है, उससे यह काफी भिन्न है। ब्लाइ के कबीर उनके पास असम्भावित रास्ते, रवींद्रनाथ ठाकुर द्वारा कुछ विलक्षण किस्म

की बंगाली सम्प्रेषण के आधार पर किए गए पुराने अनुवाद के रास्ते आए। मैं उम्मीद करता हूँ कि हिन्दी के पाठक यह देखकर चकित होंगे कि कबीर जब 'कालापानी' से निकलकर अमेरिका पहुँचते हैं, तब क्या होता है।

कबीर से प्रेरित बाकी अध्याय—पुस्तक का अन्तिम अध्याय—पहले के अध्यायों से बहुत भिन्न है। 'भक्ति, लोकतंत्र, और धर्म-सम्बन्धी अध्ययन' नामक इस अध्याय 11 का सरोकार इस महान सन्त के उदारवादी या धर्मनिरपेक्ष उपयोगों से जुड़ा है—हिन्दू-मुस्लिम एकता के कथित आह्वानों के कारण राष्ट्रीय एकता के प्रतीक के तौर पर उभरे कबीर से। अब तक उपलब्ध प्राचीनतम पांडुलिपियों से जो पता चलता है, उसके आधार पर अगर हम कबीर के बारे में अपनी धारणा तय करें तो ऐसे दावों का क्या होगा? एक ज्यादा जटिल चित्र उभरेगा, और उनके समय के भक्तिकालीन सन्तों के बारे में भी ऐसे ही चित्र उभरेंगे। यह अध्याय दो अन्य सन्त-कवियों—मीराँबाई तथा रविदास—पर भी नजर डालता है और यह सामान्य प्रश्न उठाता है कि इस पुस्तक की तरह के अन्य शोध तब कितने काम के होंगे जब भारतीय लोकतंत्र के समक्ष उपस्थित मसलों का तकाजा यह होगा कि उत्तर भारत के भक्तिकाल को अपने-अपने हिसाब से व्याख्यायित किया जाए?

शोध के श्रम से बचने के लिए यह ठीक नहीं होगा कि हम कबीर या भक्तिकाल के दूसरे किसी महान कवि को अपने समय में उभरनेवाले सवालों और सरोकारों से जोड़कर देखने के प्रयास त्याग दें। हम इस काम से बच नहीं सकते। एक बात तो यह है कि दक्षिणपंथ के भीतर के अतिवादी गुट इसके लिए दबाव डाल रहे हैं। वह इतिहास-सम्मत भक्ति आन्दोलन और खास कर तुलसीदास का जिस तरह उपयोग करता है, वह पिछले शासनों द्वारा कबीर के सहिष्णुतावादी, उदारवादी उपयोग के बिलकुल विपरीत है। एक और ताजा पहल बिलकुल अलग पक्ष की ओर से की गई है। 'कबीर के आलोचक' (1997) पुस्तक में लेखक धर्मवीर ने कबीर को भारतीय समाज के दबे-कुचलों, दलितों का बताने की कोशिश की है। लेकिन जब शोध का पहलू शामिल होता है, ऐसी कोशिशों का मकसद केवल अतीत के पाठ को दुरुस्त करना नहीं हो सकता; बल्कि यह उसका अन्वेषण करने का निमंत्रण बन सकता है—कि हम अपनी आज की चिन्ताओं को भक्तिकाल और उसके आज के क्रियात्मक स्वरूप का सन्दर्भ प्रदान कर सकें। और किसलिए? ताकि हम यह देख सकें कि केवल हमारी चिन्ताएँ ही नहीं हैं जिनके लिए हमें इन सन्त-कवियों और उनके काल के पास जाने की जरूरत पड़ती है; ताकि हम देख सकें कि हमारी आज की चिन्ताएँ, जो प्राय: परस्पर विरोधी होती हैं, इस तरह एक साथ फिट हो सकती हैं कि वे एक-दूसरे की पूरक बन जाएँ जिसकी हमने कल्पना भी नहीं की होगी। इस मसले पर मैंने 'अ स्टॉर्म ऑफ सांग्स : इंडिया एंड द आइडिया ऑफ द भक्ति मूवमेंट' (2015) नामक पुस्तक के अन्तिम अध्याय में विचार किया है।

इसलिए, इस पुस्तक का सबसे बड़ा आयाम यह है कि यह एक इतिहास-सम्मत तार्किकता को अपनाने का, खुद को इतिहास की कई धाराओं के बरअक्स देखने और इसके कारण उत्पन्न होनेवाली विनम्रता को स्वीकार करने का भी आह्वान करती है। यह कल्पनाशील, तार्किक विमर्श की विशेषता के लिए भी आह्वान करती है। कवि/प्रस्तुतकर्ता और पाठकों के बीच के संवाद की कल्पना करने की एक चुनौती भी है, जो कि आज के सन्दर्भ में उसकी जो कल्पना की जा सकती है, उससे काफी अलग हो सकती है। इसके अलावा, यह साम्प्रदायिक और राष्ट्रवादी दावों की आत्मतुष्टता को चुनौती देती है। इस तरह के दावे प्राय: इतिहास की उनकी अपनी व्याख्या से पैदा होते हैं, न कि उस काल से जिसमें हमारी भक्ति त्रिमूर्ति वास्तव में जीवित थी। अन्त में, यह पुस्तक भक्ति परिवार को एक परिवार के रूप में देखने की अपील है, जिसमें तमाम तरह की विविधताएँ और उनके बीच के अन्तर्सम्बन्ध—मुसलमान, हिन्दू, उच्च जाति, निचली जाति तथा दोनों और इनमें से कोई भी नहीं—शामिल हैं।

भक्तिकाल के ये तीनों कवि—मीराँ, सूर और कबीर—आज उत्तर भारत में रह रहे लोगों की आत्मचेतना का काफी हद तक प्रतिनिधित्व करते हैं। इन कवियों की तरह इस आत्मचेतना का कुछ अंश तो बेहद रोशनी फैलानेवाला है। मेरा खयाल है कि इसमें से कुछ ऐसा भी है जो स्थिर रह सकता है। और बहुत सारा ऐसा है जो खुद भारत की सीमाओं के पार प्रतिध्वनित हो रहा है—न केवल विदेश में बसे भारतीयों के बीच बल्कि मानव जीवन से जुड़े कई गहरे सरोकारों में भी।

अध्याय-1

छाप और नाम

अमेरिका में हम चीजों को अपना नाम देना पसन्द करते हैं। पेड़ों के तनों से लेकर मेट्रो के डिब्बों तक तमाम चीजें यह बताने की हमारी आतुरता को उजागर करती हैं कि हम कौन हैं और हम किस-किस चीज के मालिक हैं। कला और लेखन की दुनिया में भी परिदृश्य इससे भिन्न नहीं है। यहाँ कॉपीराइट हमारी इस प्रवृत्ति का खुलासा कर देता है कि रचनाशीलता के साथ भी स्वामित्व का पहलू जुड़ा है। हम दावा करते हैं कि हमने क्या रच दिया है। जिस चीज का स्वामित्व स्पष्ट नहीं है यानी अहस्ताक्षरित चीज के प्रति सन्देह करने की प्रबल प्रवृत्ति हमारे भीतर है। कोई रचना छह नाम से हो, यह दुर्लभ ही है।

लेकिन हर संस्कृति ऐसी नहीं है। अमेरिकी लोगों को यह स्वाभाविक लग सकता है कि पुस्तकालयों में पुस्तकों की सूची पहले लेखक के नाम से और फिर पुस्तक के शीर्षक के मुताबिक तैयार की जाए लेकिन भारत में उन्हें प्रायः इससे उलटे तरीके से सूचीबद्ध किया जाता है। भारतीय लोग रचनाकारों को श्रेय तो देते हैं लेकिन कई प्रसिद्ध पाठ अपने रचनाकार की पहचान को गौण कर देते हैं। यहाँ तक कि छोटी, अधिक निजी किस्म की कृतियाँ प्रायः यह संकेत देती हैं कि लेखक का काम रचना करने से अधिक उसे सम्प्रेषित करना है; जो पहले दिया जा चुका है, उसे पुनः देना है और ऐसा करते हुए उसे अपना बताना है।[1] कभी-कभी लेखक का नाम मुखपृष्ठ या आवरण जैकेट पर नहीं होता, और जहाँ पर होता है, वहाँ छोटे अक्षरों में होता है, जबकि पश्चिम में यह बड़े अक्षरों में होता है।

कई भारतीय लेखकों की भूमिका को जिस तरह फीका श्रेय दिया जाता है, उसे देखते हुए भारतीय साहित्य में ऐसी विधा की उपस्थिति कुछ रहस्यमय है जिसमें रचनाकार का हस्ताक्षर सचमुच प्रमुख भूमिका निभाता है। मैं पदों की, उत्तर भारत में भक्ति की अभिव्यक्ति के सम्भवतः सबसे सशक्त माध्यम की बात कर रहा हूँ। पद छह-आठ पंक्तियों के (या इनसे अधिक के भी) लयबद्ध गीत होते हैं, जो किसी धार्मिक विषय पर केन्द्रित होते हैं। हरेक पद को गाया जा सकता है और उसकी एक

टेक होती है। व्यापक हिन्दी परिवार का निर्माण करनेवाली अधिकतर बोलियों—ब्रजभाषा, राजस्थानी और सधुक्कड़ी भाषा—में पदों की रचना की गई है। 15वीं तथा बाद की सदियों में कुछ कवियों ने ऐसे सशक्त पदों की रचना की कि उन्हें आज भी गाया और सुना जाता है। वे जो कह गए हैं, उन सबने हिन्दी साहित्य को समृद्ध किया है।

इन पदों की रचना किसने की, यह जानने के लिए किसी को इस आधार पर अटकल नहीं लगाना पड़ेगा कि उसने क्या कहा है। इस विधा की माँग ही यह है कि कवि का नाम पद की आखिरी दो में से किसी एक पंक्ति में उसके मौखिक हस्ताक्षर के तौर पर प्रकट हो। ऐसा केवल पदों के मामले में नहीं है।[2] लेकिन अब हमारे सामने सवाल यह है कि इन हस्ताक्षरों का अर्थ क्या है? जब हम गहरी नजर डालते हैं तो यह स्पष्ट हो जाता है कि ये हस्ताक्षर कवि का नाम रेखांकित करने से ज्यादा और भी बहुत कुछ को—साथ ही उससे कम को भी—रेखांकित करते हैं। यद्यपि इनमें से कई हस्ताक्षर परिचित अर्थ में रचनाकार के लेखकीय अधिकार को अभिव्यक्त करते हैं, जबकि कई ऐसे भी हैं जो 'रचनाकार' शब्द के उस अर्थ को छूते हैं जो आधुनिक अंग्रेजी चलन से बाहर हो चुका है।[3] वे रचनाकार के लेखकीय अधिकार वाले पहलू से अधिक लेखक के प्रभुत्व को रेखांकित करते हैं और प्रेरित करते हैं कि हम कला तथा जीवन के बीच के सम्बन्ध को लेकर अपने पूर्वग्रहों पर पुनर्विचार करें।

कवि : पुराने और नए

भक्तिकाल के सन्त-कवि रविदास द्वारा रचित बताई गई प्रसिद्ध कविताओं की एक शृंखला की खोज के क्रम में हुए अपने एक अनुभव को मैं यहाँ बताना चाहूँगा। रविदास को महान मूर्तिभंजक कबीर का समकालीन मगर उनसे कम उम्र का माना जाता रहा है। सिखों के पवित्र 'गुरुग्रन्थ साहिब' में रविदास के 40 पद संकलित हैं।[4] इस कारण उन्हें 'गुरुग्रन्थ साहिब' में कबीर तथा नामदेव के बाद सबसे ज्यादा उद्धृत कवि माना जाता है, बशर्ते हम सिख गुरुओं की कविताओं को छोड़ दें। रविदास की प्रसिद्धि केवल 'गुरुग्रन्थ साहिब' के कारण नहीं है, उनके पद 'सर्वांगी' तथा 'पंचवाणी' में भी संकलित हैं, जो कि दादूपंथ के सबसे महत्त्वपूर्ण धर्मशास्त्र माने जाते हैं।[5] वास्तव में, 'पंचवाणी' में जो 'पाँच वाणियाँ' हैं, उनमें एक रविदास की ही है। लेकिन उत्तर भारत के भक्तिकालीन अग्रणी कवियों में उनका नाम कम ही लिया जाता है।

इसके बावजूद, आज उत्तर भारत के कुछ इलाकों और पंजाब में उनका अच्छा-खासा प्रभाव है। उनके मन्दिर बने हुए हैं, उनके नाम पर सांस्कृतिक तथा शैक्षणिक

संस्थाएँ बनी हुई हैं, और दिल्ली तथा पंजाब में मिशन की स्थापना की जा चुकी है जो उनके मूल स्थान बनारस में उनके जीवन तथा कार्यों पर अनुसन्धान करते हैं। हाल के समय में यह सब इस वजह से हुआ है क्योंकि रविदास उत्तर भारत में भक्तिकाल के सभी समकालीन सन्त-कवियों में सबसे निचली मानी जानेवाली, चमार जाति के थे। उनकी जाति के लोग समाज में अपनी जाति के प्रति पारम्परिक तिरस्कार की भावना को खत्म करने के लिए उनके नाम को महिमामंडित करने में जुट गए हैं।[6]

रविदास के नाम से बने संगठनों का एक सबसे दिलचस्प काम उस क्षेत्र से सम्बन्ध रखता है जिसके बारे में इस अध्याय के पाठक अच्छी तरह परिचित हैं। अंग्रेजी से उधार लिये गए एक शब्द के मुताबिक यह काम है 'रिसर्च' का, और यह बनारस में रविदास के जीवन से सम्बन्धित वास्तविक परिस्थितियों की पड़तालों से सम्बन्ध रखता है। खास तौर से यह खोज की जा रही है कि उनका वास्तविक जन्मस्थान कौन-सा था और वे कहाँ पले-बढ़े। श्रम मंत्रालय में क्लर्क के पद से सेवानिवृत्त हो चुके श्री बी.आर. घेड़ा काफी उत्साही व्यक्ति हैं। उन्होंने खोज की है कि रविदास का जन्म बनारस के श्री गोवर्धनपुर नामक बस्ती में हुआ था, जो आज भी चमारों की बस्ती है। यह बस्ती बनारस हिन्दू विश्वविद्यालय की दक्षिणी दीवार के पीछे स्थित है। रविदास के निवासस्थान को लेकर बनारस में कई बातें कही जाती हैं।[7] लेकिन घेड़ा का मानना है कि श्री गोवर्धनपुर ही उनका असली निवासस्थान था क्योंकि अस्सी में चमार घाट के नाम से ज्ञात घाट और शहर के दक्षिणी इलाके में उस व्यापार मार्ग के बीच यही बस्ती पड़ती है, जिस मार्ग से बंजारे यात्रा करते होंगे। माना जाता है कि रविदास बंजारों के सम्पर्क में रहते थे।

इसके अलावा, श्री गोवर्धनपुर में एक ऐसा पेड़ है जिसके बारे में कहा जाता है कि उसमें चमत्कारी गुण हैं। स्थानीय लोककथाओं के मुताबिक इस पेड़ को एक अनाम दलित, चंडाल जादूगर से जोड़ा जाता है। घेड़ा का मानना है कि यह रिश्ता उस प्राचीन घटना की याद दिलाता है, जिसके अनुसार विख्यात सन्त गोरखनाथ जब रविदास से सत्संग करने के लिए आए थे, तब उन्हें काफी गरमी लगी थी और रविदास ने पास पड़ी जलावन की लकड़ियों में से एक लकड़ी खींचकर वहाँ जमीन में गाड़ दी थी, जहाँ गोरखनाथ बैठे थे। चमत्कार यह हुआ कि योगी महाराज को छाया देनेवाला एक वृक्ष वहाँ पर उग आया। घेड़ा का कहना है कि उस पेड़ की आज भी पूजा होती है।[8]

घेड़ा को अपने अनुसन्धान का यह सकारात्मक निष्कर्ष मिला तो उन्होंने पंजाब या इंग्लैंड में बसे धनी चमारों से चन्दा लेना शुरू किया और रविदास की कथित जन्मस्थली पर उनके मन्दिर का शिलान्यास कर दिया गया। 1967 के बाद से धीरे-धीरे यह मन्दिर बना लिया गया। अब वहाँ प्रतिदिन रविदास के पदों का गायन होता

है। इस मन्दिर को देखने और इस गायन को सुनने के लिए मैं श्री गोवर्धनपुर तक गया। मैं यह महसूस करना चाहता था कि रविदास का भारी सम्मान करनेवाले समुदाय के लोग जब उनके पदों का गायन करते हैं, तब वे सुनने में कैसे लगते हैं। मैं अपना टेप रेकॉर्डर लेकर तैयार था कि गाए गए पदों और छपे हुए पदों, खास कर 'गुरुग्रन्थ साहिब' में संकलित पदों में अन्तर तो नहीं है?

मैं कितना नासमझ था! श्री गोवर्धनपुर के मन्दिर में जब 'गुरु रविदास ग्रन्थ' के पन्ने खोले गए और वृद्ध गायक ने भजन शुरू किया तो मैंने पाया कि मुझे अपनी अपेक्षा के एकदम विपरीत पद सुनने को मिले। जहाँ तक मैं समझ पाया, उन पदों में एक भी पद ऐसा नहीं था, जो 'गुरुग्रन्थ साहिब' में संकलित है। मैं तो ऐसे गीत सुन रहा था, जो रविदास के लिखे हुए नहीं बल्कि उनके बारे में लिखे हुए थे, हालाँकि दर्ज रेकॉर्ड के मुताबिक वे ही उसके रचनाकार थे। ये पद गुरु की महानता और उनके प्रति निष्ठा के महत्त्व को बताते हैं, जिसका एक स्पष्ट उदाहरण नीचे दिया जा रहा है :

गुर की मूरति मन विखे　　धरो सो हर दम ध्यान
नाम दान असनान कर　　दुआरे पावे मान
मंत्र जप गुर हृदय में　　मिले सो निश्चल ज्ञान
भूख प्यास न उत्तरे　　नाम विना भगवान
सतगुर सो नहीं पावहि　　जो दिल माहे सुआन
मन सचा कित विध भयो　　कर है किया विजान
झूठा पालन पालते कहो　　कैसे कलियान
अज्ञा गुर की चित्त धर　　कहे रविदास विखान।[9]

मैं इसे एक तरह से एक कविता के तौर पर ले सकता था। उत्तर भारत में कई पवित्र ग्रन्थों का पाठ सम्बन्धित गुरु के प्रति भक्तिभाव प्रकट करके शुरू किया जाता है। और जिस धार्मिक परम्परा में सत्गुरु को भगवान का अवतार माना जाता है, उसमें भक्तिभाव की यह अभिव्यक्ति कहीं अधिक महत्त्वपूर्ण होती है। लेकिन इस मामले में गौर करनेवाली बात यह है कि कल्पित रचनाकार और वह हस्ती, जिसका वह महिमागान कर रहा है, एक ही व्यक्ति है।

सबसे स्पष्ट तौर पर तो यही दिखता है कि रविदास सम्भवतः अपने गुरु का महिमागान कर रहे हैं। इस समुदाय में इस बात पर कुछ विचार-विमर्श हो चुका है कि ये गुरु कौन थे। यह समुदाय इस पारम्परिक मान्यता को स्वीकार करने के लिए तैयार नहीं है कि विख्यात ब्राह्मण स्वामी रामानन्द उनके गुरु थे।[10] दूसरे, वे साथ ही साथ सत्गुरु यानी भगवान का भी महिमागान कर रहे थे। 'गुरु रविदास ग्रन्थ' में संकलित पहले भजन में 'सत्गुरु' शब्द बार-बार आता है। अन्त में एक तीसरे गुरु

की ओर संकेत किया जाता है। यह संकेत ग्रन्थ के नाम में ही मिलता है, जो सिखों के पवित्र ग्रन्थ के नाम को प्रतिध्वनित करता है। जाहिर है कि यह नाम इसलिए चुना गया ताकि इस ग्रन्थ को सिखों के पवित्र ग्रन्थ जितना ही महत्त्वपूर्ण माना जाए।[11] 'गुरु रविदास ग्रन्थ' के प्रारम्भिक पदों में जिन तीसरे गुरु की ओर संकेत किया गया है, वे खुद रविदास ही हैं। उनकी गुरुता और रचनाकारिता के कारण ही यह ग्रन्थ उन लोगों के लिए अतिमहत्त्वपूर्ण है, जो इसका पाठ करते हैं। और जब वे इन पदों को गाते हैं तब उनके मन में साफ तौर पर केवल वह रचनाकार ही होता है, जिसे इन पदों को लिखने का श्रेय दिया जाता है यानी रविदास। 'गुरु ग्रन्थ साहिब' समेत पुराने संकलनों में जिन पदों को रविदास का माना जाता है, उनके राग, उनकी शैली और उनके ढाँचे से इन पदों का कोई लेना-देना नहीं है। लेकिन इससे किसी को कोई फर्क नहीं पड़ता। यहाँ उनकी उपस्थिति के लिए यह उतना महत्त्व नहीं रखता, जितना महत्त्व उनका प्रभुत्व रखता है।

1980 के दशक से रविदास के मन्दिर में सुबह-शाम गाए जानेवाले पद बदल गए हैं। अब वहाँ जमा होनेवाले भक्तों को रविदास एक ऐसी पुस्तिका के माध्यम से मिलते हैं जिसमें उनके द्वारा रचित माने गए वे पद संकलित हैं, जो 'गुरुग्रन्थ साहिब' में शामिल किए गए हैं। घेड़ा की हस्तलिखित पुस्तिका अब अतीत की बात हो चुकी है। लेकिन दोनों ही संकलनों के रचनाकार की छाप गहरी है, जो न केवल श्रव्य है बल्कि दृश्य भी है। मन्दिर के गर्भस्थल पर कवि का चित्र लगा है और दीवारों पर उनकी जीवनगाथा कहनेवाली घटनाओं के चित्र, नक्शे आदि लगे हैं। ये श्रोता उस हस्ती के शब्द सुन रहे हैं, जो ईश्वर तथा दुनिया के समक्ष उनकी सामूहिक पहचान के प्रतीक हैं। भारत की आजादी से पहले अंग्रेज सरकार ने कई जनगणनाएँ करवाई थीं, जिनमें उत्तर भारत में कई चमारों ने अपनी जाति के पारम्परिक निन्दात्मक विशेषण की जगह खुद को रविदासी बताया था। पद में जहाँ भी रविदास का नाम आता है तो वह केवल यह संकेत नहीं करता कि रचनाकार कौन है बल्कि कवि के जीवन और उसकी हस्ती को भी रेखांकित करता है, और श्रोता उससे गहरे लगाव की अनुभूति करते हैं।

रविदास अगर गुरु की वन्दना करने का अनुरोध करें, जैसाकि उन्होंने घेड़ा के 'गुरु रविदास ग्रन्थ' में किया है, तो पदों में किस गुरु का उल्लेख किया गया है, यह जानने पर ये पद अनुलाप जैसे लगेंगे। यह पाठ को बेमानी नहीं बल्कि जटिल बनाता है। उन पंक्तियों को गाकर समुदाय अपने आदर्शों की पुष्टि करता है और उन शब्दों को दोहराकर वह अपनी पहचान के एहसास को मजबूत करता है, जिन शब्दों के बारे में वह जानता है कि वे उसके अन्तर्मन से नहीं निकले हैं बल्कि उसे सौंपे गए हैं। रविदास नाम इस सौंपे जाने का संकेत है। यह सच है कि अब वह समय नहीं रहा जब यह समुदाय ऐसे पदों को सुनकर उनकी प्रामाणिकता पर शायद ही सवाल

उठाता था। अब, कम-से-कम समुदाय के नेता यह समझते हैं कि घेड़ा ने ही इन पदों की रचना की है। लेकिन घेड़ा का ग्रन्थ हो या उसका मौजूदा विकल्प, हमेशा से उन पदों की प्रामाणिकता उतना महत्त्व नहीं रखती रही है जितना कि उनका प्रभुत्व महत्त्व रखती रही है। अगर रविदास उन पदों के रचयिता हैं, तो वे समुदाय के इतिहास के सामूहिक स्वर को ईश्वर के सामने मुखरित करते हैं। यह साझा इतिहास पहले की तुलना में आज इसलिए ज्यादा स्पष्ट है कि अर्चना गुरु की उस परम्परा का पाठ करने के साथ समाप्त हो जाती है, जो आज के श्रोताओं को खुद रविदास से जोड़ता है।

बेशक यह एक विशिष्ट मामला है, जिसमें कवि की लेखकीय पहचान शामिल है। और यह कवि एक समुदाय का संरक्षक है, गुरु है। लेकिन यह कोई अनूठी बात नहीं है। सिख समुदाय में भी यह चीज पाई जाती है। जैसाकि सर्वविदित है, सिख धर्म में मूर्तिपूजा निषेध के कारण स्वयं नानक समेत किसी भी गुरु की मूर्तिपूजा नहीं होती, किसी सिख गुरुद्वारा में नानक की मूर्ति नहीं पाई जा सकती है। इसका अगर कोई असर हुआ है तो यह कि मूर्तिपूजा निषेध के चलते व्यक्तिपूजा को स्थान न मिलने से गुरु नानक के शब्दों का महत्त्व और बढ़ गया है, जो गुरुग्रन्थ साहब में संकलित हैं। इसके अतिरिक्त, जब उनकी छाप वहाँ दर्ज है, तो यह पूर्णतः स्पष्ट है कि यहाँ किसी दोहे का रचयिता होने से कहीं बड़ी चीज जुड़ी है। उनके धर्मग्रन्थ के सन्दर्भ में सिख समुदाय जब नानक के नाम का उपयोग करता है तो वह न केवल प्रथम गुरु का उल्लेख कर रहा होता है बल्कि 'गुरुग्रन्थ साहिब' की रचना तक समुदाय का नेतृत्व कर चुकी सभी हस्तियों का उल्लेख कर रहा होता है। जिस महाला के अन्तर्गत पद को संकलित किया गया है, उसे देखकर ही पता चल जाता है कि पद किस गुरु का लिखा है। महाला की संख्या एक से पाँच तक है लेकिन पदों में केवल नानक का नाम ही पढ़ा जाता है।[12] यानी पदों में नानक का नाम व्यक्तिगत पहचान की जगह प्रभुत्व के प्रतीक की तरह है। पंथ के इतिहास में उनके बाद आए गुरुओं ने समुदाय के लिए जो भी पद लिखे, वे नानक के नाम से ही लिखे।

जब हम रविदास और नानक की बात करते हैं तब हमें पंथवादी दुनिया में कदम रखना पड़ता है। ये दोनों कवि कुल मिलाकर अपने ही सुपरिभाषित संस्थात्मक अर्थों में गुरु बने। और बात यहीं खत्म नहीं होती। हमें कबीर और दादू के गीतों का पंथवादी आस्था के साथ गायन सुनने को मिल सकता है क्योंकि उनके नामों को सम्मान देने के लिए भी पंथों की स्थापना की गई।[13] वास्तव में, कबीर पंथ के कुछ साहित्य में कबीर को पारलौकिक हस्ती माना गया है, इसलिए उनके शब्दों से विशदता गूँजती है और उनके नाम के साथ ऐसी शक्ति जुड़ी है जो किसी ऐतिहासिक सन्दर्भ से परे है। खास तौर से कबीर पंथ की धर्मदासी शाखा में कबीर शब्द किसी

व्यक्ति के नाम से कहीं ज्यादा महत्त्व रखता है।[14] लेकिन मध्ययुग के दूसरे कवियों के मामले में इस तरह का पंथवादी परिप्रेक्ष्य इतने स्पष्ट रूप से नहीं जुड़ा है, जिसमें सन्तत्व की पदवी प्रदान करने या महिमामंडन करने तक की प्रवृत्ति हावी रहती है। यद्यपि सूर, मीराँ और तुलसी के अपने विशेष श्रोता-पाठक हैं लेकिन उन्हें मुख्यत: किसी एक सम्प्रदाय या पंथ से जोड़कर नहीं देखा जाता, और न ही इन तीनों में से किसी को संस्थात्मक तौर पर गुरु की तरह पूजा जाता है। वैसे, पंथवादी दायरों से बाहर—और कभी-कभी तो इसके भीतर भी—भक्तिकाल के इन अन्य कवियों के नाम उतने ही सम्मान से लिये जाते हैं जितने सम्मान से रविदास, नानक और कबीर के लिये जाते हैं। इसलिए यह सवाल पूछा जाना चाहिए कि कविता में उनका नाम भी क्या लेखकीय अधिकार से अधिक उनके प्रभुत्व को रेखांकित करता है?

इस मामले में सूरदास को विशेष उदाहरण के तौर पर देखा जा सकता है। हालाँकि सूर पर खास कर एक समुदाय—वल्लभ सम्प्रदाय—ने अपना दावा किया है, लेकिन उनका आकर्षण सार्वभौमिक है।[15] इस सम्प्रदाय से बाहर के लोग भी आम तौर पर इस दावे का खंडन नहीं करते कि सूर ने वल्लभाचार्य से दीक्षा ली थी लेकिन ये लोग कवि के कथित गुरु की बजाय खुद कवि में कहीं ज्यादा दिलचस्पी रखते हैं। सूर के पद वल्लभ सम्प्रदाय के बाहर भी खूब गाए जाते हैं। ऐसा लम्बे समय से चला आ रहा है। उनकी कविताओं के विख्यात विशद संकलन 'सूरसागर' की कुछ पांडुलिपियाँ ही यह संकेत देती हैं कि उनका उद्‌गम स्रोत वल्लभ सम्प्रदाय है। और वल्लभ सम्प्रदाय के लोग भी उन्हें काफी सम्मान देते हैं। बेशक वे गुरु नहीं हैं—यह भूमिका वल्लभाचार्य के लिए ही सुरक्षित है—लेकिन एक कवि के रूप में वे अद्वितीय माने जाते हैं। तब सवाल उठता है कि उनके द्वारा रचित मानी गई कविताओं में जब उनका नाम आता है तब वह कितना वजन रखता है या इसका क्या अर्थ होता है?

संक्षेप में, सूर का नाम (या उसके विभिन्न रूपों में से कोई एक) एक तरह के प्रभुत्व की गारंटी देने के साथ यह संकेत भी करता है कि उस रचना के रचनाकार वही हैं। एक तरह से यह तब स्पष्ट हो जाता है जब हम यह विचार करते हैं कि सूर के काल के बाद से 'सूरसागर' में हजारों कविताएँ शामिल की गई हैं। फिलहाल काशी नागरी प्रचारिणी सभा द्वारा प्रकाशित 'सूरसागर' के संस्करण में पाँच हजार से ज्यादा पद शामिल हैं और 19वीं सदी की एक विशद पांडुलिपि इस आँकड़े में हजारों और पदों को जोड़ती है। लेकिन अगर हम 'सूरसागर' की प्राचीनतम पांडुलिपियों की जाँच करें तो पाएँगे कि कुछ सौ पदों का संकलन ही हासिल होगा। इनकी संख्या समय के साथ बढ़ती गई क्योंकि इस कोश में दूसरी कविताएँ जोड़ी जाती रहीं—जिनमें कुछ तो ऐसी थीं, जो बाकायदा दूसरे कवियों द्वारा 'हस्ताक्षरित' थीं। समय के साथ कविताओं के स्वर भी बदलते गए। इन सबसे यह स्पष्ट हो जाता है कि

'सूरसागर' में जो भी उपलब्ध हैं, वे किसी एक कवि की विशद रचनाएँ नहीं हैं, जो शुरू में इधर-उधर बिखर गई थीं और जिन्हें पीढ़ी-दर-पीढ़ी समेटकर संकलित किया गया, बल्कि ये एक परम्परा थी जो धीरे-धीरे विकसित होती गई जिसमें कई कवियों द्वारा रचित कविताएँ शामिल होती गईं।[16] फिर भी हरेक कविता में एक ही रचनाकार का नाम है।

यह कैसे सम्भव है, यह समझने के लिए सूर सरीखे कवियों की रचना परम्परा को आगे बढ़ाने में बिचौलियों की भूमिका पर गौर करना होगा। इन बिचौलियों में गायक और 'सूरसागर' के सम्पादक शामिल हैं। और कुछ मामले तो ऐसे हैं कि इन लोगों को जो कविताएँ मिलीं, उनके रचनाकारों के नाम बदल दिये, ताकि वे उन नामों के अनुरूप हों जिन नामों पर कृष्ण भक्ति की कविताओं की परम्परा विकसित की जा रही थी।[17] यह भी सम्भव है कि रचनाकारों ने (अगर एक क्षण के लिए हम इन्हें गायकों से भिन्न मान लें) जो गाया, उस पर अपना 'हस्ताक्षर' करने की आवश्यकता नहीं महसूस की। वैसे, आधुनिक हिन्दी साहित्य के अपेक्षाकृत पश्चिमीकृत दायरों में छह नाम से लेखन करना आम बात है। सो, कई रचनाकारों को सूरदास का नाम अपनाना काफी सहज लगा होगा। पहली बात तो यह है कि पारम्परिक मान्यता यही रही है कि सूरदास नेत्रहीन थे और नेत्रहीनों को सूरदास के नाम से पुकारने की प्रथा रही है। इसलिए नेत्रहीन गायकों को, जिनकी संख्या भारत में अच्छी-खासी है, कविता में अपनी पहचान 'सूरदास' के नाम से जोड़ना बहुत स्वाभाविक लगा होगा।[18]

दूसरी बात मुझे यह लगती है कि इन कविताओं की रचना करनेवाले कई कवि खुद को महत्त्वपूर्ण तथा उच्च कोटि की गायन रचना से जोड़ना चाहते होंगे। और ब्रजभाषा के महानतम कवि सूर तो ऐसे थे ही कि निम्न स्तर की रचना नहीं कर सकते थे। इस मामले को तीसरे परिप्रेक्ष्य से देखें तो लगेगा कि इन दूसरे 'सूरदासों' के गायन में निस्सन्देह सूरदास के प्रति श्रद्धांजलि व्यक्त करने का भाव है। यह अभिव्यक्ति कविता के साथ उस कवि का नाम जोड़कर की जाती है, जिसने उस कविता के लिए प्रेरित किया है। शायद हमें इस बात पर भी विचार करना चाहिए कि इनमें से कुछ कवियों ने कविता की रचना उसी तरह की जिस तरह संगीत के छात्र मोत्जार्ट की सोनाटा के लिए धुन तैयार करते समय प्यानो पर बैठ जाते हैं।[19] ये कवि जिस विधा में लिखते थे, उसके लिए चूँकि एक नाम की जरूरत पड़ती है इसलिए उस फॉर्म के रचयिता का नाम जोड़ना उनके लिए स्वाभाविक ही था। कुछ हलकों में सूर का नाम पद की विधा के साथ उसी तरह समाविष्ट हो जाता होगा जिस तरह मोत्जार्ट के मुहावरे सोनाटा के साथ घुल-मिल जाते हैं।

पद की विधा पर बेशक किसी का एकाधिकार नहीं था, दूसरे कवि भी इस विधा में लिख रहे थे। यह बहुत हद तक सम्भव है कि लोककवि कविता में भक्ति

भावना जगाने के लिहाज से सम्भावित छह नामों के चयन में भेदभाव बरतते होंगे। उदाहरण के लिए मीराँबाई का नाम ऐसी कविताओं के साथ स्वाभाविक रूप से जुड़ सकता है, जिनमें घर-परिवार की सेवा से ज्यादा ईश्वर-भक्ति को प्राथमिकता दी गई हो। जिस कविता में सामाजिक विरोध का स्वर प्रबल हो, उसके लिए तमाम कवियों में से रविदास का नाम ज्यादा आकर्षक लगता है। कृष्ण की बाल्यावस्था पर या प्रेम दीवानी गोपियों और संन्यासी दार्शनिक ऊधो के बीच कलह पर कविता लिखनी हो तो 'सूरसागर' के विकास के क्रम में एक सीमा के बाद सूर का नाम सहज रूप से ध्यान में आ जाता है।[20] इनमें से कोई भी नाम अपना लिया जाता था और कविता में नाम के अलावा बहुत कुछ जोड़ा जाता था। पूरी रचना इस तरह की जाती थी कि नाम के उच्चारण से कई पद पहले रचनाकार की हस्ती का बखान कर दिया जाता था।

यह ध्यान में रखना ठीक रहेगा कि इस तरह की स्पष्ट-सी बहुमुखी काव्यात्मक पहचान उत्तर भारत की संस्कृति की पृष्ठभूमि में किसी भी तरह बेमेल नहीं मानी जा सकती। कोई भी व्यक्ति अपने जीवनकाल में एक से ज्यादा नाम रखे तो यह असामान्य बात नहीं होगी। उम्र, दीक्षा, या महज निजी फैसले के कारण भी अपनी नई पहचान बनाने के लिए प्रायः नया नाम रख लिया जाता है।

इन सभी बातों को ध्यान में रखने पर यह कतई अस्वाभाविक नहीं लगता कि सूरदास के बाद आधी सहस्राब्दी बीतते-न-बीतते अपनी कविताओं के बूते कई सूरदास उभर आए। जब ऐसा हुआ, तो यह कोई आश्चर्य की बात नहीं है कि 'सूरसागर' के नागरी प्रचारिणी सभा द्वारा प्रकाशित संस्करण सरीखे अन्य आधुनिक संस्करणों में औसत स्तर की कविताएँ संकलित की गईं। फिर भी इस बात को समझना होगा कि सभा के सम्पादकों—और अधिकतर पाठकों एवं आलोचकों तक—की नजर में ये कविताएँ औसत स्तर की नहीं हैं क्योंकि इन पर सूर का नाम है। भला उनकी रचित कविता में उत्कृष्टता की कमी कैसे हो सकती है? सूर भला खराब कविता कैसे लिख सकते थे?

नागरी प्रचारिणी सभा ने जो संस्करण प्रकाशित किया है, वैसे संस्करणों को तैयार करने में जो भी मेहनत लगी हो, 'सूरसागर' के मर्म में झाँकने की तैयारी नहीं दिखी है, मानो यह कई रचनाकारों की रचना है। इस सन्दर्भ में संस्करण का बुनियादी अर्थ यह है कि कविताओं का अलग-अलग सम्पादन किया गया है, न कि पूरे कोश की परिशुद्धि की गई है। सूरदास के नाम में वह जादू है कि पाठालोचना के पश्चिमी सिद्धान्तों से थोड़ा भी परिचय रखनेवाले आधुनिक सम्पादक भी सूर के नाम से रचित कई कविताओं को अप्रामाणिक बताकर उन्हें दरकिनार करने से परहेज करते हैं। ऐसे विद्वानों के लिए भी कवि का नाम इतिहास से जुड़ी पहेली से ज्यादा एक तरह की स्वीकृति की मुहर है, और इस मनोवृत्ति को उचित ठहराने के

लिए यह कहने की परम्परा आज भी जारी है कि सूर की रचनात्मकता तो बहुत उर्वर थी।[21]

जैसाकि मैंने कहा है, अकेले सूर ही ऐसे कवि नहीं थे जिनकी जानकारी के बगैर, उनकी मृत्यु के बाद भी उनकी कविताओं के कोश में भारी वृद्धि की गई। यह कई कवियों के साथ हुआ है, खास तौर से राजस्थान की प्रसिद्ध राजपूत रानी मीराँबाई के साथ। वास्तव में मीराँ का मामला तो सूर के मामले से भी विकट है। सूर के मामले में तो हम उपलब्ध पांडुलिपियों के आधार पर कह सकते हैं कि आज जो 'सूरसागर' उपलब्ध है, उसमें शामिल कुछ कविताएँ—मसलन, आज के नागरी प्रचारिणी सभा वाले संस्करण की करीब 5000 में से 400 से ज्यादा कविताएँ—कवि के जीवनकाल में ही या उसके आसपास प्रसार में आ गई थीं। लेकिन मीराँ के मामले में ऐसा शायद ही कहा जा सकता है। यह सच है कि उनके द्वारा रचित बताई गई एक कविता 1604 ई. के 'गुरुग्रन्थ साहिब' के करतारपुर वाले पाठ में दर्ज की गई है। लेकिन इस कविता के साथ कुछ मुश्किलें हैं और पक्के तौर पर यह नहीं कह सकते कि इसे 1642 ई. से पहले 'गुरुग्रन्थ साहिब' में शामिल किया गया था।[22] ऐसी ही मुश्किलें 16वीं सदी की मानी जानेवाली कविताओं के साथ भी हैं। इनके बारे में भी पक्के तौर पर कुछ नहीं कह सकते। इसकी अगली सदी के नाम से भी ऐसी 20 से ज्यादा कविताएँ हैं।[23] 18वीं सदी के उत्तरार्द्ध की पांडुलिपियों में ही—मीराँ के लगभग दो सदी बाद—हम राजस्थान की कवयित्री रानी का कोई ठोस सन्दर्भ पाते हैं और आज उनका जो ऊँचा कद है, उसके मद्देनजर उनमें उनके दृष्टांत काफी छिटपुट ही हैं।[24]

जैसाकि सूर के मामले में है, मीराँ के नाम से उपलब्ध कविताओं पर उनके नाम के ठप्पे के महत्त्व के बारे में हमें पुनर्विचार करना पड़ेगा। यह सम्भव नहीं लगता कि उनके नाम से जितनी रचनाएँ जानी जाती हैं, उन सबको 16वीं सदी की किसी एक रानी ने रचा होगा। सूर की तरह मीराँ में भी ऐसा कुछ रहा होगा जिसने बाद के रचनाकारों को उनका नाम अपनाने को आकर्षित किया गया होगा। वे महिला थीं इसलिए कई कवयित्रियों के लिए उनका नाम एक ओट बन गया होगा। और उनकी प्रभावशाली जीवनगाथा ने भी बेशक कवियों तथा कवयित्रियों को उनके नाम का उपयोग करने को प्रेरित किया होगा। यह भी सम्भव है कि मीराँबाई ने जो कविता रची, वह कई सदियों तक वाचिक परम्परा में भी प्रचलित रही हो और उसके बाद उन्हें लिखित परम्परा में शामिल करने की शुरुआत की गई हो! लेकिन यह तब सम्भव नहीं लगता जब हम पाते हैं कि उनके समकालीन अन्य कवियों की रचनाओं के संकलन उपलब्ध हैं। एक जैसे हस्ताक्षर के बावजूद आज हमारे पास मीराँ की कविताओं के जो संकलन उपलब्ध हैं वे, जाहिर है कि, किसी एक रचनाकार की रचना नहीं हो सकती है।

नाम और वाक्य-विन्यास

सूर, नानक, मीराँ और रविदास सरीखे हस्ताक्षरों का क्या अर्थ है, यह उन कविताओं में प्रयुक्त बोली एवं भाषा पर ध्यान देकर हम बहुत कुछ जान सकते हैं जिनमें उनके नाम का उपयोग किया गया है। मौखिक और लिखित आलोचना साहित्य में आम चलन यह है कि कवि का नाम कविता की जिस पंक्ति में क्रिया या उसके किसी रूप में आता है, उस पंक्ति के बाकी वाक्य-विन्यास के साथ जोड़कर समझा जाता है। इसका सीधा मतलब यह लगता है कि जिस कवि का नाम लिया गया है, वही कवि सम्बन्धित पद और इसके साथ समाप्त हो रही कविता का रचनाकार है। इसका वाकई क्या अर्थ है, इस पर गौर किया जाए तो पता चलेगा कि मामला काफी जटिल है। इन कविताओं का पाठ 'टेलीग्राफिक' (द्रुत) है। गद्य को ग्राह्य बनाने के वास्ते शब्दों को जोड़ने के लिए कुछ शब्दों का प्रयोग किया जाता है। और जोड़नेवाले दूसरे तत्त्वों के मुकाबले जो तत्त्व ज्यादा प्रयुक्त किया जाता है, वह कवि के नाम को शेष कविता की भाषा के साथ जोड़ना है। यह दुर्लभ ही है कि इस तरह के हस्ताक्षर के साथ ऐसा दूसरा शब्द जुड़ा हो जो यह काम स्पष्ट, एकआयामी तरीके से करता हो।

ऐसे तत्त्वों को प्रस्तुत करने के साथ क्या जुड़ा है, इसका अन्दाजा पाने के लिए हजारों कविताओं में से दो का उदाहरण लिया जा सकता है। पहला उदाहरण 'नानक' के नाम से जुड़ी कविता की आखिरी पंक्तियों का है। कविता के शब्द निम्नलिखित जानकारी देते हैं :

नानक भगता सदा विगासु
सुणियै दुख पाप का नासु।[25]

इसलिए टीकाकार गद्य में व्याख्या करने के लिए विस्तार करते हैं और अधिकतर टीकाकर कवि की बाकी रचनाओं के साथ कवि का नाम जोड़ने के लिए 'कहते हैं' नामक क्रिया का सहारा लेकर ऐसा बेहिचक करते हैं। इसका उदाहरण यह है :

'अत: गुरु जी कहते हैं कि नाम की भक्ति करनेवाला निरन्तर बढ़ता-फूलता है; नाम-श्रवण से सब प्रकार के कष्ट और पाप कट जाते हैं।'[26]

या तुलना के लिए सूर की निम्नलिखित पंक्ति देखें। यह भी दोहे की अन्तिम पंक्ति है और अपनी वाक्-शैली में काफी विरल है :

सूरदास प्रभु यहै परेखौ
गोकुल काहैं बिसारे।[27]

इस मामले में हम एक विवेकी टीकाकार का उदाहरण ले सकते हैं, जिन्हें यह लगता है कि कोई शब्द पाठ में मूलतः नहीं है तो वे उसे कोष्ठक में रख देते हैं।

उनकी टिप्पणी यह है : 'सूरदास कहते हैं कि यह भगवान कृष्ण की परीक्षा है। वे गोकुल को क्यों भूल गए हैं?'[28]

इतनी सावधानी के बावजूद टीकाकार ने 'कहते हैं' क्रिया को कोष्ठक में लिखने की जरूरत नहीं समझी। या तो वे इसे वाक्य-विन्यास का हिस्सा मानते हैं या वे इसे बार-बार जोड़ना इतना स्वाभाविक मानते हैं कि हर बार इसकी ओर ध्यान आकर्षित करना झंझट वाला काम होगा।

वैसे, इस सबमें हमारे लिए गौर करनेवाली बात वह व्याकरणीय रिक्ति है, जो हस्ताक्षर और उस शेष पद के बीच है जिसमें यह हस्ताक्षर दर्ज है। कवि के नाम के साथ 'रचना' नामक क्रिया दुर्लभ रूप से ही प्रकट होती है। हम जिन कवियों पर विचार कर रहे हैं, उनमें केवल कबीर ही इस क्रिया का एक क्रम में प्रयोग करते हैं और इसका कुछ सम्बन्ध श्रुतिमाधुर्य से है, क्योंकि 'कहते हैं' को कहने का आम तरीका 'कह' क्रिया है। रविदास के मामले में भी यदाकदा 'कहते हैं' का प्रयोग मिलता है लेकिन दूसरों के मामले में इसका प्रयोग दुर्लभ है।[29] और कई बार तो स्पष्टत: इसका यह मकसद नहीं होता।

ऐसा मीराँ के कोश में खास कर कई बार होता है क्योंकि उनका नाम अक्सर पहचान करानेवाली शेष पंक्ति के साथ सम्बन्धकारक परसर्ग से जुड़ा होता है। इस मामले में यह पद बार-बार प्रयोग के कारण याद आता है : 'मीराँ के (रे) प्रभु गिरधर नागर', और 'सूरसागर' में 'सूर के प्रभु...' या 'सूरदास के प्रभु...' जैसे पद कई बार प्रयोग में दीखते हैं। खास तौर से 'सूरसागर' के विकास के प्रारम्भिक चरण के दौर की कविताओं में इसी तरह के मुहावरे कई बार प्रयोग में लाए गए हैं, जिनमें स्पष्ट सम्बन्धकारक लुप्त हैं। इन अन्तर्निहित समासों का, जिनमें 'सूर प्रभु' और 'सूरदास प्रभु' शामिल हैं, अर्थ सूर के ईश्वर से है लेकिन व्याकरणीय कड़ियों को बनाने की जिम्मेदारी श्रोता पर छोड़ दी गई है। और बार-बार प्रकट होनेवाले ऐसे प्रतिमानों में अस्पष्टता की सम्भावना काफी रहती है। अभी-अभी हमने सूर की जो पंक्ति उद्धृत की है, वह एक उदाहरण है। याद रहे कि टीकाकार ने 'सूरदास प्रभु' की व्याख्या करने के लिए उनके बीच 'कहते हैं' शब्द डाल दिया। पंक्ति की उसकी व्याख्या यह है : 'सूरदास कहते हैं कि यह प्रभु की परीक्षा है...' लेकिन कोई भी यह समझ सकता है कि ये दो शब्द समास जैसे हैं, जिसका अर्थ है : 'सूरदास के प्रभु', यानी वाक्य का अर्थ है : 'यह सूरदास के प्रभु की परीक्षा है'।

जब किसी कविता में किसी मध्ययुगीन कवि का नाम आता है तब पाठालोचना और साहित्यिक परम्पराओं के विकास से जुड़े प्रश्नों के अलावा रचनाकार के दावे से जुड़ा सवाल भी शामिल होता है। रचनाकार का हस्ताक्षर, और जिस पंक्ति में वह हस्ताक्षर आता है, उन दोनों के बीच का सम्बन्ध वास्तव में जटिल हो

सकता है। यह उतना सहज नहीं हो सकता है जितना 'सूरदास कहते हैं' या 'रविदास कहते हैं' जैसे वाक्यों से लगता है।

कविता और जीवन-चरित

यहाँ प्रश्न कविता और जीवन-चरित के बीच के सम्बन्ध का, या उत्तर भारतीय भक्ति परम्परा में कहें तो, भजन और सन्तचरितलेखन के बीच के सम्बन्ध का है। उत्तर भारत में इन दोनों के बीच काफी गहरा सम्बन्ध रहा है।[30] हिन्दी में 'सन्तों के जीवन' पर जो पहली और सबसे महान रचना—नाभादास की 'भक्तमाल'—हुई, वह लगभग उसी समय (17वीं सदी के प्रारम्भ में) हुई जब भक्ति काव्य के प्रथम संचयन को तैयार किया जा रहा था।[31] इस रचना में जिन कवियों के जीवन-चरित को प्रस्तुत किया गया है, उनमें से कई की रचनाएँ समकालीन संचयनों में भी शामिल की गई हैं : 'गुरुग्रन्थ साहिब'[32] और सूर तथा करीब 35 अन्य कवियों की कविताओं का फतेहपुर संचयन[33]। जैसे-जैसे काव्य संचयनों की संख्या बढ़ती गई, वैसे-वैसे उनके बरअक्स सन्तचरितों की संख्या भी बढ़ी और ऐसा केवल समानान्तर विधाओं के रूप में नहीं हुआ। इन सन्तचरितों की रचना उन व्यक्तियों की काव्य-रचनाओं के इर्द-गिर्द की गई, जिनका उल्लेख इन चरितों में किया गया है, और काव्य संचयनों में शामिल कई रचनाओं की प्रेरणा उनके रचनाकारों के जीवन से जुड़े अभिप्रायों से ली गई है।

उदाहरण के लिए, मीराँबाई की कई कथित कविताएँ यह स्पष्ट करती हैं कि उनमें सन्तचरित लेखन का तत्त्व प्रमुख है। जो प्रकरण मीराँ की कविता में बार-बार दोहराया गया है, उसका उल्लेख नाभादास तब करते हैं जब वे अपनी कृति 'भक्तमाल' के पाठकों से भक्तिन मीराँ का परिचय कराते हैं। यह प्रकरण राणा के द्वारा मीराँ को विष पिलाने की कोशिश करने का है। नाभादास न तो राणा का नाम लेते हैं और न मीराँ के साथ उनके सम्बन्धों का खुलासा करते हैं। परम्परा चीजों को स्पष्ट करती है। 1712 ई. में 'भक्तमाल' पर प्रभावशाली टीका लिखनेवाले प्रियादास की तरह यह परम्परा भी यह बताती है कि राणा इसलिए कुपित थे क्योंकि मीराँ कृष्ण के प्रेम में अपने तमाम वे कर्तव्य भूल गई थीं, जो उन्हें एक अच्छी पत्नी बना सकते थे। प्रियादास बताते हैं कि विष बेअसर रहा। मीराँ खुशी-खुशी विष पी गईं और अपने अमर देवता के गीत गाती रहीं। विष ने उनकी आवाज को और मधुर ही बना दिया।[34]

अगर नाभादास की स्पष्टतः सन्तचरित वाली कविता की तुलना मीराँ द्वारा रचित बताई गई कविताओं में से किसी एक कविता से करें तो पता चलेगा कि दोनों की विधाओं में उतना बड़ा अन्तर नहीं है जितने की अपेक्षा की गई थी। इस

बात से इनकार नहीं किया जा सकता कि कविताएँ भाव, लय और शब्दों के चयन के मामले में काफी भिन्न किस्म की हैं। लेकिन परस्पर विपरीत रचनाओं के अन्त तक पहुँचने पर दोनों के बीच के साझा तत्त्व का पता चल जाता है। विषपान वाले प्रकरण से दोनों का उपसंहार होता है। यह प्रकरण आखिरी से पहले वाले पद में आता है और इसके बाद हरेक कविता में अन्तिम दोहा आता है जिसमें कृष्ण की गिरिधर वाली भूमिका के कारण उनके प्रति मीराँ के विशेष अनुराग का उल्लेख होता है।

पहले हम मीराँ के बारे में नाभादास की कविता को उद्धृत कर रहे हैं :

लोक लाज कुल-शृंखला तजि मीराँ गिरिधर भजी
सदृश गोपिका प्रेम प्रगट कलिजुगहिं दिखायौ
निरअंकुश अति निडर रसिक जस रसना गायौ
दुष्टनि दोष बिचारी मृत्यु को उद्दिम कीयौ
बार न बाँकौ भयौ गरल अमृत ज्यों पीयौ
भक्ति निसान बजाय कै कहू ते नाहिन लजी
लोक लाज कुल-शृंखला तजि मीराँ गिरिधर भजी।[35]

और यहाँ तुलना की खातिर एक कविता प्रस्तुत है, जिस पर दर्ज छाप यह बताती है कि इसकी रचना मीराँ ने ही की थी :

साँवरियो रंग राचाँ राणा साँवरियो रंग राचाँ
लाल पखावजाँ मिरदंग बाजा साधाँ आगे णाच्याँ
बूझ्या माणे मदन बावरी स्याँम प्रीतम्हाँ काचाँ
विख रो प्यालो राणा भेंज्याँ आरोग्याँ णाँ जाँचा
मीराँ रे प्रभु गिरधर नागर जनम जनम रो साँचाँ।[36]

साफ है कि दूसरी कविता में थोड़े सन्तचरितलेखन के अलावा भी बहुत कुछ है, और मीराँ द्वारा रचित बताई गई दूसरी कविताओं में 'आत्मकथात्मकता' पर जोर और भी ज्यादा स्पष्ट है।[37] इसलिए आश्चर्य नहीं कि मीराँ को महत्त्वपूर्ण माननेवालों के दिमाग में दोनों विधाएँ हमेशा अलग-अलग दर्ज नहीं होतीं। उदाहरण के लिए, राजस्थान के जोधपुर की यात्रा के दौरान मेरी मुलाकात एक घुमंतू 'रावण-हत्थो' वादक से हुई। मैंने मौके का फायदा उठाते हुए उससे मीराँ के एक-दो गीत गाने का अनुरोध कर दिया। मुझे उसने दो गीत सुनाए। दोनों में मीराँ का नाम प्रमुखता से लिया गया था लेकिन केवल पहले गीत पर ही उनकी छाप दिखी। दूसरा गीत उनके द्वारा रचित नहीं था, उनके बारे में था। मैं नहीं बता सकता कि वह वादक दोनों के बीच ऐसा अन्तर स्वाभाविक तौर पर कर सकता था या नहीं।

अगर किसी रचनाकार की कथित कविताओं को उसके जीवन के पहलुओं से जुड़ी घटनाओं के इर्द-गिर्द बुनना सम्भव हो सकता है, तो इसका विपरीत भी हो सकता है तथा कविता और जीवन-चरित के बीच की नजदीकी को दूसरे कोण से रेखांकित किया जा सकता है।[38] इन सन्त कवियों के जीवन-वृत्त को उनके द्वारा कथित रूप से रचित कविताओं से बल मिलता है। यह कैसे होता है, इसे समझने के लिए सूर के साहित्य से उदाहरण लिया जा सकता है—उनके द्वारा रचित साहित्य से नहीं बल्कि उनके बारे में रचित साहित्य से। यहाँ मैं सम्भवत: 17वीं सदी के मध्य में रचित 'चौरासी वैष्णवों की वार्ता' का उल्लेख कर रहा हूँ, जो हमें सूर की सबसे विस्तृत पारम्परिक किस्म की जीवनी उपलब्ध कराती है। इसमें सूर की पूरी जीवनी की इस तरह संरचना की गई है जिस तरह उनके कुछ कविता संकलनों की की गई है। काफी तार्किक ढंग से यह उसी क्रम से आगे बढ़ती है जिस क्रम से उस देवता—कृष्ण—का जीवनवृत्त आगे बढ़ता है जिन्हें सूर की कविता समर्पित है। कृष्ण के जन्म और उनके बाल्यकाल तथा ब्रज में उनके किशोरवय के प्रकरणों से होते हुए हम गोपियों के साथ उनकी रासलीला तथा ब्रज से उनकी विदाई तक पहुँचते हैं। इसके अलावा द्वारका के राजा के रूप में कृष्ण के जीवन या महाभारत के युद्ध में उनकी भूमिका, या राम की भक्ति अथवा कवि की दुखद आत्मकथा आदि अन्य विषयों पर कविताएँ भी यत्र-तत्र जोड़ी गई हैं।[39]

'वार्ता' में सूर के जीवन को कृष्ण के जीवन के स्वरूप में समायोजित किया गया है। जब सूर ब्रज में आते हैं तो वल्लभ से मिलते हैं, गुरु-परम्परा उनके साथ जुड़ती है और वहाँ यमुना के गऊघाट पर वल्लभ उन्हें कृष्णलीला से परिचित कराते हैं। दीक्षा पूरी होने पर वल्लभ उन्हें गोकुल ले आते हैं, जहाँ (वल्लभ सम्प्रदाय वालों के मुताबिक) कृष्ण का बाल्यकाल बीता था। दोनों स्थानों पर सूर कृष्णभक्ति के गीत रचते हैं। गऊघाट में वे पृथ्वी पर प्रभु के अवतार लेने की महिमा गाते हैं, मानो सूर अपने हृदय में कृष्णजन्म के वर्णन के लिए भाषा की तलाश कर लेते हैं। गोकुल में वे कृष्ण के मनमोहक शैशव का महिमागान करते हैं। इसके बाद सूर की यात्रा उन्हें गोवर्धन ले आती है, जहाँ उनका परिचय किशोरवय कृष्ण की वीरता से होता है। कृष्ण जब इन्द्र के कोप से हुई तूफानी बारिश से गोवर्धनवासियों की रक्षा के लिए गोवर्धन पर्वत को अपनी अँगुली पर उठा लेते हैं तब यह एक तरह से किशोरवय कृष्ण के संघर्षों का अन्त होता है। सूर का आखिरी पड़ाव परासौली है, और यह भी कृष्ण की कथा के लिए विशेष महत्त्व रखता है। वल्लभ सम्प्रदाय में माना जाता है कि कृष्ण ने अपनी पहली रासलीला यहीं की थी। सूरदास कृष्ण के जीवन के इन पहलुओं का महिमागान स्वयं अपने जीवन के विभिन्न चरणों में करते हैं।

इस विवरण के आधार पर कोई यह सोच सकता है कि 'वार्ता' का उद्देश्य सूर के जीवन को कृष्ण के जीवन के समानान्तर ढाँचे में दिखाना है, लेकिन यह केवल

गौण मकसद है। 'वार्ता' के रचनाकार का प्रमुख मकसद एक ऐसा ढाँचा प्रस्तुत करना है जिसके अन्दर, सूर की कविता में कृष्ण के जीवन के विभिन्न चरणों के बारे में जो कहा गया है, उसे जैविक अर्थ मिले। चूँकि यह क्रम कृष्ण के जीवन की घटनाओं के क्रम से तय हुआ, इसलिए ऐसा लगता है कि कवि का जीवन प्रभु के जीवन का अनुगामी है लेकिन 'वार्ता' का असली सरोकार जीवन और जीवन के बीच के सम्बन्ध से नहीं बल्कि कला और जीवन के बीच के सम्बन्ध से है। सूर का जीवन पूर्व प्रभावी रूप से उनकी संकलित कृति द्वारा निर्धारित क्रम के अनुरूप संयोजित किया गया है। 'सूरदास की वार्ता' बहुत छोटे पैमाने पर 'सूरसागर' की नकल करती है। एक बार जब यह कड़ी स्पष्ट हो जाती है, तब इस तरह की टिप्पणियाँ खारिज हो जाती हैं कि सूरदास की कविताएँ शुद्ध रूप से बेतरतीब, आकस्मिक ढंग से लिखी गईं, कि उनकी हरेक कविता किसी घटना से जुड़ी है जिससे कवि का भी जुड़ाव था या किसी खास समय में कवि जिस भावबोध में डूबे थे, उसके तहत लिखी गई। इसके बदले हमें सूर की ऐसी छवि हासिल होती है कि वे एक सम्पूर्ण, क्रमवार कोश के रचयिता थे। वे 'सूरसागर' के उस संस्करण के रचयिता लगते हैं, जो 'वार्ता' की रचना के समय उपलब्ध था।[40] वास्तव में, एक अवसर पर तो 'वार्ता' कहती है कि कवि अपनी रचना के नाम से जाने जाते थे : वल्लभ तो सूर को 'सूरसागर' के नाम से ही पुकारते थे।[41]

'वार्ता' में सूर की कला और उनके जीवन के बीच के गहरे अन्तर्संबन्ध को रेखांकित करने के मकसद से जो सबसे जीवंत चित्र प्रस्तुत किया गया है, वह उस प्रकरण का है जब सूर की कविता की परीक्षा ली गई थी। सूर नेत्रहीन थे, यह उसी तरह उनकी पहचान है जिस तरह मीराँ के विषपान की कथा उनकी पहचान है। इसलिए यह प्रश्न हमेशा सबसे बड़ा रहा है कि सूर ने आखिर ऐसी कविताएँ कैसे लिखीं जिनमें इतने चाक्षुष विवरण हैं? क्या वे किसी तरह का धोखा दे रहे थे? क्या उन्होंने केवल कानों सुनी बातों के आधार पर रचनाएँ कीं या क्या उन्हें सामान्य लोगों से अलग किसी तरह की दिव्यदृष्टि प्राप्त थी?

इन प्रश्नों का उत्तर देने के लिए 'वार्ता' के रचनाकार ने एक घटना का उल्लेख किया है कि वल्लभ के द्वितीय पुत्र विट्ठलनाथ के बेटों ने किस तरह की शरारत की थी। विट्ठलनाथ गोकुल के मन्दिर के कर्ता-धर्ता थे और वे मन्दिर के देवता श्री नवनीतप्रियजी और ताजा माखन के साथ कृष्ण की प्रतिमा के साज-शृंगार-वस्त्र आदि के मामले में नियम के बेहद पक्के थे। विट्ठलनाथ के बच्चों ने देखा कि गर्मी के मौसम में श्री नवनीतप्रियजी के दर्शन के लिए आए भक्तों में सूरदास भी शामिल हैं, तो उन बच्चों ने फैसला कर लिया कि प्रतिमा को ऐसे वस्त्र पहनाएँगे कि लगेगा ही नहीं कि उन्हें वस्त्र पहनाया गया है। उस बेहद गर्म दिन में प्रतिमा के लिए मोतियों और फूलों की मालाएँ ही पर्याप्त होंगी। इन शरारती बच्चों को पूरा विश्वास था कि

सूरदास इस चूक को पकड़ नहीं पाएँगे। लेकिन जैसे ही परदा हटाया गया और प्रतिमा सामने दिखी, सूरदास ने ऐसा गीत गाया, जो इस चूक पर हैरानी का भाव व्यक्त कर रहा था। यह स्पष्ट प्रमाण था कि सूर बच्चों द्वारा ली जा रही परीक्षा में सफल हो गए थे। हमेशा की तरह, कृष्ण की दीवानी गोपी के स्वर में सूर ने गाया :

देखे री हरि नङ्गमनङ्गा
जलसुत भूषन अंग बिराजत वसनहीन उठत तरंगा
अंग अंग प्रति अमित माधुरी निरखि लज्जित रति कोटि अनङ्गा
किलकत दधिसुत मुख लेपन करि 'सूर' हसत ब्रज युवतिन सङ्गा।[42]

सूर के रचनाकोश में इस तरह की कविताओं के लिए 'वार्ता' जो हैतुकी उपलब्ध कराती है, उसका एक परिणाम यह है कि कवि जो गीत गा रहे हैं, उससे उनके गहरे लगाव का महत्त्व रेखांकित होता है। 'वार्ता' के मुताबिक, सूर केवल अपने प्रेमी कृष्ण को अर्द्धनग्न देखकर गोपियों की हैरानी को ही प्रस्तुत नहीं कर रहे हैं बल्कि अपने प्रभु की प्रतिमा के समक्ष उभरी अपनी भावना को भी व्यक्त कर रहे हैं। इस बात को रेखांकित करके 'वार्ता' ने कविता और जीवन-चरित के बीच की बड़ी दूरी को काफी कम किया है। इस तरह की कुछ कथाओं के बाद 'वार्ता' के पाठक कल्पना कर सकते हैं कि सूर ने 'वार्ता' में उल्लिखित कविताओं को ही नहीं बल्कि 'सूरसागर' की हरेक कविता को किस-किस अवसर पर गाया—और 'देखा'—होगा। तब, 'सूरसागर' की कविताएँ सन्त व्यक्ति के अनुभव का साक्ष्य बन जाती हैं, केवल साहित्यिक या भक्तिभावना की अलग-थलग रचना नहीं। और सूर को नेत्रहीन मानने की परम्परा न केवल इस बात की गारंटी बनती है कि उन्होंने सचमुच क्या देखा बल्कि इसकी कि उन्होंने जो कुछ कहा, उसमें कितना आवेग है।

इसके अलावा, जैसाकि मीराँ के मामले में हुआ, सूर की कविता उनके जीवन-चरित की नकल करती है तो एक वृत्त पूरा हो जाता है। दूसरे कवि होते तो वे प्रभु के समक्ष अपनी कमजोरियों का रोना रोते कि 'नेत्रहीन होने के कारण मैं कितने कष्ट में हूँ, कितना निरुपाय हूँ, कितना लाचार हूँ!' (अन्ध, अधम, अविवेकी, खो तनी करत करे)। लेकिन सूर जब एक से ज्यादा अवसरों पर लगभग ऐसे ही शब्दों में यह कहते हैं तो उसमें एक खास असर होता है (नागरी प्रचारिणी सभा, 198.3, तुलना के लिए, 135.6, 296.2)। आश्चर्य नहीं कि उनकी बताई गई कविताओं में उनकी नेत्रहीनता के उल्लेख मूल सूरदास के होंठों से फूटे प्राचीन गीतों के मुकाबले 'सूरसागर' के हाल के संस्करण में आनुपातिक रूप से अधिक संख्या में हैं। कवि के बारे में दंतकथाएँ जैसे-जैसे बढ़ती गईं, ये उल्लेख—खास कर उनकी नेत्रहीनता पर जोर—स्वयं कवि के उद्‌गारों का हिस्सा बनते गए।

कविता के अंग के रूप में कवि

यह देख पाना मुश्किल नहीं है कि इस तरह के आत्मकथात्मक संकेत जिन कविताओं में उभरते हैं, वे उन कविताओं में प्रभाव पैदा करने में कितना योगदान देते हैं। कविता का साहित्यिक स्तर कैसा भी हो, उसे कहनेवाले की पवित्रता उसे सुनने के काबिल बना देती है और कविता अगर सत्यम तथा सुन्दरम को भी सम्प्रेषित करती है तो यह सोने पर सुहागा जैसा होगा। इसलिए यह केवल कवि की प्रतिष्ठा और उसके जीवन–चरित के बारे में पाठकों की जानकारी के चलते कविता के प्रभाव में फर्क आने का मामला नहीं है, प्राय: कवि की पहचान प्रकट होते ही कविता में बदलाव आ जाता है। इसलिए एक बार फिर हम यह देखते हैं कि कविता के रचनाकार के नाम का उल्लेख करने की जगह उसे एक हस्ताक्षर देना ज्यादा महत्त्व रखता है।

कवि का हस्ताक्षर उजागर होने पर कविता में क्या परिवर्तन आ सकता है, इसका उदाहरण हम रविदास की कई कविताओं में देख सकते हैं। निरन्तर महसूस किया जाता है कि इन भक्ति गीतों में पुनर्विन्यास सूक्ष्म है और इसके परिप्रेक्ष्य में हल्का बदलाव आ जाता है, जैसाकि नीचे उद्धृत कविता में पाया जाता है। इस रचना में रविदास एक शख्सियत के माध्यम से बोलते हैं, जो सूर और मीराँ सरीखे कवियों का भी रिवाज रहा है। वे कृष्ण की गोपियों के शब्दों के माध्यम से बोलते थे। यहाँ रविदास एक युवती की पहचान ओढ़ लेते हैं :

दूधु त बछरै थनहु बिटारिओ फूलु भवरि जलु मीनि बिगारिओ
माई गेबिन्द पूजा कहा लै चरावउ अवरु न फूलु अनूपू न पावउ
मैलागर बर्हे है भुइअंगा बिखु अंम्रितु बसहि इक संगा
धूप दीप नईबेदहि वासा कैसे पूज करहि तेरी दासा
तनु मनु अरपउ पूज चरावउ गुरपरसादि निरंजनु पावउ
पूजा अरचा आहि न तोरि कहि रविदास कवन गति मोरी।[43]

यह रविदास की उन कविताओं में है जिनमें कहने की क्रिया सामने आती है : हस्ताक्षर वाली पंक्ति 'कहि रविदास' से शुरू होती है। इसका तात्पर्य यह होगा कि कोई भी इस मुहावरे को शेष कविता से अलग कर सकता है, और उस युवती ने अपनी माता से जो कहा, उसका अविरत तथा मुक्त प्रत्यक्ष विमर्श प्राप्त कर सकता है। वास्तव में, यह वैसे ही सम्भव है, जैसे 'सूरसागर' की कई कविताओं, खास कर प्रारम्भिक कविताओं में सम्भव है।[44] लेकिन इससे अधिक भी बातें जुड़ी हैं, जो कि इस तथ्य से पता चलता है कि जब किसी पद को संगीत में ढाला जाता है तो इसका कुल प्रभाव उस बिन्दु पर आकर सबसे सघन होता है जिस बिन्दु पर हस्ताक्षर की घोषणा की जाती है। जब कलाकार यह घोषित करता है कि कविता

में भाव किसने अभिव्यक्त किया है तब मानसिक कटाव तो दूर, कई श्रोताओं को चरम सन्तुष्टि प्राप्त होती है।

उपरोक्त कविता में भोली भाली युवती जिस विषय पर अपने वरिष्ठ से प्रश्न पूछती है, उसके कारण विस्तारित अर्थ का बोध लगभग अपरिहार्य है। प्रश्न अनुष्ठान की पवित्रता से सम्बन्धित है, जो कि दलितों का प्रिय विषय है क्योंकि उन्हें हिन्दू पूजा अनुष्ठान से अलग-थलग रखा जाता रहा है। और कविता का मुद्दा यह है कि हिन्दू पूजा अनुष्ठानों में जो पवित्रतम चीजें उपयोग की जाती हैं, वे पूर्व उपयोग के कारण क्या 'अस्पृश्य' नहीं होती हैं?[45] इस प्रश्न के सामने होते हुए जब कवि का नाम प्रकट किया जाता है तब श्रोता उसके नाम के सिवा उसके बारे में और भी कुछ याद करने से खुद को शायद ही रोक सकता है। रविदास ऐसे व्यक्ति थे जिनका, युवती के प्रश्न को जो भी उत्तर दिया जाएगा, उसमें बहुत ऊँचा दाव लगा है। इसलिए उनके नाम का उल्लेख होने के बाद अन्तिम पंक्ति में प्रथम पुरुष में न केवल युवती का बल्कि स्वयं कवि का प्रश्न भी उच्चारित किया जाता है : '...कवन गति मोरी?' ये शब्द युवती के ही नहीं, कवि के भी हैं। अन्तिम पंक्ति बाइफोकल चश्मे की तरह अलग-अलग दृष्टि देती है, जो इस पर निर्भर करती है कि माँ-बेटी के वार्तालाप से आपकी दूरी कितनी है। और नाम की उपस्थिति यह संकेत देती है कि दोनों तरह की दूरी सम्भव है।[46]

दूसरी कविताओं में पहचान स्थापित करनेवाला पद रचनाकार की दिशा में ऐसा पुनर्विन्यास करता है, जो न केवल सम्भव है बल्कि जरूरी है। उदाहरण के लिए यह कविता देखें :

जल की भीति पवन का थंभा　　रकत बुंद का गारा
हाड़ मास नांड़ी को पिंजर　　पंखी बसै बिचारा
प्रानी किआ मेरा किआ तेरा　　जैसे तरवर पंखि बसेरा
राखहु कंध उसारहु नीवां　　साढे तीनि हाथ तेरी सीवां
बंके बाग पाग सिर डेरी　　इहु तन होइगो भसम की ढेरी
ऊचे मन्दर सुन्दर नारी　　राम नाम बिनु बाजी हारी
मेरी जाति कमीनी पांति कमीनी　　ओछा जनमु हमारा
तुम सरनागति राजा रामचन्द　　कहि रविदास चमारा।[47]

यहाँ रविदास सामान्य किस्म के उग्र वचन से शुरू करते हैं—इस तरह के भाषण से, जिसमें किसी व्यक्ति विशेष की ओर संकेत नहीं है। इसकी अन्तिम से पहले वाली पंक्ति में वे प्रथम पुरुष विशेषण लाते हैं, जो एक विशेष वक्ता के लिए उपयुक्त है, और कवि ने उस पद में जिस विषय को—जन्मना निचली जाति का—उठाया है, वह अगली पंक्ति में उनका नाम सुनने से पहले यह स्पष्ट कर देता है कि

रविदास जब इस तरह का व्यक्तिगत-सा दिखनेवाला बयान दे रहे हैं तब दरअसल वे अपना ही जिक्र कर रहे हैं। यहाँ जीवन-चरित कविता को स्पष्ट रूप से प्रभावित कर रहा है, कवि अपनी जाति के बारे में घोषणा कर रहा है, लेकिन इसके कारण जो पुनर्विन्यास हो रहा है, वह केवल विषयवस्तु से सम्बधित नहीं है। कविता का स्वर भी बदल जाता है। अन्तिम दो पदों में आत्मविश्वास उभरता है और ये पद उस प्रश्न का उत्तर उपलब्ध कराते हैं जो इस शेष कविता में उभरता है। यह प्रश्न है—इस संसार के परिवर्तनशील उपांगों के ऊपर अंधी तथा बेमानी निर्भरता से कैसे बचा जाए? विनम्रता एवं आस्था निरर्थक घमंड की काट हैं, और रविदास को ये नेमतें स्वाभाविक तौर पर मिली हैं, जिन्हें कुछ लोग समाज में उनकी दुर्भाग्यपूर्ण हैसियत का फल मानते हैं। जैसाकि पिछली कविताओं में है, रविदास जानते हैं कि वे जो बोल रहे हैं, वह सामाजिक बहिष्कार के बावजूद नहीं बल्कि उसके कारण है। वे इन दोनों कविताओं के रचनाकार हैं या नहीं, यह तो अलग विषय है मगर यह सच है कि ये दोनों कविताएँ उनके प्रभाव के कारण ही सम्भव हुई हैं।

ऐसा ही मामला दूसरी तरह की कविताओं में पाया जा सकता है, जो पूर्वगामी कविताओं के इस अर्थ में विपरीत है कि इन्हें पूरी तरह आत्मकथात्मक अभिव्यक्ति के साथ उठाया गया है। इस कविता में रविदास शुरू से ही चमार के रूप में अपनी बात कहते हैं। उनकी जाति का एक काम इस कविता का विषय है :

चमरटा गांठि न जनई लोगु गठावै पनही
आर नहीं जिह तोपउ नहीं रांबी ठाउ रोपउ
लोगु गंठि गंठि खरा बिगूचा हउ बिनु गांठे जाइ पहूचा
रविदास जपै राम नामा मोहि जम सिउ नाही कामा।[48]

हस्ताक्षर वाला पद इस कविता के, जो कि प्रारम्भ से ही कवि की पहचान पर निर्भर है, भाव में भी परिवर्तन लाता है। पहले दो पद अनगढ़ चमार के बारे में बताते हैं जबकि अन्तिम दो पद अलग तरह से सुगढ़ चमार का वर्णन करते हैं। यहाँ भी कवि की पहचान परिवर्तन का सूत्र है। यह श्रोता को कविता के साथ बदलने के लिए परोक्ष रूप से प्रेरित करता है, कि जूता बनानेवाला नहीं बल्कि प्रभु नाम जपनेवाला होने का क्या अर्थ है।

इनमें से हरेक कविता में कवि की दोहरी उपस्थिति है—पहले एक सामान्य कथावाचक (विभिन्न भेसों में) के रूप में और उसके बाद दोहरे प्रभाव के साथ अपना ही हस्ताक्षर देनेवाले के रूप में। और जब कवि का नाम घोषित किया जाता है तब कविता इसका संज्ञान लेती है। यह दावा करना ठीक नहीं होगा कि उत्तर भारत के महान गायक-सन्तों के नाम से प्रसिद्ध हरेक कविता के साथ ऐसा इतनी ही गहनता से घटित होता है। लेकिन ऐसा पर्याप्त आवृत्ति के साथ होता है और यह

हमारे इस फैसले को नया आयाम देता है कि इन कविताओं में कवि की उपस्थिति न केवल रचना पर रचनाकार के अधिकार को बल्कि उसके एक तरह के प्रभुत्व को भी किस तरह सम्प्रेषित करती है।

नाम में क्या रखा है

इस बात पर अगर विचार किया जाए कि उत्तर भारत के भक्ति गीत उनके रचनाकारों के प्रभुत्व को किस-किस तरह जताते हैं—इस धारणा पर कि कुछ कवियों का सम्मान गुरु की तरह किया जाना चाहिए, कि एक कवि के नाम से जानी गई कविता के मुकाबले कई कवियों के गीतों के प्रति कितना आकर्षण है, कि कविता और जीवन-चरित के बीच कितना गहरा सम्बन्ध है, कि पद जिस कविता का हिस्सा है, उस पर कवि के हस्ताक्षर की प्राय: मजबूत छाप किस तरह पड़ती है—तो यह जान कर आश्चर्य नहीं होना चाहिए कि हिन्दी भाषा इन भक्त कवियों के प्रभुत्व को मान्यता देने का तरीका जानती है। यह इस बात पर निर्भर करता है कि कवि के हस्ताक्षर को किस तरह नामित किया जाता है। इसका एक तरीका काफी सीधा-सा है और यह रचनाकार होने की आधुनिक पश्चिमी समझ से ताल्लुक रखता है : एक कवि के हस्ताक्षर को भानिता कहा जा सकता है, जिसका अर्थ है—वक्ता। इसका तात्पर्य स्पष्टत: उस भूमिका से है, जिसका उल्लेख अधिकतर टीकाकार तब करते हैं जब वे कविता में कवि के नाम के बारे में व्याख्या करते हुए कहते हैं कि यह 'कहते हैं' सूर, या रविदास, या मीराँ या नानक। यहाँ रचना पर रचनाकार का अधिकार अक्षुण्ण एवं सहज है।

लेकिन इन हस्ताक्षरों की ओर संकेत करने का तरीका हिन्दी में दूसरा है। यह तरीका इस भाषा में शायद बार-बार प्रयोग में लाया जाता है और यह इशारा करता है कि इसमें रचनाकार के अधिकार के घिसे-पिटे अर्थ से अधिक कुछ निहित है। कवि के हस्ताक्षर को मुद्रिका या ज्यादा व्यापक अर्थ में छाप अथवा मुहर के तौर पर लिया जा सकता है। उदाहरण के लिए, वल्लभ सम्प्रदाय जिन आठ कवियों को अपनी परम्परा में सबसे उत्कृष्ट मानता है, उन्हें 'अष्टछाप' कहता है; सूर बेशक उनमें शामिल हैं। 'छाप' शब्द का अर्थ यह है कि जो रचयिता कविता को अपना नाम देता है, वह न केवल यह स्वीकार करता है कि वह उसका रचयिता है बल्कि यह भी प्रमाणित करता है कि कविता प्रामाणिक और सम्पूर्ण है, ठीक उसी तरह जिस तरह पासपोर्ट अधिकारी किसी यात्रा-दस्तावेज पर या कोई व्यापारी किसी पत्र अथवा पार्सल पर अपनी मुहर लगाता है। अपनी मुहर लगाना अपना हस्ताक्षर देना ही नहीं बल्कि खुद को साक्षी बनाना भी है इसलिए फ्रैंकिंग मशीन आने से पहले मुहर प्रभुत्व के दावे का प्रतीक थी। कविता पर नाम देने से उसे विश्वसनीयता

मिलती है, जैसाकि 'वार्ता' में 'अरे, मैंने तो हरि को और सबको निर्वस्त्र देखा' जैसी पंक्ति की अभिव्यक्ति के लिए जिम्मेदार परिस्थिति के विवरण से स्पष्ट होता है।[49] कई भक्ति गीतों में, जिनमें कृष्ण-राधा या राम-सीता की छवि का वर्णन किया गया है, हम साक्षी बनने की क्रिया को सबसे सरल रूप में देखते हैं लेकिन रविदास के अनुभवों के साक्ष्य इससे शायद ही भिन्न हैं। दोनों मामलों में 'मुहर' की उपस्थिति अधिकारपूर्वक कहती है कि जो कुछ कहा गया है वह सच है और सुने जाने योग्य है।

ये मुहरें उनकी कविता को पदों के रूप में हलफनामा बना देती हैं, इसलिए यह स्वाभाविक है कि कभी-कभी उन्हें अन्य तत्त्वों से प्रत्यक्ष या परोक्ष रूप से मजबूती मिलती है, जो रचनाकार के नाम की ताकत को और मजबूती देती है। सूर के नाम का उदाहरण दिया जा सकता है, इस तरह कि 'सूर' शब्द का अर्थ सूरज होता है। यहाँ रुककर विचार किया जा सकता है क्योंकि सूर के जीवनी लेखन की सभी परम्पराओं के मुताबिक इस कवि का प्रकाश-स्रोत असाधारण था, वह अन्तस का सूर्य था, जिस पर उनकी नेत्रहीनता मुहर लगाती थी। और रविदास के नाम से जानी गई कविताओं के साथ भी ऐसा ही कुछ है। उनके नाम का भी अर्थ है : 'सूर्य का दास' लेकिन उनकी जीवनी की एक दूसरी विशेषता है जो उनकी कविताओं को विशिष्ट विश्वसनीयता प्रदान करती है। उनकी जाति उन्हें सबसे अलग करती है और जैसाकि हम देख चुके हैं, यही उनके साक्ष्य को अक्सर खास ताकत प्रदान करती है। इसलिए यह पाया जाता है कि 'गुरुग्रन्थ साहिब' में संकलित अपनी कई कविताओं में वे अपना हस्ताक्षर 'रविदासा चमारा' के रूप में करते हैं।[50] ये मुहावरे मजबूत, संयुक्त मुहर के तौर पर काम करते हैं।

अन्त में मीराँबाई का जिक्र, जिनकी मुहर उनके मानवीय नाम को प्रायः इस तरह विस्तार देती है कि उसमें उनके दैवी समकक्ष को शामिल माना जा सके। बार-बार उनका हस्ताक्षर 'मीराँ के प्रभु गिरधर नागर' के रूप में दिखता है। इससे यह अनुभूति होती है कि पूरा मुहावरा भक्ति के एक ठोस उद्‌गार के रूप में है जिसमें जोर मीराँ और उनके प्रभु, दोनों पर बँटा हुआ है। अगर किसी को यह बताना पड़े कि इस विस्तारित हस्ताक्षर का कौन-सा तत्त्व ज्यादा महत्त्वपूर्ण है, मानवीय या दैवी, तो उसे यह स्वीकार करना पड़ेगा कि जितना महत्त्व कृष्ण के पक्ष को दिया गया है, उतना ही मीराँ के पक्ष को भी दिया गया है।

मध्ययुगीन भारत में इस तरह का हस्ताक्षर असामान्य है लेकिन ऐसा नहीं है कि भक्तिकाल के इतिहास में इससे पहले ऐसे उदाहरण नहीं मिलते। दक्षिण भारत में 11वीं-12वीं सदी में वीरशैव सम्प्रदाय ने शिव के लिए कन्नड़ में जो गीत रचे, उनमें ऐसा साहित्य पाया जाता है जिसमें ईश्वर को कवि ने जिस नाम से पुकारा है, वही कवि का हस्ताक्षर बन जाता है। कवि का अपना नाम सामने नहीं आता लेकिन अगर

‘संगमेश्वर’ को सम्बोधित किया जाता है तब लोग जानते हैं कि बासवन्ना बोल रहे हैं; और अगर ‘चमेली जैसे धवल देव’ का उल्लेख किया गया हो तो लोग पक्के तौर पर मान लेते हैं कि कविता महादेवीयक्क की है।[51] यद्यपि मीराँ की कविताएँ कवि का अपना नाम देने की उत्तर भारत की मानक प्रक्रिया को जोड़कर इस परम्परा में नया तत्त्व जोड़ती हैं, फिर भी मानवीय के साथ-साथ ‘दैवी हस्ताक्षर’ से पैदा होनेवाले प्रभाव की अनदेखी नहीं की जा सकती। और ये मिश्रित हस्ताक्षर एक बार फिर इस धारणा को दरकिनार करते हैं कि कवि का नाम रचनाकार के अधिकार को सहज, कमतर अर्थ में रेखांकित करता है। रचनाकार के नाम को इस तरह विस्तार देना यह स्पष्ट करता है कि इसका महत्त्व प्रथम दृष्टि में जो दिखता है, उससे कहीं ज्यादा है। कन्नड़ कविताओं में हस्ताक्षर के रूप में शिव के निजी पदनाम के तौर पर इस्तेमाल का प्रभाव यह होता है कि कविता को एक मजबूत और विश्वसनीय आधार मिल जाता है। मीराँ की कविताओं में ‘गिरधर नागर’ का प्रयोग यही काम करता है। जैसीकि छवि बताती है, वे उनके कवच हैं और साथ ही उनके प्रभुत्व के असली स्रोत भी हैं। मीराँ के साक्ष्य उनके लिए ही हैं।

भक्ति कविता पर छाप यह संकेत करने से भी अधिक कुछ करती है कि अमुक व्यक्ति अमुक बातें कह रहा है। भारत में और कई अन्य संस्कृतियों में यह मानने की लम्बी परम्परा चली आ रही है कि ज्ञान तथा सत्य व्यक्तिगत बातें हैं। इस परम्परा में इस बात पर सन्देह किया जाता है कि ये चीजें पुस्तकों से हासिल नहीं की जा सकतीं, कम-से-कम तब तो नहीं ही जब इन्हें देनेवाला कोई गुरु पास हो।[52] सच्चा ज्ञान प्राप्त करने और विकास करने के लिए श्रोता को श्रुति पर विश्वास करना ही चाहिए, और आदिकालीन शिक्षणीयता का—आलोचनीयता का—भाव किसी विश्वसनीय व्यक्ति की उपस्थिति में ही जगाया जा सकता है। इस प्रकार के व्यक्तित्व के सान्निध्य में होना श्रुति को उस तरह ग्रहण करना सम्भव बनाता है जिस तरह उदाहरण आचरण को निषेधों तथा नियमों के मुकाबले ज्यादा प्रभावित करते हैं। सभी सत्य सुझावात्मक नहीं होते, और भक्ति के क्षेत्र में जहाँ मौखिक वक्तृत्व आश्चर्य से भरे हो सकते हैं और जहाँ नम्माल्वर तथा चैतन्य सरीखे महान सन्त लम्बे समय तक मौन रहे हों, वहाँ यह खास तौर से सम्भव है।

जब आस्था के लिए आवाहन प्रबलतम हो, तब पद के अन्त में एक प्रसिद्ध सन्त-कवि का उल्लेख भक्तिभावना के इस गहन वृत्त में कविता को एक प्रयोजन बनाने जैसा ही है। यह गायकों तथा श्रोताओं, दोनों को—वे एक ही व्यक्ति हो सकते हैं—ऐसे दायरे में पहुँचा देता है, जहाँ परिवर्तन सम्भव है, जहाँ आस्था मजबूत हो सकती है। इसलिए यह उपयुक्त ही है कि कवि के नाम का उल्लेख अक्सर पद के थोड़े पुनर्विन्यास को ही संकेतित करता है। यह ऐसे परिवर्तन को प्रेरित करता है जो गाया जा रहा है। उसमें रचनाकार जब अपना नाम शामिल करता है तब

सामान्यतम आख्यान को भी व्यक्तिगत सन्दर्भ में बदल देता है। आखिर ये सब आस्था के गीत हैं और ये चूँकि किसी भक्त द्वारा गाये जाते हैं इसलिए ज्यादा विश्वसनीय हो जाते हैं।

जिन लोगों के गीत मीराँ, सूर, रविदास की परम्परा में शामिल हो गए, उन लोगों को यह कहना अनुचित लगा होगा कि उनके अपने नाम का भी इतना ही प्रभुत्व है। अपने गुरु को इस तरह का प्रभुत्व सौंपना उन्हें आसान लगा होगा, जैसे मीराँ (या उनके नाम से अपना गीत गानेवालों) ने अपने नाम को उस प्रभु से जोड़ दिया था जिनमें उनकी आस्था थी। इसलिए आश्चर्य नहीं कि श्री गोवर्धनपुर में हाल तक भगवान, गुरु, और रविदास की महिमा में गाए जानेवाले गीतों की 'रचना' उन्हीं गुरु के स्वर में की गई होगी जिनका वे महिमागान कर रहे थे। यह कोई परेशान होनेवाली बात नहीं है कि 'सूरसागर' और मीराँ के कविता-कोश सूर और मीराँ 'द्वारा रचित' उन अनेक गीतों को शामिल किए जाने के कारण विशाल हो गए जिनकी रचना इन नामों के 16वीं सदी के रचनाकारों ने नहीं की।

बाद के दौर में इस तरह की 'छापबन्दी' के उदाहरणों को अमौलिकता कहना मुद्दे की अनदेखी करना होगा। यहाँ न तो कोई फेरबदल किया जा रहा है, न किसी चीज को गलत बताया जा रहा है। इतिहाससम्मत सूरदास या रविदास को लेकर ऐसा कोई दावा नहीं रखा जा रहा है, जैसाकि गोस्पेल ऑफ जॉन के 'इगो एइमी' (यवनी : मैं हूँ) उद्धरणों को ईसा के नाम करके उन्हें जानबूझकर गलत उद्धृत किया गया है। बात सिर्फ यह है कि भारत के भक्ति साहित्य में या लेवांत सम्प्रदाय में रचनाकार के अधिकार का अर्थ वह नहीं है जिसकी हम पुनर्जागरण के बाद से यूरोप या अमेरिका में अपेक्षा करते आए हैं। हिन्दी के भक्ति काव्य में रचनाकार का नाम देने का यह अर्थ उतना नहीं है कि किसने क्या कहा ताकि उद्गार को उपयुक्त महत्त्व मिले या कि जिस सन्दर्भ में वह कहा गया है, उसके महत्त्व को समझा जाए। रचनाकार का नाम केवल पाद-टिप्पणी नहीं है। यह कविता में जान डालता है, उसे एक शख्सियत, यहाँ तक कि दिव्यता प्रदान करता है, जो उसे उपयुक्त वजन और स्वर भी प्रदान करता है। और यह उसे उस दायरे में पहुँचा देता है, जो कविता को न केवल नये और मोहक सत्य की क्षणभंगुर चमक प्रदान करता है बल्कि जिसे पहले भी सुना और सम्मानित किया गया है, जो परिचित तथा प्यारा है। भक्ति काव्य में हस्ताक्षर इस तरह का बन्धन प्रदान करते हुए रचनाकार के अधिकार से भी ज्यादा कुछ उपलब्ध कराते हैं। वे इन कविताओं को प्रभुत्व और प्रामाणिकता प्रदान करते हैं, और ऐसी आभा बनाते हैं जिसमें सुनना बोलने जितनी ही गहराई हासिल कर सकता है।

अध्याय-2

धर्म और भक्ति

हिन्दू नीति-आचार की खोज करनेवाले पश्चिमी शोधकर्ता प्रायः 'मनुस्मृति' तक का सीधा रास्ता पकड़ लेते हैं। आचार संहिताओं के इस ग्रन्थ की रचना कोई 1900 साल पहले की गई थी, जिसमें जातिगत संरचना पर आधारित समाज के आन्तरिक सम्बन्धों को स्पष्ट किया गया है।[1] इसमें वर्णाश्रम धर्म यानी समाज में व्यक्ति के स्थान यानी वर्ण और उसकी आयु के मुताबिक विभाजित जीवन के चरणों यानी आश्रमों के अनुरूप उसके धर्म यानी कर्तव्यों को स्पष्ट किया गया है।

यद्यपि यह सच है कि नीति-आचार को लेकर लगभग पूरा हिन्दू मानस शब्दशः नहीं, तो भावना के स्तर पर 'मनुस्मृति' के मुताबिक ही ढला है लेकिन मनु के शब्द ही अन्तिम सत्य नहीं माने जाते। अगर आप उत्तर भारत के गाँवों में या आधुनिक शहरों में किताबों की दुकानों में होनेवाली चर्चाओं में नैतिकता सम्बन्धी सीखों की खोज करने लगें तो इस बात की सम्भावना काफी कम है कि आपका ऐसी किसी व्यवस्था से सामना हो, जो मनुस्मृति की व्यवस्था के काफी करीब हो। नियमों और औपचारिक निषेधों की बजाय आपका सामना आख्यानों और लोककथाओं से हो सकता है—उदाहरण के लिए राम की कथा, जिन्होंने धर्म का पालन करने के लिए राजसिंहासन त्याग दिया था; या उनकी कर्तव्यनिष्ठ पत्नी सीता की कथा, जिन्होंने पति की सेवा के लिए अपनी सभी इच्छाओं की बलि दे दी। या आप राजा हरिश्चन्द्र की कथा सुन सकते हैं, जिन्होंने अपने ब्राह्मण गुरु की आज्ञा पर अपना राजपाट, धन-दौलत, पत्नी तथा परिवार तक दान कर दिया था। अथवा सावित्री की कहानी, जिन्होंने पति को यम के हाथों से छीनकर उसे नया जीवन दे दिया था।

ये कथाएँ बताती हैं कि धर्म के नियम किस तरह लोगों के जीवन में रचे-बसे हैं, कि अत्यन्त आपदा की परिस्थितियों में भी पिता, गुरु, पति, या समाज के प्रति कर्तव्यों का पालन किस तरह किया जाना चाहिए। लेकिन अत्यन्त आपदा की स्थितियों पर जोर देकर ये और भी बहुत कुछ कहती हैं। ये उपदेश देने के अलावा

चरित्र-निर्माण की भी सीख देती हैं। ये निजी कौशल तथा दृढ़ता का इस तरह महिमामंडन करती हैं जिस तरह कोई आचार संहिता भी नहीं कर सकती है।

नैतिकता के साहित्य की दूसरी विधा निर्दिष्ट धर्म से एक कदम और आगे जाती है। यह संहिताओं के दायरे से आगे बढ़कर आख्यानों में पहुँच जाती है, लेकिन कथाएँ मनु और उनके जैसों द्वारा निर्धारित रूढ़िगत निर्देशों को मजबूती देने से ज्यादा उन पर सवाल खड़े करने में सहायता करती हैं—चाहे वे गम्भीर दिखनेवाले धार्मिक पाठों के रूप में प्रकाशित हों या सस्ते पेपरबैक में। यहाँ तक कि कॉमिक्स के रूप में भी। इन कथाओं में भक्तिकाल के महान सन्तों के जीवन-चरित दर्ज हैं। ये सन्त भारतीय धर्म में चली एक महत्त्वपूर्ण भक्तिधारा के नायक थे। यह धारा छठी शताब्दी में बही थी। भक्ति का व्यापक अर्थ है प्रेम—ईश्वर से प्रेम। यह धर्म के सिद्धान्तों पर सबसे गम्भीर प्रश्न खड़े करती है।

लेकिन धर्म पूरी तरह पीछे नहीं छूट जाता। तर्क दिया जा सकता है कि इन उत्साही सन्तों की कथाएँ धर्म को कसौटी पर कसने के लिए ही नहीं बल्कि उसे मजबूती देने के लिए भी कही जाती हैं। अपनी सम्पूर्णता में वे अपना ही धर्म प्रस्तुत करती हैं—ऐसी आचार-नीति प्रस्तुत करती हैं जो चारित्रिक तथा सम्प्रदायगत पहचानों की कुछ विशेषताओं पर आधारित है। पारम्परिक वर्णाश्रम धर्म के उपदेश में इस आचार-नीति की उपेक्षा तो नहीं की गई है मगर उसे निश्चित तौर पर धुँधला कर दिया गया है। परिणामत: ये कथाएँ पाठकों को धर्म का एक नया पाठ पढ़ाती हैं, जो भक्ति का धर्म है। चरित्र की वह नैतिकता है, जो प्रेम पर जोर देती है।

अगले पन्नों पर मैं इस भक्ति-धर्म के कई पहलुओं की विवेचना करूँगा। यह धर्म उत्तर भारत में पाए जानेवाले अधिकतर सन्तचरित संकलनों का पूर्वज माने जानेवाले ग्रन्थ में उभरता है। यह ग्रन्थ है चार शताब्दी पुराना 'भक्तमाल', जो हिन्दी में उपलब्ध ऐसा सबसे महत्त्वपूर्ण संकलन है और अभी भी व्यापक रूप से उपलब्ध है और बहुपठित है। मैं 16वीं और 17वीं सदी के तीन सन्तों—मीराँबाई, नरसी मेहता और पीपादास (उनकी पत्नी सीता सहित)—के जीवन पर अपना ध्यान केन्द्रित करूँगा। इन विभूतियों के जीवन के विवरण 'भक्तमाल' और इसकी टीका 'भक्तिरसबोधिनी' (1712 ई.) में दिये गए हैं। इन तीनों सन्तों में से हरेक का जीवन अलग-अलग गुणों को उजागर करता है—मीराँ का जीवन निर्भीकता को, नरसी मेहता का जीवन उदारता को और पीपादास व सीता का जीवन सामुदायिक सेवा के गुण को रेखांकित करता है। यद्यपि ये गुण उनकी जीवनगाथाओं से विशेष रूप से स्पष्ट होकर उभरते हैं। 'भक्तमाल' में जिन अन्य सन्तों का वर्णन किया गया है। उनमें भी ये गुण कुछ अनुपात में पाए जाते हैं और ये मिलकर सन्त भाव के एक विचार के तीन पहलुओं को प्रस्तुत करते हैं। यह वह सन्त भाव है जिसे वर्णाश्रम धर्म के उपदेशों तथा निर्देशों से गढ़े जा सकनेवाले तथा 'धर्मनिरपेक्ष' या 'सामान्य' गुणों

के आधार पर परिभाषित नहीं किया जा सकता। वास्तव में, 'भक्तमाल' में कहीं-कहीं भक्ति को रेखांकित करने की शुरुआत इस उल्लेख के साथ की गई है कि इन सन्तों ने इस प्रकार के धर्म को किस तरह पीछे छोड़ दिया और आगे बढ़ गए। फिर भी 'भक्तमाल' में सन्त भाव को जिस तरह प्रस्तुत किया गया है, उसमें सभी धर्म को एकदम से छोड़ भी नहीं दिया गया है; बल्कि यह अधिक मूलभूत नैतिकता का वर्णन करता है जो, अगर इन सन्तों की सहजता के साथ प्रकट की जाए तो, तमाम संहिताओं और उपदेशों के अभाव में उचित जीवन की ओर ले जा सकता है।

भक्तमाल

'भक्तमाल' उत्तर भारत के सन्तों का आज सबसे ज्ञात जीवन-चरित है।[2] हिन्दी कृतियों में सम्भवतः यह सबसे पुरानी होगी, हालाँकि दूसरी भारतीय भाषाओं में इसके पूर्ववर्ती दृष्टांत पाए जा सकते हैं।[3] वैसे, यह निश्चित ही 'चौरासी वैष्णवों की वार्ता' (वल्लभ सम्प्रदाय की देन) जैसे सम्प्रदायगत जीवन-चरितों के मुकाबले ज्यादा उदार है। 'भक्तमाल' की रचना सम्भवतः 17वीं सदी के प्रारम्भ में नाभादास ने या जैसाकि वे स्वयं को नाम देते थे, नारायणदास ने की थी। उनके बारे में प्रामाणिक तौर पर कोई जानकारी उपलब्ध नहीं है क्योंकि उन्होंने अपने बारे में जो कुछ लिखा है, वह सिर्फ यह संकेत देता है कि उनके गुरु कौन थे। वैसे, 18वीं सदी के प्रारम्भ में उभरे टीकाकार प्रियादास नाभादास को राम का भक्त बताते हैं और उन्हें जयपुर के पास के प्रसिद्ध गाल्ता आश्रम से जुड़ा हुआ बताते हैं।[4] जहाँ तक प्रियादास की बात है, वे खुद को वृंदावन का वासी और बंगाल के 15वीं और 16वीं सदी के भावप्रवण सन्त चैतन्य का भक्त बताते हैं। इस दृष्टि से वे चैतन्य या गौड़ सम्प्रदाय के सदस्य ठहरते हैं। नाभादास और प्रियादास को साथ-साथ देखें तो हमें सम्प्रदायगत स्वरूप की कृति प्राप्त होती है। इस पहलू का ताल्लुक कई सदियों से इसके व्यापक पाठक वर्ग से रहा है। वास्तव में, संक्षिप्त शैली में लिखनेवाले नाभादास को लगभग हमेशा उनके टीकाकार के साथ पढ़ा जाता है, और मैं जब इस अध्याय में 'भक्तमाल' शब्द का प्रयोग करता हूँ तब मेरा मकसद जीवन-चरित के उस संश्लिष्ट अर्थ को प्रेषित करना होता है।[5]

'भक्तमाल' के प्रथम खंड में कई पौराणिक विभूतियों के विवरण हैं, जिन्हें विष्णु का अवतार माने जानेवाले राम या कृष्ण का भक्त माना जा सकता है। शिव, ब्रह्मा एवं लक्ष्मी सरीखे अन्य देवताओं को भी पूजनीयों में शामिल माना जाता है। इस तरह, 'भक्तमाल' की शुरुआत किसी भी उत्तम हिन्दू पुराण की शुरुआत की तरह होती है। इसके बड़े भाग यानी दूसरे खंड में इस कलयुग के वासियों, इतिहास के व्यक्तियों के विवरण हैं। नाभादास ने उन चार धर्मशास्त्रियों से शुरुआत की है, जो

उनके समय में और उनके सम्प्रदायगत सन्दर्भ में वैष्णव शिक्षण के चार मुख्य सम्प्रदायों के प्रतीक माने जाते हैं। स्पष्ट है कि उनका उद्देश्य वर्तमान युग को सही आधार देना है लेकिन वे 11वीं तथा बाद की सदियों की इन चार सम्माननीय विभूतियों को कुछ तेजी से ही निबटा देते हैं और अपने समय के करीब के सन्तों की ओर बढ़ जाते हैं। जब वे उनकी कुछ कहानियों का उल्लेख करते हैं तब बहुत सहज लगते हैं, और प्रियादास उन्हें विस्तार से बताते हैं। स्पष्ट है कि नाभादास तथा प्रियादास के काल में वे ज्यादा महत्त्व रखते थे और उनमें कई ऐसे हैं जो आज भी महत्त्वपूर्ण हैं। इनमें मीराँ, नरसी और पीपा के जीवन-परिचय शामिल हैं, जिन पर हम बारी-बारी से विचार करेंगे।

मीराँबाई : निर्भीकता

मध्यकाल या आधुनिक काल के प्रारम्भ के उत्तर भारत में जो सन्त-कवि हुए, उनमें आज मीराँबाई से ज्यादा विख्यात शायद कोई नहीं है। उनके रचित भजन इस उपमहाद्वीप में हर कोने में गाए जाते हैं। उनके जन्मस्थल राजस्थान के चारण-भाट उनके बारे में लिखे गए गीतों को आज भी गाते रहते हैं। और उन्हें नायिका मानकर कई फिल्में बनाई जा चुकी हैं। उनकी जीवनगाथा बेहद मर्मस्पर्शी है। उनका जीवन-चरित सबसे पहले सम्भवत: 'भक्तमाल' ने ही प्रस्तुत किया है।

अन्य सभी विवरणों की तरह 'भक्तमाल' ने भी उन्हें एक ऐसी राजपूत रानी के रूप में प्रस्तुत किया है, जो बचपन से ही कृष्णभक्ति में इतनी डूब गई थीं कि खुद को उनकी दुलहन मान बैठी थीं इसलिए इस जगत में हुए अपने विवाह को वे गौण मानती थीं। इस तरह वे खुद को कृष्ण की ब्रजभूमि की गोपियों में शामिल मानती थीं। उन गोपियों के भी पति थे लेकिन अपने पतिदेव की सेवा के लिए खुद को जीवनभर के लिए समर्पित करनेवाली ये गोपियाँ कृष्ण की बाँसुरी सुनते ही रूढ़िगत नैतिकता को भूल जाती थीं। वे जिस भी हाल में रहतीं, घर बुहार रही हों तो झाड़ू फेंककर, बरतन धो रही हों तो उन्हें छोड़कर, पति के साथ बिस्तर में हों तो उसे छोड़कर कृष्ण की रासलीला में नृत्य करने के लिए दौड़ पड़ती थीं। मीराँ में भी यही भावना प्रबल थी। वे धर्म से मिले अपने परिवार को त्यागकर उस अलग परिवार में सम्मिलित होना चाहती थीं, जो उनके प्रभु के गुण गाता था। इस कारण उन्होंने अपने सांसारिक परिवार से शत्रुता मोल ले ली थी।[6]

मीराँ को प्रस्तुत करने के लिए 'भक्तमाल' उस कविता से शुरुआत करता है जिसमें नाभादास ने मीराँ के जीवन के प्रमुख तत्त्वों को उजागर किया है :

लोक लाज कुल-शृंखला तजि मीराँ गिरिधर भजी
सदृश गोपिका प्रेम प्रगट कलिजुगहिं दिखायौ

निरअंकुश अति निडर रसिक जस रसना गायौ
दुष्टनि दोष बिचारि मृत्यु को उद्दिम कीयौ
बार न बाँकौ भयौ गरल अमृत ज्यों पीयौ
भक्ति निसान बजाय कै कहू ते नाहिन लजी
लोक लाज कुल-शृंखला तजि मीराँ गिरिधर भजी।[7]

पहली ही पंक्ति परम्परागत शालीनता (जो कि पारिवारिक बन्धनों द्वारा परिभाषित होती है) और कृष्ण को भजने में आनेवाले व्यवधान को उजागर करती है। दूसरी पंक्ति यह पुष्टि करती है कि मीराँ का जीवन उस तनाव को दर्शाता है जिन्हें गोपियों को सांसारिक स्तर पर या हिन्दू अवधारणा के अनुसार इस पतनशील संसार में भुगतना पड़ा था, जिसके हम भी एक हिस्से हैं। इसके बाद मीराँ के निर्भीक, लोकलाज से मुक्त व्यक्तित्व का इस तरह उल्लेख किया जाता है मानो वह उनके गायन से उभरता हो! कविता इसके बाद उनकी निर्भीकता का बड़ा उदाहरण प्रस्तुत करती है—उस प्रकरण का, जिसमें वे अपने पति या ससुराल वालों की ओर से भेजे विष को पी जाती हैं। मानो उनकी निर्भीकता के प्रभाव में विष भी अमृत बन गया! कविता इसी भाव में समाप्त होती है और उनके निर्बाध भक्ति-संगीत (कहा जाता है कि मीराँ ने उद्घोषक नगाड़े को बजाया था) का उल्लेख करते हुए उसके प्रभाव की ओर ध्यान आकृष्ट करती है कि उसने आम नैतिकता के बन्धनों को छिन्न-भिन्न कर दिया।

शेष विवरण—जिसमें कुछ हिस्से प्रियादास ने जोड़े हैं—ब्यौरों को विस्तार देते हैं। हमें बताया जाता है कि राजस्थान के मेड़ता रजवाड़े में अपने पिता के घर में बचपन में ही मीराँ गिरधर गोपाल कृष्ण के प्रेम में दीवानी हो चुकी थीं। अपनी उँगली पर गोवर्धन पर्वत को उठाए कृष्ण की छवि उनके हृदय में एक नायक की छवि की तरह बस चुकी थी। जब उनके जीवन की डोर दूसरे रजवाड़े के किसी अज्ञात राणा के साथ बाँध दी गई और जब वे उसके साथ अग्नि के फेरे ले रही थीं तब भी वे मन में दूसरे पति गिरधर गोपाल के नाम का मंत्र जप रही थीं।[8] अपने नये घर में दहेज के बदले उन्होंने सिर्फ कृष्ण की मूर्ति ले जाने की माँग की। और जब वे अपनी ससुराल पहुँचीं तो उन्होंने हिन्दू प्रथा के मुताबिक अपनी सास के आगे या ससुराल के कुलदेवता के आगे भी सिर झुकाने से मना कर दिया। इससे उनकी सास ने अपमानित महसूस किया और राणा भी शर्मसार हुए (यह नहीं बताया गया है कि राणा कौन थे—उनके ससुर या पति? लेकिन वे शायद ससुर ही थे क्योंकि विवरण में उन्हें 'देसपती' कहा गया है)।[9] यही नहीं, मीराँ के व्यवहार ने उनके पिता के मान को भी चोट पहुँचाई। खुद को पूरी तरह कृष्ण को समर्पित कर देने की मीराँ की भावना के कारण उनके पारिवारिक रिश्तों पर भी आँच आ गई थी।

लेकिन इसका अर्थ यह नहीं है कि मीराँ का कोई परिवार नहीं रह गया था। हालाँकि उनका सांसारिक परिवार उनकी देखभाल करने की बजाय उन्हें जहर देकर मारना ही चाहता था। मीराँ ने साधुओं संग अपना एक अलग परिवार बना लिया था जिन्हें, पाठ के मुताबिक, लागी चाह स्याम की थी।[10] उनकी जेठानी ने उन्हें ऐसे साधुओं से दूर रखने की पूरी कोशिश की लेकिन कोई फायदा न हुआ। ऐसे हालात के बारे में सुनकर राणा ने मीराँ के लिए जहर का प्याला भेज दिया। राणा को विश्वास था कि कृष्ण की वेदी पर छूटे किसी चीज को मीराँ मना नहीं करेंगी इसलिए उन्होंने जहर को कृष्ण के चरणामृत के रूप में भेजा। विडम्बना यह कि यह जहर मीराँ के पीते ही सचमुच कृष्ण का चरणामृत बन गया। मीराँ के चेहरे पर और दमक आ गई। वे और भी ज्यादा प्रसन्न दिखने लगीं।

इसके बाद के खंड में 'भक्तमाल' ने मीराँ की पसन्द के सत्संग परिवार के स्वरूप पर गहरी दृष्टि डाली है।[11] पहले तो, उन साधुओं ने मीराँ के पास आना छोड़ दिया, जो प्राय: उनके इर्द-गिर्द जमा होते थे। इस कारण मीराँ उदास हुईं। इसने उन्हें दिखा दिया कि हमेशा भगवान के भजन गाते रहनेवालों में भी प्राय: वैसी निर्भीकता नहीं होती जैसीकि इस तरह का जीवन जीनेवालों में होनी चाहिए, और भक्ति सच्ची हो तो यह निर्भीकता स्वत: आ जाती है। मीराँ के सत्संग में केवल कृष्ण रह गए। लेकिन साधुओं की विदाई उनके लिए भाग्यशाली रही क्योंकि उस समय मीराँ के प्रति राणा के जानलेवा प्रतिशोध का शिकार उनसे सम्पर्क करनेवाले भी हो सकते थे। यह अफवाह भी उड़ाई गई कि मीराँ के सम्बन्ध किसी अन्य व्यक्ति से हैं। यह भी कहा गया कि मीराँ को बन्द कमरे में अपने प्रेमी से बातें करते सुना गया है। उसी समय राणा को बुलाया गया। वे जल्दी से हाथ में तलवार लिये आए और मीराँ के कमरे में जाना चाहा। उन्होंने कहा कि मीराँ उस व्यक्ति को सामने लाएँ जिससे वे प्रेमालाप कर रही थीं। मीराँ का जवाब था कि राणा जिससे मिलना चाहते हैं, वह कृष्ण तो उनके सामने खड़े हैं। वे किसी से छिपनेवाले नहीं हैं। गुस्से से काँपते राणा मानो दीवार पर टँगी तस्वीर की तरह जड़वत हो जाते हैं और फिर लौट जाते हैं।[12] गौर करनेवाली बात यह है कि संसार जिन्हें उनका प्रेमी, अवैध पति मानता है, वह नहीं बल्कि उनके 'सच्चे' पति डर के मारे भाग जाते हैं। राणा जिस तरह लौट जाते हैं, वह उस विडम्बना को गहरा करता है, जिसे प्रस्तुत करने में 'भक्तमाल' को मजा आता है—हाड़-मांस का आदमी जब एक छवि से ज्यादा 'वास्तविक जीवन' के रू-ब-रू होता है तो पत्थर जैसा बन जाता है, और वास्तविकता की महज एक छवि बनकर रह जाता है।

अगला प्रकरण मीराँ की निर्भीकता का एक और उदाहरण है। एक बार फिर वैवाहिक सम्बन्ध में निष्ठा और यौन नैतिकता के प्रश्न पर द्वंद्व होता है। यहाँ मीराँ का सामना एक नीच तथा स्वेच्छाचारी से होता है, जो साधु के भेस में आकर उनके

सामने दावा करता है कि गिरधर गोपाल ने उसे आदेश दिया है कि मीराँ खुद को उसे सौंप दें। इस पर मीराँ की उदार या मासूम प्रतिक्रिया क्या रही, यह हमें नहीं बताई गई है। लेकिन इससे जो सीख मिलती है, वह एक बार फिर उनकी निर्भीकता का उदाहरण प्रस्तुत करती है। मीराँ कहती हैं कि वे गिरधर के आदेश को पूरी विनम्रता से सिर आँखों पर रखती हैं, फिर वे उस साधु को भोजन देती हैं और उसके लिए बिस्तर भी लगाती हैं। लेकिन वे उस साधु की चाल को मात देती हैं। वे मंडप को सत्संग के समक्ष लगा देती हैं और पूरी निर्भीकता से उससे आग्रह करती हैं कि इस खुले सामूहिक माहौल में वह मनोरंजन करे, जो कि कृष्णभक्तों का गुण है। परिणाम यह होता है कि भय और शर्म मीराँ को नहीं बल्कि उस साधु के ही हिस्से में आते हैं। उसके चेहरे का रंग उड़ जाता है, वह किसी शारीरिक सम्पर्क की आकांक्षा त्याग देता है और मीराँ से प्रार्थना करने लगता है कि वे उसमें भी वैसी ही भक्ति-भावना जगा दें, जैसी उनके भीतर है।

इस तरह सत्संग में मीराँ का क्या स्थान है, इसकी परीक्षा बाहर से राणा लेते हैं तो भीतर से ढोंगी साधु लेता है। और दोनों मामलों में कृष्ण के समक्ष मीराँ की निडरता उनकी असुरक्षा को सुरक्षा में बदल देती है। अपने प्रभु की व्यापक उदारता को अपनाकर वे बेशर्म को शर्मिंदा कर देती हैं।

इसी तरह वे मुगल बादशाह अकबर को भी मोहित कर लेती हैं। उस काल के सन्तचरितों में बार-बार जिस अकबर का उल्लेख मिलता है, वह अकबर उनका गायन सुनने के लिए मीराँ तक आ जाता है। अपने मुख्य संगीतकार तानसेन के साथ वह एक आम आदमी के भेस में मीराँ के पास पहुँच जाता है। इससे पता चलता है कि सत्संग में ओहदा या धर्म के आधार पर कोई भेदभाव नहीं किया जाता था। तानसेन तो मीराँ के गायन से सम्मोहित ही हो गए थे।

वैसे, भक्ति-आन्दोलन के भीतर भी हर कोई ओहदे और दूसरे आधारों पर भेदभाव के प्रति अकबर की तरह उदासीन नहीं था। अगला प्रकरण मीराँ की वृंदावन यात्रा का है, जो ब्रज में कृष्णभक्ति का बड़ा केन्द्र है। वहाँ उन्हें महत्त्वपूर्ण वैष्णव दार्शनिक जीव गोस्वामी से मिलने नहीं दिया जाता है, क्योंकि उन्होंने किसी महिला की संगति से परहेज करने का संकल्प ले रखा है। मीराँ उन्हें सीधा-सा सन्देश भेजकर याद दिलाती हैं कि वृंदावन में पुरुष एक ही हैं, श्री कृष्ण। बाकी सब उनके लिए गोपियाँ हैं। यह भी यही सन्देश देता है कि सत्संग एक खुला मंच है जहाँ पदानुक्रम, भय और संकोच के लिए कोई जगह नहीं है।

मीराँ अन्तिम यात्रा पश्चिम भारत में कृष्ण-भक्ति के केन्द्र द्वारका की करती हैं ताकि गिरधर गोपाल की सेवा वे और गहराई से कर सकें। उनकी अनुपस्थिति में राणा को उनकी कमी खलती है और उन्हें अहसास हो जाता है कि मीराँ 'भक्ति कौ सरूप' हैं।[13] इससे यह सबक मिलता है कि मीराँ जिस ऊँचाई का प्रतिनिधित्व करती

हैं, उसके बिना सांसारिक नैतिकता की दुनिया हमेशा के लिए अपना अस्तित्व नहीं कायम रख सकती।

राणा कुछ ब्राह्मणों को मीराँ के पास भेजते हैं कि वे उन्हें घर लौट जाने के लिए समझाएँ, लेकिन मीराँ मना कर देती हैं। हताश होकर वे लोग अनशन कर देते हैं, मीराँ का हृदय पसीज जाता है लेकिन कृष्ण उन्हें लौटने नहीं देते। एक दिन जब वे पूजा कर रही होती हैं, कृष्ण उन्हें अपनी प्रतिमा के अन्दर खींच लेते हैं और फिर मीराँ अदृश्य हो जाती हैं। कथा इस उलझन-भरे अन्त पर खत्म हो जाती है। मीराँ ने सांसारिकता के औचित्य और दैवी भक्ति के बीच सन्तुलन बनाकर चलने की सम्भावना की खोज करने के बारे में सोचा होगा लेकिन संगीत तथा परम्परा-भंजन के महान नायक कृष्ण को यह स्वीकार्य नहीं था।

नरसी मेहता : प्रचुरता और उदारता

मीराँ निर्भीकता की उत्तम उदाहरण हैं—यह 'भक्तमाल' में प्रकाशित उनके जीवन-चरित में बार-बार कहा गया है। उन्हें प्रभु के गीत गाने हैं तो उन्हें निर्भीक होना ही पड़ेगा क्योंकि वे जिस समाज से आई हैं, वह पारम्परिक राजस्थानी राजसी समाज है जिसमें महिलाओं से एक निश्चित एवं लगभग रूढ़ आचरण की अपेक्षा की जाती है। लेकिन दूसरे लोगों को दूसरी तरह की बाधाओं का सामना करना पड़ता है। गुजरात के महान सन्त-कवि नरसी मेहता को परिवार नहीं बल्कि धन की कमी जैसी बाधा का सामना करना पड़ा। इसलिए, उनका अविरत गायन सामाजिक नहीं बल्कि आर्थिक निर्भीकता की ओर ले जाता है।[14] उन्हें उदार कहना अर्द्धसत्य कहना होगा, यद्यपि दूसरे कई सन्त भजन-गायन तथा दैवी भक्ति का जो जीवन जीते थे, उसमें इस तरह का सद्‌गुण स्वतः ही आ जाता था। नरसी के पास देने के लिए जब कुछ भी नहीं होता तब भी वे उदार होते हैं। उन्हें अपने लिए भोजन करने को कुछ भी नहीं होता फिर भी दूसरों को खुलकर दान करते थे। वे इस तरह आचरण करते थे मानो प्रभु की अर्थव्यवस्था में सब कुछ प्रचुर मात्रा में है, और वे हमेशा सही साबित होते थे। जिस तरह वैवाहिक नैतिकता के बरअक्स मीराँ की निर्भयता ने सांसारिक विष को दैवी अमृत में बदल दिया था, उसी तरह ईश्वरीय कृपा से प्राप्त प्रचुरता में नरसी की आस्था उस दुनिया में धन-धान्य का विस्तार करती थी, जिस दुनिया में चीजों का अभाव कंजूसी और सन्देह को जन्म देता है।

'भक्तमाल' में मीराँ वाले अध्याय में नरसी से सम्बन्धित खंड की मुख्य कविता (नाभादास रचित) में मुख्य विषयवस्तु की घोषणा की गई है। इसमें पारम्परिक, उच्च स्तर के स्मार्त ब्राह्मणों और उस काल के श्रद्धालु भागवतों (भक्तों) के बीच के द्वंद्व की ओर ध्यान खींचा गया है, जिस काल का प्रतिनिधित्व नरसी करते हैं

(हालाँकि वे भी जन्म से स्मार्त थे)। कविता बताती है कि नरसी ने ब्राह्मणों के रेगिस्तान को झील में बदल दिया था। उनके कार्य जीवन तथा धर्म को शुष्क तथा झुलसा हुआ मानने के विचार को काफी पुष्ट करते हैं।[15]

जब सही कहानी शुरू होती है—जिसका आंशिक पाठ प्रियादास प्रस्तुत करते हैं—तब हमें पता चलता है कि नरसी वास्तव में क्या करते हैं। वे भ्रमण करते रहते हैं। उनकी संगीत-कला के बारे में स्पष्ट तौर पर तो कुछ नहीं कहा गया है लेकिन पाठक को पता चल जाता है कि उनकी जीवनगाथा क्यों कही जा रही है और वह तुरन्त समझा जाता है कि वे भ्रमण इसलिए करते हैं क्योंकि वे गाते हैं, वे भगवत भजन में डूबे रहते हैं।

पाठक को यह भी पता चलता है कि अनाथ होने के बाद जिस भाई-भाभी के घर में वे रहते आए हैं, वहाँ लौटने पर उनकी भाभी उन्हें क्यों फटकारती है। वह उन्हें आवारा और परिवार पर बोझ मानती है। वे पानी माँगते हैं तो वह उन्हें भुनभुनाते हुए पानी तो देती है मगर उन पर तंज भी कसती है कि उन्हें जब तक पानी नहीं मिलेगा, उनसे कोई काम करने की उम्मीद नहीं की जा सकती। उसकी मंशा तो तंज कसने की है लेकिन उसके शब्द कुछ अलग प्रतिध्वनि करते हैं क्योंकि पाठक को प्रारम्भ में दी गई कविता से मालूम होता है कि उनका काम पानी की उपलब्धता पर ही सम्पन्न होता है—उनके गीत श्रद्धालुओं की भावना को सींचते जो हैं![16]

बहरहाल, भाभी के रूखे व्यवहार से गहरे आहत होकर नरसी घर छोड़ देते हैं। वे खुद को मरने के लिए छोड़ देते हैं और एक शिव मन्दिर में मृत्यु की प्रतीक्षा करने लगते हैं। लेकिन इस दैवी धर्मशाला में सांसारिक अपरिहार्यताएँ लचीली साबित होती हैं। सात दिनों की प्रतीक्षा के बाद भी नरसी जीवित हैं, बल्कि उन्हें तो शिव के दर्शन होते हैं, जो उनकी भूख-प्यास मिटाकर उन्हें इच्छा पूर्ण होने का वरदान देते हैं। बालक नरसी जवाब देता है कि उसे तो माँगना आता नहीं, शिव को जिस चीज से प्रसन्नता होती हो, वही वरदान में दे दें। शिव यही करते हैं और अपनी यह इच्छा व्यक्त करते हैं जिसका उल्लेख वे अपनी पत्नी से भी नहीं कर सकते कि वे कृष्ण के आगे गोपी बनना चाहते हैं। और नरसी को तुरन्त कृष्ण की रासलीला में शामिल कर लिया जाता है। वे इससे कभी अलग होना नहीं चाहते लेकिन कृष्ण उन्हें आश्वस्त करते हैं कि वे जब भी उनको याद करेंगे या उनकी छवि का ध्यान करेंगे, तभी कृष्ण उनके सामने उपस्थित हो जाएँगे। सो, आश्चर्य नहीं कि सांसारिक दायरे में लौटते ही नरसी विवाह करके अपना घर बसाते हैं और ईश्वर-भजन में लग जाते हैं। उनका साथ देने के लिए कई साधु भी आ जुटते हैं। इसी के साथ समस्याएँ भी शुरू हो जाती हैं। नरसी की लोकप्रियता से ब्राह्मणों को जलन होने लगती है।

इन घटनाओं की तार्किकता पर ध्यान दीजिए। नरसी का परिवार उनकी सबसे बुनियादी जरूरतें पूरी करने से मना कर देता है, जबकि सांसारिक नैतिकता के सिद्धान्त

का तकाजा है कि वह उन्हें राहत दे। लेकिन शिव के सामने उनकी माँगें पूरी की जाती हैं बल्कि उन्हें वह चीज भी दी जाती है जिसे माँगना भी वे नहीं जानते। वरदान प्राय: किसी काम को सम्पन्न करने पर दिया जाता है, लेकिन यहाँ तो लेन-देन का कोई संकेत तक नहीं मिलता। शिव नरसी को जो वरदान देते हैं, वह तो खुद उनकी ही इच्छा का उभार है। और इसके तत्त्व मुक्त रूप से साझा की गई प्रचुरता की भावना को रेखांकित करते हैं। रास में कृष्ण स्वयं को हजारों कृष्ण में बदल लेते हैं ताकि उसमें शामिल सभी गोपियों को तुरन्त उपलब्ध हो सकें। प्रचुरता के तत्त्व को तब और भी विस्तृत किया जाता है जब कृष्ण नरसी को आश्वस्त करते हैं कि उन्हें रास के जादुई घेरे में कभी भी शामिल होने की छूट होगी, भले ही वे कभी उससे बाहर निकल गए हों। परिणामस्वरूप, नरसी जब गीत में इस घेरे की याद करते हैं तब उन दूसरे लोगों के झुंड उसमें स्वाभाविक रूप से जुड़ जाते हैं, जो प्रेमधन बाँटने आते हैं।

नरसी की कथा में दो व्यवस्थाओं का वर्णन मिलता है—एक, अभाव पर आधारित ब्राह्मणों की व्यवस्था का, जो इस वजह से शिकायत भरी कंजूसी और क्रुद्ध ईर्ष्या प्रदर्शित करती है; और दूसरे, ईश्वर की संगीतमय मैत्री का, जिसमें देने की अनन्त प्रचुरता है। जितना दिया जाता है, उससे ज्यादा बचा रह जाता है देने को।

'भक्तमाल' नरसी के शेष जीवन की जिन घटनाओं का उल्लेख करता है, वे इस विषमता को रेखांकित करती हैं। ईर्ष्यालु ब्राह्मण षड्यंत्र में जुट जाते हैं। कृष्ण के द्वारका मन्दिर की ओर जानेवाले तीर्थयात्री रास्ते में जूनागढ़ में रह रहे इन ब्राह्मणों के पास प्राय: अपना धन जमा करते थे ताकि वे लुटेरों से बचते हुए तीर्थयात्रा कर सकें। मन्दिर पहुँचकर ये तीर्थयात्री जूनागढ़ में जमा किए गए पैसे की रसीद दिखाकर वह रकम जूनागढ़ के ब्राह्मणों के रिश्तेदार या साथी से प्राप्त कर सकते थे। इस सेवा के लिए बेशक कुछ शुल्क तो देना ही पड़ता था।

जूनागढ़ के ब्राह्मण अच्छी तरह जानते थे कि नरसी कोई महाजन नहीं हैं। दूरदराज के ब्राह्मणों के साथ पारिवारिक सम्बन्ध का लाभ उठाकर यात्रियों से सूदखोरी का विचार नरसी के मन कभी आया ही नहीं। लेकिन ब्राह्मणों का मानना था कि उन्हें अपने जैसा बताकर उन्हें काफी लाभ हो सकता था। इसलिए वे कई यात्रियों को नरसी के दरवाजे पर यह दावा करते हुए भेज देते थे कि नरसी तो अपनी अमीरी के लिए मशहूर हैं। उनका मकसद नरसी को परेशान करना ही होता था। अगर वे इन यात्रियों का अनुरोध मानकर रसीद जारी करते तो वे उन्हें पैसे वापस नहीं कर सकते थे। तब उन्हें जेल जाना पड़ता या कोई और बड़ी सजा भुगतनी पड़ती।

यात्री नरसी के जीर्ण-शीर्ण घर में जरूर आते और नरसी उनका हृदय से स्वागत करते। उन्हें आश्चर्य होता कि इन बेचारे यात्रियों के साथ कोई मजाक कर रहा है लेकिन वे उनके आगमन को ऊँची भावना से प्रेरित मानते। जो कुछ प्रस्तुत किया

जाता, उसे स्वीकार करने की उनकी आदत थी, मानो यह संसार ईश्वर के वरदान का ही फल हो! ब्राह्मणों के कहने के कारण वे वचनपत्र तो बनाते मगर यह अलग तरह का होता था। उसमें लिखा होता : 'शाह साँवल काफी उदार हैं। यह पत्र उन्हें दिखाइए और अपने पैसे वापस प्राप्त करके अपना कारोबार बिना कुछ सोचे बढ़ाइए।'

यात्री द्वारका पहुँचते तो शाह साँवल नाम के व्यापारी की खूब तलाश करते मगर विफल रहते। शहर के व्यापारियों ने उस आदमी का नाम तक नहीं सुना होता। यात्री जब हताश हो जाते तो अचानक वह आदमी प्रकट हो जाता और कहता कि वह तो उन्हें खूब खोज रहा था। उसके पास उनके पैसे रखे हैं और वह उन्हें मूलधन सहित 25 प्रतिशत ब्याज में भी देने को तैयार है और कोई कटौती भी नहीं करेगा। नरसी को भेजे पत्र में उसने लिखा था कि उसके पास विपुल मात्रा में पैसे हैं और नरसी उसके नाम से कभी भी वचन-पत्र जारी कर सकते हैं।

यह रहस्यमय व्यापारी और कोई नहीं बल्कि स्वयं कृष्ण हैं क्योंकि साँवल श्याम का ही पर्याय है। सोचा जाए, तो इसमें कोई आश्चर्य नहीं होगा कि कृष्ण के मन्दिर के पास रहने और उनकी कथित सेवा के लिए उपलब्ध रहने के बावजूद द्वारका के ब्राह्मण व्यापारी उसे नहीं पहचानते। वह उस मुद्रा में लेनदेन करता है जिसके नियम उन्हें नहीं मालूम हैं। उसकी सहज समृद्धि के कारण नरसी का उपहास करना इन ब्राह्मणों के लिए उलटा पड़ जाता है। जैसे बाइबल की कथा के अन्त में यूसुफ अपने भाइयों से कहते हैं, 'तुम लोगों ने मेरा बुरा चाहा मगर ईश्वर ने इसे भले में बदल दिया।'

इस तरह की और भी घटनाएँ घटती हैं। नरसी की पुत्री विवाह के बाद जब बेटे को जन्म देती है तब अपने पिता को सन्देश भेजती है कि प्रथा के अनुसार वे उसके ससुरालवालों को ढेर सारा उपहार भेजें। नरसी एक टूटी बैलगाड़ी में सवार होकर बेटी के घर के लिए चल पड़ते हैं। बेटी उनकी हालत देखकर क्रोध और शर्म से भरकर पूछती है कि उन्हें खाली हाथ ही आना था तो वे आए ही क्यों? वे पुत्री से कहते हैं कि वह चिन्ता न करे और अपनी सास को कहे कि उन्हें जिन चीजों से सन्तोष हो, उनकी सूची बनाएँ। घमंडी सास गुस्से में ऐसा ही करती है। वह जो भी सोच पाती है, उस हर चीज की माँग करती है तथा अन्त में दो पत्थर लाने की भी माँग करती है। यह नरसी को अपमानित करने के लिए था कि उनकी हैसियत इसी की है। लेकिन नरसी जब तानपुरे पर भजन शुरू करते हैं तब बुरा भले में बदल जाता है। उन्हें जिस झोंपड़ी में ठहराया गया था, वहाँ न केवल वे तमाम चीजें जमा होने लगती हैं बल्कि दो पत्थरों में से एक सोने में और दूसरा चाँदी में बदल जाता है। सास तो सन्तुष्ट हो जाती है मगर महत्त्वपूर्ण परिणाम यह निकलता है कि उनकी पुत्री सांसारिक मूल्यों से विरत हो जाती है। उसका हृदय परिवर्तन हो जाता है और वह पिता के साथ जूनागढ़ लौट जाती है।

'भक्तमाल' में अन्तिम प्रकरण यह है कि नरसी भजन में इतने डूब जाते हैं कि अपने पुत्र की शादी में शरीक होना तक भूल जाते हैं, बावजूद इसके कि यह शादी एक बड़ा उलटफेर है। उनके पुत्र की शादी एक ऐसे धनी और सम्मानित परिवार में हो रही थी, जिससे शहर का हर ब्राह्मण रिश्ता बनाना चाहता। यहाँ भी कृष्ण अपनी पत्नी रुक्मिणी के साथ आकर दूल्हे के परिवार के मुखिया के तौर पर बारात का नेतृत्व करके स्थिति को सँभालते हैं। दुलहन के पिता को जब स्थानीय ब्राह्मणों ने नरसी की आर्थिक बदहाली के बारे में बताया तो वह इस सगाई पर काफी रोने-पीटने लगा और कुछ ही क्षणों में अपनी आशंका पर विचार करने लगा। इस प्रकरण का सबक यह है कि सबसे धनी और योग्य ब्राह्मण को भी वैसे परिवार में अपनी बेटी के ब्याहे जाने पर चिन्ता नहीं करनी चाहिए जिसकी आर्थिक स्थिति नरसी के परिवार जैसी हो यानी कई बार यह स्पष्ट किया जाता है कि अभावों की चिन्ता छोड़कर ईश्वर-भजन में लगे रहने से इतने कुछ की प्राप्ति होती है, जिसकी माँग भी नहीं की जाती। सांसारिक दृष्टि से नरसी के पास कुछ भी नहीं है लेकिन घटनाएँ सिद्ध करती हैं कि उनके पास सब कुछ है, बशर्ते वे उसे दान कर रहे हों।[19]

पीपा और सीता : समुदाय की सेवा

सन्त भाव और उसके गुणों की तीसरी छवि 'भक्तमाल' में पीपादास और उनकी पत्नी सीता के बारे में दिये गए विवरण से मिलती है। यहाँ भी हम मीराँ की निर्भीकता और नरसी की सायास तथा दुर्लभ उदारता के दर्शन करते हैं लेकिन ये गुण यहाँ तीसरे पहलू—सत्संग तथा ईश्वर के समाज की सेवा से ज्यादा आन्तरिक तौर पर गहराई से जुड़े हैं। पीपा और सीता गृहस्थ जीवन के नये दृष्टिकोण की प्रतिमूर्ति हैं। उनके वैवाहिक सम्बन्ध को अधिकांश भारतीय विवाहों के, जो कि धर्म के पहिये के पुर्जे हैं और जाति आधारित समाज की विशाल तथा जटिल संरचना में गुँथे होते हैं, एकदम विपरीत रूप में चित्रित किया गया है। पीपा और सीता तो सन्तों, भक्ति तथा भजन के समाज के हैं।

कथा प्रारम्भ होती है तो पीपा तथा सीता राजस्थान के गगरौन (या अनन्तदास के मुताबिक गगरौनी) में राजा-रानी की तरह प्रस्तुत होते हैं। लेकिन अपनी गुप्त इच्छा और कुछ आगंतुक साधुओं के कहने पर पीपा रास्ता बदलकर भक्ति के दूसरे मार्ग की खोज करने लगते हैं। लोग उन्हें सनकी समझने लगते हैं लेकिन पीपा भागकर बनारस चले जाते हैं, जहाँ स्वामी रामानन्द उन्हें अपना शिष्य बना लेते हैं। 'भक्तमाल' स्वामी रामानन्द को सन्तों का महान गुरु तथा उनके आध्यात्मिक परिवार का मुखिया बताता है।[20] लेकिन रामानन्द धर्म तथा भक्ति में उस सरल भेद को स्वीकार नहीं करते, जो सत्ता से पीपा के पलायन से प्रतिध्वनित होता है। पीपा को

शिष्य के रूप में स्वीकार करके रामानन्द उन्हें वहीं लौट जाने का आदेश देते हैं जहाँ से वे आए हैं और वहीं सन्तों की सेवा करने की सलाह देते हैं।

बाद में पीपा फिर पलायन कर जाते हैं क्योंकि वे उस बन्धन (गृहस्थी की पकड़) से मुक्त होना चाहते हैं, जो उन्हें उनकी 20 रानियों से बाँधता है। लेकिन सबसे छोटी रानी सीता उन्हें पलायन नहीं करने देतीं। पति के साथ रहने के लिए उन्हें लोकलाज और पद की चिन्ता छोड़कर फटे कम्बल में भी रहना पसन्द है। गृहस्थ जीवन त्यागने के लिए पीपा इतने आतुर हैं कि सीता को नग्न अवस्था में भी चले जाने का आदेश दे देते हैं लेकिन सीता इस पर भी राजी हो जाती हैं। तब रामानन्द हस्तक्षेप करते हैं और अपने शिष्य को कहते हैं कि वह पत्नी को साथ रखें। रामानन्द उनसे कह चुके हैं कि इससे फर्क नहीं पड़ता कि कोई गृहस्थी में रह रहा है या गृहत्यागी है। और अब वे पीपा से कहते हैं कि वे एक तरफ बहुत ज्यादा न झुकें। ऐसा करना बाहरी, घुमक्कड़ी, सनकी उत्साही वाली उस सामाजिक भूमिका को स्वीकार करना होगा जिसकी मंजूरी पुरानी, जड़ व्यवस्था देती है। जरूरत यह नई समझ विकसित करने की है कि आप वास्तव में क्या हैं, वह नया समाज क्या है जिसमें गृहस्थ और गृहत्यागी की भूमिकाएँ अलग-अलग हिस्सों में न बँटी हों।[21]

इसके बाद हम पाते हैं कि पीपा और सीता उस समाज की धुरी बन जाते हैं क्योंकि वे गृहस्थ भी हैं और गृहत्यागी भी। कोई किसी से अलग नहीं होता। दोनों का वैवाहिक सम्बन्ध बना रहता है लेकिन उनका वैवाहिक जीवन पूरी तरह दूसरों के लिए समर्पित है। नरसी की तरह पीपा को अनपेक्षित खजाना मिल जाता है लेकिन वे इसे अनुपयोगी बताकर अस्वीकार कर देते हैं। लेकिन स्वर्ण मुद्राओं से भरा बक्सा मिलने पर पीपा जब आश्चर्य प्रकट करते हैं तो चोर उन्हें सुन लेते हैं और उस बक्से को हासिल कर लेते हैं मगर वह बक्सा साँपों से भरा होता है। गुस्से में वे उसे पीपा के दरवाजे पर ही छोड़ देते हैं। पीपा जब उसे हाथ लगाते हैं तो फिर वह बक्सा स्वर्ण मुद्राओं से भर जाता है। पीपा उस धन को सन्तों को भोजन कराने और दान देने में खर्च कर देते हैं।

सीता भी सब कुछ दान कर देती हैं। उन्हें 'परिवार के सच्चे प्रेम का ज्ञान'[22] —ईश्वर के परिवार का—तब प्राप्त होता है जब एक महिला अपने निर्धन पति के साथ पीपा तथा सीता के पास आती है और अपना साया तक उतारकर पति को दे देती है ताकि वे उसे बेचकर सन्तों को भोजन करा सकें। सन्त जब भोजन के लिए बैठते हैं तब वह महिला उपस्थित नहीं होती है। पीपा माँग करते हैं कि भारतीय आतिथ्य की स्थापित परम्परा के अनुसार सत्संग में सभी को साथ भोजन करना चाहिए। इस पर सीता उस महिला को लाने के लिए रसोई में जाती हैं तो उसे नग्न अवस्था में पाती हैं। सीता को विनम्रता, उदारता और निर्भीकता का पाठ मिल जाता

है। सीता तुरन्त अपनी साड़ी को आधा फाड़कर उस महिला को पहना देती हैं और उसे खींचकर सत्संग में ले आती हैं। इस निर्धन जोड़ी के प्रति उनकी सहानुभूति इतनी उमड़ती है कि वे उनकी सहायता के लिए पैसे कमाने के लिए बाजार में जाकर खुद को वेश्या के रूप में बेचने की कोशिश करती हैं। मीराँ की तरह सीता की निर्भयता भी ग्राहकों की नजर में चमत्कारी परिवर्तन ला देती है और उनके आगे पैसे और अनाज का ढेर लग जाता है जिसके लिए उन्हें अपनी देह बेचने की जरूरत नहीं पड़ती।

एक बार सन्तों का एक समूह पीपा और सीता के घर आता है। इस बार वे मेहमान नहीं, मेजबान की भूमिका में हैं और उनका घर फिर खाली पड़ा है। सन्तों के वास्ते भोजन हासिल करने के लिए सीता अपनी देह बेचने निकल जाती हैं और एक परिचित व्यभिचारी व्यापारी के यहाँ पहुँच जाती हैं। वह तुरन्त सौदा करने को राजी हो जाता है और सीता अपने मेहमानों की आवभगत करने के बाद उसके घर जाने को तैयार हो जाती हैं। यह बरसात का मौसम है और भोजन खत्म होते-होते इतनी बारिश हो जाती है कि रास्तों पर चलना असम्भव हो जाता है। पीपा प्रसन्न थे कि उनकी पत्नी ने सन्तों की खातिर वैवाहिक सम्बन्ध की मर्यादा का खयाल नहीं रखा। उन्होंने सीता को उठाकर कीचड़ भरे खेतों से ले जाने की जिद की। व्यापारी के यहाँ पहुँचकर वे छिप जाते हैं ताकि व्यापारी बिना रोकटोक के अपनी इच्छा पूरी कर सके। इस तरह का उदाहरण बुद्ध की जातक कथाओं में निष्काम दान के उच्चतम मूल्य की संस्तुति में ही पाया जा सकता है। लेकिन सीता के मामले में दैवी संयोग ने बलिदान को पूरा नहीं होने दिया। उस बेरहम मौसम में भी सीता को अपने दरवाजे पर पाकर उस व्यापारी ने उनसे पूछा कि वे कैसे आ गईं? सीता ने जब सच बताया तो व्यापारी का आश्चर्य शर्म में बदल में गया, उसकी आँखों से आँसू बहने लगे। पीपा ने उसके हृदय-परिवर्तन को देखकर उसे सन्तों की जमात में शामिल कर लिया।[23]

पीपा और सीता का विवाह दूसरों के लिए किया गया विवाह है, जिसके नियम सत्संग से जुड़े हैं। यह ऐसी शादी है जो इस सन्दर्भ में परम्परा को लेकर मीराँ की निर्भीकता को भी प्रदर्शित करती है और उस प्रचुरता को भी, जो नरसी का जीवन प्रदर्शित करता है। यह एक नये प्रकार के धर्म—भक्ति धर्म—को बयान करती है और सद्गुण पर आधारित रहन-सहन का एक आदर्श प्रस्तुत करती है, जिसका लक्ष्य पुरातन को पूरी जागरूकता के साथ उखाड़ फेंकना है। बेशक यह कोई संयोग नहीं है कि पीपा की पतिव्रता पत्नी का नाम सीता है, क्योंकि उनका वैवाहिक जीवन सद्गुण तथा त्याग के उत्कृष्ट उदाहरण माने जानेवाले राम-सीता के हिन्दू वैवाहिक सम्बन्ध का नया संस्करण प्रस्तुत करता है। राम तथा सीता ने भी स्वेच्छा से राजपाट त्याग दिया था। वे भी पति के गुरु के निर्देशों का पालन करते

थे। वे भी राजशाही बाना उतारकर वन-वन भटकते हैं। आश्चर्य नहीं कि पीपा तथा सीता की कथा भी रामकथा की तरह जानवरों, खास कर जंगली जानवरों के उल्लेखों से भरी पड़ी है।[24] एक बार समाज को लेकर झूठी मान्यताओं तथा भय को परे धकेल दिया जाता है, तो पशुओं को मानवीय चिन्ताओं के दायरे में ले आया जाता है। एक बार आवेगों को वश में कर लिया जाता है, उन्हें सन्त समाज की सेवा में लगा दिया जाता है तब उनकी घातक उपस्थिति को पशु जगत पर आरोपित करने का कोई कारण नहीं रह जाता।[25]

भक्ति का धर्म

इन तीनों सन्तचरितों से स्पष्ट तौर पर जो एक सबक उभरता है, वह यह है कि भक्ति का जीवन साधारण नैतिकता के लिए एक गम्भीर चुनौती है। 'भक्तमाल' में रविदास को जिस प्रकार चित्रित किया गया है, उसकी व्याख्या करते हुए टीकाकार सीताराम शरण भगवानप्रसाद रूपकला जिसे भजन-सेवा कहते हैं, वह उतना नीतिहीन नहीं है जितना यह पहली नजर में दिखता है।[26] बल्कि उदाहरण प्रस्तुत करनेवाले ये विवरण यह दर्शाते हैं कि भक्ति के साथ एक तरह का नीतिगत तर्क जुड़ा है जो इससे जुड़नेवालों से कम नहीं बल्कि ज्यादा की माँग करता है। और यह नीतिगत रूप से महत्त्वपूर्ण समुदाय—सत्संग—की रचना करता है। सांसारिक धर्म तो सामाजिक भेदों तथा पूरक क्रियाओं के जरिये अपने नीतिगत समुदाय की रचना करता है, जबकि भक्ति यह काम सामाजिक रूप से असमान तत्त्वों को एक साझा उद्देश्य—ईश्वर वन्दना—के लिए एकजुट करके करती है। बाहरी दिखनेवाला यह सन्दर्भ परिचित धार्मिक गुणों को उतना काटता नहीं है जितना उन्हें उन सामाजिक नियमों तथा सन्दर्भों से मुक्त करता है जिनके चंगुल में वे फँसे होते हैं।

हम जिन तीन गुणों पर विचार कर चुके हैं, उनके बारे में नया कुछ भी नही है। हरेक का व्यापक रूप से परम्परागत उच्च हिन्दू जाति की जीवनदृष्टि में स्थान है। चतुर्वर्णी जाति व्यवस्था में निर्भीकता को योद्धा का गुण माना जाता है इसलिए उसे पूरी क्षत्रीय जाति पर लागू माना जाता है। लेकिन इसका स्थान जाति व्यवस्था से बाहर साधुओं के जीवन में भी है जिन्होंने वर्णाश्रम धर्म के प्रतिबन्धों को तोड़ दिया है और अपनी इच्छा से भ्रमण करते हैं। जैसाकि योद्धाओं के साथ होता है, उनकी निर्भीकता प्राय: दूसरों को भयभीत करती है।

इसके विपरीत, दान महान गुणों में से एक है, सम्भवत: सबसे महान गुण है, जिसकी आकांक्षा गृहस्थ को करनी चाहिए। इसका क्षत्रिय जाति से भी सम्बन्ध है लेकिन यह राजशाही और सत्ता के जरिये है, जो कि युद्ध तथा संरक्षण से भिन्न है।

दान के गुण का खास सम्बन्ध ब्राह्मण जाति से भी है लेकिन यह उलटा है। ब्राह्मण दानकर्ता की नहीं बल्कि प्राप्तकर्ता की भूमिका निभाते हैं। राजसी दान और गृहस्थों द्वारा दान पर सबसे पहला अधिकार उनका होता है।

अन्ततः, वर्णाश्रम धर्म की दृष्टि में सामुदायिक सेवा एक ऐसा गुण है जिसकी अपेक्षा जाति व्यवस्था में निचले क्रम पर स्थित जातियों से की जाती है। अपने से बेहतर लोगों की सेवा करना उनका धर्म है। इसलिए इनमें से हरेक गुण का वर्णाश्रम धर्म व्यवस्था के एक-न-एक खाँचे में स्थान निश्चित है।[27]

गुणों को जब भक्ति के रंग में रँगा जाता है तो वे मौलिक रूप से अलग दिखते हैं। हिन्दू समाज में स्त्री से ज्यादा किसी को संरक्षण नहीं प्राप्त है। 'मनुस्मृति' के नियमों के मुताबिक स्त्री को जीवन भर के लिए संरक्षण की जरूरत है।[28] फिर भी 'भक्तमाल' में स्त्री के अलावा और किसी को निर्भीक स्वतंत्रता के प्रत्यक्ष अवतार के रूप में चित्रित नहीं किया गया है। जहाँ तक दान की बात है, हमने देखा है कि ब्राह्मण लोग मिसाल के तौर पर इसके एजेंट नहीं, इसके पात्र हैं। फिर भी एक ब्राह्मण की कहानी ही बड़े जीवंत ढंग से बताती है कि दान क्या होता है। अन्त में, हम अपेक्षा करते हैं कि सेवा का काम स्वाभाविक तौर पर नीचे वालों का है लेकिन 'भक्तमाल' में सामुदायिक सेवा की मिसाल जन्म से राजा-रानी रही जोड़ी से बेहतर और कोई नहीं प्रस्तुत करता।

स्पष्ट है कि भक्ति उस चीज को उलट देती है जिसे सामान्यतः धर्म माना जाता है, और 'भक्तमाल' को इसका पूरा अहसास है कि ऐसा ही होता है। रविदास और कबीर को प्रस्तुत करते हुए नाभादास कहते हैं कि इन दोनों सन्तों ने वर्णाश्रम धर्म की प्रामाणिकता को स्पष्ट चुनौती दी। वे कहते हैं कि रविदास ने 'इसके दंभों को त्याग दिया' ('वर्णाश्रम अभिमान तजी') और कबीर ने 'इसका पालन करने में उपेक्षा बरती' ('राखी नहीं वर्णाश्रम...') क्योंकि उनका मानना था कि जो भक्ति का विरोध करता हो, वह धर्म हो ही नहीं सकता ('भक्ति बिमुख जो धर्म सो अधरम')।[29] इसी तरह, प्रियादास ने दर्शाया है कि हित हरिवंश भक्तिपथ की खातिर नियम-कायदों को परे कर देते हैं ('बिधि औ निषेध छेड़ डारे')।[30]

धर्म को चुनौती देने के कई उदाहरण हैं। रविदास अपने माता-पिता की देखभाल नहीं करते, बिल्वा मंगल एक बदनाम स्त्री के प्रति आसक्त हो जाते हैं, कबीर भीड़ से बचने के लिए एक वेश्या को साथ लेकर चलते हैं, तुलसीदास एक हत्यारे के साथ भोजन करते हैं। और कई मौकों पर जाति की अनदेखी की जाती है।[31]

फिर भी, परम्परागत धर्म को दी जानेवाली चुनौतियाँ ही अन्तिम बात नहीं है। भक्ति में धर्म को एकदम से त्याग नहीं दिया जाता बल्कि उसे बदल दिया जाता है, अलग स्तर पर ले जाया जाता है। इसका संकेत इस तथ्य से मिलता है कि परम्परागत धर्म की भाषा 'भक्तमाल' में स्थान पाती है, खास कर पुण्य के मामले में। उदाहरण

के लिए, गोपाल भट्ट को 'धर्मसेत' के रूप में वर्णित किया जाता है (जो जीवन के जरिये धर्म को एक सेतु के तौर पर पकड़ते हैं), और लोगों के पाप को परे करके उनके पुण्यों की पुष्टि करते हैं।[32] रविदास की भी उनकी इस क्षमता के लिए प्रशंसा की जाती है कि वे नैतिकता के लिए आधार तैयार करते हैं (सदाचार श्रुतिशास्त्र) और गलत-सही के बीच अन्तर करते हैं (नीर खीर बिबरन)।[33] हालाँकि नाभादास सूरदास को सिर्फ भजन गाते हुए वर्णित करते हैं और इस तरह पुण्यों को ही आगे लाते हैं। वे दावा करते हैं कि जो लोग सूर के गायन के गुणों के आगे समर्पण करते हैं (गुनस्त्रवननि धरै), वे अपने मस्तिष्क तथा चरित्र की शुद्धता को बढ़ाते हैं (बिमल बुद्धि गुन)।[34]

इनमें से हरेक मामले में होता यह है कि सामान्य पुण्य नये सन्दर्भ में नया स्वरूप ग्रहण करते हैं। उदाहरण के लिए, वृंदावन के राधारमण मन्दिर में भक्ति के अनुष्ठानों को सम्पन्न करने के क्रम में गोपाल भट्ट सद्गुणों के न्यायकर्ता की भूमिका निभाते हैं। जैसाकि सन्दर्भ से स्पष्ट होता है, उन्हें यह अधिकार 'बृंदाबन माधुरी अगाध हौ सवाद लियौ'[35] के कारण प्राप्त हुआ है और इसी तरह इसके परिणाम वितरित होते हैं। गोपाल भट्ट चावल के एक उस छोटे-से दाने से पुण्य का विस्तार करते हैं, जो कृष्ण के भोग में से बच जाता है और जिसे वे पूजा करनेवाले को देते हैं।[36]

रविदास की नैतिक उदारता को भी अनपेक्षित सन्दर्भ दिया गया है। यद्यपि इसे सबसे पारम्परिक संस्कृत में वर्णित किया गया है, यहाँ तक कि कविता में जो ब्राह्मणवादी 'सदाचार श्रुतिशास्त्र' उनके चरित्र के बारे में बताता है, उसके अनुसार कोई भी यह सोच सकता है कि नीति पर रविदास की पकड़ का उनकी सामाजिक स्थिति से कोई लेना-देना नहीं है। इसके ठीक उलट, वे अछूत हैं। सूर की महिमा गानेवाली कविता में, जिसमें थोड़े ही स्थान पर 'गुण' शब्द का उल्लेख तीन बार किया गया है, पूरा सन्दर्भ भजन का है।

इस तरह की प्रक्रिया हम विपरीत सन्दर्भ में भी देख सकते हैं, जहाँ भक्ति के परिप्रेक्ष्य में शुरुआत सामान्य धर्म की पुष्टि से नहीं बल्कि उसके निषेध से होती है। यहाँ भी भक्ति तथा धर्म अनपेक्षित सहयोगी साबित होते हैं क्योंकि भक्ति धर्म के उद्देश्यों को अपने साधनों से पूरा करती है। यहाँ 'रामचरितमानस' के रचयिता तुलसीदास को लेकर जिस घटना का उल्लेख प्रियादास करते हैं, उस पर विचार करें। एक बार एक शव-यात्रा तुलसीदास के आगे कुछ दूरी से गुजरी। एक ब्राह्मण का देहांत हो गया था और यह उसी की शव-यात्रा थी। उसकी अरथी के साथ दूसरे लोगों के अलावा उसकी पत्नी भी थी, जिसे धर्म के तहत मान्य सती-प्रथा के अनुसार पति के शव के साथ आत्मदाह करना था। उस स्त्री ने तुलसीदास को दूर से ही प्रणाम किया और उन्होंने उसे सुहागवती रहने का आशीर्वाद दिया।[37] ऐसा

आशीर्वाद उस स्त्री को दिया जाता है जिसका पति जीवित हो क्योंकि स्त्री का भाग्य पति के जीवन से ही जुड़ा माना जाता है। वास्तव में, इसका एक आशय यह भी होता है कि तुम्हारे पति दीर्घायु हों। जिस स्त्री को ऐसे अटपटे आशीर्वाद को स्वीकार करना पड़ा, उसने कहा कि वह तो सती बनने जा रही है। ऐसा करते ही वह पश्चात्ताप से भर उठी क्योंकि ऐसी परिस्थिति में अपनी मंशा प्रकट करना अगले कार्य को सम्पन्न होने से पहले उसमें व्यवधान पैदा करना होता। एक भक्त के अनायास आशीर्वाद के कारण वह स्त्री धर्म से विरत हो गई थी।

सौभाग्य से यह कथा इस अप्रिय मोड़ पर नहीं खत्म होती। तुलसी ने मामले को अपने हाथ में ले लिया। उन्होंने पूरी जमात को इकट्ठा किया और राम में सच्ची आस्था रखने की प्रेरणा दी मानो वे शव-यात्रा के दौरान 'राम नाम सत्य है' के मर्सिया के सत्य को बताना चाहते थे। जब उन्होंने देखा कि उनकी आस्था सच्ची है, तो वे ब्राह्मण को जीवित करने के उपक्रम में लग गए और उसकी स्त्री को जो आशीर्वाद दिया था, उसे सच कर दिया। उस स्त्री का धर्म बच गया क्योंकि उसे वास्तव में पति की सेवा का सौभाग्य मिला। और यह भक्ति के जरिये हासिल हुआ। दुनिया को जो चमत्कार के रूप में नजर आया, उसके जरिये भक्ति तथा धर्म, दोनों फलीभूत हुए। लेकिन तुलसी ने कहा कि वे कोई चमत्कार नहीं जानते, केवल राम को जानते हैं।[38]

इस कथा का संकेत यह है कि धर्म की पारम्परिक माँगें भक्ति की नीति से पूरी हो सकती हैं लेकिन शायद ही, क्योंकि भक्ति इन उद्देश्यों का ध्यान रखती है। अगर धर्म सच्चा साबित होता है तो यह भक्ति का लक्ष्य नहीं बल्कि उसका प्रतिबिम्ब है। इसे हम उन तीन जीवनियों में सच होते देखते हैं, जो हमारे सरोकार के केन्द्र हैं। मीराँ का विवाह अन्ततः रास्ते पर आता है क्योंकि राणा उनके रास्ते पर आ जाते हैं। नरसी मेहता अपनी पारिवारिक जिम्मेदारियों को पूरा करते हैं और उनकी बेटी के ससुराल वालों की माँगें पूरी होती हैं तथा उनके बेटे की शादी भी ठीक से हो जाती है। पीपा तथा सीता की कथा में लालची व्यापारी को उसके पाप के रास्ते से हटाकर सही मार्ग पर ले आया जाता है। लेकिन ये सब धर्म के पवित्र पालन से हासिल धार्मिक उपलब्धि नहीं हैं। इसके विपरीत, भक्ति के ये नायक-नायिकाएँ उसके नियमों के पालन की शायद ही चिन्ता करते हैं। वे तो बस अवचेतन में इसका पालन करते हैं।

अगर धर्म तथा भक्ति में सामंजस्य बिठाने की शुरुआत भक्ति से नहीं, धर्म से की जाए तो बिलकुल अलग स्वरूप उभरेगा। इस कोशिश का दिलचस्प उदाहरण 'अमर चित्रकथा' में मीराँ के जीवन की प्रस्तुति में देखा जा सकता है, जिनकी कथा 'भक्तमाल' द्वारा स्थापित शर्तों के बरअक्स ज्यादा चमक-दमक वाली मानी गई होगी। बेशक यह इसलिए हुआ होगा क्योंकि मीराँ स्त्री थीं। पारम्परिक हिन्दू समाज

में पुरुषों को तो खास कर उनकी युवावस्था में नैतिकता के मामले में थोड़ी छूट दी जाती है मगर स्त्रियों को नहीं दी जाती।

जिसने 'भक्तमाल' को पढ़ा होगा, उसे यह देखकर हैरत हुई होगी कि कॉमिक्स में मीराँ को निष्ठावान पत्नी के आदर्श के रूप में प्रस्तुत किया गया है; बल्कि उन्हें तो सबके ऊपर एक कर्तव्यपरायण पत्नी के रूप में चित्रित किया गया है। इस तरह का कायाकल्प 'भक्तमाल' के संस्करण में बिना पहचान वाले राणा को दो अलग-अलग व्यक्तित्वों में बाँटकर सम्भव किया गया है—एक, मीराँ के पति के रूप में, जिसकी मृत्यु मीराँ की युवावस्था में ही हो जाती है; दूसरे, मीराँ के देवर के रूप में, जो राणा के उत्तराधिकारी के तौर पर गद्दी पर बैठता है (बेशक वह मीराँ की सेज तक नहीं पहुँचता)। पहला राणा सद्गुण का प्रतीक है और कोई गलती होने पर पश्चात्ताप करता है। इसलिए उसका आज्ञाकारी बनने में कोई समस्या नहीं होती। दूसरा, राणा मीराँ को विष का प्याला भेजता है और उन पर दूसरे अत्याचार करता है। इसलिए मीराँ जब उसे त्याग देती हैं, क्योंकि वह उनका पति नहीं बल्कि केवल संरक्षक है, तो वे कोई अधर्म नहीं करतीं। कृष्ण के प्रति मीराँ की भक्ति की गहनता तथा संगीतमयता लगभग हर पन्ने पर दर्ज की गई है। इस तरह की भक्ति को पारम्परिक दृष्टि में विवाह के लिए चुनौती के रूप में देखा गया। लेकिन नीति-सम्बन्धी कोई उलझन न पैदा हो इसलिए कॉमिक्स ने अपने पाठकों को स्पष्ट कर दिया है कि मीराँ एक 'आदर्श हिन्दू पत्नी' थीं।[39] बताया गया है कि कृष्ण की सेवा में जाने से पहले मीराँ अपने घर तथा पति की जिम्मेदारियाँ पूरी कर देती हैं। (बच्चों के हाथ में पहुँचनेवाली पुस्तिका में इस बात की चर्चा उपयुक्त नहीं हो सकती कि मीराँ अपने पति के साथ शारीरिक सम्बन्ध से परे रहती थीं)।

राणा को दो व्यक्तित्वों में बाँटने से धार्मिक दृष्टि से एक और लक्ष्य की पूर्ति होती है। यह मीराँ को उस उम्र में एक कर्तव्यपरायण पत्नी के रूप में प्रस्तुत करता है जब जीवनचक्र को लेकर हिन्दू धर्म की चतुराश्रम व्यवस्था के अनुसार घर-परिवार में सक्रियता आवश्यक मानी जाती है, और जब वे स्वेच्छा से ससुराल छोड़ने का फैसला करती हैं तब उनकी उम्र ज्यादा बताई जाती है। कम-से-कम पुरुषों के लिए तो बाद के वर्ष वानप्रस्थ आश्रम में जाने के लिए उपयुक्त होते हैं। जब मीराँ यह करती हैं तो यह पारम्परिक धर्म के दूसरे पहलू का ही पालन करती हैं। आनन्दमय भक्ति के जीवन और पत्नी के कर्तव्य के बीच के तनाव लुप्त हो जाते हैं और इसके साथ ही परम्परा की अपेक्षाओं से अधिक, भक्ति में निहित धर्म के आधार पर समाधान की आवश्यकता भी खत्म हो जाती है।[40]

'भक्तमाल' में यह बोध शायद ही पाया जाता है कि भक्ति के जीवन को पारम्परिक धर्म के नजरिये से उचित ठहराना जरूरी है लेकिन एक अपवाद तो है, जो नियम को सिद्ध करता है। एक जगह 'भक्तमाल' भक्ति के कारण अतिवादी

किस्म के आचरण को ठीक करने के उपाय बताता है। मामला पीपादास की तीर्थयात्रा के क्रम में द्वारका पहुँचने का है, जो कि उनके भक्तिमय जीवन का शिखरबिन्दु है। हमें बताया जाता है कि जब वे अरब सागर के मनोरम तट पर पहुँचते हैं तब उनके साथ भक्तों की टोली का संगीतमय उल्लास इस उच्च स्तर पर पहुँच जाता है कि पीपादास समुद्र में छलाँग लगाकर डूब जाना चाहते हैं ताकि कानों में कृष्ण के भजन की गूँज अनन्त काल तक के लिए बनी रहे और उन्हें कृष्ण के दर्शन हो जाएँ। वैसे, प्रियादास बताते हैं कि कृष्ण दूसरी तरह से देखते थे। उन्होंने टोली को वापस बुलाकर घर भेज दिया। प्रियादास का कहना था कि धर्म की खातिर समुद्र में डूबने के समाचार से उनकी प्रतिष्ठा बढ़नेवाली नहीं थी।[41]

पहली नजर में यह पारम्परिक धर्म की छोटी-सी जीत लगती है लेकिन गहराई से देखें तो पता चलता है कि मामला उतना सरल नहीं है जितना दिखता है। सांसारिक मूल्यों के साथ कोई वास्तविक समझौता नहीं किया जाता, क्योंकि पीपा अगर पारम्परिक नैतिकता के निर्देश के आगे झुकते हैं तो केवल भक्ति के लक्ष्य, कृष्ण के कारण। इसके अलावा वे पीपा के आचरण में परिवर्तन भक्ति के गुण को मजबूत करता है जिसके वे स्वयं एक मानक हैं। उन्हें अपनी जमात और इससे आगे बढ़कर पूरी दुनिया की बेहतर सेवा करने की याद दिलाई जाती है। वास्तव में, पीपा भक्ति समुदाय के अनुकरणीय कार्य को ही चुनौती देते हैं। या दूसरी तरह से कहें तो जब यह खतरा पैदा हो जाता है कि पीपा की भक्ति हरेक सांसारिक परम्परा, यहाँ तक कि जीवन की पुष्टि का सीधा नकार बन सकती है, तब उन्हें सही करना जरूरी हो जाता है। पीपा के भावावेश का दिशा-परिवर्तन सिर्फ यही रेखांकित करता है कि अपने भक्तिमय जीवन के प्रारम्भ में ही उन्होंने क्या सीखा।

रामानन्द ने जब उन्हें भक्ति की जमात में शामिल किया, तो पहला निर्देश यह था कि पीपा त्याग के जीवन को छोड़कर गृहस्थ जीवन के महत्त्व को समझें। ईश्वर से प्रेम करने का अर्थ इस जीवन को त्यागना नहीं बल्कि उसमें परिवर्तन लाना है।

इसलिए 'भक्तमाल' के विचार से भक्ति का जीवन नैतिकता से विहीन जीवन शायद ही है। हालाँकि सन्तत्व 'धर्मनिरपेक्षता' के मूल्यों को जोड़ने से निर्मित होता, लेकिन अगर वे प्रेम तथा भक्ति के जीवन का अनुकरण करते हैं तो वह उनका निषेध भी नहीं करता। यहाँ तक कि वर्णाश्रम धर्म की संहिताओं को भी अवसर के अनुसार समायोजित किया जा सकता है, हालाँकि इसमें संयोग की भी भूमिका हो सकती है।

इन संहिताओं को समय-समय पर शक्ति प्रदान करनेवाले सद्‌गुणों के लिए ज्यादा मजबूत स्थान निश्चित किया गया और वे अर्थ भरे गए जो सचमुच निजी तथा सामाजिक गुण हैं—निर्भीकता, उदारता और सेवा जैसे गुण। भक्ति द्वारा निर्मित

समुदाय की वास्तविकता उन्हें पूरक की भूमिकाओं में ढालती है, जो उन्हें समाज को लेकर पारम्परिक हिन्दू विचार द्वारा निर्धारित स्थान से एकदम भिन्न स्थान प्रदान करती है। जैसाकि हम देखते हैं, ये सद्‌गुण सन्तों के जीवन में गुँथ जाते हैं। ये एक-दूसरे को शक्ति भी प्रदान करते हैं इस तरह कि एक-न-एक सद्‌गुण दर्शानेवाले भक्त 'भक्तमाल' के कारण एक कड़ी में बँध जाते हैं।

वास्तव में, जैसाकि जॉन कार्मन ने कहा है, 'ये सन्त जिन सद्‌गुणों को दर्शाते हैं, वे दैवी चरित्र के ही आयाम हैं।'[42] वैष्णव भक्ति में ईश्वर की जो कल्पना प्रमुख है, उसके अनुसार ईश्वर हरेक भय को दूर कर देता है, अपार उदारता प्रदर्शित करता है और अपने भक्तों की हर समय सहायता करता है। इसलिए, आश्चर्य नहीं कि जो लोग उसकी पूजा करते हैं वे भी निजी तथा सामूहिक तौर पर इन गुणों को दर्शाते हैं, और जीवन के ये गुण और कहीं नहीं बल्कि भक्ति के समुदाय में ही सच्ची तरह फलते-फूलते हैं।

अध्याय-3

निर्गुण और सगुण

जब हम उत्तर भारत की एक महान धार्मिक परम्परा की पहचान करने के लिए 'निर्गुण' शब्द का प्रयोग करते हैं तब एक महत्त्वपूर्ण बात यह होती है कि हम उत्तर भारत में भक्ति साहित्य के 'क्लासिकल' (श्रेष्ठ) दौर से उभरनेवाले दो तरह के स्वरों में मौलिक भेद कर बैठते हैं। 15वीं से 17वीं सदी के बीच के इस तथाकथित भक्तिकाल के बारे में लिखते हुए हिन्दी साहित्य के इतिहासकार निर्गुण तथा सगुण धाराओं के कवियों के बीच काफी भेद करते हैं। उदाहरण के लिए, मानक 'हिन्दी साहित्य का बृहत् इतिहास' में दो खंड भक्तिकाल पर ही लिखे गए हैं। पहला खंड (खंड 4) निर्गुण भक्ति से सम्बन्धित है, तो दूसरा खंड (खंड 5) सगुण भक्ति से। पहले खंड में कबीर तथा उनके समकक्ष सूफी सन्तों सरीखी विभूतियों पर, तो दूसरे खंड में सूर, तुलसी सरीखे महान कवियों पर विचार किया गया है। इन्हें इस आधार पर वर्गीकृत किया गया है कि कौन कृष्ण पर कविताएँ लिख रहा है और कौन राम पर लिख रहा है।[1] तालिका 3.1 भक्तिकाल के इस तरह के ढाँचागत विभाजन के अलावा सम्बन्धित सन्त-कवियों की एक छोटी सूची प्रस्तुत करती है :

तालिका 3.1 : हिन्दी कविता में भक्तिकाल का निर्गुण-सगुण विभाजन

धारा	निर्गुण	सगुण
देवता	(अनाम), राम	राम, कृष्ण
सन्त, भक्त	रविदास	सूरदास
	कबीर	तुलसीदास
		मीराँबाई

यूरोपीय भाषाओं में लिखनेवाले विद्वानों समेत अधिकतर विद्वानों ने निर्गुण-सगुण में भेद के इस मौलिक आधार को स्वीकार कर लिया है। जाहिर है, उनमें मैं भी शामिल हूँ। ऊपर मैंने जो खाका प्रस्तुत किया है वह दूसरे प्रकाशन के लिए मेरे द्वारा प्रस्तुत खाका से थोड़ा ही अलग है।[2] लेकिन ऐसा मैं शायद ही अकेला हूँ।

शार्लोट वॉदवील, डब्ल्यू.एच. मॅक्लॉड, सुखदेव सिंह और कई अन्य विद्वान मानते हैं कि सुसंगत निर्गुण या सन्त–परम्परा को सगुण के विचार से, जिसे शास्त्रीय हिन्दी भक्ति साहित्य में पाया जाता है, आसानी से अलग किया जा सकता है।[3] और निबन्धों के महत्त्वपूर्ण संकलन 'द संत्स' में जिनके निबन्ध शामिल हैं, उनमें से अधिकतर इस भेद को बुनियादी और अविवादित मानते हैं।[4]

फिर भी यह प्रश्न उठाया जा सकता है कि यह विरोधाभास जीवन के लिए कितना सच है? इसे कितने समय से महसूस किया जा रहा है? अपनी पुस्तक 'द संत्स' की भूमिका में कैरीन शोमर ने लिखा है : 'भक्ति की एक अलग रीति के रूप में, सगुण भक्ति के विपरीत निर्गुण भक्ति की अवधारणा और भक्ति की एक अलग सन्त–परम्परा की अवधारणा अपेक्षाकृत नई है। सन्त मत की एक सुसंगत व्यवस्था है और यह कि सन्त लोग सम्प्रदायगत वैष्णवों से अलग साझी आध्यात्मिक सन्त–परम्परा के हैं, ये विचार 19वीं सदी के मध्य तक ठोस स्वरूप नहीं ले पाए थे।'[5]

19वीं सदी के मध्य काल को एक महत्त्वपूर्ण मोड़ बताते हुए शोमर स्पष्ट रूप से उस राधास्वामी आन्दोलन के उद्‌भव पर विचार कर रही हैं, जिस आन्दोलन में सन्त मत की अवधारणा का प्रमुखता से उपयोग किया गया।[6] लेकिन इस आन्दोलन के विचारकों ने इस पद को केवल वर्णनात्मक माना, इसमें उन्हें कोई नई बात या नया आविष्कार नहीं दिखा। और 20वीं सदी के प्रारम्भिक दशकों में उनके प्रकाशन यही संकेत देते हैं कि वे यह नहीं मानते कि सन्त शब्द पूरी तरह से निर्गुण धारा का ही प्रतिनिधित्व करता है।[7] निर्गुण और सगुण सन्त–कवियों के बीच वास्तव में विरोधाभास है, यह विचार 1930 वाले दशक से चलन में आया, जब पी.डी. बर्थ्वाल की पुस्तक 'द निर्गुण स्कूल ऑफ हिन्दी पोएट्री'[8] प्रकाशित हुई और इसने राधास्वामी सन्तों को व्यापक सन्दर्भ में प्रस्तुत किया। लगभग इसी समय प्रकाशित रामचन्द्र शुक्ल के लेख और भी महत्त्वपूर्ण हैं।

मेरा उद्‌देश्य विचारों के इतिहास में 19वीं सदी के बाद से उभरी इस समस्या पर विचार करना नहीं है, हालाँकि यह एक महत्त्वपूर्ण तथा दिलचस्प काम होगा। मैं इस मसले को समय के दूसरे छोर से देखना चाहता हूँ। इस अध्याय में मैं यह सवाल उठा रहा हूँ कि भक्तिकाल में ही हम निर्गुण तथा सगुण धाराओं के बीच स्पष्ट भेद को किस हद तक देख पाते हैं। क्या हम इसे उत्तर भारत में 'क्लासिकल' दौर (15वीं 17वीं सदी के बीच) में हुए लेखन से उभरता हुआ पाते हैं? या यह मान लिया जाए कि यह बाद की सदियों में सम्प्रदायगत परिभाषाओं के मजबूत होते जाने का परिणाम है?[9] अगर पहली वाली बात सच है तो भक्तिकाल के धार्मिक काव्य को जिन निर्देशों के अनुसार प्रस्तुत किया जाता रहा है, उन पर सवाल खड़ा करने का कोई अर्थ नहीं है। अगर दूसरी बात सच है तो हमें पहले के मुकाबले ज्यादा सावधानी बरतनी पड़ेगी और अधिक कल्पनाशीलता भी।

आन्तरिक साक्ष्य

इस प्रश्न के विश्लेषण का एक रास्ता यह है कि भक्तों की रचनाओं पर उन कविताओं के मुकाबले अधिक गहराई से दृष्टि डाली जाए, जिन्हें उनके काल की या उसके बहुत बाद की नहीं दिखाया जा सकता है। आलोचनात्मक कृतियों में वृद्धि से यह सम्भव हो सकता है।[10] मुझे सूरदास के काव्यक्षेत्र का अधिक ज्ञान है और कह सकता हूँ कि उनके नाम से ख्यात प्रारम्भिक कविताएँ निर्गुण-सगुण भेद पर उनके काव्य-कोश में बाद में जोड़ी गई कविताओं के मुकाबले कम ही ध्यान देती हैं। इसमें सन्देह नहीं कि विख्यात तथा मधुर तो 'भ्रमरगीत' की कविताएँ भी हैं, जो निर्गुण धारा का मखौल उड़ाती हैं। लेकिन दूसरी तरफ, खास कर 'विनय' विधा की कविताओं में विषयवस्तु, रूपक तथा भाषा के मामलों में सूर न केवल तुलसी तथा मीराँ बल्कि रविदास तथा कबीर के साथ दिखते हैं।

इसके बारे में मैं पहले भी लिख चुका हूँ[11] इसलिए यहाँ मैं उस प्रश्न पर फिर विचार नहीं कर रहा हूँ; बल्कि मैं अपना विचार एक कविता प्रस्तुत करके प्रकट कर रहा हूँ। यह रचना (ब्रायंट/हौली, 394, नागरी प्रचारिणी सभा, 115) पहले 17वीं सदी में सत्यापित की गई है, और लगभग 16वीं सदी में सामने आई है :

अपनै जान मैं बहुत करी
कौंन भांति हरि भगति तुम्हारी सु कछु न स्वामी समुझि परी
गए दूरि दरसन कै कारन ब्यापक की बिभुता बिसरी
मनसा वाचा कर्म अगोचर सो मूरति नहि ध्यान धरी
बिनु गुन गुन बिनु रूप रूप बिनु नाम नाम कहि राम हरी
कृपा सिंधु अपराध अपरमित छिमहु सूर पै सब बिगरी।[12]

चौथी और पाँचवीं पंक्ति विशेष तौर पर स्मरणीय है। सगुण धारा के विख्यात कवि ने मानो इस पदवी का विरोध करने के लिए 'मूरति' की खोज को भ्रामक बताया है। वे आगे कहते हैं कि सच्ची मूरत तो 'बिनु गुन गुन...' और 'बिनु रूप रूप' होती है। जहाँ तक नाम की बात है, यह तो 'बिनु नाम नाम' है। इस तरह की पंक्तियों के कारण यह अधूरा कथन होगा कि निर्गुण-सगुण भेद सूरदास के मामले में बहुत उपयुक्त नहीं लगता। वास्तव में, मैंने यह दिखाने की कोशिश की है कि इस धारणा को प्रशंसनीय बनाने के लिए उनके सन्तचरित में आविष्कृत परिवर्तन करना पड़ा। सम्प्रदाय के अनुगामियों ने कहा कि सूर वल्लभ के शिष्य बन गए और इस तरह की कविता छोड़कर केवल मान्य सगुण धारा की कविताएँ लिखने लगे।[13]

सन्त-चरित

सन्तचरित वास्तव में निर्गुण-सगुण भेद के इतिहास के लिए एक और स्रोत है। लेकिन सन्तचरित के साथ समस्या यह है, जिसका मैंने अभी उदाहरण दिया है, कि शुरू के सन्तचरित उन रचनाकारों की कृतियाँ लगती हैं जिनके सम्बन्ध विभिन्न सम्प्रदायों से रहे हैं। उनकी रचना प्राय: इस उद्देश्य से की जाती थी कि ऐसी आत्मीयता और जुड़ाव बनाया जा सके, जो स्वीकृत परम्परा को अधिक—और कम-से-कम अलग—तार्किकता प्रदान करे, जो उसे पूर्व में प्राप्त थी। डब्ल्यू.एच. मॅक्लॉड ने सिखों की 'जनम साखी' के मामले में यह स्पष्ट रूप से दर्शाया है।[14] वल्लभ सम्प्रदाय के 'चौरासी वैष्णवों की वार्ता' और 'श्रीनाथ जी के प्राकट्य की वार्ता' सरीखे पाठों से भी यही प्रवृत्ति उभरती है।[15] नाभादास और प्रियादास में से शायद एक का रुख ज्यादा उदार दिखता है। इस मामले में हम 'भक्तमाल' के पाठ के गहन विश्लेषण की प्रतीक्षा कर सकते हैं—लेकिन उनकी भी अपनी सम्प्रदायगत निष्ठा थी।[16] डेविड लोरेंजेन अनन्तदास की सम्प्रदायगत निष्ठा को काफी महत्त्व देते हैं हालाँकि मुझे थोड़ी शंका है कि इससे इतिहास में अनन्तदास की स्थिति पर सचमुच कितना प्रभाव पड़ेगा।[17]

सन्तचरित वाले ढाँचे में सगुण-निर्गुण प्रश्न पर विचार करने का दूसरा रास्ता स्वयं सन्त-कवियों के नाम से ख्यात पाठों में वंशावली का बोध करानेवाले सन्दर्भों को इकट्ठा करना है। इससे कुछ लाभ हो सकते हैं। परिणाम निर्गुण धारा की ओर सबसे अच्छे मिलेंगे—उदाहरण के लिए रविदास, नामदेव, कबीर, त्रिलोचन, साधना और सेन के रूप में।[18] इसके विपरीत, सगुण धारा के कवि खुद को अलग तरह की वंशावली से जुड़ा बताते हैं, जो मानवीय की जगह पौराणिक किस्म की है। सूर तथा तुलसी खुद को गजेंद्र, अजामिल, अहल्या सरीखों को प्रभावित करनेवाली दैवी कृपा की परम्परा का उत्तराधिकारी बताते हैं। बिलकुल मानवीय जुड़ाव की बातें—कि सूर अपने 'सूरसागर' के लिए आशीर्वाद लेने तुलसी के पास पहुँचे या कि तुलसी ने मीराँ के साथ पत्राचार किया—सन्तचरित से उभरे आविष्कार हैं।[19]

निर्गुण-सगुण वर्गीकरण से जहाँ तक पहुँचने की अपेक्षा की जा सकती है, उसके बारे में ज्यादा भ्रम ही पैदा होता है। सूर के मामले पर या उनकी बताई जानेवाली कविताओं के कोश पर विचार करें, जिन्हें 16वीं सदी में ही जान लिया गया होगा। इस कोश में सूर एक अवसर पर दूसरे कवि का उल्लेख करते हैं, और ये कवि हैं नामदेव। वे इस कथा की ओर संकेत करते हैं कि विष्णु भगवान नामदेव की झोपड़ी को फूस से छाने के लिए आ जाते हैं। वह कविता यहाँ प्रस्तुत है (ब्रायंट/हौली, 378 नागरी प्रचारिणी सभा, 4) :

करनी करुणासिंधु की कहत न बनि आवै
कपट हेत परसे बकी जननी गति पावै
बेद उपनिषद जसु करै निर्गुनहि बतावै
सोइ सगुन ह्वै नंद कै दांवरी बंधावै
बरुन पास ते ब्रजपती छिन मैं छुटकावै
दुषित गजेंद्रहि जानि कै आपुन उठि धावै
उग्रसेन की दीनता सुनि सुनि दुष पावै
कंस मारि राजा कियौ आपुन सिर नावै
कलि मै नामा प्रगटियौ ता कि छानि छ्वावै
सूरदास की बीनती कोइ जाइ सुनावै।[20]

नामदेव और सूरदास का यह मेल रहस्यपूर्ण है, क्योंकि महाराष्ट्र के तमाम महाकवियों में नामदेव ही शायद ऐसे हैं जिन्हें निर्गुण-सगुण धाराओं में से किसी एक का बताया जा सकता है। इसके अलावा, नामदेव को पौराणिक कही जानेवाली विभूतियों की सूची के अन्त में जिस तरह रखा गया है, वह संकेत करता है कि सूर ने उस तरह का भेदभाव शायद नहीं देखा होगा, जो निर्गुण-सगुण भेद के बारे में हमारी धारणा को मजबूत करता है। उन्होंने मिथक और इतिहास, भगवान और मनुष्य के बीच भेदभाव की हमारी सामान्य धारणा को शायद नहीं पहचाना होगा, हालाँकि कलियुग के बारे में वे जो उल्लेख करते हैं, वह दैवी तथा मानवीय संसारों के बीच के विभाजन को कुछ हद तक रेखांकित करता है।

इसलिए, सगुण-निर्गुण भेद का उसके 'अपने काल' में आकलन करने के लिए हम अब तक दो सूत्रों—सन्त-कवियों के वचनों और उनके बारे में शीघ्र उभरे सन्तचरितों—पर दृष्टि डालते रहे हैं। दोनों सूत्रों के साथ सगुण-निर्गुण भेद आंशिक तौर पर ही प्रभावी दिखता है।

संकलन

अब तीसरे सूत्र को प्रस्तुत करने का समय आ गया है। मुझे लगता है कि हमारे सामने जो प्रश्न है, उसके समाधान के लिए इसका कभी प्रयोग नहीं किया गया है। सन्तों तथा भक्तों के वचनों के प्रारम्भिक संकलन यह तीसरा सूत्र बन सकते हैं।[21] यह कोई आश्चर्य की बात नहीं है कि विश्लेषण के इस सूत्र की उपेक्षा की गई है। पुराने पाठों में इस तरह की सामग्री तक पहुँचना कई प्रकार से कठिन है। ये इस क्षेत्र की रद्दी हैं। पांडुलिपियों के पुस्तकालयों में सूचीपत्रों आदि में इस विधा की सामग्री को ढूँढ़ पाना मुश्किल होता है। और जब इसे ढूँढ़ लिया जाता है तब काम शुरू हो पाता है। इन संकलनों में किन कवियों को शामिल किया गया है, यह देखने के लिए

प्रायः इस सामग्री से गुजरना पड़ता है। सूचीपत्र दादू जी के पद, कबीर जी के कृत आदि[22] जैसे अस्पष्ट ब्यौरे देते हैं या ऐसे संकलनों को सिर्फ 'स्फुटकर पद' के रूप में दर्ज करते हैं। चूँकि अधिक फुटकर किस्म को प्रतिष्ठित दस्तावेज नहीं माना जाता—आखिर इससे किसी नाम को मान्यता नहीं मिलती—इस कारण उनकी सामग्री को उपयुक्त ढंग से सूचीबद्ध नहीं किया जाता, और इसी वजह से वे 'सूरसागर' या 'विनयपत्रिका' सरीखे ग्रन्थों से बुरी हालत में होते हैं। वे आकार में प्रायः पतले और छोटे होते हैं और महान कोशों की तुलना में जैसे-तैसे लिखे हुए होते हैं। अन्त में, हमारे मकसद के लिए महत्त्वपूर्ण बात यह है कि उन पर पुष्पिका तारीख के साथ छपी नहीं होती।

इन कारणों से, उत्तर भारत में पांडुलिपियों के कई प्रमुख पुस्तकालयों ने पद संकलनों के, जो निर्गुण-सगुण भेद को सबसे अधिक प्रस्तुत करनेवाली विधा है, संग्रह के काम को गौण कर दिया है। उल्लेखनीय है कि मुझे बनारस की काशी नागरी प्रचारिणी सभा के विशाल पुस्तकालय में 'स्फुटकर पद' शीर्षक वाली एकमात्र पांडुलिपि मिली, जिस पर तारीख दर्ज थी। इसमें मैं दो और संकलनों को जोड़ूँगा, जिनका उल्लेख नीचे वर्णित पांडुलिपि में है।[23] राजस्थान प्राच्यविद्या प्रतिष्ठान की जयपुर शाखा में भी केवल एक 'स्फुटकर पद' उपलब्ध है और यह भी काफी देर का, विक्रम संवत (वि.सं.) 1953 का है।[24] वृंदावन शोध संस्थान में केवल दो हैं : वि.सं. 1825 और 1893 के। संग्रह के मामले में आश्चर्यजनक रूप से समृद्ध बीकानेर की अनूप संस्कृत लाइब्रेरी में 'फुटकर कविता' में संगृहीत 60 हिन्दी दस्तावेजों में से केवल दस पांडुलिपियाँ ही दिनांकित हैं। इन दस में से सात ही ऐसी हैं जो हमारे लिए महत्त्व की अवधि, वि.सं. 1800 से पहले की हैं।[25]

यह शर्म की बात है कि पदों के इतने कम प्रारम्भिक संकलन संरक्षित किए गए हैं। मुझे यह विश्वास नहीं होता कि ये इतनी कम संख्या में होंगे। उम्मीद की जाती है कि भविष्य में निजी संग्रहों से दूसरी पांडुलिपियाँ सामने आएँगी। फिलहाल तो हम उपलब्ध प्रारम्भिक पांडुलिपियों से काम चलाएँ और यह देखें कि इनसे क्या हासिल होता है। इन संकलनों में किसको किसके साथ रखा गया? क्या इनसे सगुण-निर्गुण भेद उभरता है?

इसका अन्दाजा हमें इन संकलनों को विषयों के अनुरूप तीन समूहों में बाँटने से लग सकता है। पहले समूह में उन पांडुलिपियों को रखें, जो निर्गुण दृष्टि को स्पष्ट रूप से आगे बढ़ाती दिखती हों (रामभक्ति प्रायः इस निर्गुण दृष्टि से करीबी से जुड़ी नजर आती है इसलिए इस तरह की कविताओं को इस सूची में रखा जा सकता है)। दूसरे समूह में उन पांडुलिपियों को—कृष्णभक्तों की अभिव्यक्तियों से भरी सगुण पांडुलिपियों को—रखा जाए, जो सीमारेखा के दूसरी तरफ हैं। ये दो समूह सगुण-निर्गुण वर्गीकरण को मजबूत करेंगे। लेकिन इसके बाद भी कुछ पांडुलिपियाँ बच

गईं, तब क्या होगा? तब हमें तीसरे समूह की जरूरत पड़ेगी—उन पांडुलिपियों के लिए, जिनमें सगुण तथा निर्गुण स्वर साथ-साथ चल रहे हों या कम-से-कम उन्हें एक ही तरह के दो आवरणों के अन्तर्गत पनपने दिया गया हो। जाहिर है कि इस तीसरे समूह में हमारी विशेष रुचि रहेगी।

मैंने जिन पांडुलिपियों को पाया, उन्हें इन तीन समूहों में सूचीबद्ध करने से पहले मुझे यह स्पष्ट कर देना चाहिए कि जिस दायरे को कवर करना है, उसके बरअक्स मेरा नमूना कितना अधूरा है। दायरा बहुत विशाल है। मैं केवल उन पद संकलनों की पांडुलिपियों के बारे में बता सकता हूँ जिनके ब्यौरे मैंने दर्ज किए हैं—और कुछ मामलों में फोटो के बारे में भी। यह कोई अचरज की बात नहीं कि मेरे शोध प्रबन्ध (और इसके अन्तहीन दिखनेवाले सिलसिले) ने शुरू में मुझे इन तक पहुँचाया। खुशी की बात है कि परियोजना के बाद के चरणों में केनिथ ब्रायंट और मैंने मिलकर कुछ काम किए। ब्रायंट को इन संकलनों में सबसे पुरानी और सबसे महत्त्वपूर्ण 1582 की 'फतेहपुर पांडुलिपि' (वि.सं. 1639) जयपुर के शाही संग्रह में मिली (नीचे तथा अध्याय 10 देखें)। जहाँ तक मेरी बात है, मैंने उत्तर प्रदेश, मध्य प्रदेश, और राजस्थान में पुस्तकालय-दर-पुस्तकालय और कभी-कभी घर-घर घूमते हुए संकलनों और सूरदास की कविताओं के प्रारम्भिक संकलनों की खोज जारी रखी। सूर के मामले में मैंने 1763 की जगह 1700 ई. को कटऑफ वर्ष तय किया। इसलिए यहाँ मैं जिनका जिक्र करूँगा, वे कुल मिलाकर इसी अवधि के हैं। विशेष तौर पर मैं वि.सं. 1800 (यानी 1743 ई.) से पहले लिखी गई या नकल उतारी गई पांडुलिपियों तक सीमित रहूँगा।

इसलिए काल मेरे नमूने की पहली सीमा है। जाहिर है, बाद के काल की पांडुलिपियाँ भी प्रासंगिक हैं और जिनमें तारीख नहीं दर्ज है, वे खास कर महत्त्वपूर्ण अतिरिक्त चुनौती पेश करती हैं। लेकिन मैं यहाँ जिन पर विचार कर सकता हूँ, उसके दायरे से वे बाहर हैं।

दूसरी सीमा भौगोलिकता की है। मैं मुख्यतः सूर की पांडुलिपियों के सूत्रों की खोज कर रहा था। ये सूत्र बेशक व्यापक थे मगर निश्चित ही वे विशेष तौर पर सूर से सम्बन्धित थे।[26] मैं पुराने, दिनांकित पद संकलनों की खोज इस उम्मीद में कर रहा था कि उनमें सूर की वे कविताएँ सामने आएँगी, जो अब तक अज्ञात रही हैं (सौभाग्य से कभी-कभी ऐसा हुआ भी)। यह खोज मुझे उत्तर भारत के कुछ हलकों में ले गई। मैं पुस्तकालयों की अपनी सूची को यथासम्भव बढ़ाता गया लेकिन मैं यह दावा नहीं कर सकता कि मैं हर जगह, उत्तर-पश्चिम तथा उत्तर-मध्य भारत तक हर जगह पहुँचा। वैसे भी, भारत के बाहर के संकलनों को हासिल करने में मैं कमजोर ही रहा हूँ। दिनांकित पदों के संकलनों का मेरा सर्वे जिन पुस्तकालयों और संस्थानों की सहायता से पूरा हुआ, उनकी सूची यहाँ मैं दे रहा हूँ :

तालिका 3.2 : जिन पुस्तकालयों से सहायता मिली

अनूप संस्कृत लाइब्रेरी, बीकानेर
आगरा हिन्दी विद्यापीठ
इलाहाबाद संग्रहालय
के.एम. हिन्दी संस्थान, आम्बेडकर विश्वविद्यालय
गवर्नमेंट डिग्री कॉलेज पुस्तकालय, दतिया
जिवाजी विश्वविद्यालय, ग्वालियर
तिलकायत महाराज श्री श्रीनाथजी मन्दिर पुस्तकालय, नाथद्वारा
नागरी प्रचारिणी सभा, बनारस
मथुराधीश मन्दिर, कोटा
महाराजा मानसिंह पुस्तक प्रकाश अनुसन्धान केन्द्र, जोधपुर
महाराजा सवाई मानसिंह-द्वितीय संग्रहालय, जयपुर
राजस्थान प्राच्यविद्या प्रतिष्ठान, बीकानेर, जयपुर, जोधपुर, कोटा, उदयपुर
राजस्थानी शोध संस्थान, जोधपुर
वृंदावन शोध संस्थान
सरस्वती भंडार, कांकरौली
हिन्दी साहित्य सम्मेलन, इलाहाबाद

अब जबकि प्रारम्भिक बातें कही जा चुकी हैं, हमें करना यह है कि मैंने जो पांडुलिपियाँ खोजी हैं, उन्हें उस कसौटी में रखें जिसे हमने तैयार किया है। जैसाकि मैं संकेत कर चुका हूँ, पाठकों को इस बात से निराशा होगी कि पांडुलिपियाँ इतनी कम हैं। नमूने के आकार को देखते हुए हम केवल अनुमान लगा सकते हैं कि ज्यादा गहन तथा सावधानी से किए गए अध्ययन से अन्ततः क्या स्वरूप उभरेगा। लेकिन मेरा खयाल है कि हमें ऐसा अध्ययन करना चाहिए।

आगे मैं पांडुलिपियों को उनकी खोज के क्रम से प्रस्तुत कर रहा हूँ, जिन पर यथा आवश्यक क्रम संख्या दर्ज की जाएगी। ये संख्याएँ नामित संस्थानों के हिन्दी संग्रहों की हैं, सिवा उनके, जहाँ संग्रहों को भाषा और पांडुलिपि के मुताबिक विभाजित नहीं किया गया है। ऐसे मामले में संख्या सम्पूर्ण संग्रह की होगी। दस्तावेजों को मैं सबसे पुराने से शुरू करके तारीखवार सूचीबद्ध कर रहा हूँ। एक और महत्त्वपूर्ण उल्लेखनीय चेतावनी यह है कि दादूपंथ की 'पंचवाणी' एवं 'सर्वांगी' और सिख पंथ के 'आदिग्रन्थ' सरीखे विशेष तौर पर पंथ-केन्द्रित संग्रहों को विचार के लिए नहीं शामिल किया गया है। तब सूची बहुत लम्बी हो जाती और उसका पहला वर्ग ज्यादा बड़ा हो जाता, हालाँकि रज्जब की 'सर्वांगी' कुछ वैष्णव पंथ में प्रवेश करती दिखती है। आगे जो सूची प्रस्तुत की गई है, उससे पाठकों को जो जानकारी मिलती है, उसे इन ज्यादा बेहतर रूप में ज्ञात तथा प्रकाशित संग्रहों की पृष्ठभूमि में रखकर देखें।

सो, यहाँ हिन्दी के उन प्रारम्भिक भक्ति साहित्य संकलनों का विवरण प्रस्तुत किया जा रहा है, जिनका मैं सर्वे कर चुका हूँ। मेरी जानकारियों में कमियाँ तुरन्त प्रकट हो जाएँगी, और उनके लिए मैं कोई बहाना नहीं प्रस्तुत कर रहा हूँ। मैं केवल इतना कह सकता हूँ कि इन पांडुलिपियों का सर्वे करते हुए मेरा मकसद वर्तमान मकसद से काफी अलग था। और उसके बाद से मैं इन पांडुलिपियों को फिर नहीं देख सका हूँ।

वर्ग 1 : निर्गुण (और रामभक्ति) पांडुलिपियाँ

(क) क्रम संख्या 3322, महाराजा सवाई मानसिंह-द्वितीय संग्रहालय, जयपुर, वि.सं. 1717। अफसोस की बात है कि मेरे तथ्य अधूरे हैं इसलिए मैं यह नहीं कह सकता कि इस पांडुलिपि के विभिन्न खंड किस बिन्दु पर आपस में जुड़ गए या क्या पुष्पिका सभी खंडों पर निर्णायक तौर पर लागू होती है, जैसेकि जयपुर के शाही पोथीखाना के सूचीपत्र पर लागू होती है।[27] मुझे पांडुलिपि के आकार और उसकी पूरी सामग्री के बारे में भी पता नहीं है। वैसे मैं विश्वास के साथ यह कह सकता हूँ कि कबीर, गोरखनाथ, दत्ता (सम्भवतः दत्तात्रेय), पीपा, सन्ताण, हरणवंत के नाम से जाने गए पदों को शामिल किया गया है।

(ख) क्रम सं. 2379, प्राप्ति सं. 1602/933, नागरी प्रचारिणी सभा, बनारस, वि.सं. 1742। इसमें गोरखनाथ, भर्तृहरि, दत्तात्रेय, महादेव, सिरपत, हालीपाव एवं अन्य की वाणियाँ तथा सबद 101 जिल्दों (फोलियो) में शामिल किए गए हैं। यह संकलन नाथ सम्प्रदाय का काम दिखता है।

(ग) क्रम सं. 74, प्राप्ति सं. 773/48, नागरी प्रचारिणी सभा, बनारस। चूँकि यह पांडुलिपि उस दिनांकित संयुक्त का केवल एक भाग—अन्तिम और सबसे ताजा—है, इसलिए इसकी तारीख को वि.सं. 1757 माना जा सकता है। इसमें रविदास, कबीर, और जैसाकि सूचीपत्र कहता है, 'आदि' के पद शामिल किए गए हैं।[28]

(घ) क्रम सं. 30587, राजस्थान प्राच्यविद्या प्रतिष्ठान, जोधपुर, वि.स. 1788। इस पांडुलिपि में दादू और कबीर की साखियाँ हैं।

मेरी ख्वाहिश है कि मैं कह सकता कि मैंने इन सभी पांडुलिपियों की वास्तव में जाँच कर ली है, लेकिन मैं ऐसा नहीं कह सकता। इस सेट पर मैं केवल सूचीपत्र के आधार पर ही काम कर रहा हूँ। इसलिए उदाहरण के लिए, मैं नहीं जानता कि जोधपुर पांडुलिपि (घ) की सचमुच जाँच की गई, तो यह वास्तव में मानक पंचवाणी ही साबित होगी। सूचीपत्र में इसे ऐसा नहीं कहा गया है, और इससे कोई बात उभरती है। इस जोधपुर पांडुलिपि को किसी एक सम्प्रदाय से जोड़ना आसान लगता है। राजस्थान प्राच्यविद्या प्रतिष्ठान, जोधपुर के कई अन्य संग्रहों की तरह यह

भी दादूपंथ की देन लगती है। बनारस की एक पांडुलिपि (ख) को भी लगता है कि किसी एक समुदाय, इस मामले में नाथ सम्प्रदाय, के सौजन्य में रचा गया, बाकी दो (क, ग) पांडुलिपियों को आसानी से किसी खाते में नहीं डाला जा सकता और वे किसी एक पंथ का काम नहीं लगतीं।

वर्ग 2 : सगुण (और कृष्णभक्ति) पांडुलिपियाँ

यह दूसरा वर्ग पहले से कुछ बड़ा है लेकिन हमें यह नहीं भूलना चाहिए कि इससे यह तथ्य उभरेगा कि मैं विशेष तौर पर सूर की पांडुलिपियों की खोज कर रहा था और जब यह निश्चित हो गया तब सम्प्रदाय से सम्बन्धित ख्यात संकलनों को पहले वर्ग से हटा दिया गया है। दूसरे वर्ग में शामिल पांडुलिपियाँ निम्न हैं :

(क) क्रम सं. 1057, के.एम. हिन्दी संस्थान, आम्बेडकर वि.वि., वि.सं. 1713। यद्यपि लिखावट सुस्पष्ट नहीं है लेकिन इस पांडुलिपि के विभिन्न खंडों को क्रम से रखा गया है। इससे यह संकेत मिलता है कि पांडुलिपि का संकलन लगभग उसी समय किया गया, जो तारीख खंड पर दिया गया है। यह पुष्पिका नन्ददास के 'दशमस्कन्ध' (यानी 'रासपंचाध्यायी') के, जो कि पांडुलिपि के तीसरे खंड में है, बाद आती है और इस पर वर्ष 1713 दर्ज है। इसके पहले अधूरी 'हित चौरासी' और सूरदास के करीब 500 पद हैं। इसके बाद संक्षिप्त 'सातु राग स्वरूप वर्णन', एक लम्बी जिल्द, 'पद संग्रह' की 35 जिल्दें हैं, जिनका रोचक शीर्षक है : 'मल्ल अखाड़ो'। इन कवियों को शामिल किया गया है : नन्ददास, सूरदास, मानकवि, गोविन्दस्वामी, किशोरदास, चतुर्भुजदास, कृष्णदास, माधोदास, बख्तावर, जगन्नाथ, तुरसी (एवमेव), अन्नदास, हित हरिवंश, गिरथरदास (एवमेव), नरसिंहदास, रामदास, और सुन्दरकुँवरि। हालाँकि श्री गोरख के शब्द पुष्पिका के बाद की खाली जगह में डाल दिये गए हैं, पूरा संकलन स्पष्ट रूप से सगुण है। वैसे, गौर करनेवाली बात यह है कि यह सम्प्रदाय की धारा से गुजरता है—'हित हरिवंश' से शुरू होकर वल्लभवादी कई अष्टछापों और उनसे आगे जाता है। अगर दादूपंथ की पांडुलिपियों के समानान्तर पांडुलिपियों पर विश्वास किया जा सकता है तो इसका अर्थ यह होगा कि लेखक या उसके संरक्षक 'हित हरिवंश' को विशेष सम्मान देते हैं। लेकिन सूरदास वाले खंड की लम्बाई और यह तथ्य, कि रचना स्थान मेड़ता बताया गया है, यह संशय पैदा करते हैं कि ऐसा कैसे हो सकता है।

(ख) क्रम सं. 30346, राजस्थान प्राच्यविद्या प्रतिष्ठान, जोधपुर, शीर्षक 'फुटपदाह' (यानी स्फुटकर पद), वि.सं. 1713-14 की तिथि के साथ सूचीपत्र में शामिल। ये तारीखें पांडुलिपि के बाकी बचे पन्नों पर दर्ज दो वित्तीय लेनदेन की टिप्पणियों में सामने आती हैं। पांडुलिपि दो खंडों में है, क्रमशः 110 तथा 91 जिल्दों में और दो लिखावटों में लिखी हुई है। मैंने अगरदास (अन्य जगहों पर अग्रदास),

किशोरदास, माधोदास, और मीराँ के हस्ताक्षर देखे और 'वल्लभकुल' का रोचक उल्लेख भी पाया। पद सार्वभौमिक रूप से सगुण धारा के हैं।

(ग) क्रम सं. 2469, राजस्थान प्राच्यविद्या प्रतिष्ठान, उदयपुर, शीर्षक 'विरह लीला', वर्ष वि.सं. 1731। यह केवल 11 जिल्दों का छोटा संकलन है।

(घ) कोई क्रम सं. नहीं। कासगंज के डॉ. नरेशचन्द्र बंसल का निजी संग्रह, 'पद संग्रह', इसके कुछ खंडों पर वर्ष वि.सं. 1740 और 1750 दर्ज हैं। पांडुलिपि के मुख्य भागों को, जिनकी क्रम संख्या दी गई है, एक ही लिखावट से लिखा गया है। इसमें वल्लभ सम्प्रदाय की सबसे पुरानी वह दिनांकित 'कीर्तन प्रणाली' दर्ज है जिसे मैंने देखा है। वि.सं. 1750 की पुष्पिका खंड के अन्त में आती है, जिसके पहले पदों को वर्षोत्सव और नित्य सेवा कैलेंडरों के अनुसार शामिल किया गया है जबकि अन्त में कुछ और पद शामिल किए गए हैं। इसके बाद उसी लिखावट में ज्यादा अनौपचारिक वल्लभवादी 'पद संग्रह' है। मुख्य खंड से पहले भिन्न लिखावट में एक छोटा 'पद संग्रह' है और बीच-बीच में गुजराती के कई छोटे-छोटे खंड हैं। चालू उपयोग वाली 'कीर्तन प्रणालियों' की तरह जो पद आते हैं, वे मुख्यत: 'अष्टछाप' के हैं, जिसमें बाद के सम्प्रदायों के कवियों ने पद जोड़े। लेकिन गुजराती सूत्र की इस पांडुलिपि में नरसी मेहता के भी छिटपुट दोहे पाए जा सकते हैं। यह निश्चत ही सगुण, कृष्ण भक्ति-धारा का संकलन है। रामनवमी का उल्लेख करनेवाली कुछ कविताएँ भी सगुण धारा की हैं।

(च) क्रम सं. 2437, महाराजा सवाई मानसिंह-द्वितीय संग्रहालय, जयपुर, अलग-अलग हिस्सों में लिखी गई एक बड़ी पांडुलिपि, जिसमें प्रियादास तथा नागरीदास की कविताओं का एक खंड है, वि.सं. 1783 की और सूर की कविताओं का खंड वि.सं. 1784 का है।

(छ) क्रम सं. 3258, प्राप्ति सं. 3477, राजस्थान प्राच्यविद्या प्रतिष्ठान, कोटा, शीर्षक 'कीर्तन जन्माष्टमी राधाष्टमी कीर्तन चौपदी', जिसमें वि.सं. 1780 से 1810 तक की उलझनभरे तरीके से दर्ज तारीखों की कविताएँ हैं। इनमें से कई तो नगधरदास की हैं लेकिन कुल 40 जिल्दों में कई अन्य कवियों को भी अच्छी संख्या में प्रतिनिधित्व दिया गया है।[29]

(ज) सम्प्रदाय आधारित पदों का जो अगला सबसे पुराना संकलन मैंने देखा, वह वि.सं. 1800 की बाद की तारीख का है इसलिए इस पुस्तक के दायरे से बाहर का है। फिर भी मैं उल्लेख करना चाहूँगा कि वृंदावन शोध संस्थान में वि.सं. 1893 का 'वर्षोत्सव के पद' (क्रम सं. 752, प्राप्ति सं. 4400) शीर्षक से एक राधावल्लभी संकलन उपलब्ध है। नाथद्वारा में तिलकायत महाराज श्री के पुस्तकालय में पदों के केवल तीन दिनांकित संकलन हैं जिनका उपयोग पूजा में होता है (सूचीपत्र में 'नृत्य कीर्तन' और 'नृत्य के पद' नाम से दर्ज)। ये उन वर्गों की तुलना में ज्यादा नये हैं

जिन पर यहाँ विचार किया जा रहा है, क्योंकि इन पर वि.सं. 1834, 1886, 1890 की तारीखें दर्ज हैं। दूसरी वल्लभवादी गद्दियों के जातीपुरा और कंबन स्थित पुस्तकालयों से, जहाँ मैं अभी सर्वे नहीं कर पाया हूँ, पुरानी पांडुलिपियाँ मिल सकती हैं। लेकिन कांकरौली में उपलब्ध विख्यात संकलन पर मेरी कुछ हद तक खाकाबद्ध टिप्पणियों को सटीक माना जाए तो बहुत ज्यादा उम्मीद नहीं रखनी चाहिए।

उपलब्ध साक्ष्य के आधार पर यह आश्चर्यजनक लगता है कि बड़ी संख्या में पुरानी, दिनांकित 'कीर्तन प्रणालियाँ' सामने नहीं आ पाई हैं। इसकी एक जाहिर वजह यह है कि ऐसे ग्रन्थों का काफी जल्दी-जल्दी उपयोग किया जाता होगा और पुराने ग्रन्थ काफी पहले इतने खराब हो चुके होंगे कि उनकी जगह ताजा ग्रन्थों को रखना पड़ा होगा। इसका उदाहरण कम-से-कम वल्लभ सम्प्रदाय में आज के दिन में भी 'नकल' किए हुए संस्करण के उपयोग से मिलता है क्योंकि मन्दिरों में पांडुलिपियों की जगह मुद्रित संस्करणों का उपयोग हो रहा है। कई पीढ़ियों से सम्प्रदाय के कीर्तनिया परिवार—कम-से-कम जिनसे मैं मिला हूँ—कभी-कभी पांडुलिपियों से कुछ काम करते हैं। यह भी हाल का, पिछली करीब दो सदी पुराना चलन है।[30]

वर्ग 3 : सगुण तथा निर्गुण कविताओं वाली पांडुलिपियाँ

अब हम उन पांडुलिपियों के वर्ग पर आते हैं, जो हमारी दृष्टि से सबसे दिलचस्प है, यानी वह जो सगुण-निर्गुण भक्ति में भेद को प्रस्तुत करता है (हालाँकि शार्लोट वॉदवील ने जोरदार सवाल खड़ा किया है कि इस तरह के वर्ग का क्या वास्तव में कोई अर्थ है भी?)।[31] इस वर्ग में पहली प्रविष्टि में स्पष्ट रूप से सगुण धारा की ओर झुकाव दिखता है, इतना कि प्रायः इसे 'सूरसागर' जैसा बताया जाता है। लेकिन गहन दृष्टि डालने पर जाहिर होता है कि यह उस वर्ग का है जिसे बाद में उभरे दृष्टिकोण के मुताबिक 'संकर' पांडुलिपियों के वर्ग का है। यह :

(क) जयपुर के पास फतेहपुर में लिखी गई पांडुलिपि है, जिसे गोपाल नारायण बहुरा लिखित 'पद सूरदास जी का' की प्रतिकृति के रूप में प्रकाशित किया गया है। इसमें केनिथ ब्रायंट का परिचयात्मक निबन्ध भी साथ में है। यह जयपुर के महाराजा के शाही संकलन में है।[32] पांडुलिपि का गठन जटिल है। इसे मोटे तौर पर तीन खंडों में बाँटा गया है—पहला और तीसरा खंड अपवादस्वरूप पूरी तरह सूरदास को समर्पित है, जबकि दूसरा खंड संकलन है। दो नकलनवीसों को लगाया गया है और खंडों को स्वतंत्र क्रम-संख्या दी गई है, मानो नकलनवीस अलग पांडुलिपियों से नकल कर रहे थे। दूसरा खंड संकलन का है, जिसमें कबीर से लेकर 178 कविताएँ शामिल की गई हैं। यहाँ परमानन्ददास और नामदेव (हालाँकि उन्हें किस

धारा का माना जाए, इसमें सन्देह है) सरीखे सगुण कवियों को पाया जा सकता है जबकि कबीर, सुन्दरदास, रविदास, कील्हदास तथा 'विनय' वाले कान्हाँदास सरीखे निर्गुण कवियों को भी पाया जा सकता है। सूर के बाद कान्हाँदास ही सबसे ज्यादा दिखते हैं। पहले खंड की 106 कविताएँ पूरी तरह सूर की हैं और तीसरे खंड की 127 कविताएँ भी लगभग उन्हीं की हैं, केवल एक कविता स्यामघन की है और मुझे सन्देह है कि रामदास रतन नाम के नकलनवीस ने इसे भी सूरदास का न समझ लिया हो क्योंकि इन कवि महोदय का हस्ताक्षर कभी-कभी सूरस्याम के रूप में आता है। तीसरा खंड रागा द्वारा तैयार किया गया है। इसलिए, जब पांडुलिपि को सम्पूर्णता में देखा जाता है तब दो 'बुक-एंड' खंड मिलते हैं, जो कि निस्सन्देह दो पुरानी पांडुलिपियों पर आधारित हैं (यह एक उल्लेखनीय दोहराव है)। ये दोनों खंड पूरी तरह सूरदास के हैं। लेकिन इनके बीच में एक संकलन आता है, जिसमें सूर कई कवियों के साथ मौजूद हैं यानी यह निर्गुण-सगुण की मिश्रित पांडुलिपि है लेकिन केवल इसलिए नहीं कि सूर सगुण धारा के कवि हैं और कबीर तथा रविदास निर्गुण धारा के हैं। सूरदास की मानी जानेवाली कविताएँ भी सीमारेखा को तोड़ती हैं हालाँकि उनकी अधिकतर रचनाएँ आसानी से सगुण धारा की हैं, लेकिन पहले खंड (96 से 114 तक की कविताओं) के अन्त में एक बड़ा अनुक्रम पूरी तरह निर्गुण काव्य को दिया गया है जिसमें लम्बी कविता 'सूर पचीसी' भी शामिल है। शायद पहले नकलनवीस के दिमाग में यह रहा होगा कि ये कविताएँ दूसरे खंड की स्वाभाविक भूमिका का काम करती हैं, जो कबीर से शुरू होकर सूरदास की कविताओं के लम्बे अनुक्रम पर जाती हैं और उसके आगे भी। अतिरिक्त विवरण के लिए अध्याय 10 देखें।

(ख) क्रम सं. 209, अनूप संस्कृत लाइब्रेरी, वर्ष 1668। इस पांडुलिपि में 228 दोहे और 132 सवैये शामिल हैं। मैंने इसकी फोटो खींची है लेकिन कई तस्वीरें अपने वर्तमान रूप में अपर्याप्त हैं। उनकी गहरी जाँच करने की जरूरत है। त्वरित सर्वे से कई तरह के विषय और कवि उभरते हैं—निर्गुण किस्म के दोहों से लेकर कृष्ण को समर्पित पद तक।[33]

(ग) हरिहर निवास द्विवेदी के संग्रह में बिना क्रम-संख्या के एक पांडुलिपि अब ग्वालियर के जिवाजी वि.वि. के संग्रह में है, जहाँ इसे 'भजन आदि' के नाम से जाना जाता है। जिस भाग में पुष्पिका दर्ज है, जो इसे वि.सं. 1727 की बताता है, उसमें 39 जिल्दें हैं। संकलन दोहों से शुरू होकर पदों तक जाता है। सगुण-निर्गुण, दोनों कविताएँ हैं इसमें, लेकिन कबीर को छोड़ और किसी ख्यात कवि की रचना नहीं है।

(घ) क्रम सं. । 6992, राजस्थान प्राच्यविद्या प्रतिष्ठान, जोधपुर, शीर्षक 'फुट द संग्रहसूर आदि' और विभिन्न स्थानों के लिए वि.सं. 1736, 1742, और 1744।

मुख्यत: वैष्णव कवि शामिल—नन्ददास, तुलसीदास, अगरदास, परमानन्द, और एक 'सूर पचीसी' भी। लेकिन कबीर को भी शामिल किया गया है।[34]

(च) क्रम सं. 992, के.एम. हिन्दी संस्थान, आम्बेडकर वि.वि., वर्ष वि.सं. 1762, 340 जिल्दों का बड़ा दादूपंथी संकलन, जो दादू (आन्तरिक पुष्पिका वि.सं. 1660 का), कबीर, नामदेव, रविदास, हरिदास, गरीबदास के प्रचुर संकलनों से शुरू होता है। इसके बाद एक 'पद संग्रह' है और फिर बखनां हैं, जिन्हें इस तरह के दादूपंथी संकलन में पाने की उम्मीद की जाती है। इसके बाद बिना शीर्षक का अन्तिम 'पद संग्रह' खंड है जिस पर पुष्पिका दर्ज है। 'पद संग्रहों' में सगुण कवि शामिल हैं। उदाहरण के लिए, सूर की छह कविताएँ जिल्द 260–1 शामिल हैं।

(छ) क्रम सं. 2062, राजस्थान प्राच्यविद्या प्रतिष्ठान, उदयपुर। इस 'पद संग्रह' की कोई तारीख नहीं दी गई है लेकिन इसे 'प्रहेलिका संग्रह' के साथ जिल्दबन्द किया गया है जिस पर पुष्पिका बताती है कि यह वि.सं. 1754 का है। इस बात की सम्भावना लगती है कि दोनों खंड एक ही काल के हों। 'पद संग्रह' में सूर सरीखे कृष्णभक्त कवि को रैदास (रविदास), तुलसीदास, अहमद तथा गंग जैसे अल्पपरिचित कवियों के साथ रखा गया है।

(ज) क्रम सं. 2511 (1), राजस्थान प्राच्यविद्या प्रतिष्ठान, उदयपुर। शीर्षक है 'फुटकर कविता', जिसके कई खंड हैं वि.सं. 1777 से लेकर 1791 तक के। पांडुलिपि में 21 से लेकर 90 तक 70 जिल्दें हैं जिनमें कबीर, केशव, नवरंग, तुरसी (निरंजनी?) का प्रतिनिधित्व है।

निष्कर्ष

मैंने शुरू में कहा था कि मैं ऐसे सूत्र की खोज में हूँ जिनसे यह पता चल सके कि तथाकथित निर्गुण कवियों और उनके सगुण भ्राताओं के बीच की दीवार उनके अपने काल में कितनी ऊँची थी यानी मैं यह अन्दाजा लगाने का तरीका खोज रहा हूँ कि 16वीं–17वीं सदी और वि.सं. 1800 तक में सगुण-निर्गुण खाई कितनी चौड़ी थी। मेरा सुझाव था कि इस प्रश्न का जवाब पाने के लिए कई सामग्री का उपयोग किया जा सकता है। यह सामग्री है—इन सन्तों तथा भक्तों की कविताओं में दर्ज आन्तरिक सन्दर्भ; उनके सन्तचरितों से उभरे परिप्रेक्ष्य; और अन्त में, उनके दोहों के प्रारम्भिक संकलनों से उभरे प्रकट तथा अप्रकट विभाजन।

मुझे ऐसा लगता है कि इनमें से हरेक कसौटी हमें सीख देती है कि जब हम उत्तर भारत के भक्तिकाल के प्रारम्भ में निर्गुणियों तथा सगुणियों के बीच के बड़े भेद की बात करें तब सावधानी बरतें। सम्प्रदाय आधारित सबसे प्रभावी संकलनकर्ताओं ने इस भेद की ताकत को निश्चित ही पहचाना लेकिन उन्होंने भी इस खुरदुरेपन को

ठीक करने में कभी-कभी देर की। उदाहरण के लिए, 'आदिग्रन्थ' के मामले में। कुछ ने मीराँ और सूर को शामिल किया, तो दूसरों ने उन्हें बाहर कर दिया।[35] इसके अलावा इस तथ्य का भी ध्यान रखना है कि निर्गुण संकलनों में भी व्यक्तित्वों में बड़ी विविधता थी। जैसाकि कैरीन शोमर और लिंडा हेस ने अच्छी तरह प्रदर्शित किया है, 'बीजक' के निर्मल कबीर और 'आदिग्रन्थ' के घरेलू, उदार कबीर तथा 'पंचवाणी' के नरम एवं ज्यादा रहस्यपूर्ण कबीर के बीच अन्तर है।[36] फिर यह तथ्य भी है कि कबीर पंथ के विस्तार के साथ कबीर का भी विस्तार हुआ।[37]

फिर भी, अगर सम्प्रदाय आधारित महान संकलनों की दृष्टि से देखें तो निर्गुण-सगुण भेद कुल मिलाकर काम करता दिखता है। इस दृष्टि से 'हिन्दी साहित्य का बृहत् इतिहास' और इस तरह की दूसरी कृतियों के सम्पादकों द्वारा विचारे गए निष्कर्ष—और उनके द्वारा अपनाई गई सांगठनिक रणनीति—स्वीकार्य लगते हैं। फिर भी दूसरी तरह के साक्ष्य हैं और खास कर दूसरे संकलन हैं जिन पर विचार किया जाना चाहिए। यहाँ मैंने जिन संकलनों का वर्णन किया है, वे केवल उस साहित्य का हिस्सा हैं जिनका सर्वेक्षण होना चाहिए, लेकिन वे यह संकेत देते नजर आते हैं कि निर्गुण-सगुण भेद केवल यह आंशिक सत्य उजागर करता है कि भक्तिकाल के कवियों को उन दस्तावेजों में किस तरह देखा गया, जिन दस्तावेजों के बारे में हम निश्चित तौर पर कह सकते हैं कि वे कवि के अपने काल की करीब एक सदी के भीतर लिखे गए थे।

यह सच है कि मैंने यहाँ जिन संकलनों को प्रस्तुत किया है, उनमें कुछ पर स्पष्ट निर्गुण छाप है, और कुछ पर सगुण छाप है। ऐसी पांडुलिपियाँ भी अच्छी संख्या में हैं जिन्हें इन दो धाराओं में से किसी का नहीं माना जा सकता है। मेरे नमूने से अगर कोई संकेत उभरता है, तो यह अन्तिम मिश्रित वर्ग काफी बड़ा है; और जैसीकि मैंने टिप्पणी की है, मुझे लगता है कि हमारे समय तक बचे रह गए दस्तावेजों के आधार पर हम इसे जितना बड़ा मानते हैं, उसके मुकाबले 16वीं-17वीं सदी में यह और भी बड़ा होगा। तब, मोटे तौर पर हम उस अवधि और परम्परा पर विचार कर रहे हैं जिसमें निर्गुण तथा सगुण कवियों के बीच धर्मशास्त्रीय झुकाव, सामाजिक परिप्रेक्ष्य और साहित्यिक मूड में अन्तर थे। जैसाकि हम जानते हैं, इन अन्तरों को दर्ज करने के लिए सम्प्रदायगत सीमाएँ प्रारम्भ में ही तय कर दी गईं। कुछ (मसलन, सिख पंथ) में ये दूसरों के मुकाबले काफी पहले तय कर दी गई थीं। लेकिन इसके साथ ही, ऐसी कई व्यवस्थाएँ थीं जिनमें बाद में जो सम्प्रदायगत विभाजन इतने हावी हो गए, उन्हें इतना निर्णयात्मक नहीं माना गया। ऐसी व्यवस्थाओं में निर्गुण -सगुण भेद का कभी-कभार सम्मान भी किया गया, अगर उन व्यवस्थाओं के उल्लंघन में ऐसा वाकई हो गया हो।

अध्याय-4

पांडुलिपि में मीराँ

फ्रांसिस टैफ्ट ने एक अति विचारपूर्ण लेख लिखा है, जो शोधकर्ताओं के लिए काफी सहायक भी है। इसका शीर्षक है—'द इल्युजिव हिस्टॉरिकल मीराँबाई : अ नोट' (इतिहास की एक रहस्यपूर्ण हस्ती मीराँबाई : एक टिप्पणी)। इस लेख में उन्होंने उस प्रक्रिया की समीक्षा की है जिसके आधार पर हम इस निष्कर्ष पर पहुँचे हैं कि 'एक आधुनिक इतिहाससम्मत दृष्टि' से मीराँबाई कौन थीं। टैफ्ट ने गद्य तथा तालिका के आधार पर मीराँबाई की जीवनी के उस बुनियादी खाके को उचित ठहराने की कोशिश की है, जो उन प्रारम्भिक इतिहासकारों के कार्यों से उभरता है जिन इतिहासकारों ने 19वीं सदी के अन्तिम दो दशकों में इतिहास को यूरोपीय शैली में लिखना शुरू किया था। टैफ्ट उन विवरणों पर प्रश्न उठाती हैं जिन्हें मीराँ की जीवनी के बुनियादी ढाँचे से जोड़ दिया गया है, और वे उन क्षेत्रों की ओर संकेत करती हैं जिनमें और अनुसन्धान करने पर स्पष्ट चित्र उभर सकता है। लेकिन इन सबके साथ वे एक बुनियादी अन्तर को लेकर आश्वस्त दिखती हैं। उनका मानना है कि पुराने दरबारों और वंशावलीविदों ने जो दस्तावेज संगृहीत करके रखे हैं, उन पर ऐसी जानकारी पाने के लिए उसी तरह भरोसा किया जा सकता है जिस तरह हम इतिहास पर कर सकते हैं, जबकि भक्ति से जुड़ी हर चीज को सन्देह की दृष्टि से देखा जाता है। पहली तरह के दस्तावेज 'इतिहास की मीराँबाई' तक पहुँचाते हैं जबकि दूसरी तरह के दस्तावेज 'उन असंख्य पारम्परिक और/या लोकप्रिय मीराँबाइयों तक पहुँचाते हैं जिनका उभार बाद में हुआ।' हालाँकि टैफ्ट स्वीकार करती हैं कि राजस्थानी परम्पराएँ अपने कच्चे स्वरूप में ऐसी हैं जिन्हें 'इतिहास के खयाल से विश्वसनीय नहीं माना जा सकता', फिर भी वे अपने निबन्ध को द्विपक्षी बनाती हैं। एक ओर तो यह इतिहास है, जिसे पहले तो दरबारी पेशेवरों ने और फिर राजस्थान के यूरोपीय शैली वाले इतिहासकारों ने प्रस्तुत किया है। दूसरी ओर यह सन्तचरित है।[1]

अपने निबन्ध के प्रारम्भ में ही टैफ्ट यह स्पष्ट कर देती हैं कि पिछली करीब एक सदी में इतिहास वाली मीराँ एक 'विदुषी' मीराँ में कैसे तब्दील हो गईं और

उनकी वंशावली प्रस्तुत करने की मेहनत उन्होंने क्यों की। वे बताती हैं कि उन्हें यह जान कर हैरत हुई कि दूसरे शिक्षाविद् एक लेखक के इन शब्दों (जिन्हें वे उद्धृत करती हैं) पर विश्वास करते हैं कि 'इतिहास का ऐसा कोई विश्वसनीय खाका नहीं है जिसे मीराँ के जीवन से जोड़ा जा सके...'। वह लेखक मैं ही हूँ लेकिन टैफ्ट बताती हैं कि नैन्सी मार्टिन और पारिता मुक्ता ने इसी तरह की बातें कहने की गलती की है।[2] हो सकता है कि मैंने अतिशयोक्ति की हो, क्योंकि लिखने के क्रम में मैंने 17वीं सदी के मध्य की मुहंता नैणसी की जोधपुरी वंशावली (ख्यात) में दर्ज एक संक्षिप्त मगर महत्त्वपूर्ण अंश की अनदेखी की। उदाहरण के लिए, टैफ्ट ने नैणसी को अक्सर यह कहते हुए उद्धृत किया है कि भोजराज चित्तौड़ के राणा साँगा के एक पुत्र थे और मीराँबाई राठौड़ का विवाह उनसे हुआ था।[3] वास्तव में यह मामला इतना सरल नहीं है। नैणसी का ख्यात बताता है कि 'लोग कहते हैं' मीराँबाई का विवाह भोजराज से हुआ था। उनके शब्द हैं—'भोजराज सांगावत। इणनुं, कहे छै मीराँबाई राठोड़ परणाई हुती'।

बेशक, यह तथ्य उल्लेखनीय है कि नैणसी ने सिसोदिया वंश के बारे में इस लोकप्रिय सूचना को रेकॉर्ड किया, जो कि 17वीं सदी के मध्य के जोधपुर में सर्वमान्य थी, भले ही नैणसी ने अपने सर्वग्राही संकलन में मेड़तिया प्रसंग आने पर मीराँ का उल्लेख नहीं किया है। (आखिर वे एक लड़की थीं इसलिए उनका उल्लेख मेड़तिया वंश के सिलसिले में प्रासंगिक नहीं था, हालाँकि उनके पिता माने जानेवाले रतनसिंह दूदावत को कोई पुत्र नहीं था)।[4] लेकिन मुझे पांडुलिपि के तौर पर नैणसी के ख्यात की स्थिति को समझना चाहिए था। 1960-67 में राजस्थान प्राच्यविद्या प्रतिष्ठान ने जो मुद्रित संस्करण प्रकाशित किया, उसमें उस पांडुलिपि की कोई सूचना नहीं दी गई है जिसे उसने कथित रूप से पुन:प्रस्तुत किया है। सम्भवत: यह प्रतिष्ठान के अपने संग्रह में जमा एक 'मुहंता नैणसी री ख्यात' है लेकिन पांडुलिपियों की इसकी सूची में इन ख्यातों में से कुछ को ही दर्ज किया गया है, जो पिछली करीब एक सदी के ही हैं। और, जो पांडुलिपि सम्भवत: प्रतिष्ठान वाले संस्करण (प्राप्ति सं. 3341) का आधार बनी होगी, उसमें तारीख वाला खाना खाली छोड़ दिया गया है।[5]

मेरे पास यह कहने का कोई विशेष आधार नहीं है कि जोधपुर जैसी पांडुलिपि की रचना के बाद से उसकी सही-सही नकल नहीं की गई होगी। अगर कोई शंका है तो इस सवाल को लेकर महज छिद्रान्वेषण से काम नहीं चलेगा, क्योंकि हम देख चुके हैं कि 'इतिहास की मीराँ' के बारे में जानकारी बाद में—सन्देहास्पद सूत्र के कारण—किस तरह बेहिसाब बढ़ती गई। इस बिन्दु पर मैं नैन्सी मार्टिन की अभूतपूर्व कृति को मान्यता दूँगा और फ्रांसिस टैफ्ट की विद्वत्ता पर भी गौर करने की सिफारिश करूँगा। इसके अलावा मैं उस काल के भक्ति-आन्दोलन की विभूतियों के साहित्य का भी उल्लेख करूँगा जिनमें रविदास, कबीर, नामदेव, गुरु नानक, सूरदास शामिल

हैं; और फिलिप लुटगेनडॉर्फ के अध्ययन 'द क्वेस्ट फॉर द लिजेंडरी तुलसीदास'[6] का भी उल्लेख करूँगा।

इतिहास/सन्तचरित के बीच के जिस विभाजन को टैफ्ट मान करके चलती हैं, उसके दोनों ओर के पाठों को स्वरूप प्रदान करनेवाले लक्ष्यों तथा सिद्धान्तों में सचमुच अन्तर है। इस पर सन्देह न करते हुए मैं आग्रह करूँगा कि इतिहास के पाठों की उसी स्तर की पांडुलिपीय छानबीन की जाए जिस स्तर की छानबीन हम तब करते हैं जब हमें सन्तचरित के खट्टे-मीठेपन की अनुभूति होने लगती है। और मैं कहूँगा कि जिन दस्तावेजों की उत्पत्ति दरबारों से नहीं हुई है (इस मामले में 'भक्तमाल' और 'पदसंग्रह'), उन्हें इसी कारण खारिज नहीं किया जाए। आखिर, 'दरबार' क्या है, और हम यह क्यों मानें कि वे सभी मामलों में इतिहास-लेखन सम्बन्धी सुरक्षा प्रदान करते हैं? मीराँबाई का जिक्र करते हुए नैणसी 'वे कहते हैं' जुमले का जिस तरह सहारा लेते हैं, उससे यह संकेत मिलता है कि सीमा-रेखाओं को तोड़ा जा सकता है। और उनका वंशावलीय फॉर्मेट हमेशा की तरह यह दिखाता है कि जो सवाल पूछे जाते हैं, वे मिलनेवाले जवाबों पर गहरी छाया डालते हैं। मीराँ ने अगर बेटों को जन्म दिया होता तो शायद लोगों को और ज्यादा जानकारियाँ हासिल होतीं। कौन जाने? शायद यह केवल मिथक-पुराण नहीं है, लेकिन हम शैलीगत सीमाओं से बँधे हैं। इतिहाकारों की भी शैलियाँ हैं और यह केवल 'साहित्यिक' मामला नहीं है।

टैफ्ट यह मानकर चलती हैं कि हम कम-से-कम इन दो बातों को पक्का मान सकते हैं कि मीराँ मेड़ता से थीं और यह भी कि उनका विवाह मेवाड़ के शाही परिवार में हुआ था। इस बारे में इन दो स्थानों से जो स्थानीय जानकारी मिलती है, वह हमें बहुत पीछे के समय तक नहीं ले जाती है। मेवाड़ के बारे में टॉड का 1829 का मशहूर बयान है कि मीराँबाई का विवाह राणा कुम्भा से हुआ था। यह सबसे पुराना सन्दर्भ है जिसे तारीखबद्ध किया जा सकता है, बेशक इसकी सच्चाई पर भारी विवाद है। चित्तौड़ का विख्यात मीराँ मन्दिर इसमें मददगार नहीं है। यह सम्माननीय इमारत है लेकिन इसके वास्तु में मीराँ के नाम या उनकी कथा का कोई सूत्र नहीं मिलता। मेड़ता में जो पुराना लिखित दस्तावेज मिलता है, वह 19वीं सदी के अन्त में उभरता है—मुंशी देवी प्रसाद की कृति 'मीराँबाई का जीवनचरित्र' (1898) के रूप में। उदाहरण के लिए, वे पहले व्यक्ति हैं, जो मीराँ के विवाह का समय बताते हैं—1516। और भी समस्याएँ हैं। टैफ्ट बताती हैं कि एच.एस. भाटी इस तारीख के साक्ष्य के तौर पर जिस पुराने दस्तावेज ('मेड़तिया खाँप कुलसा') का उल्लेख करते हैं, उसमें यह वास्तव में दर्ज नहीं है।[7] जोधपुर के राजा अजीत सिंह (1707-24) के राज में जिस मेड़तिया वंशावली को नैणसी की कृति 'विगत' में परिशिष्ट के तौर पर जोड़ा गया है, वह ज्यादा विश्वसनीय हो सकती है।[8] उसमें उनका उल्लेख राव दूदा के पुत्र रतनसिंह के बारे में एक टिप्पणी में मिलता है। बताया जाता है कि राव दूदा

को कुड़की गाँव दिया गया था और उनको कोई पुत्र नहीं था बल्कि एक बेटी ही थी मीराँ, जिसकी शादी उन्होंने चित्तौड़ के राणा से की थी (रतनसिंहजी तिणां नै कुड़की दीवी सो कंवर तो हुवौ नहीं नै बाई मीराँ परम भगत हुई नै चीत्तोड़ रांणाजी नै परणाया)।

यह रेकॉर्ड बहुत देर से आया और संक्षिप्त तथा टुकड़ों-टुकड़ों में है, इसलिए हमें इतिहास/सन्तचरित के विभाजन में भक्तिवाले खाँचे में धकेल दिया जाता है ताकि टैफ्ट की इस मान्यता का समर्थन करनेवाले तथ्य मिल सकें कि मीराँ मेड़ता की थीं और उनका विवाह मेवाड़ में हुआ था। मुख्य साक्ष्य यह है कि नाभादास की 'भक्तमाल' पर 1712 में अपनी आलोचना 'भक्तिरसबोधिनी' लिखनेवाले प्रियादास के मुताबिक, मीराँ से विवाह करनेवाले और उन्हें जहर पिलाने की कोशिश करनेवाले व्यक्ति राणा थे। मेवाड़ का जिक्र स्पष्ट लगता है : और किसी प्रमुख वंशावली में राजाओं को इस तरह प्रस्तुत नहीं किया गया है। इसके अलावा वे कहते हैं कि वे मेड़ता की थीं। प्रियादास ने रविदास के बारे में जो कुछ कहा है, उसके चलते मेवाड़ से सम्बन्धित बातों पर और सन्देह उभरता है। प्रियादास ने कहा है कि रविदास को चित्तौड़ की एक अनाम झाली रानी ने संरक्षण दिया था।[9] सिसोदिया राजा झाला कुनबे से रानियाँ लाए थे, राणा साँगा की माँ एक झाली थीं। प्रियादास के मन में इस रानी का खयाल रहा होगा।[10] कहानी के दूसरे ब्यौरे इस या किसी दूसरी रानी की पहचान मीराँबाई के रूप में करते हैं। मुमकिन है कि रविदास के साथ मीराँबाई के कथित शिष्या वाले सम्बन्ध उस कविता को सिखों के 'गुरुग्रन्थ साहिब' के प्रारम्भिक संकलनों में शामिल करने को उचित ठहराते हैं जिसमें रविदास को प्रमुखता दी गई है।

यहाँ, प्रियादास की ओर से हमें मीराँ और मेवाड़ व मेड़ता के दरबारों के बीच के सम्बन्ध का साक्ष्य मिलता है। लेकिन जैसाकि झाली के रूपांकन बताते हैं, यह साक्ष्य धुँधला-सा है और यह हमें केवल 18वीं सदी के प्रारम्भ तक ले जाता है। करीब 1600 में लिखते हुए नाभादास हमें इनमें से कोई विशेष बात नहीं बताते।[11] उनसे हमें केवल इतनी जानकारी मिलती है कि जब मीराँ ने 'कुल-शृंखला' को तोड़ दिया, तब कुछ बुरे तत्त्वों ('दुष्टनि') ने इसे अनुचित माना और उन्हें जहर देने की कोशिश की। यह कहानी बेशक जानी-पहचानी है और प्रियादास के विवरण से मेल खाती है लेकिन ऐसी मजबूरी नहीं है कि हम यह मान लें कि यह प्रसंग मेवाड़ के दरबार में हुआ था। जब प्रियादास राणा को पापकर्म का जिम्मेदार बताते हैं, तभी यह सम्बन्ध साधारण-सा लगता है। प्रियादास किसी का नाम नहीं लेते।[12]

इस कहानी का दिलचस्प परिशिष्ट पंजाब के सन्तचरित संकलन 'प्रेम अम्बोध' से मिलता है, जिसके लिए हमारे पास 1783 (वि.सं. 1840) की एक पांडुलिपि है। अमृतसर के खालसा कॉलेज में संगृहीत यह पांडुलिपि वास्तव में 1693 (वि.सं. 1750)

की नकल है। 'भक्तिरसबोधिनी' की तरह 'प्रेम अम्बोध' में हम मीराँ को राणा के विरोध में पाते हैं हालाँकि यह मीराँ 'पंजाबी' शैली में भक्ति-भावना से सराबोर हैं। कई अंश ऐसे हैं जिनमें मीराँ की पारदर्शी आन्तरिक आध्यात्मिकता को, जो गिरधर पर केन्द्रित है, सांसारिक बाह्याडम्बरों का सामना करना पड़ता है।[13]

लेकिन हमारी दृष्टि में ज्यादा दिलचस्प कथानक वह है जिसकी पृष्ठभूमि में यह आन्तरिक/बाह्य द्वंद्व अन्ततः उभरता है। यहाँ राणा, जो कि संसार की ओर से मुख्य पात्र है, खुद उनके पिता के तौर पर सामने आता है, न कि उनका कोई ससुरालवाला। राणा न तो उनका ससुर है, न भोजराज हैं और न उनका कुटिल भाई विक्रमाजित है। यह उस संवाद से स्पष्ट होता है, जिसमें राजा मीराँ को अपनी पुत्री कहकर सम्बोधित करते हैं और उन्हें तथा उनकी पत्नी को उनके पिता-माता के तौर पर पहचाना जाता है। इसके अलावा, इस बात का कोई उल्लेख नहीं है कि मीराँ का कभी विवाह हुआ था। इसलिए हमारे पास वह कहानी है जिसमें मीराँ तथा मेवाड़ के बीच का सम्बन्ध जन्म से बताया गया है। मीराँ की भक्तिन करमाबाई के संक्षिप्त परिचय में, जो कि मीराँ के परिचय के बाद आता है, साफ कहा गया है कि मीराँबाई उदयपुर में रहती थीं, जिसकी स्थापना 1559 में हुई और इसके बाद यह मेवाड़ की राजधानी बन गई।[14]

अगर यह अनजाना लगता है, तो कहानी के दूसरे पहलू अनजाने नहीं लगेंगे। राणा कुछ साधुओं के साथ मीराँ के सम्बन्ध को लेकर तो मीराँ से क्रुद्ध था ही, बन्द कमरे में उस व्यक्ति से, जिसे वह उनका प्रेमी मान बैठा था, मीराँ की गुप्त बातचीत से भी बुरी तरह क्रुद्ध था और उसने उन्हें दो बार जहर देने की कोशिश की। वह सफल न हो पाया, तो तलवार लेकर आधी रात में मीराँ के पास पहुँच गया। इस बार उसकी तलवार का सामना कृष्ण के सुदर्शन चक्र से होता है, जिसे कृष्ण अपनी एक उँगली पर नचाते रहते हैं और मीराँ का भजन भी सुनते रहते हैं। हैरान राणा वहाँ से भाग जाता है। रात में लम्बी यातना से गुजरने के बाद राणा को प्रकाश दीखता है और कहानी का सुखद अन्त हो जाता है। सांसारिक मूल्यों का उत्क्रमण करते हुए राजा और उनकी पत्नी मीराँबाई के पास जाते हैं और उनके भक्त बन जाते हैं।

अब पुत्री भाऊ हमारी नाही
तू हरि सेवक हरि ही आही।[15]

मीराँ की कथा के इस संस्करण में मुझे खास तौर पर रहस्यमय लगता है पीढ़ी का मामला। मुझे हमेशा लगता रहा है कि राणा को मीराँ के पति के बजाय उनका ससुर समझना प्रियादास के लिए काफी स्वाभाविक था। 'प्रेम अम्बोध' इस बात की पुष्टि करती है कि कथा को इस तरह समझनेवाला एकमात्र मैं ही नहीं हूँ। मीराँ के बारे में हरिराम व्यास का जो दृष्टिकोण है, वह भी पति-पत्नी की जगह पिता-पुत्री

वाले सम्बन्ध के पहलू पर जोर देता है। उनके शब्द हैं : 'मीराँवाई विनु को भक्तनि पिता जानि उर लावै (मीराँबाई के चले जाने के बाद भक्तों को उस तरह गले कौन लगाएगा जिस तरह एक पुत्री अपने पिता को गले लगाती है) ?'[16]

हाइदी पाउवेल्स इस पंक्ति की व्याख्या उन पुरुषों से मीराँ के सम्पर्क में किसी अनुचित, कामुक तत्त्व की अनुपस्थिति के तौर पर करती हैं, जो कृष्णभक्त पुरुषों के उनके 'परिवार' का बड़ा हिस्सा है। यह व्याख्या ठीक हो सकती है। लेकिन 'भक्तिरसबोधिनी' और 'प्रेम अम्बोध' में पिता-पुत्री का जो आयाम उभरता है, उसके मद्देनजर मुझे लगता है कि कहीं यह मकसद तब तक ज्यादा व्यापक और जटिल सन्दर्भबिन्दु न बन गया हो जब व्यास ने मीराँबाई के निधन का शोक मनाते हुए इसे अपना बीजमंत्र बना लिया था। और यह कब हुआ था ? सम्बन्धित पद के लिए पांडुलिपि का सबसे पुराना सत्यापन 1737 ई. में हुआ, लेकिन उपलब्ध पांडुलिपियों के पाठों के अभिसरण, पंथगत उद्देश्यों की खातिर संशोधन के अभाव, और सामग्री के आधार पर पाउवेल्स प्रशंसनीय ढंग से कहते हैं कि इसे सम्भवतः खुद हरिराम व्यास के पास पाया जा सकता है। यह हमें 16वीं सदी या उसके कुछ बाद के काल में ले जाता है। एक पुत्री के तौर पर मीराँ के परिचय से जब हम आगे बढ़ते हैं तब ध्यान देनेवाली बात यह होगी कि इस मूल भाव को प्रधानता देने का अर्थ होगा 19वीं सदी के अन्त में मीराँबाई की कथा को आकार देनेवाली इतिहास केन्द्रित प्रेरणा से दूरी बनाकर चलना। भोजराज-मीराँबाई सम्बन्ध को 'नैणसी री ख्यात' में जिस तरह से रेखांकित किया गया है, उससे इस कथा को 19वीं सदी के अन्त में ही सचेत रूप से जोड़ा गया था। सौभाग्य से कथा का अन्त सुखद है, वरना परिवार में वधूहत्या तो आधुनिक दौर को प्रतिबिम्बित करती।

यह तो मीराँ की कथा के मेवाड़ वाले पक्ष की बात हुई। जहाँ तक मेड़ता वाले पक्ष की बात है, मैं मामले को पाउवेल्स पर छोड़ता हूँ जिन्होंने राठौड़ वंश की मेड़तिया शाखा से मीराँ के जुड़ाव से सम्बन्धित साक्ष्य पर विचार किया है।[17] यहाँ यह कहना पर्याप्त है कि साक्ष्य की तलाश के लिए जरूरी है कि भक्तिवाले सूत्रों का अहम उपयोग किया जाए और उन्हें जोधपुर तथा आगरा में लिखे गए शाही वंशक्रम के मद्देनजर देखा जाए।

अन्त में, भक्ति-धारा के 17वीं सदी के एक दस्तावेज का उल्लेख जरूरी है, जो मीराँबाई पर अलग तरह का प्रकाश डालता है। यह न तो मेड़ता पर केन्द्रित है और न मेवाड़ पर। यह दस्तावेज है 'चौरासी वैष्णवों की वार्ता', जिसे संकलित करने का श्रेय वल्लभाचार्य के पौत्र गोकुलनाथ को दिया जाता है। पंथगत परम्परा गोकुलनाथ को 1551-1640 (या कभी-कभी 1647 ई.) का बताती है। 'चौरासी वैष्णवों की वार्ता' की सबसे पुरानी प्रचलित प्रति की तारीख भी 1640 बताई जाती है, जोकि कांकरौली में सरस्वती भंडार के अभिलेखागार में जमा पांडुलिपि की पुष्पिका में दर्ज

है।[18] यह तारीख गोकुलनाथ के निधन की भी तारीख मानी जाती है। पांडुलिपियाँ तारीखों के बारे में आम तौर पर जो अतिरिक्त सूचनाएँ देती हैं, उनके बिना यह तारीख बताई गई है। पांडुलिपि में हरिराय (पंथगत परम्परा के मुताबिक 1590-1715 ई.) की टिप्पणी के अंश भी दिये गए हैं—इन तमाम कारणों से इसकी विश्वसनीयता पर सन्देह पैदा होता है। फिर भी हम यह मानकर चल सकते हैं कि हरिराय की टिप्पणी के साथ '...वार्ता' 1695 से प्रसार में थी, जबकि दूसरी दिनांकित पांडुलिपि सामने आई थी।[19]

'...वार्ता' ने मीराँबाई का जो वर्णन दिया है, उसमें सबसे दिलचस्प बात यह है कि उसका स्वर विरोधात्मक है। बताया जाता है कि इस सम्प्रदाय के प्रारम्भिक गठन में एक सबसे महत्त्वपूर्ण हस्ती कृष्णदास और मीराँ की मुलाकात गुजरात से ब्रज के रास्ते में पड़नेवाले उनके गाँव में हुई थी। कृष्णदास ने उन्हें उनके घर में विभिन्न प्रकार के धार्मिक व्यक्तियों (सन्त महंत अनेक स्वामी और मार्ग के) से घिरा हुआ पाया था। वे दान के लिए प्रतीक्षा कर रहे थे। इस दृश्य पर कृष्णदास ने प्रतिक्रिया की थी, जो दोनों जगहों पर एक-दूसरे के विपरीत है। मीराँ उन्हें प्रतीक्षा नहीं करवातीं बल्कि तुरन्त भेंट प्रस्तुत करती हैं। लेकिन कृष्णदास दान लेने से इसलिए मना कर देते हैं कि मीराँ वल्लभ की शिष्या नहीं हैं और संकर जाति की हैसियत वालों से घिरी थीं।[20] यह भी विडम्बनापूर्ण है क्योंकि '...वार्ता' के मुताबिक कृष्णदास खुद जन्म से शूद्र थे, लेकिन हमें समझना यह है कि वल्लभ के हाथों दीक्षा प्राप्त करने से सब कुछ बदल जाता है।

इस कथा की कलात्मकता उसके साहसपूर्ण व्युत्क्रम में है, और यह सवाल शायद ही उठता है कि इसे विश्वसनीय इतिहास माना जा सकता है या नहीं। '...वार्ता' में मीराँ के 'गाँव' और 'घर' का जो विवरण दिया गया है, वह दिलचस्प इसलिए है कि मीराँ की किंवदंती तो दरबार के जीवन और सड़क के जीवन में विरोध दर्शाती है लेकिन '...वार्ता' का विवरण इसका विपरीत उपस्थित करता है। ठीक-ठीक कहा जाए तो मीराँ की अपनी इतिहास-केन्द्रित परिस्थितियाँ उनके बारे में जितना बता सकती हैं, उसके मुकाबले यह विवरण 17वीं सदी के मध्य से लेकर अन्त तक की मीराँ के बारे में जरूर ज्यादा बताएगा। फिर भी, कथानक की सबसे दिलचस्प बात यह है कि यह कृष्णदास और मीराँ के बीच शत्रुता दर्शाती है।

क्रिस्टोफर चैपल ने प्रस्ताव किया है कि यह एक धर्मशास्त्रीय असहमति का परिणाम है, जिसका सम्बन्ध वल्लभ सम्प्रदाय द्वारा इस कथा के कथित स्वीकार से है कि मीराँ द्वारका में कृष्ण में समा कर इस संसार से विदा हो गई थीं।[21] शायद ऐसा हुआ हो, लेकिन कथा में इसका कोई संकेत नहीं है। बल्कि जो बात उभरकर सामने आती है, वह यह है कि मामला धन का था और प्रश्न यह था कि कृष्णदास ने चन्दा उगाहने के लिए गुजरात की जो यात्रा की थी, वह सफल हुई या नहीं। यह मानने

के पर्याप्त कारण हैं कि कृष्णदास ने ऐसी कई यात्राएँ की थीं, और यह कहानी यह दर्शाने के लिए थी कि उन्हें जो चन्दे मिले, वे 'साफ-सुथरे' थे, जो उस अनुष्ठान तथा धार्मिक दान के प्रतीक थे जो उनके दानकर्ता पहले ही कर चुके थे। कहानी बताती है कि कृष्णदास ने दीक्षा देनेवाले अपने गुरु की उच्च ब्राह्मण जाति तथा भक्ति सम्बन्धी पश्चात्तापों को प्रतिबिम्बित करते हुए हर किसी से दान नहीं स्वीकार किया। इस तरह की उच्च वित्तीय पवित्रता के बरअक्स मीराँबाई की हस्ती है, जिनके घर पर तमाम तरह के धर्मकीटों का जमावड़ा लगा रहता था। यहाँ वल्लभ के पुष्टिमार्ग की दृष्टि में दान का—दान जो कि दान की वस्तु का प्रतिबिम्ब होता है—जो धर्मशास्त्र प्रस्तुत किया जाता है, वह धार्मिक दान की अधिक साधारण और छिद्रान्वेषी दृष्टि के विपरीत है। लेकिन मीराँबाई को इस तरह की खुल्लमखुल्ला भक्ति के केन्द्र के तौर पर क्यों प्रस्तुत किया जाए?

तीन तरह की व्याख्या दिमाग में उभरती है। सबसे पहली तो यह कि वे एक महिला हैं। वल्लभ सम्प्रदाय और उपलब्ध रेकॉर्ड के मुताबिक अन्य समकालीन समूहों में शिष्यत्व के उत्तराधिकार को लेकर जो पितृसत्तात्मक संघर्ष होता है, उसमें वे नहीं टिक सकती थीं। '...वार्ता' के लेखक जिस संस्थात्मक तथा आनुष्ठानिक पवित्रता को उभारना चाहते थे, उसके बरअक्स यह छवि बिलकुल उलटी है कि लोग अपनी आध्यात्मिक तथा वित्तीय राहत के लिए किसी महिला के आगे एकत्रित हो रहे हैं।

दूसरे, यह सोचना आसान लगता है कि शाही वंशज के तौर पर मीराँ की छवि उन्हें धार्मिक उद्देश्यों की खातिर, न कि सम्प्रदाय की इच्छा के उद्देश्यों की खातिर, पुराने किस्म के वित्तीय समर्थन के एक मॉडल के रूप में प्रस्तुत करती है। यह समर्थन, जिसका जिक्र कृष्णदास की कथाओं में मिलता है, वणिक समुदायों में प्रचलित था और यह ज्यादा साफ-सुथरा और सैद्धान्तिक किस्म के दान जैसा था। यह उस व्यक्ति-परिचय से पता चलता है, जिसे एक स्वरूप देने की कोशिश की गई है। कृष्णदास की 'वार्ता' में मीराँ को जिस तरह चित्रित किया गया है, उसकी व्याख्या में इस बात का खयाल रखना होगा कि उन्हें महल में नहीं बल्कि एक मकान में रहते दिखाया गया है—उस मकान की महलोंवाली विशेषता को तो कम-से-कम नहीं ही रेखांकित किया गया है।

तीसरी, और हमारे लिए सबसे महत्त्वपूर्ण बात यह है कि इस प्रसंग को 17वीं सदी के मध्य से लेकर अन्त तक के काल में कहा गया है। यह बताता है कि उस समय तक मीराँ की कहानी कितने व्यापक रूप से विख्यात हो चुकी थी और यह ब्रज और गुजरात के मुगल केन्द्र के बीच भक्ति-प्रेरित यात्राओं से कितनी मजबूती से जुड़ी थी। मीराँ जिस तरह की भक्ति के पक्ष में थीं, वह खास कर पश्चिमी गुजरात में वल्लभ सम्प्रदाय के लिए वित्तीय समर्थन का था। इस स्थिति में, यह सम्प्रदाय अपना स्वतंत्र आर्थिक आधार सबसे अच्छी तरह तभी बना सकता था

जब वह अपनी 'माधुर्य भक्ति' के संस्करण को आनुष्ठानिक तथा वित्तीय रूप से सही बताकर प्रस्तुत करे और इसे उस 'भदेस' (वल्लभवादी दृष्टिकोण में विकृत) भक्ति के विपरीत के रूप में प्रस्तुत करे, जिससे मीराँबाई को जोड़ा जाता है।

वल्लभ के पुत्र विट्ठलनाथ ने पुष्टिमार्ग को जिस तरह संस्थात्मक रूप दिया है, उसमें उसकी आत्म-अवधारणा में इस मुक्तप्रवाही भक्ति को ऐसे अनुष्ठान के रूप में मोड़ दिया गया जिसका ध्यान गृहस्थी पर केन्द्रित था। सम्प्रदाय के हरेक मन्दिर—बाहर से वे ऐसे ही दिख सकते हैं—को वल्लभाचार्य के एक वंशज के घर में एक पूजास्थल के रूप में पुनःसंकल्पित किया गया, और अन्य सभी घरेलू मन्दिरों को खून के सम्बन्ध या दीक्षा के अनुष्ठान के आधार पर तर्कपूर्ण ठहराया जा सकता है। ये दीक्षा अनुष्ठान ऐसे हैं जो दूसरे अनुयायियों को इन वंशावलियों से जोड़ते हैं। अपनी वंशावली को खारिज करने की मीराँ की कहानी इस दृष्टिकोण के विपरीत है, ठीक उसी तरह जिस तरह ऐसे सुझाव विपरीत हैं कि धर्म की ऐसी धारा सिद्धान्तहीन, श्लथ और भावना का खुला प्रदर्शन करनेवाली भक्ति को जन्म दे सकती है। चूँकि वल्लभ सम्प्रदाय इस तरह की भावनाओं का पर्याप्त तथा बेहद केन्द्रीकृत ढंग से लाभ उठाना चाहता था इसलिए मीराँबाई का व्यक्तित्व सटीक बहाना प्रस्तुत करता था। अलबत्ता, यह इतिहास वाली मीराँ के बारे में कुछ नहीं या लगभग कुछ नहीं बताता है, लेकिन यह इस बारे में काफी कुछ बता सकता है कि 17वीं सदी के मध्य तक उन्हें किस दृष्टि से देखा जाने लगा था। आश्चर्य नहीं कि मीराँबाई के बारे में प्रियादास ने जो कुछ लिखा है, उससे उभरनेवाले मुख्य विचारों को इनकी वल्लभवादी नकल का आधार मुहैया करानेवाला माना जा सकता है। '...वार्ता' की नकल यह संकेत देती है कि वे 1712 से दशकों पहले से ज्ञात थे, जब प्रियादास ने उन्हें दोहों में बाँधा था।[22]

मीराँ की आत्मचेतना : दो रास्ते

एक बार फिर इस विवादित तथा कठिन क्षेत्र से गुजरते हुए मेरा मकसद यह दावा करना नहीं है कि मीराँबाई का अस्तित्व था ही नहीं। अगर हम कानून के शब्दों की शल्यक्रिया करें, तो मैं इस मामले में संशयवादी हूँ। बल्कि मेरा कहना यह है कि अगर हम अपने ज्ञान के स्रोतों पर इस ऊँचे मकसद से गहरी दृष्टि डालें कि उन स्रोतों को कब या कैसे दिनांकित किया जा सकता है, तो इससे यह धारणा बनती है कि मीराँबाई के बारे में सचमुच क्या महत्त्वपूर्ण है—उनकी स्मृति, न कि उनकी ऐतिहासिकता। लेकिन उस स्मृति की एक सबसे दिलचस्प विशेषता है उसकी ऐतिहासिकता की आनुषंगिकता की विशेष दिशा—अभिग्रहण, अवधारणा और प्रस्तुतीकरण के इतिहास के रूप में उसका इतिहास।

इसलिए मेरा मानना है कि वास्तव में सार्थक मीराँबाई को हम प्रदर्शित तथा काव्यात्मक भक्ति उपक्रम में अधिक पा सकते हैं, जब उन्हें याद किया जाता है। वास्तविक मीराँ को शाही वंशावलियों में कम ही पाया जा सकता है, जहाँ उनके अस्तित्व को आपको ढूँढ़कर निकालना पड़ेगा। नैणसी ने हमें एक वाक्य दिया, लेकिन जब तक वे यह वाक्य हमें दे पाते, तब तक हमारे पास भक्ति के दो सम्पूर्ण चित्र उपलब्ध हो चुके थे—एक, 'प्रेम अम्बोध' में (जिसमें रविदास पर विचार करते हुए मीराँ को भी शामिल किया गया है) और दूसरा, 'भक्तिरसबोधिनी' में। इसके ऊपर हमारे पास मीराँ के बारे में नाभादास का पुराना विवरण है और उनके समकालीन मगर उनसे कुछ वरिष्ठ अनन्तदास द्वारा किया गया जिक्र है, जो मीराँ का नाम त्रिलोचन के साथ लेते हैं और कहते हैं कि दोनों ही हरि से गहरे जुड़े थे (त्रिलोचन अरु मीराँबाई तिनकी हरि सौं बहुत सगाई)। दिलचस्प बात यह है कि इससे ठीक पहले के दोहे में अनन्तदास चौहान भुवन नाम भक्त का परिचय देते हुए चित्तौड़ का उल्लेख करते हैं लेकिन त्रिलोचन और मीराँ पर बात करने से पहले वे माधवदास जगन्नाथी का उल्लेख करते हैं। और यह दिखाने के लिए कुछ भी नहीं है कि अनन्तदास मीराँ को मेवाड़ या मेड़ता के शाही वंश से जोड़ते हैं।[23]

अन्तत:, हरिराम व्यास मीराँ का दो बार उल्लेख करते हैं, और सम्भव है कि यह नाभादास और अनन्तदास के द्वारा उनके उल्लेख से पहले की बात हो! 16वीं सदी के मध्य में वृंदावन में लिखते हुए व्यास ने अफसोस जाहिर किया कि वे जिन भक्तों तथा साधुओं को अपने 'पूर्ण परिवार' (सावु कुटमु हमारौ) का सदस्य मानते थे, उनके साथ मीराँ भी वहाँ से गुजर चुकी थीं।[24] यह परम्परा, स्मृति का यह कोश वास्तव में महत्त्वपूर्ण है।

लेकिन भक्ति वाले पक्ष में भी एक पेंच है, एक आन्तरिक बाड़। यह बाड़ 'मीराँबाई : एक विषय' और 'मीराँबाई : एक व्यक्ति' के बीच की है। अब तक हम इस बाड़ के 'लक्ष्य' वाले पक्ष पर काम करते रहे हैं। हम यह विचार करते रहे हैं कि मीराँ के बारे में क्या कुछ कहा जाता रहा है, न कि इस पर कि खुद उन्होंने क्या कुछ कहा है। और जब हम इस तरह के कथन पर विचार करते हैं और दिनांकन के अपने सख्त मानक लागू करते हैं तब जो चुप्पी हासिल होती है, वह असहनीय होती है। उनके काल के भक्ति कवियों से, जिन्हें नाभादास और हरिराम व्यास तथा 'प्रेम अम्बोध' उनका समकालीन बताते हैं, तुलना करने पर प्रारम्भिक दिनांकित पांडुलिपियों में मीराँबाई के नाम से दर्ज कविताओं का कोई सुराग नहीं मिलता। हमारे सूत्र बताते हैं कि मीराँ एक व्यक्ति से कहीं अधिक एक ध्यान देने योग्य विषय के रूप में उभरकर सामने आती हैं।

इन कुछ प्रारम्भिक झाँकियों में किस तरह की व्यक्तिपरकता झलकती है? अगर हम उन कविताओं के बड़े कोश को इकट्ठा करें जिनके बारे में हम जानते हैं कि

उन्हें 19वीं सदी से मीराँ की आवाज में गाया जाता रहा है और यह स्वीकार कर लें कि वे हमें उस मीराँ के बारे में बहुत ज्यादा नहीं बता सकतीं, तो हमारे सामने किस तरह का व्यक्तित्व उभरता है? किस तरह के मनोभाव उभरते हैं?

इस प्रश्न का उत्तर देने के लिए हमें पांडुलिपियों की ओर लौटना होगा और तब हमें रास्ते पर बड़ा दोराहा मिलता है। जैसाकि मैं बता चुका हूँ, सामान्य राह मीराँबाई तक पहुँचने की बहुत धुँधली पगडंडी उजागर करती है। फिलहाल विद्वानों ने 25 से भी कम ऐसी कविताओं की खोज की है जिन पर मीराँ के हस्ताक्षर हैं और जो 17वीं सदी की दिनांकित पांडुलिपियों में दर्ज हैं या जिन्हें परोक्ष माध्यमों के आधार पर उस सदी का बताया जा सकता है।[25] इनमें से ज्यादातर 16 कविताएँ ('गुरुग्रन्थ साहिब' में दर्ज एक कविता की प्रतिलिपि को छोड़कर) अहमदाबाद में गुजराती विद्या सभा में जमा 17वीं सदी के मध्य की पांडुलिपियों में कथित रूप से पाई जाती हैं। प्रभात और विद्या सभा के रोस्टर में उनकी तारीखें 1638, 1644, 1656 ई. (वि.सं. 1695, 1701, 1713) के रूप में दर्ज हैं, लेकिन सितंबर, 2003 में जब मैं इस पुस्तकालय में गया, तब तीनों पांडुलिपियाँ या तो गायब थीं या अज्ञात जगह पर रखी थीं।[26] सौभाग्य से प्रभात ने 1656 की पांडुलिपि में दर्ज मीराँ की एक कविता का चित्र प्रकाशित किया है इसलिए इसे उन चार कविताओं में शामिल किया जा सकता है, जिन्हें उत्तर भारत के विभिन्न भागों में संगृहीत पांडुलिपियों में पक्के तौर पर पाया गया है।[27] सूरदास या दूसरे प्रभावशाली निर्गुण कवियों का जो कुछ हमारे पास है, उसके मुकाबले यह संख्या आश्चर्यजनक रूप से छोटी है। और इनमें भी केवल एक केवल वह कविता ही, जो उस पांडुलिपि में दर्ज है जिसे बाद में 'गुरुग्रन्थ साहिब' के रूप में जाना गया, हमें उस सदी तक निर्विवाद तौर पर पहुँचाती है जिसे मीराँ की सदी माना जाता था क्योंकि यह कविता उस पांडुलिपि 'कर्तारपुर पोथी' में पाई जाती है जिस पर 1604 की तारीख दर्ज है। हाइदी पाउवेल्स ने नाभादास की 'भक्तमाल' में जिस कविता को खोज निकाला है, उसकी भी वकालत की जा सकती है। इन कविताओं के बाद, जिनकी कुल संख्या छह है, सिलसिला खत्म हो जाता है।

इस धुँधले रास्ते पर, जो झरे हुए पत्तों के नीचे कहीं-कहीं दबा पड़ा दिखता है, हमें उल्लेखनीय रूप से एक अलग रास्ता नजर आता है। दावा किया गया है कि ऐसी एक पांडुलिपि है जो इन टुकड़ों से करीब दो दशक से पहले की है और मीराँबाई पर ही केन्द्रित है, जिसमें उनकी 69 कविताएँ दर्ज हैं। बताया जाता है कि इस पांडुलिपि की पुष्पिका इसे गुजरात के डाकोर में रणछोड़जी के प्रसिद्ध मन्दिर में रखी हुई बताती है। इसे वि.सं. 1642 (1585 ई.) बताया जाता है। कितनी आश्चर्यजनक बात है! यह तो पगडंडी नहीं, हाइवे है। यह चमत्कारी है मगर अफसोस कि असम्भाव्य है!

यह दावा बहुत हाल का, 1949 का है कि मीराँबाई को डाकोर में लिखी गई 16वीं सदी की पांडुलिपि में पाया जा सकता है। 1949 में प्रकाशित पुस्तक 'मीराँ स्मृति ग्रन्थ' में कलकत्ता विश्वविद्यालय के हिन्दी विभाग के विभागाध्यक्ष ललित प्रसाद सुकुल ने कहा है कि डाकोर के गोवर्धनदास भट्ट ने उन्हें 1585 की वह पांडुलिपि दिखाई थी। भट्ट के पूर्वज द्वारकाधीश मन्दिर के प्रमुख अधिकारी थे।[28] इसका मतलब शायद द्वारका का विख्यात द्वारकाधीश मन्दिर है, लेकिन पॉल आर्ने ने ठीक ही कहा है कि इसी नाम का विख्यात मन्दिर मथुरा में भी है और वह उल्लेख शायद डाकोर में रणछोड़जी के मन्दिर का है।[29] यह जान पाना मुश्किल है कि सुकुल ने जब अपनी खोज प्रकाशित की थी, उससे पहले उस पांडुलिपि के बारे में कितने लोगों ने सुना होगा, क्योंकि उनकी खोज के सन्दर्भ और सामग्री को लेकर सन्देह है।

सन्दर्भ उल्लेखनीय है, क्योंकि बताया जाता है कि पांडुलिपि को वल्लभ सम्प्रदाय ने संरक्षित किया था। यह सम्प्रदाय रणछोड़जी मन्दिर का स्वामी है और यह सम्प्रदाय ऐसा है जिसके दस्तावेजों में मीराँ की भारी उपेक्षा की जा चुकी है।[30] जहाँ तक सामग्री की बात है, सन्देह कई दिशाओं से उभरते हैं। सबसे पहले तो, इस डाकोर पांडुलिपि में जिन कविताओं के होने का दावा किया जाता है, वे 20वीं सदी में मीराँ के 'सबसे लोकप्रिय' गीतों से काफी मिलती-जुलती हैं, लेकिन वे उन कविताओं से उतने मेल नहीं खातीं जो हमारे पास उपलब्ध उन पांडुलिपियों में दर्ज हैं जिन पर विश्वसनीय तारीखें डाली हुई हैं। दूसरे, भाषायी और वर्तनी सम्बन्धी गम्भीर समस्याएँ हैं—प्रथमाक्षर 'ण', स्वर 'ड' और 'स' की जगह 'श' का बार-बार प्रयोग बताता है कि ये कविताएँ शायद सुकुल के वर्तमान मारवाड़ी बंगाल से आई हैं, न कि पश्चिम के उनके मारवाड़ी पूर्वजों के यहाँ से।[31] तीसरे, एक लेखक द्वारा लिखित ऐसी कोई और पांडुलिपि नहीं है जो इस काल की है, और अगर कोई है तो दूसरी भी ऐसी पांडुलिपियों के समूह हैं जिनकी वे हैं। वाइनन्द कैलेवेर्त इस स्थिति को साफ-सुथरे आसमान में बिजली चमकना बताते हैं।[32] अन्ततः, मानो यह काफी न हो, डाकोर पांडुलिपि और उसकी प्रतिलिपि 1670 में कथित तौर पर काशी में तैयार की गई, और फिर दोनों ही लापता हो गईं।[33]

पांडुलिपिक तथ्य के दावे के तौर पर यह सब काफी सन्देहास्पद लगता है। और यह कथा तो और भी सन्देहास्पद लगती है कि पांडुलिपि भट्ट के परिवार के संग्रह में कैसे पहुँच गई। सुकुल के मुताबिक, भट्ट ने उनसे कहा कि उनके पास जो प्रति है, उसे मीराँ की एक सेविका, सहेली और लिपिकार ललिता के पास की प्रति से नकल करके तैयार किया गया था। ललिता का उल्लेख मीराँ के सन्तचरित के लिखित संस्करणों में बहुत बाद में मिलता है। ललिता ने इसे डाकोर में तब छोड़ दिया था जब मीराँ के करीबी भक्त वृंदावन के लिए रवाना हो गए थे।[34] दूसरे शब्दों में, इस पांडुलिपि के अभिग्रहण की कहानी खुद मीराँबाई से प्रत्यक्ष सम्बन्ध जोड़ने

का दावा करती है मानो यह अन्दाजा लगाया जा रहा है कि कोई पांडुलिपि से सम्बन्धित गतिविधियों के सूत्रों की खोज करेगा। यह मीराँबाई के साहित्यिक व्यक्तित्व का पटाक्षेप करता है और इसके सिवाय जो खुलापन होता, उसकी भरपाई करता है—पांडुलिपि की यात्रा मानो जंगल में जाकर खो जाती है।

आश्चर्य नहीं कि यह कहानी ठीक उसी समय सामने आती है जब इसकी अपेक्षा की जाती थी। इसलिए यह अपने तईं विचित्र लग सकती है। लेकिन व्यापक पृष्ठभूमि के साथ यह तर्कपूर्ण लग सकती है। इसी दौरान मीराँ को उन साक्ष्य नियमों के अन्तर्गत इतिहास की हस्ती और सन्त बनाया जा रहा था, जो नियम यूरोपीय-भारतीय मानकों को पूरा करते हैं। डाकोर पांडुलिपि की खोज को स्वतंत्रता के बाद तब प्रकाशित किया गया जब हिन्दी को राष्ट्रभाषा बनाने की कोशिश चल रही थी और एक ऐसी मजबूत तथा धर्मवैधानिक सत्ता की जरूरत थी—क्लासिक रचनाकारों, सम्माननीय तारीखों आदि की, जो इसे पहले हासिल नहीं थीं। डाकोर पांडुलिपि इन जरूरतों को अच्छी तरह पूरा करती थी। और शायद यह एक संयोग ही है कि इसकी जानकारी नव-विभाजित बंगाल के कलकत्ता में तब लगी जब अयोध्या की बाबरी मस्जिद में रामलला की मूर्ति प्रकट हुई थी। यह भी बाद में एक 'धोखाधड़ी' साबित हुई, जिसका इकरार किया गया था। दिलचस्प बात यह है कि इस पांडुलिपि को आगे बढ़ानेवाले ललित प्रसाद सुकुल हिन्दी शिक्षण की एक बड़ी संस्था में थे। जब उन्होंने डाकोर पांडुलिपि को प्रकाशित किया, तब वे गम्भीर शैक्षिक परम्परा के अंग होने का दावा कर रहे थे। उन्होंने बताया कि गोवर्धन प्रसाद भट्ट उन्हें कह चुके थे कि वे 20वीं सदी के प्रारम्भिक दशक में पांडुलिपि को काशी नागरी प्रचारिणी सभा के प्रकाशन कार्यक्रम के सूत्रधार श्यामसुन्दर दास को भी दिखा चुके थे।[35] वैसे, हिन्दी या हिन्दू धर्मसिद्धान्त को आगे बढ़ानेवाला कोई महत्त्वपूर्ण इंजन कभी रहा नहीं।

डाकोर-नागरी प्रचारिणी सभा के बीच सम्बन्ध अगर सचमुच बनाया गया, तो निश्चित ही इसका अनुमान नागरी प्रचारिणी सभा की 'खोज रिपोर्टों' में नहीं लगाया गया था। इन रिपोर्टों ने पूरे उत्तर भारत में स्थानीय भाषाओं की पांडुलिपियों की खोज में सभा की सफलताओं का उल्लेख किया है। इसके अलावा, इस बात को समझ पाना काफी कठिन है कि सुकुल 17वीं तथा 18वीं सदी की दिनांकित 16 अन्य पांडुलिपियाँ विभिन्न स्थानों से खोज पाने में कैसे सफल हो गए जबकि दूसरे शोधकर्ता कुछ नहीं खोज पाए। क्या यह महज एक संयोग है कि सुकुल शहरों के नाम बताने के अलावा कुछ नहीं बताते?[36] और सुकुल भट्ट के हवाले से जिस रिपोर्ट का उल्लेख करते हैं, उसमें 'खराब मुसलमान, अच्छा मुसलमान' जैसे सन्देहास्पद स्वर भी हैं : एक अनाम मुस्लिम शासक ने रणछोड़ मन्दिर को ध्वस्त कर दिया और पांडुलिपि को कब्जे में कर लिया, तो दूसरे ने उसके स्वर्णजटित आवरण को हटाकर उसे लौटा दिया।[37]

यानी पूरी डाकोर कथा बीसवीं सदी के हिन्दी/हिन्दू राष्ट्रवाद के सांस्कृतिक इतिहास में पूरी तरह फिट बैठती है, जबकि यह मीराँबाई और उनके समकालीन कवियों से सम्बन्धित इतिहास की पांडुलिपि के रूप में जो कुछ ज्ञात है, उसमें फिट नहीं बैठती। अगर श्यामसुन्दर दास और रामचन्द्र शुक्ल ने डाकोर पांडुलिपि की वास्तव में कभी जाँच की होगी, जैसाकि सुकुल बताते हैं, तो आश्चर्य नहीं कि उन्होंने इसे ईशोपदेश के रूप में प्रकाशित करने, इस पर नागरी प्रचारिणी सभा का ठप्पा लगाने में हिचक गए। या हो सकता है कि, जैसाकि सुकुल ने दावा किया है, उन्होंने इसे प्रकाशित करने का मन बनाया हो लेकिन ऐसा नहीं कर पाए।[38]

मीराँबाई की बताई जानेवाली कविता की प्रारम्भिक पांडुलिपियों को लेकर अपनी स्थिति के बारे में मैंने दोराहे की उपमा का प्रयोग किया है। जैसाकि आप देख सकते हैं, मेरा खयाल है कि इस तसवीर को ठीक करने की जरूरत है। ऐसा नहीं है कि दो रास्ते जंगल में जाकर एक-दूसरे से अलग हो गए हैं, बल्कि किसी ने जंगल में जमीन कब्जा करके उसमें से हाइवे निकालने की कोशिश की है। इसलिए मुझे लगता है कि इस मामले के लिए दूसरी उपमा की जरूरत है। हम जंगल को छोड़कर कुछ अधिक व्यावसायिक किस्म के विकल्प को चुन लें। आइसक्रीम कोन कैसा रहेगा? मेरे विचार से असली कोन, न कि केक कप जिसे आप समतल सतह पर रख सकें। सबसे निचले भाग में (जहाँ कुछ भी सन्तुलन में नहीं रह पाता) हमारे पास मीराँ की बताई गई कविताएँ हैं जिन्हें 17वीं सदी की दिनांकित पांडुलिपियों में पाया जा सकता है, कोन के एकदम आखिरी बिन्दु पर एक या दो कविताएँ हो सकती हैं। इसके ऊपर कोन है जो मोटा होता जाता है। 19वीं सदी में यह काफी चौड़ा हो जाता है, जो मौखिक परम्परा के कारण जमा होते-होते काफी सन्तुलित हो जाता है। लेकिन मौखिकता—पाठ की अदृश्यता—के कारण यह जान पाना लगभग असम्भव हो जाता है कि कोन का निचला हिस्सा कितना भरा हुआ है।

अन्तत: कोन के शिखर पर किसी ने मधुर, आकर्षक मीराँबाई का (जिन्हें हम जानते हैं और बहुत प्यार करते हैं), 'प्रामाणिक' मीराँ का (जिन्हें सामने लाने का दावा डाकोर पांडुलिपि करती है) सुपरिभाषित अंश रख दिया है। इस 'प्रामाणिक' शब्द का प्रयोग उस दूसरी पुस्तक की सामग्री के लिए किया जाता है जिसमें डाकोर पांडुलिपि को प्रकाशित किया गया है। यह पुस्तक सुकुल के छात्र भगवानदास तिवारी की है जिसका शीर्षक है 'मीराँ की प्रामाणिक पदावली' (इलाहाबाद, 1974)। इसके लेखक का दावा है कि इस पुस्तक की सामग्री उसी तरह 'स्वाभाविक' है जिस तरह प्रारम्भिक क्लासरूम संस्करणों, मसलन 1932 में उसी शहर में प्रकाशित परशुराम चतुर्वेदी का हिन्दी साहित्य सम्मेलन संस्करण 'स्वाभाविक' नहीं है। लेकिन यह 'स्वाभाविक' क्या है? मेरा खयाल है कि आपको इसके तत्त्वों को जाँचना होगा, और मेरा खयाल है कि ये तत्त्व जैविक नहीं निकलेंगे।

प्रारम्भिक कविताएँ

जो जगह बच गई है, उसमें आपसे अपेक्षा यह है कि आप देखें कि कोन के तल में क्या बचा हुआ है। हम उन पाँच कविताओं पर विचार करेंगे, जो 17वीं सदी या उससे पहले की पांडुलिपियों से स्पष्ट रूप से उभरी हैं और जिन्हें मीराँबाई की बताया गया है। उस काल की और उस दौर में काफी पहले की छठी कविता को भी प्रस्तुत किया जाएगा, जिसकी खोज हाल ही में हाइदी पाउवेल्स ने की है।

इनमें से पहली कविता विद्वत्जनों के बीच खासी जानी-पहचानी है। इस पर नैन्सी मार्टिन ने अपनी पुस्तक 'मीराँबाई' में प्रमुखता से विचार किया है। 1990 में वाइनन्द कैलेवेर्त ने जो निबन्ध लिखा था, उसमें भी इस पर मुख्य रूप से विचार किया गया था। यही नहीं, इस पुस्तक के अध्याय पाँच के निबन्ध 'लालसा की काया' का प्रारम्भबिन्दु भी यही कविता है।[39] हमारे पास इस कविता की तीन प्रारम्भिक पांडुलिपियाँ हैं, जिनमें से दो वह कविता संकलन है जिसे बाद में 'गुरुग्रन्थ साहिब' कहा गया। एक पांडुलिपि तो कर्तारपुर पांडुलिपि (1604) है और दूसरी तथाकथित बन्नो पाठ (1642) है। दोनों में काफी समानता है। उनमें फर्क केवल वर्तनी का है और इस बात का कि पाठ के एक स्थान पर स्त्रीलिंग 'री' का प्रयोग किया गया है या नहीं। तीसरा पाठ 'ढोला मारू' को समर्पित पांडुलिपि में पाया जा सकता है, जिस पर 1644 (वि.सं. 1701) दर्ज है और यह अहमदाबाद में गुजरात विद्या सभा में संरक्षित है।[40]

यहाँ मैं कर्तारपुर मूल और अंग्रेजी में उसके तीन अनुवादों को प्रस्तुत कर रहा हूँ ताकि इस कविता को अलग-अलग कोणों से देखा जा सके। मूल के लिए मैं गुरिंदर सिंह मान का आभारी हूँ कि उन्होंने पांडुलिपियों की खोज की और उसका टेपांकन उपलब्ध कराया। वे 'द मेकिंग ऑफ सिख स्क्रिप्चर'[41] में बताते हैं कि इस कविता को सिखों ने किस तरह स्वीकार किया। तीन अनुवादों में एक एम.ए. मकाउलिफ का, एक नैन्सी मार्टिन का, और एक मेरा है[42] :

मनु हमारो बांधिऊ माइी कवल नैन आपने गुन
तीखण तीर बेधि सरीर दुरि गयो री माइी
लागिउ तब जानिउ नही अब न सहिउ जाइी री माइी
तंत मंत अऊखद करऊ तऊ पीर न जाडी
है कौऊ ऊपकार करै कठिन दरदु माइी
निकट हऊ तुम दुरि नहि बेगि मिलहु आइी
मीराँ गिरधर सुआमी देआल तन की तपत बुझाइी री माइी
कवल नैन आपने गुन अपने गुन बांधिऊ माइी।

मकाउलिफ द्वारा किया गया अनुवाद :

God hath entwined my soul, O mother,
With His attributes, and I have sung of them.
The sharp arrow of His love hath pierced my body through and through, O mother.
When it struck me I did not know it; now it cannot be endured, O mother.
Though I use charms, incantations, and drugs, the pain will not depart.
Is there anyone who will treat me? Intense is the agony, O mother.
Thou, O God, art near; Thou art not distant; come quickly to meet me.
Saith Mîrâ, the Lord, the mountain-wielder, who is compassionate, hath quenched the fire of my body, O mother.
The lotus-eyed hath entwined *my soul* with the twine of his attributes.

मार्टिन द्वारा किया गया अनुवाद :

My body is bound tight, Mother
in the ropes of the lotus-eyed One.
The sharp arrow pierced me
clear through, Mother.
When it hit, I didn't know it;
now I can not bear the pain.

I've tried spells, incantations, drugs—
even so, the pain won't go.
Can't anyone bring relief?
Such agony, Mother!

You are near, not far;
Come running now to meet me.
Mira's Mountain-Bearer, the compassionate Lord,
has quenched her body's burning.

My heart is held fast, Mother,
in the bonds of the Lotus-eyed One.

हौली द्वारा किया गया अनुवाद :

He's bound my heart with the powers he owns, Mother—
he with the lotus eyes.

Arrows like spears: this body is pierced,
and Mother, he's gone far away.
When did it happen, Mother? I don't know
but now it is too much to bear.
Talismans, spells, medicines—
I've tried, but the pain won't go.
Is there someone who can bring relief?
Mother, the hurt is cruel.
Here I am, near, and you're not far:
Hurry to me, to meet.
Mira's Mountain-Lifter Lord, have mercy,
cool this body's fire!
Lotus-eyes, with the powers you own, Mother,
with those powers you've bound.

इस कविता से एक तरह की अनिश्चितता का भाव प्रकट होता है, जो इसे सुखद बनाता है। यह थोड़ी-सी तन्द्रा में डालता है। एक पल को लगता है कि पात्र इसमें अपनी सहेली या अगर शब्दश: देखें तो माँ को सम्बोधित कर रही है, उसके बाद कृष्ण को। एक पल को वह उसकी अनुपस्थिति की बात कर रही है, अगले पल उसे करीब पा रही है। और 'बन्धन'? यह लोहे की कड़ी है या एक पट्टी है? यह है क्या? और यह 'गुन' क्या है? यह रस्सी की ऐंठन है या कृष्ण के गुणों—उन्हें जो वे हैं, वह बनानेवाले गुणों—की ओर इशारा है? नैन्सी मार्टिन ने पहला अर्थ लेकर अनुवाद किया, मैंने दूसरा अर्थ लेकर अनुवाद किया। एक शताब्दी पहले इसका अनुवाद करनेवाले मकाउलिफ हम दोनों के मुकाबले ज्यादा होशियार थे। उन्होंने दोनों अर्थों को लिया। क्रिया 'बांधिऊ' को 'गुँथा हुआ' के अर्थ में लिया और संज्ञा 'गुन' को 'गुण' के अर्थ में।

अगर किसी कविता को मीराँबाई के लिए धर्मवैधानिक बताया जा सकता है, तो वह यही कविता हो सकती है। लेकिन इस बात पर सिर्फ मैंने ही गौर नहीं किया है कि यह मुद्रित संस्करणों में ज्यादा नहीं पाई जाती है, या कि यह डाकोर पांडुलिपि में नहीं है।[43] मेरा खयाल है कि हाल में इसे विद्वत्‌जनों के बीच जिस तरह ज्यादा उछाला गया है, वह इन सबको बदल डालने की कोशिश का हिस्सा है। लेकिन यह शायद तभी होगा जब बॉलिवुड इसे अपना ले। कर्तारपुर कविता के प्रति विद्वानों का

रुझान अगर रक्षात्मक पहल लगती है तो कल्पना कीजिए कि अगर मैं विशेष ध्यान आकर्षित करने के लिए दूसरी कविताओं को प्रस्तुत करूँगा तो 'वास्तविक संसार' में यह कितना रहस्यमय लगेगा!

इनमें से पहली कविता 'कर्तारपुर' कविता जितनी ही पुरानी है और इसे खोज निकालने का श्रेय हाइदी पाउवेल्स की महत्त्वपूर्ण कृति को जाता है। इसका पाठ 18वीं सदी के मध्य की नागरीदास की कृति 'पद प्रसंग माला' में दर्ज है। इसमें यह नारायणदास नामक भक्त के विवरण के रूप में है। नागरीदास के मुताबिक, नारायणदास एक ख्यात नर्तक थे। ऐसा लगता है कि कोई नवाब उनका नृत्य देखना चाहता था और उन्होंने उसके लिए मीराँ की एक कविता पर नृत्य किया, जिसका उल्लेख नागरीदास करते हैं। जाहिर है कि यह हमें 18वीं सदी में ले जाता है और जैसाकि पाउवेल्स कहते हैं, इसके बावजूद पांडुलिपि को लेकर कुछ प्रश्नों के समाधान होने बाकी हैं। लेकिन रहस्यपूर्ण बात यह है कि केवल नागरीदास ही ऐसे सन्तचरित लेखक नहीं हैं, जिन्होंने इस पद का उल्लेख किया है। नाभादास ने इसे काफी पहले अपनी कृति 'भक्तमाल' में उद्धृत किया है, जिसे 17वीं सदी के प्रथम 25 वर्षों के भीतर ही लिखा गया होगा। एक बार फिर सन्दर्भ नारायणदास की कथा का है लेकिन इस बार कविता के केवल एक पद को उद्धृत किया गया है—'मदनमोहन रंग रातो'। जब हमारे पास नागरीदास का बाद का पाठ उपलब्ध होता है तभी जाकर हम जान पाते हैं कि यह वास्तव में मीराँबाई की कविता है, या कम-से-कम ऐसा उनका मानना है।[44]

संशयवादी लोग कह सकते हैं कि किसी-किसी पद को कई कवियों की रचना बता दिया जाता है, और यह काफी सच भी है। नृत्यांगना के रूप में मीराँ की अपनी ख्याति के कारण 18वीं सदी तक कई कविताएँ उनके कोश में शामिल कर ली गई होंगी। नाभादास को मीराँ के बारे में निश्चित ही जानकारी रही थी। उन्होंने उनके जीवन के बारे में लिखा, तो फिर उन्होंने इस कविता के साथ उनके सम्बन्ध के बारे में कुछ क्यों नहीं लिखा? शायद इसलिए कि उनकी शैली काफी संक्षिप्त लेखन वाली (टेलीग्राफिक) थी? जो भी कारण रहा हो, उसके स्वागत का क्रम ऐसा है कि 'मनु हमारो बांधिऊ' के अलावा इस कविता को मीराँ की एकमात्र ऐसी कविता माना जा सकता है, जो मीराँ की अपनी 16वीं सदी में ही प्रसिद्ध हो गई थी।

इस कविता को पढ़ते ही ध्यान देनेवाली बात यह लगती है कि अपनी समकालीन 'कर्तारपुर' कविता के साथ यह कविता भी कृष्ण और काम (मदन) के बीच के सम्बन्ध को बताती है, हालाँकि 'कर्तारपुर' कविता में प्रेम के तीर का उल्लेख तो किया गया है मगर तीर चलानेवाले का नाम नहीं लिया गया है। यहाँ कृष्ण को 'मोहन' कहा गया है, जो काम की पुस्तक से एक अध्याय ले लेता है—काम के पाँच तीरों में से एक का नाम मोहन है। यही नहीं, 'कर्तारपुर' ग्रन्थ में शामिल कविता

की तरह यह कविता भी प्रेम की बन्धनकारी शक्ति पर जोर देती है। इसलिए यह संयोग की बात है कि 16वीं सदी में मीराँबाई से जुड़े कोश की यही दो कविताएँ बची हुई हैं। उनके बीच का आपसी सम्बन्ध उल्लेखनीय है। या ऐसा तो नहीं है कि मीराँ की कविता में जो अलंकारिकता थी, वही उस काल में सबसे ज्यादा ख्यात थी? यहाँ पाउवेल्स द्वारा सम्पादित नागरीदास का पाठ और उसके बाद उसका अनुवाद प्रस्तुत है जिसे मैंने किया है :

साचौ प्रीति ही को नातौ
कै जानैं वृषभान नंदिनी   कै मदनमोहन रंग रातौ
यहैं संखला अति बलवंती   बांध्यो प्रेम गज मातौ
मीराँ के प्रभु गिरधर नागर   कुंज महल बस्रा तौ

अहमदाबाद के गुजरात विद्या सभा पुस्तकालय से मिली अन्य कविताएँ इन दो कविताओं से कुछ बाद की हैं लेकिन हमें उन पर भी ध्यान देना होगा। सी.एल. प्रभात ने मीराँबाई की 17 कविताओं के बारे में बताया है, जो 17वीं सदी की पांडुलिपियों में पाई गई थीं। जैसाकि हम देख चुके हैं, इनमें से एक तो 'कर्तारपुर' पद से मिलती-जुलती है। दुर्भाग्य से, बाकी में से केवल एक कविता आज उपलब्ध है, जिसकी फोटो उन्होंने अपनी पुस्तक 'मीराँ : जीवन और काव्य' में प्रकाशित की है। बाकी कविताएँ फिलहाल विद्या सभा के अभिलेखागार में पता नहीं क्यों उपलब्ध नहीं हैं? प्रभात द्वारा प्रकाशित कविता नीचे प्रस्तुत है। इसके भाव और इसकी भाषा का सम्बन्ध इससे पहले मिली 'कर्तारपुर' कविता के भाव-भाषा से है—प्रेम का ज्वर और बेधन जिसके चलते यह भाव-भाषा उपजी।[45]

भाय री शाएबा पकनी जर जे   हरों समें आसा करी
अब ता आंने जरी प्रीत जाई   बीध नालजा संजोग री
जो मेरो एक लोक जाएगो   हरी परलोक न जांए री
नंदनंद कु कबहु न छारु   मीलूगी नीशान बजाए री
तनं मनं धनं यौवन पे वारू   श्री वल्लभ भेज मुरार री
मीराँ प्रभु गीरधर के उपर   शरबस होऊगी वार री।

विद्या सभा के पांडुलिपि संग्रह में मीराँ की दूसरी कविताएँ भी पाई जा सकती हैं लेकिन उनमें सबसे पुरानी जो है, वह एक सदी बाद 1769 (वि.सं. 1826) की है। इन कविताओं की पांडुलिपि, विद्या सभा के गुजराती/हिन्दी/मराठी संग्रह की संकलन संख्या 683 में इनमें से केवल दो कविताएँ हैं। इनके साथ कबीर के नाम से ज्ञात एक पद में रहस्यमय ढंग से मीराँबाई का भी उल्लेख है। मीराँ की कविताएँ नीचे प्रस्तुत हैं, जिनका उल्लेख जरूरी है ताकि उस मीराँबाई

की कविताओं का स्वाद मिल सके जिन्हें उत्तर भारत के इस भाग में 18वीं सदी के शुरू से जाना जाता है :

सुणह यानी ध्यांन अरजी — रांम तारो तो तोरी मरजी
मात पीता कुटंब सुतहारा — सब मतलब के गरजी
भव सागर मां वही जातहु — बांहें पकडस्यो मोये हरज़ी
मीराँ के प्रभु गीरधर नागर — मोहे मंह भाग्यण सरजी

नही रे वीसारु हरी अंतर मांथी — नही रे वीसारू हरी
इत गोकुल उत मथुरां नगरी — बीच मा जमुना बही
जल जमुना जल भर पाने गांतां — श्रीर पर गगरी धरी
राणी रे राधाजी नां मोहोल तजी ने — कुबजा सु प्रीत्यो करी
व्रंदा रे वन मां गौशन चारी — मुख पर मोरली धरी
मीराँबाई के हे प्रभु गीरधर नागर — हरी चरण कमल चीत धरी।

मेरा मानना है कि इन कविताओं के साथ हम 18वीं सदी में पहुँच गए हैं। हम और पूरब की तरफ, आज के राजस्थान के जयपुर और जोधपुर की तरफ बढ़कर 17वीं सदी में वापस जाएँ। जयपुर का संजय शर्मा संग्रहालय एक पांडुलिपि (प्राप्ति सं. 938/939/8) प्रस्तुत करता है, जो उन पांडुलिपियों की हमारी सूची में दर्ज होने की पात्रता रखती है जिनमें मीराँबाई की वे कविताएँ शामिल हैं जिन पर 17वीं सदी में प्रस्तुति दी गई थी। इसका सूचीपत्र इसे वि.सं. 1742 (1685 ई) की बताता है और हमें कहता है कि इसमें मीराँ की एक कविता शामिल है जिस पर उनका हस्ताक्षर है। यही नहीं, सूचीपत्र यह भी बताता है कि इस कविता संकलन को मेड़ता में तैयार किया गया था। मीराँ को वहाँ प्रतिनिधित्व मिलता है तो इससे ज्यादा तार्किक बात क्या होगी?[46]

दुर्भाग्य से, यह सब इतना आसान नहीं है। मेड़ता के बारे में सूचना पुष्पिका में नहीं बल्कि कहीं और दर्ज है। हालाँकि पुष्पिका में तारीख स्पष्ट है लेकिन यह केवल उस भाग का उल्लेख करता है जिसमें नन्ददास की 'विरहमंजरी' शामिल की गई है। सम्भवत: यह इससे पहले की हर चीज पर लागू होगा। लेकिन मीराँबाई की कविता पुष्पिका के बाद आती है, इसके पहले नहीं। और भी बुरी बात यह है कि यह दूसरे हाथ से लिखी गई है इसलिए इसकी तारीख अस्पष्ट है। ऐसा निश्चित ही हो सकता है कि इसे बाद में जोड़ा गया हो, खास कर तब जब पांडुलिपि को मेड़ता में कहीं और स्थानांतरित किया गया था। हम इस कविता को 17वीं सदी वाली आकर्षक सूची में नहीं शामिल कर सकते लेकिन चूँकि यह किसी तरह उसके करीब की लगती है इसलिए इसे उद्धृत किया जाना चाहिए :

काती गोपी आयो हे सषी लीला रास विलास
ब्रज नारी विहबल फिरैं
आज सषी मेरैं अंग ऊमाहों चौक चंदन गौंह लीए
कर मै अवला रंग राती हरषि हरि मीली
नव रंग नारी चीर चोषी पहरि कंठि मुक्तावली
दासे मीराँ मीले माधो काती कृष्ण र मोरली[47]

जोधपुर में एक अलग परिस्थिति उभरती है। वहाँ भी हमारा सामना 'स्फुटपदः' के नाम की एक पांडुलिपि से होता है, जो राजस्थान प्राच्यविद्या प्रतिष्ठान में संगृहीत है। लेकिन इस मामले में यह सन्देह करने का कोई कारण नहीं लगता कि इसमें मीराँबाई की जो तीन कविताएँ दर्ज हैं, वे 17वीं सदी की हैं। इस पांडुलिपि की प्राप्ति संख्या राजस्थानी/हिन्दी संकलन में 30346 है और संस्थान के अधिकारी ने इसे वि.सं. 1713-14 (1656-57 ई.) का बताया है। वाइनांद कैलेवेर्त और मैंने, दोनों ने संस्थान के सूचीपत्र में इसे दर्ज पाया लेकिन नैन्सी मार्टिन ने इस पांडुलिपि पर ज्यादा समय लगाया और पता लगाया कि इसकी 50-51 नम्बर की जिल्दों में मीराँ की एक नहीं बल्कि दो कविताएँ हैं और जिल्द 43 में एक अतिरिक्त कविता भी है।[48]

हालाँकि कैलेवेर्त ने ठीक ही कहा है, खोज की इस धीमी प्रक्रिया का संकेत यह है कि अगर 17वीं सदी के इस तरह के संकलनों को व्यवस्थित तरीके से खँगाला जाए तो मीराँबाई की मानी जानेवाली और भी कविताएँ सामने आएँगी।[49] लेकिन हम देख चुके हैं कि यह समझ पाना हमेशा आसान नहीं होता कि हम कहाँ खड़े हैं। चूँकि इस तरह की पांडुलिपियाँ अक्सर संयोजित होती हैं और चूँकि वे बड़ी तथा ज्यादा सुव्यवस्थित पांडुलिपियों की तुलना में प्रायः बदतर हाल में संरक्षित होती हैं इसलिए उनकी तारीख को लेकर समस्या उठती है। वैसे, इस मामले में यह बात लागू नहीं है। संस्थान के सूची प्रबन्धकों ने पूरे विश्वास के साथ तारीख वि.सं. 1713-14 बताई है। इसके लिए उनका आधार यह तथ्य था कि जिस पांडुलिपि में मीराँ की कविताएँ शामिल थीं, उनका उपयोग बाद में वित्तीय लेन-देन—शपथपत्र—को दर्ज करने के लिए किया गया। ये तारीखें बताई हुई हैं—वि.सं. 1713 और 1714—और इसके तुरन्त बाद वे संकलन को रखती हैं और आश्चर्य नहीं कि यह दूसरी हस्तलिपि में है। इसलिए वे 'अन्तिम निष्कर्ष' का काम करती हैं।[50]

इस जोधपुर पांडुलिपि में जो पहली कविता है, वह 'राग मारू' से, दूसरी कविता 'राग देवगांधार' से जुड़ी है और तीसरी—कंठ को खोलनेवाले विषय के कारण—किसी राग से नहीं जुड़ी है। मैं इतना ही कह सकता हूँ कि इनमें से पहली कविता उन संकलनों में शामिल होने में सफल रही है जिन्हें बाद में मानक माना जाता रहा है।[51] एक बार फिर मैं टेपांकन में मूल प्रतियों को प्रस्तुत करता

हूँ जिसमें शब्द की सीमाओं को प्रस्तुत किया गया है। इस सेट की पहली दो कविताएँ प्रस्तुत हैं :

जिल्द 43बी/44ए : राग मारू

नैना लोभी रे बहु री सके नही आय़
नीरषि सषी आगै आगै है ललची रहे ललचाई
हु ठाढ़ी सी अपनै द्वारै मोहन नीक से आय़:
सारंगे ओट दीयै कुल अंकुस बदन दीयो मुकलाय़ा
सासु नणद द्यौ रजी गनी: सबही रही समझाय़
चंचल चपल अटक नहि मांनत पर हथि रहे विकाय़
कोऊ भली कहौ कोऊ बुरि कहौ सलइ सब लइ सिस चढ़ाय़
मीराँ प्रभु गिरधर जु कि प्यारी ऊन विन रह्यौ न जाय़

जिल्द 50बी : राग देवगांधार

घुमारे नयन जैसे काम भरे भाय सुं
सुरत रस रसीले त्रीया कै रंग रंगीले मनमथ सज सुष ऊठे रंग भाय सुं
मुदीत ऊघरि जात सैन न कहत बात निस के जागे कछु चितवत भाय़ सुं
गीरधर अंग ढीले मन हु मंत्र न कीले: मीराँ प्रभु छाप दई त्रीया ऊर पाय़ सु

दिलचस्प बात यह है कि जोधपुर से मिली पहली दो कविताएँ विषयवस्तु के लिहाज से तीसरी से ज्यादा आपस में जुड़ी हैं बावजूद इस तथ्य के कि पांडुलिपि में पहली और दूसरी के बीच कई पन्नों का फासला है जबकि दूसरी और तीसरी एक के बाद एक दर्ज हैं। पहली दो कविताएँ 'नयनों' पर हैं और उस बड़े समूह के हिस्से के रूप में हैं जिसमें मीराँ के हस्ताक्षर कई दूसरे कवियों के साथ हैं। यह कविता 'राग मारू' में है और उस प्रतिकार को प्रतिध्वनित करती है जिसे नाभादास 'मीराँ की पहचान' बताते हैं। मीराँ का प्रतिकार उस परिवार के प्रति है जिसमें उनकी शादी हुई। इस परिवार की महिलाएँ उन पर पाबंदियाँ लगाती हैं, न कि पुरुष—जैसाकि मीराँ पर नाभादास की कविता में कहा गया है। लेकिन यह कोई असामान्य बात नहीं है, इसे हम दूसरी उन कई कविताओं में पाते हैं जो मीराँ के हस्ताक्षर से समाप्त होती हैं। गौर करने और खुश होने की बात कुल अंकुश के प्रति मीराँ का प्रतिकार है, जिसका पूरा श्रेय उन्हें जाता है। यह प्रतिकार उनकी आँखों के उनके प्रति प्रतिकार को भी प्रतिबिम्बित करता है : 'वे किसी के हाथों बिक चुकी हैं'। उसी तारीख की सूरदास के नाम की कविताओं में गोपी अपनी आँखों के इस विद्रोह पर खीझ जताती है, और इसका संकेत हमें शीर्षक में मिल जाता है और बाद में उनकी तीव्र बेचैनी के फॉर्मूलाबद्ध वर्णन (चंचल चपल) में भी मिलता है। फिर भी, मीराँ का सम्पूर्ण

विद्रोही व्यक्तित्व इस विषय पर हावी हो जाता है। जैसाकि अन्तिम से पहले वाली पंक्ति में स्पष्ट किया गया है, वे उनकी उद्धत्तता को साझा करती हैं और उनमें यह एक नैतिक मुद्रा बन जाती है, या जैसाकि वे कहती हैं, एक नैतिकता-मुक्त मुद्रा बन जाती है :

कोऊ भली कहौ कोऊ बुरि कहौ
सलइ सब लइ सिस चढ़ाय।

यह एक शारीरिक मुद्रा है, जो प्राप्त वस्तु को स्वीकार करने के लिए उसे माथे से लगाकर प्रकट की जाती है। लेकिन इसका परिणाम ठीक उलटा होता है। मीराँ का संकल्प उनकी पहचान है।

दूसरी कविता भी मीराँ की आँखों पर केन्द्रित है लेकिन अलग तरह से। आँखें एक बार फिर एकटक लगी हैं—रात भर वे जगी रहती हैं, बन्द नहीं होतीं लेकिन वे 'सुरत रस रसीले' से भीगी हैं, या तो घटना होने के बाद या उसकी उम्मीद में। यहाँ मकान की चारदीवारियों (दरवाजे) से या घर (ससुराल की महिलाओं) से कोई टकराव नहीं है, जिसका अपना महत्त्व है, बल्कि काम से ही मुकाबला है। स्मृति की ओर दिलचस्प संकेत है। 'सुरत' का अर्थ 'प्रेम करने' की बजाय 'याद करना' हो सकता है। काम की एक सामान्य पहचान 'स्मर' है हालाँकि यहाँ इस शब्द का प्रयोग नहीं किया गया है। इच्छा के इस दिवास्वप्न को अन्ततः इच्छा ही भंग करती है, जो काम नहीं बल्कि कृष्ण के रूप में प्रकट होती है। वे कविता के समापन तक पहुँचते-पहुँचते उसमें प्रवेश करते हैं—'मनमथ' का चोला छोड़ गिरधर के रूप में।

यह प्रभुप्रकाश—काम से कृष्ण में परिवर्तन—कविता के अन्तिम शब्दों में दर्ज है। पूरी कविता में लयपूर्ण पदों का अन्त 'भाय सुं' से होता है लेकिन अब उसका अन्त 'पाय सु' से होता है। दैवी पद के स्पर्श को निस्सन्देह भक्ति भाव के सन्दर्भ में ही रखा जा सकता है—उदाहरण के लिए, जब त्रिविक्रम विष्णु ने असुर बाली के ऊपर पाँव रख दिये थे—लेकिन इस सन्दर्भ में लैंगिकता वाले अर्थ को भी छोड़ा नहीं जा सकता है। कृष्ण के पाँव की जो छाप मीराँ के हृदय पर है या शब्दशः कहें तो उनके 'ऊर' पर है, वह इसके साथ ही कविता पर उनके नाम की भी छाप है, क्योंकि उस पद का उपयोग प्रायः उस हस्ताक्षर को पहचान देने के लिए किया जाता है जिससे पद के समापन का संकेत दिया जाता है।

इस सेट की तीसरी और हमारे 16वीं-17वीं सदी के सेट की अन्तिम कविता कुछ अर्थों में सबसे मनमोहक है। यह ऐसी कविता है जो उस प्रमुख व्यक्तित्व से कम-से-कम प्रभावित है, जो मीराँबाई से लम्बे समय से जुड़े रहे। दुर्भाग्य से यह ऐसी कविता है जिसके अपने अनुवाद को लेकर मैं सन्तुष्ट नहीं हूँ :

जिल्द 50बी/51ए (किसी राग पर आधारित नहीं)

नीसगत तमचर बोले
करत षंषार अंवाज़ जणावत — अंगना मधी अवोले
चतुर सषियन सुंमन की ही लगनी — सुदृढ बंधन कीत षोले
सरस बदन पर अलक बिथुरीया — अलि गावत मधु टोले
अंग अंग पर नई नई (नस) बंदसि — कहा दैहु ईन तोलै
मीराँ प्रभु गीरधर जु की राजनी — नील बस बबह मोले

शुरुआत बहुत अच्छी और आश्चर्यजनक रूप से स्पष्ट है। पहले काले, खतरनाक जीवों का उल्लेख है, जो केवल रातों में विचरण करते हैं। फिर हम उन्हें बोलते सुनते हैं; उनकी आधी आवाज मनुष्य की आवाज जैसी है और ऐसा लगता है कि कोई अपना गला खँखार रहा है। इसके बाद हमें लगता है कि ये भारी, फुसकती-सी आवाज, जिसमें शब्द अस्पष्ट हैं, मनुष्य की ही है। यह प्रेमी है, जो किसी तरह घर में घुस आया है और कह रहा है, 'अंगना मधी अवोले'; या इस पंक्ति को इस तरह पढ़ा जा सकता है कि प्रेमी आँगन में अपनी अबोल उपस्थिति जता रहा है, जो ज्यादा स्वाभाविक लगता है।

इसके बाद प्रतिक्रिया आती है, जो कि सबसे सामान्य तरीके से व्यक्त की गई है। ऐसी परिस्थिति में 'चतुर' स्त्रियाँ जो करती हैं, उसे 'सषियन' बताया गया है। वे अपने केश खोल देती हैं, जो बन्धन से मुक्त हो जाते हैं। ये बन्धन चमेली के फूलों के हो सकते हैं जो रात में अपनी खुशबू खो चुके हैं। इसलिए बन्धन खोलते ही उनकी कलियाँ बिखर जाती हैं। यहाँ अर्धमानुसी, निर्बाध प्रेम के आक्रमण के बाद हर तरफ कलियाँ बिखरी हैं। मधुमक्खियाँ शहद पर मँडरा रही हैं। लेकिन प्रेमियों के शरीरों पर खरोंचों के छोटे-छोटे निशान फैले हैं। कवि पूछता है : 'इस तरह की चीज को आप किस पैमाने से नापेंगे?'

अन्तिम पंक्ति में मीराँ के प्रभु या तो रात का हरण कर लेते हैं या स्वयं ही रात बन जाते हैं (जु की राजनी)। जो भी हो, हम अँधेरे के विषय पर आते हैं, जिससे कविता शुरू होती है लेकिन अब हम कृष्ण के श्याम रंग या उसके अर्थों की याद करते हैं। इसके बाद हम 'नील बस बबह मोले' पद सुनते हैं, और पूछते हैं : 'उस नियंत्रण का पैमाना क्या है?' मेरा खयाल है कि 'बबह' शायद बब्बा यानी चुंबन का ही एक पर्याय है। इसे कविता के अन्तिम शब्द के साथ रखें और तब हमें 'एक चुंबन पर वारी' का विचार मिलता है, उसी तरह, जैसे इस तरह की दूसरी कविताओं में किसी को 'एक मुस्कान पर वारी' बताया जा सकता है। या शायद ऐसा नहीं है बल्कि यह समाक्षर लोप का मामला है, एक गरमागरम व्यंजन के लुप्त होने जैसा मामला है। अगर यह सच है, तो हमें इसे 'नील बस सब बहु मोले' पढ़ना चाहिए।

तब ऐसा लगेगा कि यह बता रहा कि स्त्रियाँ (चतुर स्त्रियाँ) नीलकमल यानी कृष्ण की शक्ति के आगे किस तरह बेबस हो जाती हैं। लेकिन मैं तो खुलकर कहूँगा कि मैं चुम्बन वाली बात को नहीं छोड़ूँगा।

निष्कर्ष

हमने छह ऐसी कविताओं का पता लगाया है, जो उत्तर-पश्चिम भारत में 17वीं सदी या उससे पहले मीराँ के नाम पर प्रसारित हो रही थीं। यह कहना शायद ही उपयुक्त होगा कि वे 'वास्तविक मीराँ' का, या 'प्रारम्भिक मीराँ' का ही चित्र प्रस्तुत करती हैं। आखिर, उनकी संख्या इतनी कम है और हमें इस बात का भी अच्छी तरह पता है कि अहमदाबाद के गुजरात विद्या सभा पुस्तकालय में मीराँ के नाम से सम्भवत: 16 और कविताओं का गुप्त भंडार पड़ा है जिसे ढूँढ़ निकालना बाकी है। यह जान पाना असम्भव है कि इस भंडार से क्या निकलेगा, अगर कभी निकला तो। लेकिन एक बात पक्की है—उसमें दर्ज कविताएँ उस काल में मीराँ के नाम से मौखिक रूप से प्रसारित कविताओं के बारे में अधूरा चित्र ही पेश करेंगी। शायद यह पर्याप्त था। हम नाभादास के आभारी हैं कि हमें मालूम है कि उस समय तक मीराँबाई के बारे में भी कविताएँ आ गई थीं। इन्हें उनके नाम से ज्ञात कविताओं के इसी तरह के कोश से सहारा नहीं मिला होगा, यह कैसे सम्भव है?

फिर भी, इन तमाम सीमाओं के बावजूद, 16वीं-17वीं सदी की कविताओं के इस छोटे-से संकलन के आधार पर 'प्रारम्भिक मीराँबाई' के बारे में छवियाँ गढ़ने की कोशिश की जानी चाहिए। आखिर इनमें संगतता का तत्त्व है, और ये ठीक वैसी नहीं हैं जो मीराँबाई के आज के उस कहीं ज्यादा पर्याप्त कोश के अध्ययन से उभरती हैं, जिसे हम उनका मानते हैं।

सबसे पहली बात यह कि मीराँ 'के द्वारा' लिखी इन छह कविताओं और उनके 'बारे में' गाये जा रहे गीतों के बीच एक दूरी है। केवल 'राग मारू' वाली कविता 'कुल-शृंखला' के प्रतिकार का भाव व्यक्त करती है, जो कि काफी बाद की मीराँ की कविता का बीज-वक्तव्य है और यह नाभादास के द्वारा कहे गए उनके सन्तचरित का केन्द्रीय तत्त्व है। 'पारिवारिक जीवन के बन्धनों' का उल्लेख बाकी पाँच में से कई कविताओं में प्रकट होता है। लेकिन इनमें उस तरह का स्पष्ट आत्मकथात्मक आधार नहीं दिखता है जैसा, 'नैना लोभी रे' में दिखता है। मुझे यह महज संयोग नहीं लगता कि छह कविताओं में से केवल वही कविता है जो धर्म-सैद्धान्तिक मीराँबाई का एक मजबूत तथा ज्वलंत हिस्सा बन जाती है, जिसे आज स्कूलों में जाना और पढ़ाया जाता है। यह कई दूसरी कविताओं के साथ फिट हो जाती है—चाहे वह परशुराम चतुर्वेदी के संकलन जैसे 'सम्मानित' संकलन में दर्ज हो (जिसे कक्षाओं

में व्यापक तौर पर पढ़ाया जाता है) या उन कविताओं में शामिल हो जो प्रतिकार वाली मौखिक कविताओं के कोश का मजबूत आधार हैं और जिन्हें निचली मानी जानेवाली जाति के संगीतकार प्रस्तुत करते हैं तथा जिन पर पारिता मुक्ता ने अध्ययन किया है। लेकिन उनमें भी राणा कहीं नजर नहीं आते।

दूसरी बात यह कि जब हम इन छह प्रारम्भिक कविताओं को एक समूह के रूप में लेते हैं तब इस बात पर गौर न करना नामुमकिन है कि उनमें प्रेम पर जोर दिया गया है। यह एक रोग है, जलन है और इसे हमेशा कृष्ण से नहीं जोड़ा जाता। जब वे प्रकट होते हैं तो यह काम के साथ स्पष्ट सम्बन्ध के साथ होता है। बेशक वे टेक में हमेशा गिरधर के रूप में उपस्थित हैं। मीराँ के नाम के हिस्से के रूप में इसकी व्यापकता महत्त्वपूर्ण है (देखें : अध्याय 1)। लेकिन इन कविताओं में वे बस एक प्रेमी हैं, और कुछ नहीं।

हमने जिस अन्तिम कविता पर विचार किया है, उसमें प्रेमी की आकर्षक गुमनामी को मैं खास तौर से पसन्द करता हूँ। इस गुमनामी का संकेत शीर्षक पंक्ति 'नीसगत तमचर बोले' में किया गया है।

अन्त में, एक अलग सुर में मैं कहना चाहूँगा कि मेरे खयाल से ये कविताएँ निश्चयात्मक हैं। वे उतनी परिष्कृत नहीं हैं जितनी उस काल की सूरदास के नाम की कविताएँ हैं या जितनी कबीर के नाम की कुछ कविताएँ हैं। लेकिन मुझे तो ये अच्छी कविताएँ लगती हैं। ये आकर्षक, संगीतमय, प्रेरक हैं और कुल मिलाकर ये चतुर्वेदी के संकलन या सुकुल और तिवारी द्वारा प्रकाशित संकलन में मीराँ की औसत कविताओं के मुकाबले कुछ गूढ़ हैं।

इसलिए अन्त में यह कहकर फ्रांसिस टैफ्ट को आश्चर्य में डालना चाहूँगा कि मेरे खयाल से इन कविताओं को वास्तव में मेड़तिया रानी ने रचा होगा। मैं यह नहीं कह रहा कि वे रची गई थीं। आप समझ रहे होंगे। लेकिन मैं कह रहा हूँ कि मैं नहीं मानता कि यह असम्भव है। क्या रानियाँ बेहतर कविताएँ लिखती हैं? हम जानते हैं कि कहानियों में ऐसा होता ही है।

अध्याय-5

लालसा की काया

प्रेम एक व्याधि है। यह कभी भी किसी के लिए खबर बनकर नहीं आता। क्या यह वह चीज है, जो इस तरह का बयान देनेवाले कवि की भाषा से चूक जाती है? या क्या यह वह चीज है, जिसके कारण कोई किसी खास व्यक्ति की उपस्थिति में कभी व्याकुलता का अनुभव नहीं करता या खाना-पीना त्याग देने की विवशता महसूस नहीं करता? यह चीज धर्म के साहित्य में गरम मसाले की तरह यत्र-तत्र छिड़की हुई है। उदाहरण के लिए, 18वीं सदी के अमेरिकी संगीतकार विलियम बिलिंग्स को लें, जिन्होंने अपना पाठ तलाशने के लिए 'सांग ऑफ सांग्स' को अपनाया :

Stay me with flagons
Comfort me with apples
for I am sick of love. (*Song of Songs* 2.5, KJV)

मुझे जाम का सहारा दो
मुझे सेबों से खुश करो
क्योंकि मैं प्रेमरोगी हूँ।

बिलिंग्स ने इस पद को जिस तरह संगीतबद्ध किया है और जिस अंश में यह दर्ज है, वह कई कारणों से उल्लेखनीय है। उन्होंने इसे 'बेटों' और 'बेटियों' के बीच संवाद के रूप में ढाला है। लिखित पाठ में भाषा का वजन आसानी से उस दुलहन पर पड़ता है जिसे, 'सांग...' के मुताबिक, 'बारातघर में लाया गया है'। लेकिन जब नायिका दूल्हे का वर्णन करती है तब पुरुषों को गाने की टेक मिल जाती है। बिलिंग्स इस वजन को, आनन्द को साझा करते हैं। वे इस दोहे के साथ भी यही करते हैं, जिसे करने का अधिकार केवल दुलहन को है। 'मुझे जाम का सहारा दो', महिलाएँ बेसुध हो जाती हैं। पुरुष इसरार करते हैं : 'मुझे सेबों से खुश करो', मानो वे पके और बड़े फल का एक फाँक खाना चाहते हों! फिर दोनों आवाजें गाती हैं : 'क्योंकि मैं

प्रेमरोगी हूँ'। फिर बेसुध होने का संकेत मिलता है। लेकिन कुल मिलाकर आवाज ऊँची होती है और सकारात्मक शक्ति हासिल करती है। यहाँ निचले स्वर का कोई संकेत नहीं मिलता है। रूपक कथा के रूप में इजराएल और उसके प्रसंविदात्मक लॉर्ड (होजेया की बात पर गौर करें) के बीच गहरे अलगाव के क्षणों को बाइबल मान्य करती है लेकिन जब वह मंगेतर बनी इंतजार कर रही है, खास कर तब जब चर्च की खिड़की के बाहर पके हुए सेब पेड़ों की शाखाओं से लटक रहे हैं, तब कोई व्यवधान नहीं डालता।[1]

दैवी प्रेमासक्ति की कहानी हमेशा इस तरह नहीं कही जाती। जहाँ कृष्ण प्रायः हमेशा दूल्हे, आकर्षक प्रेमी के रूप में होते हैं, वहाँ भाव कुछ अलग ही होता है। यहाँ भी कवि-संगीतकार पुरुष ही होते हैं; उत्तर भारत में हिन्दुओं के 16वीं-17वीं सदी के महान रचनात्मक धार्मिक साहित्य में गीतों में कम-से-कम यही स्वर हावी है। लेकिन जब वे प्रेमासक्ति की बात करते हैं तब वे स्वयं को लगभग उस स्त्री के स्वर में ही प्रस्तुत करते हैं, जो कृष्ण की प्रतीक्षा कर रही है—प्रेमाचार के पहले या प्रेमाचार के बाद। यद्यपि हास्य तो प्रचुर मात्रा में है लेकिन लालसा और पश्चात्ताप का गहरा भाव भी है। यह पश्चात्ताप आख्यानात्मक वाक्य में प्रतिध्वनित है, क्योंकि अधिकतर संस्करणों के मुताबिक इस प्रेमकथा का अन्त सुखद नहीं है। कृष्ण जिन स्त्रियों को छोड़कर जाते हैं, उनके पास वापस नहीं लौटते। इसे धार्मिक भाव में लें या धर्मनिरपेक्ष भाव में (और उनमें बहुत अन्तर नहीं किया जा सकता है), लालसा का एक निश्चित रूप होता है : यह स्त्री रूप है। और व्याधि वाली यह उपमा हावी रहती है।

यहाँ कई प्रश्न उठाए जा सकते हैं। आदर्श प्रेमी, भगवान की छवि पुरुष की क्यों हो? और उसकी संगिनी, जिसकी सीमाएँ वही हैं जो इस आदर्श प्रेमी की हैं, स्त्री क्यों हो? 'पितृसत्ता' शब्द का प्रयोग करने के बाद भी आखिर इन चीजों को स्वयंसिद्ध कैसे माना जा सकता है? उदाहरण के लिए, भक्ति साहित्य के फलने-फूलने के प्रारम्भिक आधुनिक दौर में जिस क्षेत्र में कृष्ण को पूजा जाता था, उस क्षेत्र में इस्लामी मुगल दरबार का दबदबा था। वहाँ एकदम अलग तरह के मॉडल मिलते हैं, जिनमें बहुलता फारसी मूल के मॉडलों की थी। वहाँ दैवी रूप या तो सुन्दर स्त्री का है या किशोरवय बालक का। और दोनों उदाहरण पुरुष के हैं।

लेकिन दरबार के कुछ सदस्य दैवी/मानवी प्रेम के हिन्दू, विषमलिंगकामी रूप का आनन्द उठाते थे। और वहाँ कई प्रश्न बचे रह जाते हैं। आखिर प्रेम की व्याधि की पीड़ा स्त्रियाँ ही अधिक क्यों भोगें? और पुरुष साहित्यकार उसकी पीड़ा को अपने आनन्द और अपनी रचना का विषय क्यों बनाएँ? ऐसे प्रश्न बिलिंग्स और 'सांग ऑफ सांग्स' से भी पूछे जा सकते हैं लेकिन कृष्ण की आराधना की ये गहरी रूपरेखा बन जाती हैं।

स्त्री-भाव और लालसा का रूप

पुरुषों पर चर्चा हम बाद में करेंगे, पहले तो मीराँबाई की ओर ध्यान दें। उच्च्च राजपूत जाति की कवयित्री मीराँ पर ध्यान दें, जिनके बारे में माना जाता है कि वे बचपन से ही कृष्ण की दीवानी हो गई थीं, जिन्हें 16वीं सदी के उत्तर भारत के कृष्णभक्त कवियों के 'परिवार' की सबसे विख्यात कवयित्री माना जाता है। मीराँ विख्यात तो हैं लेकिन निर्विवाद रूप से यही कहा जा सकता है कि उनकी अपनी सदी की केवल एक ही ऐसी कविता अब तक बची हुई है, जिस पर उनका हस्ताक्षर है (और हस्ताक्षर भी कविता में ही मौखिक तौर पर दर्ज है)। जैसाकि हम अध्याय 4 में देख चुके हैं, इसे 'कर्तारपुर' पांडुलिपि में दर्ज करके संरक्षित किया गया, जिसे बाद में सिख 'गुरुग्रन्थ साहिब' कहा गया। यह पांडुलिपि 1604 की है। मुख्य पांडुलिपि जिस हस्तलिपि में है, मीराँ की कविता उससे अलग हस्तलिपि में है। इसलिए सम्भव है कि इसे कुछ वर्षों के बाद जोड़ा गया हो। जो भी हो, इसे 1642 से पहले का ही होना चाहिए, जब इसकी नकल 'गुरुग्रन्थ साहिब' के पाठ के हिस्से के तौर पर तैयार की गई थी—और बाद में धर्म-सैद्धान्तिक आधार पर इसे हटा दिया गया था।[2] यह कृष्ण को सम्बोधित प्रेम और लालसा की, यातना की कविता है—

मनु हमारो बांधिऊ माइी कवल नैन आपने गुन
तीखण तीर बेधि सरीर दुरि गयो री माइी
लागिउ तब जानिउ नही अब न सहिउ जाइी री माइी
तंत मंत अऊखद करऊ तऊ पीर न जाडी
है कौऊ ऊपकार करै कठिन दरदु माइी
निकट हऊ तुम दुरि नहि बेगि मिलहु आइी
मीराँ गिरधर सुआमी देआल तन की तपत बुझाइी री माइी
कवल नैन आपने गुन अपने गुन बांधिऊ माइी।

मीराँ के द्वारा रचित कई लोकप्रिय रचनाओं की तरह यह कविता भी सहायता के लिए अपेक्षाकृत सीधी गुहार है। काया स्त्री की है और प्रेम एक घाव है। ऐसा लगता है कि वक्ता अपनी सहेली से गुहार लगा रही है, क्योंकि वह उसे 'माइी' जैसे सामान्य और प्रचलित शब्द से सम्बोधित कर रही है। लेकिन उसके पूरे बयान से स्पष्ट होता जाता है कि गहराई से तो वह कृष्ण को ही गुहार लगा रही है। उसकी सहेली उसके पास है लेकिन उसे लगता है कि कृष्ण उससे 'बहुत दूर' नहीं हैं। वह उनसे ही मिलना चाहती है। अन्त में, जब वह प्रथम पंक्ति को प्रलाप की तरह दोहराती है तब ऐसा लगता है कि वह सहेली से ज्यादा कृष्ण को ही सम्बोधित कर रही है।

यह ठीक भी लगता है, क्योंकि कृष्ण ही हैं जो राहत पहुँचाने की स्थिति में हैं। उनके 'आपने गुन', उनकी आन्तरिक शक्ति के कारण यह स्त्री उनके प्रेम में दीवानी हुई है। या उपमा को अगर थोड़ा बदल दें, जैसाकि मीराँ करती हैं, तो कह सकते हैं कि प्रेम एक व्याधि है, अपने प्रेमी से वियोग की यातना है। घाव भी 'बांधिऊ' यानी लगाव का, बन्धन का ही एक परिणाम है। लेकिन विडम्बना यह है कि इस घाव को भी बाँधने की 'जरूरत' होती है। इसे मरहम-पट्टी की जरूरत होती है—यह कहते हुए भी हम 'बांधिऊ' के शाब्दिक अर्थ के दायरे में ही रहते हैं। यह ठीक भी है, क्योंकि प्रेमी का वापस लौटना ही इसका इलाज है। वह रोग का कारण भी है और रोग का उपचार तथा उपचारकर्ता भी।

बुनियादी स्तर पर, यहाँ लैंगिक वास्तविकताएँ एकदम स्पष्ट हैं। पुरुष चोट पहुँचाता है, चाहे उसे प्रेम का देवता कामदेव मानें या प्रेमी कृष्ण मानें। और चोट किसे लगती है? लैंगिकता को लेकर उलझन इस प्रश्न के साथ ही जुड़ी है, मसलन तब जब कृष्ण के नाम आर्त्त पुकार में उसकी सहेली का नाम प्रतिध्वनित होता रहता है। लेकिन मामला तब और जटिल हो जाता है जब इस तरह की उलझन सम्बोधित व्यक्ति से सम्बोधन करनेवाले व्यक्ति तक पहुँच जाती है।

इसे दर्शाने के लिए हम ऐसी ही एक कविता पर विचार करेंगे, जो कवि सूर या सूरदास की बताई जाती है (हस्ताक्षर की ही बदौलत)। मीराँबाई की तरह सूर भी 16वीं सदी के कवि हैं और ब्रजभाषा के कवियों में आदर्श कवि माने जाते हैं। मीराँ की कविता की तरह इस रचना को भी 16वीं सदी का बताया जा सकता है। यह 1582 की एक पांडुलिपि में पाई गई है। लेकिन मीराँ की कविता की तरह यह एकमात्र कविता नहीं है बल्कि सूर की बताई गई करीब 400 समकालीन कविताओं में शामिल है। इसमें करीब आधी कविताएँ प्रेम में डूबी स्त्री के संघर्षों और लालसाओं को चित्रित करती हैं।[3] यह विषय इतना स्पष्ट है कि इसे एक नाम दे दिया गया है : 'विरह'। विरह का अर्थ प्रेमियों के बीच की शारीरिक दूरी और उसके साथ जुड़ी भावनाएँ हो सकती हैं। और ज्यादातर में विरहिणी ही खुद को व्यक्त कर रही है—

अति रस लंपट मेरे नैन
त्रिपति न मानत पिवत कमल मुष सुंदरता मधु बैन
दिन अरु रैणि द्रिस्टि रचना रचि निमषु न राषे चैन
सोभा सिंधु समाइ कहां लौं ह्रिदै सांकरे ऐन
अब यह बिरह अजीरन ह्वै कै बमि लाग्यौ दुष दैन
सूर बैद ब्रजनाथ मधुपुरी काहि पठाउं लैन[4]

कुछ अर्थों में, मीराँ की कविता के बाद से कुछ बदला नहीं है। स्वर अभी भी स्त्री का ही है और उसमें पात्र पुरुष ही है हालाँकि अब यह ज्यादा स्पष्ट है कि स्त्री

कृष्ण को नहीं बल्कि अपनी सहेली को या शायद खुद को ही सम्बोधित कर रही है। एक बार फिर हम कृष्ण में कमल को देखते हैं लेकिन इस बार केवल उनकी आँखें नहीं बल्कि पूरा मुख ही कमल है। एक बार फिर दृष्टि पर 'बिरह अजीरन' हावी है और इस बार वियोग का विशेष आख्यान है—कृष्ण मथुरा प्रस्थान कर गए हैं और गोपियों को विरह में डूबे रहने के लिए ब्रज के गाँवों में छोड़ गए हैं। एक बार फिर उनका वियोग व्याधि—आँसुओं की उल्टी—का कारण बन गया है और एक बार फिर, व्याधि का कारण ही उसका उपचारक है। इन दोनों की पहचान तब खास तौर से तर्कसंगत लगती है जब यह विचार किया जाता है कि कृष्ण आयुर्वेद के वैद्य हैं। उनकी उपचार-पद्धति व्याधि के तत्त्वों से ही उसका उपचार करती है।

तो फिर हस्ताक्षर का क्या? इस तथ्य का क्या कि यह गीत गानेवाला खुद को पुरुष बताता है—क्या पुरुष स्त्री के स्वर में बोल रहा है? क्या इससे कविता में कोई अन्तर पड़ता है? स्वर में अदला-बदली जैसी हुई है तो इसका क्या अर्थ है, और इस तरह कविताओं में क्या ऐसा होता ही है? फिर हमारा पुराना प्रश्न भी है। स्पष्ट तथ्य के बावजूद यहाँ प्रेम के रोग की प्रशंसा की जा रही है, उसका महिमामंडन किया जा रहा है, उसका अनुकरण किया जा रहा है। जिस साहित्य में स्त्री शरीर की सामान्य अवस्था को एक ऐसा रोग माना जाता है, जो पुरुष की अनुपस्थिति के कारण पैदा होता है, उस साहित्य को किस तरह लिया जाए?

स्त्री-देह और रुग्णता की देह

पुरानी सदियों और जिस अवधि पर हम विचार कर रहे हैं, उस अवधि के उत्तर भारतीय सौंदर्यशास्त्रियों से प्राप्त सामग्री प्रेम के रूपों तथा चरणों का सम्पूर्ण वर्गीकरण प्रस्तुत करती है। नायक को तो अपना हक मिल जाता है, नायिका की स्थितियाँ और उसके भाव इन सिद्धान्तकारों को आकर्षित करते रहे हैं जिसका परिणाम यह हुआ है कि एक समय तो प्रेमिकाओं के 384 तक भेद बताए गए थे।[5] मुद्दे की बात करें तो, उस दौरान प्रभावशाली स्वतंत्र पाठ उभरे, मसलन भानुदत्त की 'रसमंजरी' (15वीं सदी?) और कृपाराम की 'हिततरंगनी' (1541)। दोनों पूरी तरह नायिका केन्द्रित थे। रूप गोस्वामी की 16वीं सदी की 'उज्ज्वल नीलमणि' जैसी कृति में इन वर्गीकरणों को कृष्णलीलाओं से जोड़ दिया गया है। और केशवदास की क्लासिक 'रसिकप्रिया' (1591) में कृष्ण और राधा नायक-नायिका बन जाते हैं और राधा के मनोभावों को भारी प्रधानता दी जाती है।[6]

जैसाकि इस संक्षिप्त विवरण से स्पष्ट है, यह अतिशयोक्ति होगी कि भारतीय लोग उस कविता को पसन्द करते हैं, चाहे वह धार्मिक हो या धर्म-निरपेक्ष, जो पुरुष के लिए स्त्री की लालसा पर जोर देती है। उदाहरण के लिए, एक प्यारी-सी कविता

में सूरदास सखि का सहारा लेते हैं, जो राधा को अपनी नाराजगी छोड़कर कृष्ण के पास लौट जाने के लिए समझाती है। यहाँ कृशकाय राधा नहीं बल्कि कृष्ण हैं :

जब तै श्रवन सुन्यौ तेरौ नाम
जब तै हा राधा राधा हरि इहै जु मंत्र जपत दुरि दाम
रहत निकुंज निसि कालिंद्री तट सुह्रद सषा छाडे सुष धाम
बिरह बियोग महा जोगी लौं जागत ही बीतत जुग जाम
कबहुंक किसल पीठ रचि पचि कै कबहुंक पाठ करत गुन ग्राम
कबहुंक लोचन मूदि मौन ह्वै चित चिन्तत ये अंग अभिराम
तरपन नैन ह्रदै होमत हवि बिप्र भोज बोलत बिश्राम
सूर स्याम कृस गात सकल अंग दरसन दै पिय पुरवहु पिय काम।[7]

तब ऐसा होता है कि पुरुष भी लालसा का नमूना बन जाता है, या कम-से-कम ऐसा दिखता है। गहराई से देखें तो, पहले तो हम वास्तव में यह नहीं जानते कि कृष्ण इस मानसिक यातना से गुजर रहे हैं। हाँ, ऐसा सोचना सुखद है लेकिन यह सोचना भी सुखद है कि उन्हें इस तरह प्रस्तुत करना सन्देशवाहक कन्या की सोची-समझी चाल हो सकती है; और कृष्ण ने ही उसे वह कहने के लिए प्रेरित किया हो ताकि राधा फिर उनके साथ आ जाए। ब्रजभाषा की कविता का आनन्द लेनेवालों की तरह मैं भी कृष्ण पर तोहमत नहीं लगाना चाहूँगा। तब भी, यह महत्त्वपूर्ण बात है कि कृष्ण की लालसा को यहाँ व्याधि नहीं बताया गया है। हाँ, यह एक कमजोरी है लेकिन यह आत्मसंयम के उच्च्च प्रयास की तरह प्रदर्शित होता है, जैसेकि योग हो या किसी पुजारी का कोई अनुष्ठान हो। मीराँ की कविता की तरह इसमें भी एक मंत्र है लेकिन यह वैसा मंत्र नहीं है जिसे व्याधिग्रस्त शरीर के ऊपर पढ़ा जाए।

इस तरह की चीजें स्त्रियों के पल्ले होती हैं। आखिर क्यों ? क्योंकि बहुसंख्य हिन्दू पुरुषों का मानना है कि स्त्रियाँ पुरुषों के मुकाबले कमजोर होती हैं। इसके अलावा, यौन मामलों में, जहाँ पुरुषों में संयम (खास कर अमूल्य वीर्य पर नियंत्रण) खोने का खतरा ज्यादा होता है, स्त्रियाँ असाधारण रूप से आक्रामक हो सकती हैं। लेकिन बहुमत इसी बात पर जोर देता है कि स्त्रियाँ पुरुषों के मुकाबले कमजोर और अपूर्ण होती हैं, और यही वजह है कि उन्हें धार्मिक क्षेत्र में अक्सर स्वाभाविक भक्त के रूप में लिया जाता है।[8] जाहिर है, यह भारतीय समाज में ढाँचागत असन्तुलन को प्रतिध्वनित करता है, जिसमें पुरुष को स्त्री से प्राय: ऊँचा माना जाता है और विवाह की व्यवस्था कुल मिलाकर स्त्री की तुलनात्मक कमजोरी तथा पराधीनता को स्थायी बना देती है। इस तरह की कमजोरी को स्त्री की अपूर्णता का प्रकटीकरण भी माना जा सकता है। यह फिर उसी स्त्री में उसी विशेष (वाइ) गुणसूत्र के अभाव का ही प्रतीक है, जिनसे उन पाठों में सामना होता है जिनमें इस बात पर जोर दिया गया है

कि स्त्री का धर्म इस जीवन में पुरुष पर निर्भर रहकर ही पूरा हो सकता है[9], या इस पर कि स्त्री को इस संसार के बन्धनों से मोक्ष पाने के लिए अगले जन्म में पुरुष बनना ही होगा।[10] इसमें शक नहीं कि इस तरह के विचारों का प्रत्यक्ष या अप्रत्यक्ष विरोध करनेवाले पाठों तथा प्रक्रियाओं की कमी नहीं है।[11] लेकिन उक्त विचारों के अस्तित्व को नकारा नहीं जा सकता। और वे बेहद प्रभावशाली भी हैं।

बहरहाल, सूर जिस कविता में एक स्त्री के तौर पर अपनी लोभी आँखों पर विलाप करते हैं, उस कविता के बारे में—दूसरी तमाम कविताओं के विपरीत—दिलचस्प बात यह है कि सम्बन्धित स्त्री अपने आलस का नहीं बल्कि अपनी अतिसक्रियता का शिकार है। उसकी बेचैन, आतुर, खोजी आँखें ही उसकी शत्रु बन जाती हैं। इसे हम कवि की इस जागरूकता का संकेत मानें कि मनुष्य दैवी सम्बन्ध को लेकर जिस रोग की यातना से ग्रस्त होता है, उसका प्रतिनिधित्व स्त्री की कोई एक लालसा नहीं कर सकती है।

इसके अलावा, हमें यह मानना होगा कि गोपियाँ बिखराव, अस्तव्यस्तता और रुग्णता की जिस स्थिति से गुजर रही थीं उसे उनका जोड़ीदार माने जा रहे व्यक्ति में साकार हो रहे मनोबल से श्रेष्ठ ही बताया जाता है। शिष्ट दरबारी ऊधो (उद्धव) मथुरा से कृष्ण के दूत बनकर गोपियों के पास आते हैं और सलाह देते हैं कि इन पीड़ित स्त्रियों का उपचार तभी हो सकता है जब कृष्ण अदृश्य परन्तु वास्तविक रूप में उनके बीच प्रकट हो जाएँ। ऐसा वे योग की शक्ति और दार्शनिकता के जरिये कर सकते हैं। लेकिन इस दैवी सर्वव्याप्ति की कल्पना बेजान साबित होती है, और स्त्री देह की यातना दर्शाती है कि आस्था की रणनीति के तौर पर यह कितनी नीरस है। संस्कृत में लिखा 'भागवत्पुराण' इस मुद्दे पर अस्पष्ट हो सकता है लेकिन 16वीं सदी का हिन्दी में लिखा पाठ सुस्पष्ट है। इस तरह की पुरुषवादी दार्शनिकता दुर्गंध देती है।[12]

यह सब स्त्री की शारीरिक यातना को बहुत सकारात्मक अवधारणात्मक घुमाव प्रदान करता है, लेकिन वास्तविक जीवन में हम सोच सकते हैं कि यह घुमाव किसके मृत शरीर पर आता है। क्या आस्था के इस रोमानी आदर्श की कल्पना कर रही कोई स्त्री वैसे ही आनन्द की अनुभूति कर सकती है जिसकी अनुभूति कोई पुरुष करता है? क्या किसी स्त्री को इस विचार से वैसा ही रोमांच होता है, जैसा किसी पुरुष को इस विचार से होता है कि कृष्ण असंख्य और अनाम स्त्रियों के आकर्षण के केन्द्र थे?[13] इस प्रश्न की गहरी जाँच की जानी चाहिए, जो अभी तक किसी ने नहीं की है। वैसे, राधा के बारे में स्त्रियों की धारणाओं को लेकर डोना वल्फ की कृति इस तरह की कोशिश करती है।[14]

इस बिन्दु पर विचार करते हुए अक्सर मैं यह देखकर अटक जाता हूँ कि मीराँ की बताई जानेवाली कविताएँ सूरदास की बताई जानेवाली कविताओं से कितनी

अलग हैं। सूर के हस्ताक्षर वाली कविताएँ ऊधो तथा गोपियों के बीच के विवाद से उभरी लैंगिक असमानता का आनन्द लेती हैं जबकि मीराँ की बताई जानेवाली कविताओं में भिन्न मानसिकता दिखती है। उनकी कविताएँ स्त्री-पुरुष विषमता को मजबूत करने की बजाय प्राय: 'स्त्री की भूमिकाओं' को आधार बनाकर विकसित होती हैं, हालाँकि इसे आप यहाँ उद्धृत कविता के आधार पर नहीं जान सकते हैं।[15] निचली जातियों, किसानों और घुमंतू गायक-गायिकाओं द्वारा जिन कविताओं को मीराँ की बताया गया है, उनमें हम उनके स्त्री रूप का कहीं ज्यादा आक्रामक चित्रण पाते हैं, जबकि उनकी कविताओं के उच्च ब्राह्मण जाति के पुरुषों द्वारा सम्पादित 'अधिकृत' संकलनों में यह चित्रण इतना आक्रामक होकर नहीं उभरता है।[16]

इसलिए गौर करनेवाली बात यह है कि मीराँबाई की कविताओं में स्त्री की पीड़ा की भाषा कितनी तरह से दर्ज की गई है। सूरदास की बताई जानेवाली कविताओं में भी विविधताएँ कम नहीं हैं। वास्तव में वे तो बड़े शब्दशिल्पी हैं लेकिन विरहिणी का व्यक्तित्व कहीं ज्यादा प्रबल है। ऐसा क्यों है? ऐसा क्यों है कि स्त्री की कमजोरी—खास कर उसकी रुग्णता—पुरुष को ज्यादा आनन्द देती है?

अव्यक्त मातृत्व

यह एक बड़ा प्रश्न है और मैं इसका सामान्य उत्तर नहीं देना चाहूँगा, फिलहाल तो नहीं ही। बल्कि मैं उस विशेष परिवेश के बारे में एक सुझाव देना चाहूँगा, जिस परिवेश में इस तरह की प्रतिरूपी कविताएँ उभरी हैं। मैं इस तथ्य की ओर ध्यान दिलाना चाहूँगा कि उत्तर भारतीय हिन्दू धर्म में प्रेमियों के बीच वियोग की एक विशिष्ट उपयुक्त ऋतु होती है। यह वर्षा ऋतु होती है, जब बरसात के कारण आना-जाना मुश्किल हो जाता है और प्रेमी एक-दूसरे से बिछुड़े रहते हैं। वियोग के गीत दूसरी ऋतुओं से ज्यादा इस ऋतु के लिए लिखे गए हैं। स्त्रियाँ ये गीत प्राय: अपने भाई के लिए गाती हैं कि वह आएगा और उन्हें ले जाएगा ताकि वे अपने मायके में कुछ समय रह सकें, जहाँ उनका जन्म हुआ था और जहाँ से उन्हें अपने विवाह के बाद विदा होना पड़ा था। लेकिन पुरुष बरसात के जो गीत गाते हैं, वे परिवार को नहीं बल्कि प्रेमियों और सबसे ज्यादा कृष्ण को सम्बोधित होते हैं।[17]

इसकी वजह जानने के लिए हम अपने इर्दगिर्द देख सकते हैं कि बरसात के मौसम में और क्या-क्या हो रहा है, जो मौसम साल के सबसे गर्म दिनों की समाप्ति का संकेत देता है। बारिश होते ही धरती की हरियाली लौटने लगती है, पानी मानो सबमें जान फूँक देता है, हजारों रोगाणुओं की बन आती है। गर्मी के कारण हो या रोगाणुओं के कारण, यह रोगों का मौसम बन जाता है। धर्म की उपलब्ध भाषा इस तथ्य को मान्य करती है। गर्म मौसम और बरसात को प्राय: देवी का मौसम माना

जाता है।[18] हैजा, चेचक, शीतला जैसे रोगों को देवी का आना कहा जाता है, जिसे यातना और वरदान भी कहा जाता है। ये वास्तविक पीड़ा है लेकिन उन्हें दैवी आशीर्वाद मानना विशेष बात है। एडवर्ड डिमॉक ने लिखा है :

> 'कष्ट के बारे में सुनकर, मनुष्य की कमजोरियों का अहसास करके जिसके पास दृष्टि होगी, उसे और ज्यादा दुख सहने की जरूरत नहीं पड़ेगी। शीतला हमें ब्रह्मांड में अपनी स्थिति की अनुभूति करने और उन्हें माता के रूप में पहचानने का अवसर देती हैं।'[19]

मैं दो पहलुओं पर जोर दूँगा। पहला यह कि चेचक जैसा रोग वास्तविक शारीरिक कष्ट देता है। दूसरे, उसकी पहचान केवल स्त्री के रूप में ही नहीं बल्कि माता के रूप में की जाती है। और रहस्यपूर्ण बात यह है कि कई रूपों तथा नामों वाली देवी, विशाल अस्तित्व वाली माता, कृष्ण के आख्यान से पहेली की तरह गायब है। उनकी जगह उनकी छाया ने ले ली है। विशालता के साथ डरावने अस्तित्व वाली देवी का स्थान मानवी स्त्री ले लेती है, जो कृष्ण के घोर वियोग से त्रस्त है।

व्याधि को उपमा की तरह जो प्रस्तुत किया गया है, वह इन दोनों के बीच के सम्बन्ध को दर्शाता है। यह बताता है कि यहाँ विस्थापन हुआ है जिसका मकसद नियंत्रण को लेकर जो छलावा है, उसे सामने लाना है। सर्वव्यापी देवी के कारण जिन पुरुषों को यातना का खतरा है, वे एक ऐसी दुनिया बनाते हैं जिसमें स्त्रियाँ अतिआकर्षक देवता के वियोग के कारण यातनाग्रस्त हो जाती हैं। ये पुरुष इस तरह की दुनिया में खुद को कविता, कला, संगीत, प्रदर्शन और अनुष्ठानों के जरिये प्रस्तुत करते हैं और इस तरह खुद को कृष्ण की तरह अपराजेय मानने लगते हैं। वास्तविक कष्ट का खतरा दिखते ही काल्पनिक कष्ट का खेल खेलने लगते हैं। वास्तविक रोग का खतरा दिखते ही वे काल्पनिक रोग का खेल खेलने लगते हैं। इस खेल में उनका की-बोर्ड, उनकी पोशाक, उनकी भूमिका प्रेम में पड़ी हुई स्त्री वाली होती है।

लेकिन जिस देवी की अनूभूति होती है, वह इतनी डरावनी क्यों होती है कि उसकी छवि इस तरह विभाजित हो जाती है? हाथ की इस सफाई में खास तौर से पुरुष क्यों सफल होते हैं? इस तरह के सवालों का कोई निश्चित जवाब नहीं दिया जा सकता है लेकिन मेरा अपना आग्रह यह है कि डोरोथी डिनरस्टीन, नैन्सी चोडोरोव, करेन मैकार्थी ब्राउन सरीखे विचारकों के निर्देशन में मनोउत्पत्ति के क्षेत्र में कदम रखा जाए या सुधीर कक्कड़, स्टैनले कट्र्ज, और जेफ्री क्रैपाल[20] सरीखें भारतीय विचारकों के साथ भारतीय क्षेत्र में कदम रखा जाए। मैं उन समस्याओं के बारे में पूछना चाहूँगा, जिनका सामना खास तौर से लड़के करते हैं, अपनी माता से दोहरे अलगाव—एक तो वयस्क होने के कारण और दूसरे, पुरुष होने के कारण। मेरा खयाल है कि लड़की में अनुकरण करने की जो क्षमता होती है, वह पहले तरह के

अलगाव से होनेवाले घाव को भरने की सम्भावना पैदा करती है, भले ही उसे ससुराल में रहना पड़ता हो, बेटी में माँ बनने की सम्भावना तो रहती ही है। लेकिन लड़के को अगर वयस्कता की पूरी सीढ़ी चढ़नी पड़ती है तो अलगाव ज्यादा बुनियादी होता है। इसलिए उसकी माँ की छवि एक स्तर पर वर्चस्व बनाए रखने का खतरा पैदा करती है, और अगर वह उत्तर भारत का हिन्दू है तो वह खतरा गर्मी और बरसात के मौसम की शरीर सम्बन्धी वास्तविकताओं से जुड़ जाता है। इसलिए आश्चर्य नहीं कि वह अलगाव को लेकर अपनी कल्पनाओं से चिपका रहता है जबकि उसे वह अपने अहं से दूर ही रखता है।

ऐसा वह दक्षतापूर्ण दो उपायों के बूते करता है, जो उसे अपने बचपन और अपनी माँ या माँओं (स्टैनले कट्‌र्ज बड़े परिवारों के मद्‌देनजर माँओं का प्रयोग करते हैं), दोनों से मानसिक अलगाव का सामना करने में मदद करते हैं। जहाँ तक उसकी माँ की भूमिका के विपरीत लैंगिक भूमिका का मामला है, वह अपने प्रसंग में—अपने धार्मिक प्रसंग में—लैंगिक भूमिका को उलट देता है ताकि वियोग की यातना स्त्री को हो और उस स्त्री को जिस प्रेमी से बिछड़ना पड़े, वह पुरुष हो। वयस्कता प्राप्त करने के क्रम में वह कल्पना करता है कि यह पुरुष प्रेमी सर्वव्यापी, शाश्वत बुभुक्षु और अपने इर्द-गिर्द की स्त्रियों के लिए आकर्षक है। इस तरह यह युवक अपनी माँ को हर तरफ खड़ा कर देता है और उसे जो स्त्रियाँ चाहती हैं, उन्हें अशक्त कर देता है। उनसे वह जिस आसक्ति की अपेक्षा करता है, उसी से उन्हें अशक्त कर देता है। स्त्री-सुलभ प्रेम के आद्यरूपों, व्याधिरूपी प्रेम का उपयोग करके वह संकटरूपी स्त्री को बस में करता है। वह खुद को एक आदर्श, प्रक्षिप्त स्व, जो कि कृष्ण ही हैं, के रूप में प्रस्तुत करता है, उसके उद्धारक के रूप में।[21]

स्त्री की लालसा और पुरुष की दृष्टि

भारतविद् मार्था सेल्बी ने विख्यात भारतीय औषधिशास्त्र 'चरक संहिता' (पहली सदी ई.) के अध्यायों की व्याख्या में प्रसूति विज्ञान से सम्बन्धित उसके अंशों पर विशेष ध्यान दिया है।[22] हम यहाँ जिन अभिप्रायों पर विचार कर रहे हैं, उनके समानान्तर कई विचार रखती है उनकी यह कृति। इसी तरह गेलन का शोधग्रन्थ प्रारम्भिक ईसाई चिन्तन में जेंडर (लैंगिकता) को लेकर उभरे विभिन्न रूपकों पर रोशनी डालता है।[23]

भारतीय औषधि साहित्य और उसके धर्मवैज्ञानिक/शृंगारिक प्रतिरूप के बीच आश्चर्यजनक सदृशताओं का पहला सेट एक गर्भवती स्त्री और एक विरहिणी की स्थिति के बीच के विरोधाभासों की शृंखला है। एक तो परिपूर्ण है, दूसरी रिक्त है। एक दिन-ब-दिन विकासशील है, दूसरी रीतती जाती है। एक तो जीवन को अपने

भीतर पोषण देती है, दूसरी अपना ही जीवन खो चुकी है। एक को आन्तरिक ऊष्मा का अनुभव होता है—निर्मिति की ऊष्मा का। दूसरी को अपने बस में न आनेवाले ज्वर के ताप का अनुभव होता है। एक को अपेक्षा है अलगाव की, जन्म के साथ होनेवाले अलगाव की। दूसरी को उस अलगाव का दुख है, जिसे वह कभी नहीं चाहती थी।

सदृशताओं का दूसरा सेट भी है जो विरुद्धों के जैसा नहीं है और यह लगभग कष्टदायी तरीके से स्पष्ट करता है कि ठेठ किस्म की दो महिलाएँ किस तरह एक-दूसरे से जुड़ी हैं। उदाहरण के लिए, दोनों ही उदासीन हैं। अगर उन्हें प्रसव करना है या मुक्ति पानी है तो उन्हें मेडिकल सहायता की जरूरत पड़ेगी। दोनों के विवरण पुरुष दे रहे हैं और उन अनुभवों को बता रहे हैं जिनसे स्त्रियाँ ही गुजरती हैं। यह सच है कि कई स्त्रियाँ मँडराती हैं, बल्कि उनकी उपस्थिति की जरूरत है। चरक का कहना है कि माँ बननेवाली स्त्री के गर्भावस्था के अन्तिम चरणों में उसके इर्दगिर्द ऐसी 'उपयुक्त' महिलाएँ जमा हो जाती हैं जो बच्चे को जन्म दे चुकी होती हैं। इस बीच, विरहिणी नायिका की सहेलियाँ उसे ढाढ़स बँधाती हैं, उसकी ओर से कृष्ण तक सन्देश पहुँचाने का काम करती हैं। कई बार वे उसे गहरे दुख से बाहर निकालने के प्रयास भी करती हैं। लेकिन इन महिलाओं के पीछे या उनके जरिये जो प्रमुख स्वर उभरता है, वह हमेशा पुरुष का होता है।

इसी तरह वह जो आन्तरिक रूप से सब कुछ देखता है, वह भी पुरुष ही होता है। प्रेम की कविता में बेशक यह कृष्ण हैं। चरक के अनुसार यह भ्रूण है, जिसकी कल्पना लड़के के रूप में की जाती है। अंशत: यह उस भारतीय चाहत का परिणाम है जिसके तहत सन्तति के रूप में लड़का पाने की ही कामना की जाती है। लेकिन मेरा मानना है कि इस प्रसंग में यह पाठ के लेखक की इस इच्छा से भी पैदा होता है कि वह खुद को उस विवरण में शामिल करना चाहता है। इससे ज्ञान-मीमांसा के मामले में भारी लाभ मिलते हैं। इससे चरक को एक पुरुष के तौर पर ऐसे अनुभव हासिल होते हैं, जो अप्रत्यक्ष तौर पर हासिल होते। अगर हम चरक की तरह ही यह विचार करें कि भ्रूण ही स्त्री की गर्भावस्था का वास्तविक रचनाकर्ता है और पिता के बीज की गत्यात्मकता को आगे बढ़ाता है, और अगर उस भ्रूण को भी पुरुष समझा जाता है तो गर्भावस्था का जो अनुभव माँ को होता है, वह किसी प्रकार से अप्रत्यक्ष हो जाता है। उसका जेंडर उसे गर्भावस्था का मुख्य कर्ता नहीं होने देता, जो कि चरक की तरह, पुरुष है। इसलिए चरक, जो कि बाह्य स्व या लेखक हैं, इसके कारण पैदा होनेवाली इच्छाओं तथा माँगों (कभी खट्टा खाना, तो कभी मीठा) को अपनी सजातीय इच्छाएँ मानकर आनन्द लेते हैं। यहाँ तक कि उन अनुभवों का पुरुष भ्रूण के जरिये मूल्यांकन किया जाता है। ये अनुभव आन्तरिक तौर पर इतनी स्त्रियोचित हैं कि चरक उन्हें इसलिए जान पाए क्योंकि स्त्रियों ने उन अनुभवों को पुरुषों से

साझा किया। उदाहरण के लिए, उग्र खुजली देनेवाला विस्तार, जो ऐसा लगता है, जैसे चमड़ी से मरहमपट्टी उतारी जा रही हो![24]

स्त्री को प्राय: अपनी शारीरिक अनुभूतियों का भोक्ता बताया जाता है, उनका वास्तविक पात्र नहीं। प्रक्रिया को पुरुषोचित बनाया जाता है इसलिए उसका अन्त भी अतिप्रतीक्षित पुत्र के जन्म में होता है। यहाँ काफी अनपेक्षित स्थान में भी, अनुपस्थित पुरुष के लिए विरह का भाव है। वही है जो उसे वास्तविक स्त्री बनाएगा—पुत्रों की माँ।[25] इसलिए चरक के मुताबिक भी और वास्तविक रूप से भी स्त्री की लालसा गहरी है। व्यापक मान्यता यह है कि भारतीय समाजों में सबसे गहन सम्बन्ध माँ-बेटे के बीच का ही होता है, और किसी के बीच का नहीं।

यहाँ तक तो सब ठीक है। पुरुष के दृष्टिकोण से यह माँ, एक स्त्री ही है जो इस सम्बन्ध को चरितार्थ करने की चाहत रखती है। लेकिन अगर पुत्र (एक पुरुष) भी ऐसी गहनता की इच्छा रखे तो यह खतरनाक बात है। इसलिए कृष्ण के बचपन से जुड़ा साहित्य इससे इनकार करता है। वह इसे उलटी फंतासी में डुबो देता है—कहा जाता है कि कृष्ण की कई माँ थीं। उनकी उपमाता से शुरू करके कई गोपियों की चर्चा की जाती है, जो उन पर निर्भर हैं; जो चाहती हैं कि वे दूध-माखन ले जाएँ, उन्हें प्यार करें।[26] भगवान न करे कि कृष्ण को भावनात्मक रूप से उन सब पर निर्भर होना पड़े। इसलिए वे उनके माखन चुराते हैं, न कि इस तरह ले जाते हैं जिससे कोई स्थायी सम्बन्ध विकसित हो।[27]

इसी तरह, वियोग तथा अलगाव से सम्बन्धित अधिकांश धार्मिक साहित्य में हालाँकि जोर स्त्री देह पर दिया गया है लेकिन ठप्पा पुरुष साहित्यकार का है। यहाँ गुप्त पुरुष भ्रूण का स्थान जो लेता है वह एजेंट अनुपस्थित पुरुष प्रेमी है। चूँकि वह उसके अनुभव का स्रोत है इसलिए वह उसका उपचार भी है। वास्तव में वह उसका उद्धारकर्ता है, उसकी निष्पत्ति है, ठीक उसी तरह जिस तरह बच्चे का जन्म चरक के लिए गर्भ की सच्ची परिणति है। प्रेमी अपने पुरुषत्व के साथ उपस्थित होकर उसका उपचार साबित होता है। इसलिए स्त्री का प्रेम कम-से-कम पूर्वव्याप्ति के रूप में एक व्याधि की तरह प्रकट होता है।

कामुक प्रेम की दुनिया में, जैसाकि कृष्ण की बाल लीलाओं में है, पुरुष साहित्यकार को वियोग के एक अनुभव के साथ प्रयोग करने का अवसर है। यह अनुभव 'वास्तविक जीवन' में काफी खतरनाक हो सकता है। एक उपचारकर्ता के रूप में चरक गर्भावस्था की पीड़ा भुगते बिना उसके साथ खिलवाड़ कर सकते हैं, उस पर आधिकारिक तौर पर कह सकते हैं। शब्दशिल्पी, कवि के तौर पर सूरदास वियोग के साथ खिलवाड़ कर सकते हैं, उसके खतरों को संयमित तथा अहानिकर रूप में महसूस कर सकते हैं। उनके पाठक-श्रावक भी ऐसा कर सकते हैं।[28]

और एक अन्तिम चरण भी है : कमजोरी और नियंत्रण का, रोग और सेहत की दोहरी फंतासी का। उस फंतासी को—जो गर्भावस्था के अस्तित्व की उत्पत्ति के सदृश है—बड़े फलक पर प्रस्तुत करके बहुत कुछ हासिल किया जा सकता है। प्रमुख नायक कृष्ण को भगवान मानने से बहुत कुछ हासिल होता है। हम सब अशक्त शिशुओं की तरह इस दुनिया में आते हैं, और उस भविष्य के लिए प्रस्थान कर जाते हैं जो उतना ही अनिश्चित है। लेकिन पुरुष अपने तथा स्त्री के बीच जो सत्ता असन्तुलन स्थापित करता है, वह पुरुष के लिए तो कम-से-कम जीवन के इस अन्तिम खेल में एक बड़ी ताकत है। अगर भगवान को पुरुष के रूप में कल्पित किया जाए तब स्त्री में और इस भवसागर में डूब जाने का जो खतरा है, उसे कुछ हद तक कम किया जा सकता है।

इसलिए, विरह एक खेल है। यह पुरुष का खेल है—स्त्री के वस्त्रों और उसकी भावनाओं से खेलने का खेल। यह देवता बनने का वह खेल है, जो खेल देव (या देवी) मनुष्य के साथ खेलते हैं। यह खेल लालसा का एक लिंग निर्धारित करता है।

अध्याय-6

कैसे बने 'सूरदास'?

नेत्रहीनता को भारतीय समाज में शुभ नहीं माना जाता; बल्कि अशुभ ही माना जाता है और इसे व्यक्ति के पिछले जन्म के कुकर्मों का फल माना जाता है। कुछ धर्म सम्प्रदाय तो नेत्रहीनों को दीक्षा देने से मना कर देते हैं। इसलिए किसी नेत्रहीन व्यक्ति से सामना होने पर लोग दुविधा में पड़ जाते हैं कि उसे किस तरह सम्बोधित किया जाए। इस शारीरिक अपंगता का सीधा उल्लेख करना क्रूरता होगी लेकिन एक सुरक्षित बचाव जरूर है। उसे 'सूरदास' या 'सूरदासी' कहा जा सकता है। जहाँ तक सूर की बात है, उन्हें न केवल कवि तथा गायक, बल्कि सन्त भी माना जाता है। उनके जो चित्र उपलब्ध हैं, उनमें उनकी पृष्ठभूमि में प्रायः एक आभा भी दिखती है। लोगों को लगता है कि उन्होंने कृष्ण के संसार का ऐसा जीवन्त वर्णन किया है कि उस दैवी क्षेत्र में उनकी पहुँच जरूर रही होगी। सूर के जो बड़े चित्र लोकप्रिय हैं, उनमें उन्हें स्वयं भगवान को गीत सुनाते हुए चित्रित किया गया है।

माना जाता है कि सूर बचपन से ही नेत्रहीन थे। लेकिन इसके जो सर्वश्रेष्ठ प्रमाण उपलब्ध हैं, वे इसका खंडन करते हैं। वास्तव में, प्रमाण तो यही संकेत करते हैं कि कम-से-कम अपने जीवन के बड़े हिस्से तक तो वे अपनी आँखों से सब कुछ देख सकते थे। सूर के बारे में 'सूरसागर' के अलावा जो सबसे पुराना आलेख मिलता है, उसमें उनकी नेत्रहीनता का कोई उल्लेख नहीं मिलता। यह नाभादास की कृति 'भक्तमाल' में दर्ज उद्धरण है, जो करीब 1600 ई की है, जिसमें इसका उल्लेख मिलता है। अध्याय 2 में हम देख चुके हैं कि यह 'भक्तों की माला' जिन सन्तों के विवरण प्रस्तुत करती है, उनमें उनकी सबसे उल्लेखनीय विशेषता पर विशेष जोर डालती है। उदाहरण के लिए, तीखे तेवर वाले ओजस्वी कबीर को धर्मों के बाह्य पांखडों के प्रति बेहद असहिष्णु बताया गया है, तो साहसी मीराँबाई की प्रशंसा उनकी निर्भीकता के लिए की गई है।[1] लेकिन नाभादास जब सूर की बात करते हैं तब वे उनकी नेत्रहीनता को नहीं बल्कि उनकी कविता की उत्कृष्टता को केन्द्र में या दायें-बायें रखते हैं।[2] ऐसा लगता है कि सूर को जो चीज अद्वितीय

बनाती है, वह यह है कि दूसरे कवि उनके शिष्यवत् लगते हैं, जैसेकि वे सैकड़ों वर्षों से लगते आ रहे हैं। एक उत्सुकतापूर्ण कहावत हम यह सुनते हैं कि सूर को सम्भवतः 'दिव्य दृष्टि' प्राप्त थी। इसका अर्थ यह तो नहीं लगाया जा सकता कि वे नेत्रहीन थे।[3]

इसके विपरीत, 'सूरसागर' में ऐसे कई सन्दर्भ हैं, जो सूर की नेत्रहीनता के बारे में बताते हैं। लेकिन पेंच यह है कि ये सारे सन्दर्भ बहुत हाल में जोड़े गए हैं। फिलहाल जिसे मानक माना जाता है, उस काशी नागरी प्रचारिणी सभा के संस्करण को लें, तो उदाहरण के लिए एक ऐसी कविता मिलेगी जिसमें सूर खुद को एक ऐसा अभावग्रस्त नेत्रहीन—शायद याचक—बताते हैं, जो अपने देवता के द्वार पर खड़ा होकर गाता रहता है ताकि उसे उनकी कृपा का वरदान प्राप्त हो जाए।[4] दूसरी कविता में वे शिकायत करते हैं कि उनकी दोनों आँखें बेकार हैं, और इसके लिए वे सृष्टिकर्ता को दोषी ठहराते हैं, क्योंकि कृष्ण का नाम सुनना उनके दर्शन कर पाने के बराबर नहीं हो सकता।[5] सूर के बड़े कोश में दूसरी कविताएँ हैं, जो कहती हैं कि वे जन्म से नेत्रहीन थे।[6]

लेकिन मेरा कहना है कि ये कविताएँ हाल की हैं। जब आप 'सूरसागर' की, जिसमें नागरी प्रचारिणी के कोश की 5000 कविताओं से काफी कम कविताएँ दर्ज हैं, पुरानी पांडुलिपियों को खंगालते हैं तो उनकी नेत्रहीनता के ये सारे स्पष्ट सन्दर्भ लापता पाए जाते हैं। पता लगता है कि नेत्रहीन सूर की इन कविताओं को 'सूरसागर' में तब दर्ज किया गया जब सबसे पुरानी उपलब्ध पांडुलिपि को लिखे जाने के कोई 150 साल बीत गए थे। और कुछ कविताएँ तो इसके और बाद की हैं। 'सूरसागर' के प्राचीनतम संस्करणों से कोई नेत्रहीन कवि नहीं उभरता है, जन्म से नेत्रहीन कवि तो नहीं ही।[7]

यह सब हमारे लिए एक बहुत बड़ा और उचित प्रश्न खड़ा करता है—सूर नेत्रहीन कैसे हो गए? कब हुए? इसके पीछे क्या रहस्य था? यानी, अगर सूर नेत्रहीन नहीं थे, या जीवन के बहुत बाद के वर्ष में नेत्रहीन हो गए, तो उनकी नेत्रहीनता का क्या अर्थ है?

शारीरिक नेत्रहीनता

कवि के या कथित रूप से कवि द्वारा कहे गए शब्दों को छोड़कर आगे बढ़ने से पहले बेहतर होगा कि हम अपने तथ्यों के बारे में निश्चित हो लें। क्या ऐसा हो सकता है कि उनकी नेत्रहीनता आंशिक रही हो और वृद्धावस्था में वे पूर्ण नेत्रहीन हो गए हों? भारत में कई लोगों के साथ ऐसा होता है और सूर के काल में इस तरह की परिस्थिति आज के मुकाबले ज्यादा गम्भीर रही होगी।

अधिकांश लोगों को यह विचार गले नहीं उतरता कि सूर केवल नेत्रहीन जैसे थे। इस बात से इनकार करना कि सूर जन्म से ही नेत्रहीन थे और इस तरह कृष्ण के उनके चित्रण को उसकी पवित्रता, वायवीयता से वंचित करना कुछ लोगों को उतना ही बड़ा सदमा पहुँचा सकता है जितना ईसाइयों को यह कहना पहुँचा सकता है कि ईसा का जन्म कुँआरी कन्या से नहीं हुआ था। फिर भी, सूर पर शोध करनेवाले विद्वानों का एक छोटा समूह यह मानने को तैयार है कि सूर उम्रदराज होने पर नेत्रहीन हुए थे। इससे धर्मनिरपेक्ष नजरिये से यह समझाने में स्पष्ट तौर पर आसानी होगी कि सूर ने कृष्ण को लेकर अपनी कविताओं में जो विविधतापूर्ण दृश्य चित्रित किए हैं, उनका उन्हें ज्ञान रहा होगा। साथ ही यह धारणा भी बनाए रखी जा सकती है कि वे किसी अर्थ में नेत्रहीन थे। ऐसी धारणा रखनेवाले कई विद्वानों को यह जान कर खुशी हुई कि पांडुलिपियों की खोज करते हुए मैंने अब तक अज्ञात रही एक ऐसी रचना हासिल की जिस पर सूर की छाप है और जिसमें शीर्षक पंक्ति या टेक कहती है : 'अज हों अंध'। यानी अब अंधा हूँ, अब से पहले नहीं था।

दुर्भाग्य से, इसके प्रमाण उतने निर्णायक नहीं हैं। पांडुलिपि पहली नजर में जितनी दिखती है, उससे ज्यादा प्रामाणिक है लेकिन कविता का अर्थ कई सवाल खड़े करता है। यहाँ हम इस पांडुलिपि पर विचार करेंगे।

इस कविता को मैंने राजस्थान के जोधपुर के पास अहिपुर में लिखी गई एक पांडुलिपि में पाया। इस पर तारीख वि.सं. 1793 या 1736 ई की है। इसका अर्थ यह हुआ कि सूर की कविताओं की सबसे पुरानी उपलब्ध पांडुलिपि जब मिली थी, यह उससे 154 साल बाद की है। लेकिन यह जिस कुल की है, उसके आधार पर इसे बेहतर माना जा सकता है। आम तौर पर यह सच है कि सूर की पांडुलिपि जितनी ज्यादा पुरानी होगी, वह उतनी ही विश्वसनीय होगी। चूँकि 'सूरसागर' वाचिक तथा लिखित, दोनों परम्पराओं से जुड़ी है और चूँकि इसमें स्वतंत्र कविताएँ हैं इसलिए इसका आकार और स्वरूप परिवर्तनीय है। इसलिए साल-दर -साल इसका विस्तार होता गया। पांडुलिपियों से यह स्पष्ट है। पुरानी और छोटी पांडुलिपियाँ बड़ी हैं तथा बाद वाली पांडुलिपियों के मुकाबले स्रोत के ज्यादा करीब हैं। यह स्थिति, पाठों के विश्लेषण के लाखमानवादी सिद्धान्तों के आधार पर जितनी अपेक्षा की जा सकती है, उससे ज्यादा, भूगर्भीय स्तरविन्यास सरीखी है।

लेकिन अपेक्षाकृत बाद की कुछ ऐसी पांडुलिपियाँ हैं जो दूसरों के मुकाबले ज्यादा प्रामाणिक होने का दावा कर सकती हैं क्योंकि वे कच्चे माल में विशेष दिशादर्शक का काम करती हैं, और अहिपुर पांडुलिपि ऐसी ही है। यह दादूपंथ द्वारा लिखी और संरक्षित की गई थी। यह पंथ वर्षों से अपने में ही सिमटा रहा है। इसका मतलब यह है कि सूर की बताई गई यह कविता इस पर दर्ज तारीख से भी पहले

के सूर के खजाने की होगी। इससे यह भी पता चलता है कि यह मुख्य 'सूरसागर' में कभी शामिल क्यों नहीं की गई या आज पढ़े जा रहे नागरी प्रचारिणी सभा के संस्करण में क्यों नहीं आ पाई।[8]

असली समस्या कविता के उद्गम की नहीं है, यह काफी पुरानी हो सकती है। असली समस्या इसका कथ्य है। कविता यहाँ प्रस्तुत की जा रही है—

अज हों अंध हरि नाम न लेत
माया मोह भ्रमि सूझत नहीं वूझत
आए नर सीस सिरारुह सेत
सकुचित अंग उतंग भंग दिज
द्रिग जल श्रवत उराहत हेत
करि सुतंत मंजार आष लौं
क्रीडत काल नहीं लषत अचेत
म्रिग बिझुन कै काज मन जैसैं
मानौं रचे बिझुका षेत
सूरदास स भगवंत भजन बिन
परै मुण्डि मुदगिर जम बेत[9]

Now I am blind; I have shunned Hari's name.
My hair has turned white with illusions and delusions
that have wrung me through till nothing makes sense.
Skin shriveled, posture bent, teeth gone;
my eyes emit a stream of tears;
my friends, a stream of blame.
Those eyes once ranged as free as a cat's,
but failed to measure the play of Time
Like a false-eyed scarecrow failing to scatter
the deer from the field of the mind.
Surdas says, to live without a song for the Lord
is courting death; his sledge stands poised
above your waiting head.

स्पष्ट है कि यह कविता केवल शारीरिक नेत्रहीनता के बारे में नहीं है। शीर्षक पंक्ति ही मानो सब कुछ कह देती है। ऐसा नहीं है कि केवल 'अज हों अंध', बल्कि यह भी है कि 'हरि नाम न लेत'। कविता जिस वृद्धावस्था की बात करती है, वह काफी वास्तविक है बल्कि यह आध्यात्मिक जीर्णता से भी मजबूती से जुड़ी है।

और, जो आध्यात्मिक दृष्टिहीनता है, वह ज्यादा महत्त्वपूर्ण है। अगर शारीरिक नेत्रहीनता वास्तव में है, तो वह भी वृद्धावस्था का केवल एक सामान्य लक्षण है। जब कुछ पुराने काल में सूर एक कविता में यह कहते हैं कि :

नैननि अंध सुनत नही श्रवनि
थाक्यौ चरन समेत[10]

The eyes have turned blind, the ears do not hear,
and the feet become tired when they walk.

तो वे करीब आठ शताब्दी पहले अपभ्रंश के पाठों में दर्ज एक सूत्र को ही दोहरा रहे होते हैं : 'ण सुणंती कण्ण, ण णयई णयणु, ण चलंति चालना, ण करंति कर'[11] तो, अहिपुर कविता क्या उनकी वास्तविक नेत्रहीनता का उल्लेख कर रही है या यह केवल वृद्धावस्था के बारे में कहने का एक तरीका है? यह कविता अलग विधा की है, यह 'विनय' के नाम से मशहूर विधा का एक हिस्सा है। इसके कारण ऐसा भान होता है कि कवि इस विधा का उपयोग आध्यात्मिक दृष्टिहीनता के बारे में बताने के लिए कर रहा है क्योंकि वह जिस नेत्रहीनता की बात कर रहा है, उसका सम्बन्ध 'काल' को देखने से है। काल का अर्थ मृत्यु भी होता है। और जो हिरण उसकी पथरीली आँखों से डरकर भागती नहीं, वह शारीरिक नहीं बल्कि मानसिक क्षेत्र की परभक्षी है। सूर की नेत्रहीनता का यह स्पष्ट उल्लेख शारीरिक नेत्रहीनता से कोई सम्बन्ध नहीं रखता। और अगर रखता भी है तो कवि की दिलचस्पी शारीरिक मामले से इतर क्षेत्र में है।

इससे भी पुरानी कविता को हम इसी परिप्रेक्ष्य में देखें। यह कविता सूरदास की 16वीं सदी की कविताओं से उभरनेवाला सबसे विश्वसनीय प्रमाण प्रस्तुत करती है कि कवि अपने जीवन के बाद के वर्षों में नेत्रहीन हुए होंगे। इसके अलावा हमारा सामना एक ऐसी कविता से होता है जिसमें शब्दाडम्बर के गम्भीर आयाम दिखते हैं। इसलिए इस सवाल से जूझने से पहले, कि इतिहास हमें और क्या कुछ उपलब्ध करा सकता है, हमें इस कविता के ऊपर ही विचार करना चाहिए। पहली नजर में यह और कुछ भले लगे, शब्दाडम्बर नहीं लगता लेकिन हम इस सरल तथा स्पष्ट सूची पर गहराई से नजर डालें (399, नागरी प्रचारिणी सभा 135) :

कहीयत राम त्यागी दानि
चारि पदारथ दिये सुदामहि अरु गुरु को सुत आनि
भभीषन कों लंका दीन्ही पूरव ली पहिचानि
रावन के दस मस्तक छेदे कर गहि सारंग पानि

प्रहलाद की प्रतिग्या पूरइ सुरपति कीन्हौ जानि
सूरदास कों कह निठुराई नैननि हू की हानि...

They say you're so giving, so self-denying, Râm,
That you offered Sudâmâ the four fruits of life
    and to your guru you granted a son.
Vibhîsan : you gave him the land of Lanka
    to honor his early devotion to you.
Râvan : his were the ten heads you severed
    simply by reaching for your bow.
Prahlâd : you fulfilled the vow he made;
    Indra, leader of the gods, you made a sage…

कविता का ढाँचा अपने सम्पादित स्वरूप में काफी स्पष्ट है, हालाँकि कई रूपों में इस ढाँचे को कमजोर किया गया है। हम राम का महिमागान सुनते हैं। पांडुलिपि के मुताबिक, कविता का पहला या दूसरा शब्द 'कहीयत' है, 'वे कहते हैं', और इसके बाद जो सूची है, वह हमेशा इस बात की पुष्टि करती है कि लोग जो हमेशा कह चुके हैं, वह सच है। राम वास्तव में 'त्यागी दानि' हैं, इतने दानशील, आत्मत्यागी! सूर एक के बाद एक जो उदाहरण प्रस्तुत करते हैं, वे इसकी पुष्टि करते हैं। कवि केवल राम यानी रामचन्द्र से जुड़ी घटनाओं को ही याद नहीं करते। उनकी सूची में राम के सहयोगी विभीषण भी हैं और कृष्ण के बालसखा रहे सुदामा भी हैं। इसलिए यह स्पष्ट है कि सूर राम का नाम उसी मूल अर्थ में ले रहे हैं जिस अर्थ में उत्तर भारत की भक्ति कविता में लिया जाता है। यहाँ राम का नाम कम-से-कम उस व्यापक अर्थ में लिया जाता है, जिस अर्थ में विष्णु के इन दोनों रूपों को लिया जाता है। जिस गुरु को पुत्र वरदान में मिला, वे भी कृष्ण के खेमे के हैं, उन्होंने कृष्ण के गुरु सन्दीपनि के पुत्र को जीवनदान दिया।

कवि दैवी वरदान के जिन उदाहरणों का ध्यान दिलाते हैं, वे दूसरी तरह से व्यापकता का संकेत देते हैं। इस बार यह ज्यादा नाटकीय है क्योंकि सूची में अगला नाम रावण का है। जब हम पहली बार इसे सुनते हैं तो हमारी प्रतिक्रिया यह होती है कि इसे इस तरह समझा जाए कि इसे सिर्फ इसलिए शामिल किया गया ताकि सूर यह बता सकें कि भगवान ने अपने भक्त विभीषण की खातिर सांसारिक कार्यकलाप में किस तरह हस्तक्षेप किया। राम ने विभीषण को सम्बन्ध तोड़ चुके उनके भाई पर विजय दिलाने के लिए धनुष-बाण उठा लिया। फिर भी, रावण का नाम शुरू में ही रखा जाना उसे विभीषण और कृष्ण के गुरु के साथ जोड़ता है। इसका अर्थ यह भी है कि रावण को भी दैवी कृपा का लाभ पानेवाला माना जाए। वास्तव में, वैष्णव

आस्था यह कहती है कि ईश्वर का स्पर्श, चाहे वह मृत्यु का कारण ही क्यों न बने, उसके बुरे से बुरे शत्रु का भी उद्धार कर देता है। इस तरह यह इस बात का और भी मजबूत प्रमाण है कि वे जो कह रहे हैं, वह सत्य है, कि ईश्वर भक्तों और शत्रुओं, दोनों का भला करता है।

अगली पंक्ति में कवि इस बात को फिर दोहराते हैं, मानो यह निश्चित करना चाहते हों कि हमने बात समझ ली है। यहाँ वे दैवी कृपा के दो और उदाहरणों का उल्लेख करते हैं, और ये दोनों भी भक्त तथा शत्रु के उदाहरण हैं। प्रह्लाद भी सुदामा, सन्दीपनि और विभीषण सरीखे भक्त हैं, जबकि इन्द्र रावण जैसे लगते हैं जिन्होंने ईश्वर से शत्रुता की। गोवर्धन पर्वत पर भीषण युद्ध में जब उनकी पराजय हो गई तभी उन्होंने कृष्ण को भगवान माना। पद 5 का यह विभाजन—सूची में दो और नाम शामिल करना—विभीषण और रावण के बीच के प्रतीकात्मक विभाजन से ज्यादा की याद दिलाता है। यह दूसरे पद को भी प्रतिध्वनित करता है। यह भी दो नामों को सूचीबद्ध करता है और यह सवाल उठाता है कि कवि कहीं समरूपता की ओर तो नहीं बढ़ रहे हैं? अगर वे ऐसा कर रहे हैं, तो यह अन्तिम से पहले का पद होगा और इससे पहले के दो पदों के बरअक्स इसकी गति में तेजी इसी ओर संकेत करती है। यह 'स्ट्रेट्टो' (गीत के अन्त में बार-बार तेजी से गाया जानेवाला अंश) जैसा है, जिसे सुनकर अनुभवी श्रोता समझ जाता है कि गीत का समापन होने ही वाला है।

इसके बाद हम जो अगला शब्द सुनते हैं, वह कवि का नाम है—उसका मौखिक हस्ताक्षर। यह इसकी पुष्टि करता है। कई पदों में यह हस्ताक्षर ठीक इसी बिन्दु पर आता है और बाकी वाक्य-विन्यास से जोड़नेवाली क्रिया के बिना भी यह घोषणा करता है कि कविता में जो भी शब्द हैं वे सूरदास के हैं। वास्तव में, टीकाकार 'कहते हैं' क्रिया बिना कुछ सोचे-विचारे जोड़ देते हैं। यह कुछ असामान्य-सी बात लगती है। नाम 'सूरदास' के बाद परसर्ग 'कों' आता है, जो शेष पद से व्याकरणीय सम्बन्ध स्थापित करता है, लेकिन इसका अभाव दिखता है। सूर खुद ही एक वस्तु के समान बन जाते हैं। पूरा पद है : 'सूरदास कों कह निठुराई' यानी 'सूरदास के प्रति यह निष्ठुरता क्यों?' और कविता के अन्तिम शब्द इस निष्ठुरता को स्पष्ट करते हैं : 'नैननि हू की हानि', तब पूरे पद का अनुवाद यह हो सकता है :

Surdas : how could you be so harsh with him—
leaving him without his very eyes?

अचानक हम पाते हैं कि यह वैसी कविता नहीं है जैसी हमने कल्पना की थी। 'त्यागी दानि' की उपाधि को उपयुक्त ठहराने के लिए नामों की जो निरन्तर फैलती सूची है, वह एकदम रुक जाती है और सूची पर अन्तिम नाम रह जाता है। कवि ने

इस पंक्ति के शुरू में अपना नाम केवल सुविधा या परम्परा के कारण नहीं दिया है, वे उसे वहाँ इसलिए चाहते हैं कि वह नामावली में अपनी जगह बना ले। पद के शुरू में ही सुदामा, गुरु, विभीषण, प्रह्लाद, इंद्र के नामों की तरह इसे रखा गया है। इससे एक मंचीय आयाम जुड़ जाता है। यह केवल आरोप नहीं है—कवि को उम्मीद है कि सूची में, कविता के सबसे प्रमुख स्थान पर अपना नाम डालने से वह भगवान को मजबूर कर सकते हैं कि वे उन्हें भी बाकियों की तरह मोक्ष प्रदान कर देंगे। वे कहते हैं, 'अभी भी बहुत देर नहीं हुई है, मेरी नेत्रहीनता वापस ले लो, अभी भी तुम निष्कलंक रह सकते हो।'

यानी यह कविता केवल एक सूची नहीं है। यह भगवान को दी गई चुनौती है कि वे कुछ करें। सूची जैसे-जैसे बड़ी होती है, 'अच्छे लोगों' और 'बुरे लोगों' के बीच अदला-बदली भगवान के लिए कोई बहाना नहीं छोड़ती है—सूर मोक्ष के पात्र हैं या नहीं हैं, इस प्रश्न के बावजूद सूची में उनके लिए एक जगह होनी चाहिए। वास्तव में, एक निश्चयात्मकता है जिसमें, चूँकि कविता रची जा चुकी है, कवि ने अपने लिए स्थान तय कर दिया है।

स्पष्ट है कि यह कोई पक्षपात रहित आत्मकथा नहीं है। यह एक लीला है—शब्दांडबरपूर्ण और क्रियात्मक। इसके अलावा भी कुछ होगा। यह कल्पना की जा सकती है कि सामान्य दृष्टि रखनेवाला कवि दिव्यदृष्टि का वरदान माँग रहा हो ताकि वह भगवान को नई दृष्टि से देख सके। लेकिन यहाँ इससे भी ज्यादा मौलिक बात जुड़ी हो सकती है। कवि को अपनी नेत्रहीनता की 'पूँजी' गँवाने के लिए कोई स्पष्टीकरण देने की जरूरत नहीं है। ऐसा लगता है कि वह यह अपेक्षा करता है कि पाठक बिना बताए यह जान लें। हो सकता है कि सूर केवल 'दर्शन' की भीख माँग रहे हों, अपने भगवान को न देख पाने की निराशा से मुक्ति की माँग कर रहे हों, लेकिन यह निराशा वे जिन शब्दों में व्यक्त कर रहे हैं, वह एकदम व्यावहारिकतापूर्ण है। इन शब्दों को अभिव्यक्त करनेवाला कवि बेशक अपने समय में मन्दिर तथा दरबार की संस्कृति की एक विख्यात हस्ती रहा हो और अन्ततः अब शारीरिक रूप से नेत्रहीन हो गया हो।

नेत्रहीनता के बारे में अनुश्रुतियाँ

अगर सचमुच ऐसा हुआ था, तो कथा यहीं समाप्त नहीं होती; बल्कि शुरू होती है। सूर की नेत्रहीनता का सबसे भावपूर्ण प्रमाण स्वयं उनकी कविता में मिलता है, जहाँ सूत्र तो बहुत कमजोर हैं मगर सन्तचरित साहित्य के मुताबिक इसकी बुनावट उनके ही इर्द-गिर्द शुरू हुई—न तो प्रारम्भ में, न नाभादास के साथ, बल्कि तब जब हम 17वीं सदी के मध्य या अन्त में 'चौरासी वैष्णवों की वार्ता' तक पहुँचते हैं। यहाँ हम

सूरदास की नेत्रहीनता के बारे में स्पष्ट तथा नाटकीय विवरण पाते हैं, और इसे उन कविताओं से उभरनेवाले अर्थ से एकदम भिन्न अर्थ दिया गया है, जिन कविताओं पर हमने अभी विचार किया है। माना जाता है कि 'चौरासी वैष्णवों की वार्ता' का संकलन गोकुलनाथ ने किया था। गोकुलनाथ वल्लभ के बाद की तीसरी पीढ़ी के थे, सम्भवत: 17वीं सदी के मध्य के। इसे सम्भवत: कई दशकों बाद उनके भतीजे हरिराय द्वारा लिखित एक टिप्पणी में रेखांकित किया गया था। यह कृति वल्लभवादी परिप्रेक्ष्य की है और इसमें सूरदास की नेत्रहीनता पर काफी जोर दिया गया है। अहिपुर वाली कविता की तरह, यहाँ भी कवि की नेत्रहीनता और उनकी आध्यात्मिकता के बीच स्पष्ट सम्बन्ध बताया जाता है लेकिन इस सम्बन्ध को प्रत्यक्ष नहीं बल्कि अप्रत्यक्ष बताया जाता है। सूर की नेत्रहीनता को यहाँ दोष नहीं बल्कि शालीनता का लक्षण बताया जाता है।

हम जरा इस पर विचार करें कि 'वार्ता' में सूर के जीवन का किस तरह वर्णन किया गया है। हरिराय की टिप्पणी जोड़े जाने से पहले उनके जीवन का आदिकालीन स्वरूप में वर्णन किया गया है। शुरू में हम सूर को मथुरा के दक्षिण में स्थित गऊघाट में यमुना के किनारे पाते हैं, जब उनके गुरु वल्लभाचार्य सुदूर पूरब से पधारते हैं। उनके एक शिष्य सूरदास को उनके आगमन का समाचार देते हैं। वे उनसे यथाशीघ्र मिलने का इरादा करते हैं। गुरु के एक शिष्य से उपयुक्त समय का पता लगाकर सूर अपने गुरु के आगे आकर दंडवत करते हैं। वल्लभ उन्हें गाने के लिए कहते हैं। सूर वह भजन सुनाते हैं जिसमें वे कई तरह से पश्चात्ताप और आत्मग्लानि प्रकट करते हुए स्वयं को कृष्ण की दया पर छोड़ देते हैं। संक्षेप में, यह वैसा ही पद है जैसा हमने अभी पढ़ा है।

वल्लभ प्रसन्न नहीं होते। वे कहते हैं, 'सूर, इस तरह खीसें निपोरने का क्या अर्थ है? इसके बदले तुम्हें भगवतलीला का गान करना चाहिए।'[12] सूर निरुत्तर रह जाते हैं। वे कहते हैं कि वे नहीं समझ पा रहे कि गुरु क्या कहना चाहते हैं। इस पर वल्लभ उन्हें स्नान करके आने को कहते हैं। सूर स्नान करके आते हैं तब गुरु उन्हें दीक्षा देकर अपना शिष्य और वल्लभ सम्प्रदाय का सदस्य बना लेते हैं। इसके बाद वे उन्हें संस्कृत में कृष्ण से सम्बन्धित धर्मग्रन्थ 'भागवतपुराण' पर अपनी पूरी टीका 'सुबोधिनी' सुनाते हैं। यह सुनकर सूर की आँखें खुल जाती हैं, और फिर वे उस तरह की कातर गुहार लगाना बन्द कर देते हैं। इसकी जगह वे कृष्ण के जीवन के विभिन्न आयामों पर गीत लिखने लगते हैं, जिन्हें ब्रज क्षेत्र के महत्त्वपूर्ण स्थानों पर वल्लभ द्वारा स्थापित किए जा रहे मन्दिरों में पूजा-अर्चना के समय गाया जा सकता था। हमें बताया जाता है कि वल्लभ ने सूर को उस मंडली का वरिष्ठ सदस्य बनाया, जिसे गोवर्धन पर्वत पर स्थित बड़े मन्दिर में विशेष अनुष्ठानों पर गाये जानेवाले भजन-कीर्तन आदि तैयार करने का काम सौंपा गया था।

इसके बाद कथा तेजी से आगे बढ़ती है और कई ऐसे शब्दचित्र हैं, जो सूर की नेत्रहीनता से सम्बन्ध रखते हैं। उदाहरण के लिए, बताया जाता है कि महान समन्वयवादी मुगल बादशाह अकबर ने सूर से मिलने की इच्छा प्रकट की थी। और सूर ने उनके लिए भजन गाया था। इस भजन की आखिरी पंक्ति में कवि कहते हैं कि उनके नयन कृष्ण के दर्शन की प्यास से मरे जा रहे हैं। मुलाकात के पहलुओं पर हम अगले अध्याय में विचार करेंगे। सीधी बात करने, शब्दश: चलनेवाले अकबर सवाल करते हैं कि यह कैसे मुमकिन है? यह सवाल सूर को यह कहने का मौका देता है कि वे जिन आँखों की बात कर रहे हैं, वे सामान्य आँखें नहीं हैं। वे आँखें भगवान की हैं और उनकी विशेषता यह है कि उनमें भगवान की छवि ही भरी रहती है, फिर भी वे उनके दर्शन की ही प्यासी बनी रहती हैं। अकबर हैरत में पड़कर खामोश हो जाते हैं।

बाद में, सूर की दिव्यदृष्टि ऐसा काम करती है जिसका सम्बन्ध कृष्ण से नहीं बल्कि उनके भक्तों से है। कथा एक व्यापारी की है, जो गोवर्धन पर्वत के नीचे अपनी दुकान चलाता है और तीर्थयात्रा से सम्बन्धित व्यापार में हिस्सेदारी करता है लेकिन खुद को सच्चा भक्त बताता है। हर दिन वह पर्वत पर मन्दिर में पूजा करके लौटनेवाले पहले भक्त से पूछता है कि आज पंडितों ने कृष्ण की मूर्ति का शृंगार कैसे किया है? इसके बाद दूसरे भक्तों से वह इस तरह बात करता है मानो उसने प्रात:काल में ही जाकर पूजा कर ली है! यह कारोबार के लिए लाभदायी भी रहता है। सूरदास के पास जो आँखें हैं, वे इन सांसारिक आडम्बरों को नहीं देखतीं मगर इस छल को ताड़ लेती हैं। वे व्यापारी को चेताते हैं कि वह भक्ति का जितना दिखावा करता है, उतनी भक्ति सचमुच नहीं करता, तो वे उसका भांडा फोड़ देंगे और उसको भारी वित्तीय हानि उठानी पड़ेगी। बहानेबाज व्यापारी के साथ लम्बी और दिलचस्प खींचतान के बाद यह पवित्र ब्लैकमेल सफल हो जाता है। सूर की कुशाग्र नेत्रहीनता के कारण कृष्ण को एक और भक्त मिल जाता है, और उस भक्त का जीवन बदल जाता है।

जब हरिराय अपना टीका 'वार्ता' में शामिल करते हैं तब वे नेत्रहीनता के इन किस्सों के साथ दूसरे किस्से भी जोड़ते हैं। और वे कवि के खोये बचपन की बात को भी जोड़ते हैं। पहले हमें यह पता चलता है कि सूर का जब जन्म हुआ, तो उनके माता-पिता ने उनसे कितनी नफरत की थी। सूर के गरीब ब्राह्मण पिता को जब नवजात पुत्र की अपंगता के बारे में बताया गया तो वे कहने लगे कि भगवान ने यह अभिशाप क्यों उनके माथे मढ़ दिया, जिससे उनकी गरीबी और बढ़ेगी ही? हमें यह भी पता चलता है कि बालक सूर से कोई बात नहीं करता था। लेकिन एक दिन जब एक चूहा वे दो स्वर्ण मुद्राएँ लेकर भाग गया, जो किसी स्थानीय बुजुर्ग ने सूर के पिता को दिये थे, तब बालक सूर ने अपनी आँखों की विचित्र क्षमता का

प्रदर्शन किया। उसने कहा कि अगर उसके माता-पिता उसे घर छोड़ने की अनुमति देंगे तो वह उन स्वर्ण मुद्राओं का पता बता सकता है। उन्हें जब सूर की नई प्रतिभा का पता चला तो वे उसे अपने साथ रखने को आतुर हो गए लेकिन अब उनके पास कोई विकल्प नहीं बचा था। स्वर्णमुद्राओं का पता चल गया और पुत्र को मुक्त करना पड़ा।

सूर जगह-जगह घूमकर भजन गाते रहे और उनकी अन्तर्दृष्टि की चमत्कारी शक्ति की व्यापक चर्चा होने लगीं। नौबत यह आ गई कि उन्हें इस शक्ति को छिपाना पड़ा और इसके कारण मिलनेवाले पुरस्कारों को मना करना पड़ा। जिस यजमान के चोरी गए मवेशी का पता चल गया, वह इस नेत्रहीन बालक के लिए भवन बनवाने लगा। सूर जब इस पर चिन्तन करने लगे तो उन्होंने निर्णय किया कि जिस दृष्टि के कारण सोना और मवेशी आदि का पता चले, वह सामान्य लोगों की दृष्टि से बहुत बेहतर नहीं है। इसलिए उन्होंने और कोई चमत्कार न करने का निर्णय कर लिया। उन्होंने अपनी झोली उठाई और अकेले ही ब्रज की ओर चल पड़े। गऊघाट में वे आकर टिके और यहीं से उनके संगीत तथा अध्यात्म की ख्याति फैलने लगी। इसके बाद वे वल्लभ से मिले और फिर इसके बाद की कथा सबको मालूम है।

नेत्रहीनता का क्या मतलब है?

अब तक हमारे पास इतनी सामग्री इकट्ठा हो गई है कि हम इस सवाल का जवाब खोज सकें कि सूरदास क्यों नेत्रहीन हुए। सामान्य स्थिति, जो कि स्पष्ट है, यह है कि हम उस दुनिया में जी रहे हैं जहाँ यह माना जाता है कि प्रकट रूप से नेत्रहीन व्यक्ति के पास वास्तविक दृष्टि होती है। इसे इस तरह से भी कहा जा सकता है कि हम जो कुछ देख रहे हैं, वह वास्तविक नहीं है। भारतीय दर्शन तथा धर्ममीमांसा में, जिसमें बौद्ध दर्शन भी शामिल है, हमेशा एक ऐसा तत्त्व निहित रहा है जो माया, निद्रा, स्वप्न और मानसिक स्थापनाओं को उतनी गम्भीरता से लेता रहा है जितनी गम्भीरता से पश्चिम में उन्हें नहीं लिया जाता रहा है। और एक ऐसा देसी कवि ज्यादा आकर्षक लगता रहा है, जो इतना देसी ज्ञान से सम्पन्न रहा हो कि वास्तविकता और उसकी छाया के बीच के भेद को समझ सकता हो। अपने काल तथा कुल के अधिकतर कवियों की तरह सूर ऐसी कई रचनाओं के रचयिता थे, जिनमें माया के प्रकोपों का उल्लेख है—न केवल माया का बल्कि माया महाठगिनी का, कृष्ण की लीला का।[13]

यह एक आयाम है लेकिन यही सब कुछ नहीं है। और वास्तव में, वल्लभ का लेखन उन सबकी आलोचना करता है, जो इस अन्तर्दृष्टि को बहुत तूल देते हैं। वल्लभ के लिए 'वास्तविक' संसार कृष्ण का एक हिस्सा, एक पहलू है—जो

आन्तरिक रूप से छलावा नहीं है बल्कि अधूरा, अँधेरा है जिसे और प्रकाशमान बनाने की जरूरत है। इसलिए, सूर के पास अगर सांसारिक रूप से समृद्ध कर सकनेवाली अन्तर्दृष्टि थी, जैसाकि उनके बचपन की कहानी बताती है, तो यह कोई अजूबा नहीं था। वल्लभ सम्प्रदाय की विचारधारा सांसारिक धन-सम्पत्ति को बुरा नहीं मानती बशर्ते उसका उपयुक्त उपयोग किया जाए। सूर की चमत्कारी नेत्रहीनता यही दर्शाती है कि लोग उस सम्पत्ति को उपलब्ध करानेवाले वास्तविक गति विज्ञान से कट जाया करते हैं। भगवान से तालमेल बिठानेवाला लालची व्यापारी और समृद्ध होता जाता है।

जब हम इस काल के दूसरे सन्तचरितों पर दृष्टि डालते हैं तब इस विषय का दूसरा यह आयाम उभरकर सामने आता है—सन्तों के जीवन में जो अभाव दिखता है, वह वास्तव में सांसारिक दृष्टि में दिखनेवाला अभाव है। इन सन्तों को अपने इर्दगिर्द सम्पत्ति एकत्र करने की जरूरत नहीं है क्योंकि वे जब चाहें सम्पत्ति प्राप्त कर सकते हैं। ईश्वर संसाधनों के प्रवाह को नियंत्रित करने के लिए कोई बही-खाता नहीं रखता और न ही उसके भंडार और संसाधनों की कोई सीमा है। भक्तिभाव से भरे मानस के लिए आस्था की दुनिया एडम स्मिथ से ज्यादा केन्स के विचारों से चलती है। इसलिए नरसी मेहता सरीखे गायक-सन्त के पास तब तक अकूत भंडार है जब तक वे उसका दान कर रहे होते हैं।[14] सूर के मामले में भी ऐसा ही है। वे भी अपने लिए सम्पत्ति एकत्र करने की जगह उसे लुटाते चलते हैं। उनकी नेत्रहीनता भी अभाव का एक रूप है, जो इस तरह के सन्तचरित साहित्य में अलग तरह के धन तक पहुँच का संकेत देता है।

इसके अलावा भी बहुत कुछ है। सूर की अभावग्रस्तता विशेष तरह की है, वे नेत्रहीन हैं। उनकी अभावग्रस्तता जिस तरह के धार्मिक वातावरण में है, उसमें देखना ही सब कुछ माना जाता है। मैंने पहले बताया है कि भारत में कई तरह के धार्मिक सम्प्रदाय हैं। उदाहरण के लिए, राधास्वामी सम्प्रदाय, जिसमें नेत्रहीनों को सदस्यता नहीं दी जाती। वे इसकी वजह यह बताते हैं कि उनकी आस्था के मुताबिक जीवित गुरु को देखना सबसे मूलभूत काम है और नेत्रहीन व्यक्ति मोक्ष के साधन तक पहुँच नहीं सकता, या यह भी कहा जाता है कि नेत्रहीन व्यक्ति पर नकारात्मक कर्म का बोझ इतना ज्यादा होता है कि वह गुरु से अन्तरंग सम्बन्ध बना नहीं सकता।[15] वैसे, मामला स्पष्ट है। साफ है कि नेत्रहीनता को अभिशाप माना जाता है, जिससे मुक्ति पाने के लिए अगले जन्म का ही इंतजार करना पड़ेगा।

प्रचलित हिन्दुत्व में इसे बहुत रेखांकित किया गया है। अधिकतर लोग हिन्दू धर्म को मूर्तिपूजक आस्था वाले धर्म रूप में जानते हैं, जिसमें मूर्ति या प्रतीक के रूप में ईश्वर के दर्शन से भारी पुण्य की कमाई होती है क्योंकि माना जाता है कि तब ईश्वर इस पृथ्वी पर उतरकर हमारे मानसिक विश्व—दृश्य छवि—को स्वरूप

प्रदान करनेवाले संवेदी शब्दभंडार को मान्य करता है। आस्था की आँखों के लिए हिन्दू प्रतीक या मूर्तियाँ जीवंत होती हैं; इनमें जो सबसे महत्त्वपूर्ण हैं उन्हें स्वयंभू माना जाता है, गढ़ी हुई नहीं माना जाता। इनके दर्शन करना उतना ही महत्त्वपूर्ण है जितना यह कि ये हमें देख लें। आँखों का मिलना ही सब कुछ है, मानसिकता के निर्माण के लिए यह सबसे मूलभूत शर्त है। हिन्दू लोग अपने देवता के दर्शन के लिए उनकी मूर्ति के सामने देर तक खड़े रहते हैं। अगर आप उनसे यह पूछना चाहते हैं कि वे आज मन्दिर गए कि नहीं, तो उनसे सिर्फ इतना पूछना काफी होगा कि उन्होंने आज दर्शन किये कि नहीं? या क्या उन्होंने आज देवता के दर्शन किये?

अगर कोई नेत्रहीन है तो फिर इसका क्या मतलब है? सांसारिकता के स्तर पर इसका मतलब यह है कि हिन्दू मन्दिरों में स्थापित प्रतीकों के दर्शन करनेवालों में ज्यादा नेत्रहीन नहीं मिलेंगे। लेकिन सूरदास की कथा बताती है कि अगर आप अभिव्यक्तियों को क्षमा कर दें, जो दिखता है, उसके पीछे बहुत कुछ है। यह बताती है कि सच्ची दृष्टि हमारी सकल दृष्टि से ज्यादा सूक्ष्म है, जैसे कविता गद्य से ज्यादा सूक्ष्म होती है और यदाकदा ज्यादा कुछ कह जाती है। और यह दर्शाती है कि मूर्ति में जो कुछ देखा जाता है, वह गद्य से ज्यादा पद्य का मामला है या हिन्दू विचार-पद्धति के मुताबिक कहें, तो तथ्य से ज्यादा अनुभूति का मामला है।

'...वार्ता' में शामिल एक कथा इसी बात को स्पष्ट करती है और हमें इसका उल्लेख अध्याय 1 में ही करने का मौका मिल गया था। ऐसा लगता है कि एक दिन सूर कृष्ण की बाललीला वाली भूमि गोकुल में गोवर्धन पर्वत पर नवनीतप्रिय के रूप में कृष्ण की मूर्ति के दर्शन करने का अपना कर्तव्य भूल गए। उस दिन वल्लभ के कई पौत्र मूर्ति का श्रृंगार कर रहे थे और उन्होंने तय किया कि सूर की दिव्यदृष्टि की परीक्षा ली जाए। वे जानते थे कि सूर हर दिन अपने भजन में कृष्ण प्रतिमा के श्रृंगार का वर्णन कर दिया करते थे, सो उन्होंने उस दिन प्रतिमा का असामान्य श्रृंगार किया ताकि सूर गलती कर जाएँ। उन्होंने प्रतिमा को निर्वस्त्र छोड़ दिया और केवल मोतियों की मालाओं तथा कुछ आभूषणों से उनका श्रृंगार कर दिया।

परिणाम तो आपको पता ही है कि क्या होना था। सूर को सब कुछ दिख रहा था, मगर यह शरारत उनके ध्यान में नहीं आई। बिना विचलित हुए उन्होंने भजन में उस विचित्र श्रृंगार का हू-ब-हू वर्णन कर दिया। इस भजन की शीर्षक पंक्ति कुछ इस तरह थी—'मैंने हरि को देखा निर्वस्त्र'। और लोग इस भजन को आज भी विस्मय के साथ याद करते हैं कि सूर ने कृष्ण का क्षणिक दर्शन किया बल्कि उन्हें निर्वस्त्र देखा। 'देखे री हरि नङ्गमनङ्ग,'[16]—इस तरह का दर्शन साधारण व्यक्ति नहीं कर सकता। ऐसा दर्शन वही कर सकता है जिसकी दृष्टि उसके और ईश्वर के बीच किसी अवरोध को नहीं रखती।

यानी यह सूर की नेत्रहीनता का निर्णायक परीक्षण था। यह उनकी दृष्टि की शुद्धता को प्रमाणित करता है और सिद्ध करता है कि जहाँ अपेक्षित है, वहाँ वे अपनी भावना व्यक्त करने से चूकते नहीं हैं। इससे यह विश्वास प्रबल होता है कि सूर कृष्ण का जो वर्णन करते हैं, वह न केवल दृश्य रूप से शुद्ध है बल्कि उन्हें पूरा पता है कि कृष्ण क्या-क्या लीलाएँ दिखा सकते हैं। पुराने 'सूरसागर' की कविताओं को उनकी चाक्षुष शुद्धता के लिए सराहा जाता है और इनमें जितनी कविताएँ जुड़ती गईं, उनके स्तर में भले ऊँचाई न आई हो, उनकी प्रतिष्ठा जरूर बढ़ी। इसके अलावा, चाक्षुषता के मामले में प्रवीणता को उनकी स्वाभाविकता से तौला गया।[17] कई दूसरों के मुकाबले सूर ऐसे कवि थे जिन्होंने कृष्ण को सांसारिक वस्तुओं में देखा और सांसारिक वस्तुओं को कृष्ण में देखा, जो धर्म-निरपेक्ष और धर्मपूर्ण के बीच की खाई को पाटने में सफल हुए। बच्चे की तुतलाहट और ठुनक को प्रस्तुत करने में सूर दक्ष थे। बच्चा भी कौन ? कृष्ण। सूर ने गेंद खेलने की दर्जनों कला का वर्णन किया है। एक विशेष उदाहरण लें, तो कह सकते हैं कि भारतीय बच्चे अपने बालों के बारे में क्या सोचते हैं, इस पर भी सूर ने ध्यान दिया। भारतीय बच्चों के बाल तीन-चार साल की उम्र तक काटे नहीं जाते। एक प्रसिद्ध कविता में उन्होंने दिखाया है कि बालक कृष्ण अपने बालों को लेकर अपनी माता से क्या शिकायत कर रहे हैं :

जसौदा कब बाढैगी चोटी
किती बेर मोहि दूध पिवत भइ यह अजहू अति छोटी
तू जु कहति बल की बेणी तै ह्वैहै लांबी मोटी
काढत गुहत अन्हात नागिनि लौ फिरिहै भुइ मैं लोटी
तब तै धुपि धुपि दूध पिवावति देति न माषन रोटी
सूर बाल रस त्रिभुवन मोह्यौ हरि हलधर की जोटी

Yasoda, when will my topknot grow?
How many times have you made me drink my milk?—
    and still it's so little, so small.
You keep saying someday it will be thick and long—
    longer than brother Balaram's
Comb it and braid it and wash it, you say,
    and it'll slither to the ground like a big black snake,
But all the while you're after me with milk, milk, milk.
    You never give me bread and butter'.
Sur says, a taste of the childhood of these two—
    Hari and his brother, the Bearer of the Plow,
        is enough to make the three worlds reel.[18]

अगर सूर कृष्ण के इर्द-गिर्द के सब कुछ को देख सकते थे, तो यह देखना केवल अनुभूतिजन्य न होकर कुछ ज्यादा वास्तविक होगा। इसका परिणाम यह है कि यह सांसारिक वास्तविकता को न केवल हमारे परिप्रेक्ष्य से सत्यापित करता है बल्कि हमारी दुनिया की वास्तविकता को दैवी परिप्रेक्ष्य से भी सत्यापित करता है। सूर की नेत्रहीनता दोतरफा दर्पण का काम करती है। अगर सूर की दृष्टि वास्तविक है, तो हमारी गतिविधियाँ और हमारी भावनाएँ भी—जिन्हें कृष्ण के शब्दभंडार का हिस्सा होने के कारण पवित्र माना जा चुका है—अन्ततः वास्तविक हैं, जैसाकि वल्लभ का दावा है। सूर का दृष्टिकोण पूर्वग्रहग्रस्त नहीं है, जो सांसारिक दृष्टि से उत्पन्न होती है। इसलिए वे इस संसार को और उसमें कृष्ण के संसार को जिस दृष्टि से देखते हैं, वह ओझल नहीं होता। वे अनावश्यक हस्तक्षेप नहीं करतीं। इसलिए, जिन देशज कवियों की रचनाओं पर लघुचित्र आदि बनाए गए, उन सभी कवियों में सूर ही लगभग अकेले हैं—कुछ अपवादों को छोड़कर—जो इन चित्रों में भी चित्रित किए गए हैं। कहीं नीचे कोने में खड़े नेत्रहीन कवि सूर कृष्ण के संसार को, उसके बेहद अन्तरंग प्रसंगों को भी व्यवधान डाले बिना देखते नजर आते हैं।[19]

एक अन्तिम बात, और यह हमें फिर से वल्लभ सम्प्रदाय के अन्दर ले जाती है। बाकी तमाम बातों के अलावा, एक सम्प्रदायगत कारण भी है, जो सूर को नेत्रहीन बनाता है। आपको याद होगा कि '...वार्ता' में सूर की जो कथा है, वह नेत्रहीनता के पहले और बाद की है। यह बताती है कि वल्लभ के संरक्षण ने सूर को किस तरह इस संसार में अपनी हालत पर विलाप करनेवाले और कृष्ण की आकांक्षा रखनेवाले कवि से ऐसे कवि में परिवर्तित कर दिया, जो इस संसार में कृष्ण की गुप्त मगर वास्तविक उपस्थिति का गुणगान करने लगा। '...वार्ता' उनकी सभी कल्पनाओं को वल्लभ द्वारा किए गए वर्णनों का कवित्वमय संस्करण बताती है। तमाम तर्कों को परे रखते हुए यह दिखाने की भी यातनापूर्ण कोशिश की गई है कि सूर की एक विख्यात कविता के कुछ शब्द किस तरह वल्लभ द्वारा संस्कृत में कभी लिखे गए अंश से प्रेरित हैं।[20] संक्षेप में, '...वार्ता' ने यह जो वर्णन किया है कि वल्लभ ने सूर को किस तरह दृष्टि प्रदान की, वह उस महान परिवर्तन के बाद सूर की सभी अभिव्यक्तियों को प्रकृति अथवा कृति की देन नहीं बल्कि वरदान की, खास कर वल्लभ के वरदान की देन में बदल देता है। '...वार्ता' की स्थापना पर विश्वास करें, तो यह इलहाम की, ईश्वरादिष्ट कविता है। यह अनुग्रह को जन्म देती है, क्योंकि इसका मौखिक स्रोत वल्लभ के शब्द हैं, जो कि स्वयं कृष्ण के शब्द हैं क्योंकि उनके अनुयायी उन्हें कृष्ण का पूर्णावतार मानते हैं। और सूर की नेत्रहीन कल्पनाशीलता को इसकी अनुभवजन्य सादृश्यता माना जा सकता है।

वैसे, उपयुक्त ऐतिहासिक कारणों से, हर कोई यह नहीं मानता कि सूर और वल्लभ में इतनी निकटता है। जैसीकि मैं अध्याय 7 और 8 में चर्चा करूँगा, मेरे

खयाल से यह मानने के पर्याप्त कारण हैं कि इतिहास जिस सूरदास को जानता है, वे कभी वल्लभ के शिष्य नहीं रहे। और एक तर्क यह है कि वल्लभ सम्प्रदाय ने उन्हें जिन कवियों की पंक्ति में शामिल करने की कोशिश की, उनके विपरीत सूर ने जो कुछ गाया, उसमें कभी अपने कथित गुरु का कोई उल्लेख नहीं किया। '...वार्ता' के रचनाकार ने इस आपत्ति का उत्तर देने की कोशिश की है। उसने किसी से यह प्रश्न करवाया है : 'ऐसा क्यों है कि आपने कभी वल्लभ का उल्लेख नहीं किया?' सूर आश्चर्य में डालनेवाला उत्तर देते हैं कि उन्होंने कृष्ण के लिए जो भी गाया है, वह वल्लभ के लिए भी है। कुछ लोग सूर तथा वल्लभ के सम्बन्ध को स्पष्ट करवाने की कोशिश करते हैं। इसके जवाब में सूर उन्हें सन्तुष्ट करने के लिए अपनी एक कविता का उल्लेख करते हैं जिसमें वल्लभ शब्द एक शीर्षक के रूप में दर्ज है। लेकिन इसे कोई दूसरा वल्लभ—सूर के गुरु—माना जा सकता है जो अपने अनुयायियों के बीच आज के कृष्ण माने जाते थे।[21]

लेकिन टीकाकार हरिराय यहीं पर रुकने को तैयार नहीं हैं। वे इस कविता को लेकर इसके साथ और भी बहुत कुछ करते हैं। उन्होंने क्या किया, यह जानने से पहले इस कविता को देख लेना बेहतर होगा :

भरोसो दृढ इन चरनन केरौ
श्रीवल्लभ-नखचन्द्र-छटा बिन सब जग मांझ अंधेरो
साधन और नहीं या जगमें जासों होत निवेरो
सूर कहा कहे द्विविध आंधरो बिना मोल को चेरो

With firmness of faith I cling to these feet.
But for the brilliance that shines from the moonlike
toes of the Beloved, all the world would be dark.
Those feet bring salvation; there is no other vessel
in this worst of all ages that is separate from him.
Any diverging, any doubleness, is darkness—
so says Sur, a worthless disciple.[22]

हरिराय का तर्क है कि सूर जिस द्विविध की बात करते हैं, वह प्रिय वल्लभ के प्रति पूर्ण निष्ठा अर्पित करने में विफलता नहीं है, बल्कि यह पहचान करने में विफलता है कि वल्लभ के दो सम्भावित उल्लेख—कृष्ण और वल्लभ के तौर पर—वास्तव में एक ही हैं। भाषानुवाद में वे सूर से दूसरी बार वह कहलवाते हैं जो उनकी नेत्रहीनता का सम्प्रदायगत दृष्टिकोण से अन्तिम अर्थ है। वे उनसे कहलवाते हैं—'मुझे गोवर्धननाथ (यानी कृष्ण) और वल्लभ में कोई भेद नहीं दीखता'। इसका अर्थ यह है कि अगर सूर अपनी पारलौकिक दृष्टि से ऐसा कोई भेद नहीं देख पाते

तो यह वास्तव में नहीं होगा। सामान्य आँखों के लिए वल्लभ और कृष्ण अलग-अलग व्यक्तित्व नजर आ सकते हैं—एक दार्शनिक के रूप में और एक शरारती बालक के रूप में दिख सकते हैं लेकिन सूर की सूक्ष्म दृष्टि में वे एक ही हैं।

मैं यह नहीं कह रहा कि सूर की नेत्रहीनता का आविष्कार वल्लभ सम्प्रदाय ने किया। इसके विपरीत, मुझे लगता है कि सूर की नेत्रहीनता के किस्से '...वार्ता' के संकलन से पहले से प्रचलित थे। वल्लभ सम्प्रदाय सूर को ही उलटे वल्लभ की छाया में लाकर यह चाहता था कि वल्लभ को पहले से लोकप्रिय नेत्रहीन सन्त के दायरे में स्थापित कर दिया जाए। यह कदम उठाने के बाद, और सूर को सम्प्रदाय की धर्म-सैद्धान्तिक तथा पूजन-पद्धति सम्बन्धी आवश्यकताओं को पूरा करनेवाले कवि के रूप में स्थापित करने के बाद सूर की नेत्रहीनता के फल के रस की अन्तिम बूँद खींचना ही बाकी रह गया था। सूर को अपनानेवाले सम्प्रदाय की विश्वसनीयता में उनके नाम की व्यापक प्रतिष्ठा ने जिस तरह भारी वृद्धि कर दी, उसी तरह उनकी अक्षमता—या क्षमता—ने उन्हें अपनाने के लिए जिम्मेदार माने गए व्यक्ति को भी कुछ योगदान दिया। अगर कृष्ण के मामले में सूर की दृष्टि पर विश्वास किया जा सकता है, तो वल्लभ के मामले में क्यों नहीं? दूसरे पैगम्बर भी वल्लभ के अग्रदूत तो थे ही मगर सूर के योगदान की अनदेखी नहीं की जा सकती।

अध्याय-7

सूर की दुनिया में अकबर

हम सब जानते हैं कि अकबर 'महान मुगल बादशाह' था।[1] हम यह भी जानते हैं कि वह एक महान समन्वयवादी था, एक नए मजहब 'दीन-ए-इलाही' का प्रवर्तक था, और उसने फतेहपुर सीकरी में विभिन्न धर्मों के लिए एक संगोष्ठी स्थल का निर्माण भी करवाया था। अकबर के कुछ अन्य पहलुओं में भी मेरी विशेष दिलचस्पी है। वह संगीत का भी बड़ा कद्रदां था। यह सर्वविदित है कि उसने अपने दरबार में महान संगीतज्ञ तानसेन को भी शामिल किया था जिनके चलते उसके दरबार का स्वरूप बेहद भव्य बन गया था। इतिहासकार अबुल फजल ने अकबर के संगीत की महफिलों का जो विवरण दिया है, वह बताता है कि वह इतने पर ही नहीं रुक गया था। ग्वालियर घराने के बहुत से गुणीजन, जिनमें पहुँचे हुए उस्ताद संगीतकार तथा ध्रुपद गायक शामिल थे, तानसेन के साथ अकबर के दरबार में पहुँच गए थे। वल्लभ सम्प्रदाय की '...वार्ता' के मुताबिक, कुम्भनदास तथा सूरदास सरीखे भक्त कवियों के भजन तथा गीत अकबर को भावविभोर कर देते थे।[2] प्रियादास की 'भक्तिरसबोधिनी', जो वृंदावन में 1712 में लिखी गई थी, कहती है कि सूरदास मदनमोहन के एक दोहे से अकबर बेहद प्रभावित हो गया था। प्रियादास भी यह आश्चर्यजनक कहानी कहते हैं कि मीराँबाई से दूर रहते हुए भी अकबर उनके प्रति इतना आकर्षित हो गया था कि तानसेन को लेकर उनसे मिलने चल पड़ा था। मीराँ के पदों ने उसे इतना प्रभावित किया कि इन पदों की गायिका के आराध्य के प्रति उसके मन में भी प्रेमोदय हो गया।[3] वह सच्चा समन्वयवादी था।

इस अध्याय में मैं सूरदास पर और गहराई से विचार करना चाहता हूँ और देखना चाहता हूँ कि 16वीं-17वीं सदी में बने दस्तावेजों में 'समन्वय और पार्थक्य' के विमर्श किस तरह उनके इर्द-गिर्द उभर रहे थे।[4] हम पाएँगे कि 'समन्वय और पार्थक्य' एक ही सिक्के के दो पहलू हैं और यह सिक्का हिन्दू-मुस्लिम सम्बन्धों के बीच नहीं चल पाता। इसे हम कई रूपों में देख सकते हैं, और यह तब दिखने लगता है, जैसे ही अकबर यह तय करता है कि उसे तो सूरदास से मिलना ही है।

हमारा स्रोत 'चौरासी वैष्णवों की वार्ता' है, जिसका प्रकाशन वल्लभ सम्प्रदाय ने किया था। मुख्य आलेख वल्लभ के पौत्र गोकुलनाथ के बारे में है और यह हमारे पास उस रूप में आता है, जो या तो 1640 (हालाँकि पांडुलिपि की पुष्पिका में कुछ गड़बड़ी है) का है या 1695 का।[5] एक कहानी यह भी तानसेन से जुड़ी है : तानसेन ने सूर का कोई पद गाकर सुनाया तो अकबर सूर से मिलने को बेताब हो गया। कहानी थोड़े हास्य के पुट के साथ कही गई है। अकबर को लगा कि यह तो बहुत बुरी बात है कि सूर केवल गिरधर कृष्ण पर अपनी काव्य-प्रतिभा बरबाद करें, इसलिए उसने मथुरा में, जो आगरा और दिल्ली के बीच है, उनसे मिलने की जुगत लगाई। कवि का पूरा सम्मान करने के बाद बादशाह ने कहा, 'तुमने विष्णुपद बहोत किए हैं, सो तुम मोकों कछु सुनावो।' जवाब में सूर ने यह पद सुनाया : 'मना रे तू करि माधों सों प्रीति'। सूर ने अपने मन को निर्देश दिया कि वह केवल माधव से प्रेम करे।

'...वार्ता' बताती है कि अकबर यह जवाब सुनकर खुश हुआ लेकिन उसे लगा कि थोड़ी और परीक्षा ली जाए। उसने सूर से कहा, 'खुदा ने मुझे यह राजकाज सौंपा है। सारे बड़े लोग मेरा गुणगान करते हैं और मैं उन्हें खूब पुरस्कार देता हूँ। आप भी मेरा थोड़ा गुणगान कर दें और अपनी ख्वाहिश बता दें कि आप क्या चाहते हैं।' इसके जवाब में यह पद गाया सूर ने : 'नहीन रह्यो मन में थौर...'। इस पर अकबर ने हार मान ली और कहा कि वे वैसे भी उनकी ख्वाहिश पूरी करेंगे। इस पर सूर ने तुरन्त जवाब दिया कि उनके लिए सबसे बड़ा पुरस्कार यही होगा कि बादशाह उन्हें माफ ही करें और फिर कभी उन्हें न बुलाएँ—आप अपनी जगह खुश, हम अपनी जगह। यह निश्चित ही हँसी-हँसी में समन्वय का सबक देना है।

वास्तव में, ऐसा लग सकता है कि यह कहानी पार्थक्य से ज्यादा समन्वय पर एक विमर्श जैसा है। आखिर, सूर स्पष्टत: हिन्दू क्षेत्र, या गोवर्धन पर्वत के वैष्णव क्षेत्र से विदा लेते हैं, जहाँ वे अपने गुरु वल्लभाचार्य की सेवा करते बताए जाते हैं। सूर वापस गोवर्धन चले आते हैं। हाँ, कुछ अर्थों में चीजों को पार्थक्यवादी नजर से देखा जा सकता है। और मुझे नहीं लगता कि यह वार्ता वैष्णवों के बारे में है, बल्कि यह भक्तों के बारे में है क्योंकि इस शीर्षक का अधिकतर उपयोग उस व्यापक विधा के लिए किया जाता है, जिस विधा का वह है—'भक्तमाल' का। लेकिन यह भी उतना महत्त्वपूर्ण है कि सूर और अकबर सद्भाव के साथ एक-दूसरे से अलग हुए। यहाँ हमें आध्यात्मिक और लौकिक—विलायत और दुनिया, ब्राह्मण और क्षत्रिय के बीच के पारस्परिक सम्बन्ध के पुराने आख्यान के एक रूप के दर्शन होते हैं, जहाँ आध्यात्मिक को लौकिक से अधिक शक्तिशाली दिखाया गया है[6]—न

केवल अधिक शक्तिशाली बल्कि सचमुच स्वतंत्र भी, चाहे सांसारिक तथ्य कुछ भी क्यों न हों।[7]

अकबर की स्पष्ट अनुमति के साथ गोवर्धन पर्वत पर सूर को स्थापित करना विलायती तौर-तरीके के मद्देनजर सचमुच महत्त्वपूर्ण है। शायद 16वीं सदी के उत्तरार्द्ध में (1571 या इसके भी बाद ?) वल्लभ के पुत्र तथा उत्तराधिकारी विट्ठलनाथ के निर्देश पर वल्लभवादियों ने श्री गोवर्धननाथजी यानी श्रीनाथजी के मन्दिर से बंगाली पंडितों को निकालकर उसे अपने नियंत्रण में ले लिया।[8] उस उलटफेर की वास्तविक तारीख जो भी रही हो, शाही फरमानों के मुताबिक, 1593 तक गोवर्धन को वल्लभवादियों के क्षेत्र के तौर पर मान्य नहीं किया गया था।[9] वल्लभ काफी पहले 1530 में स्वर्ग सिधार चुके थे। इसलिए हम पाते हैं कि यहाँ उस मन्दिर (इसलिए वल्लभ सम्प्रदाय, जो इसे अपना लेता है), और अकबर की दुनिया के बीच विलायतनुमा सम्बन्ध बनाने की कोशिश की जा रही है। भूगोल अच्छा है, यह आगरा के करीब है, भले ही बहुत करीब नहीं है। औरंगजेब के मूर्तिपूजा-विरोध के डर से 1669 में जब श्रीनाथजी को जबरन ब्रज छोड़ना पड़ा, तब सामंजस्य तथा शाही वैधता के उस यादगार/प्रस्तावित स्वर्णयुग में एक विशेष आकर्षण रहा होगा। अकबर के फरमानों ने वास्तव में स्पष्ट कर दिया था कि विट्ठलनाथ को अकबर का 'शुभचिन्तक', उनकी ओर से 'अर्चना करनेवाला', उनकी शाश्वत राजशाही के कल्याण के लिए दैनिक प्रार्थना करनेवाला माना जाए।[10]

पार्थक्य

अकबर के साथ सूर का संवाद अगर उनकी कथा में समन्वय के विमर्श को स्पष्ट करता है, तो वल्लभ के साथ उनकी मुलाकात में पार्थक्यवाद को देखा जा सकता है। '...वार्ता' के अनुसार इसने उन्हें हमेशा के लिए एक वैष्णव पंथ के सदस्य के तौर पर चिह्नित कर दिया, न कि किसी और पंथ के सदस्य के रूप में।

वल्लभ के साथ सूर की मुलाकात की कथा काफी दिलचस्प है और यह सूरदास विषयक वार्ता के आरंभ में ही आती है यानी उस भाग के प्रारम्भ में, जिसे गोकुलनाथ द्वारा रचित माना जाता है। यह अगले संस्करण में हरिराय द्वारा जोड़ी गई प्रस्तावना से अलग है। गोकुलनाथ की 'वार्ता' शुरू होती है तो हम पाते हैं कि सूरदास अपने शिष्यों से घिरे हैं और आगरा के उत्तर मगर मथुरा के दक्षिण में यमुना के किनारे गऊघाट पर आश्रय लिये हुए हैं। वल्लभ इलाहाबाद में अदेल में अपने घर से वहाँ पहुँचते हैं। सूर के अनुयायी उन्हें इस महान हस्ती के आगमन की सूचना देते हैं। सूर कहते हैं कि वल्लभ जब भोजन कर लें तब उन्हें बताया जाए। इसके बाद वे उनके पास जाते हैं और अपने शुद्धीकरण के बाद उनसे पंथ का मंत्र ग्रहण

करके दीक्षा लेते हैं। इस मौके पर वल्लभ उन्हें भागवतपुराण के दसवें स्कन्ध पर अपनी टीका को काव्य-रचना के विषय के रूप में प्रस्तुत करते हैं जिसका नाम 'सुबोधिनी' है। इसका पाठ हमें बताता है कि 'सुबोधिनी' में जो सूचनाएँ दर्ज हैं, वे सूर के हृदय में शीघ्र ही 'स्थापन भई'।

इसके बाद से सूर के गायन के विषय तथा स्वर पूरी तरह बदल गए। अब, '...वार्ता' जिसे ईश्वर के सामने 'घिघियाना' कहती है, उसे वे त्याग देते हैं। इसकी जगह वे पूरी तरह कृष्णलीला के वर्णन में जुट जाते हैं। वे ऐसे नाटकीय गीत लिखने लगते हैं जिनमें इस लीला-विमर्श को शामिल किया गया। वे इसलिए ऐसा कर पाते हैं क्योंकि वल्लभ उन्हें इसका अवसर प्रदान करते हैं। वल्लभ उन्हें वहाँ ले जाते हैं, जिसे '...वार्ता' ब्रज कहती है, जो कि गऊघाट के उत्तर में स्थित आकर्षक स्थान है और वल्लभ का तीर्थस्थान है। सूर गोकुल में कृष्ण के बाल्यकाल के गीत गाते हैं क्योंकि वल्लभ वहाँ बसी कृष्ण की छवि से उन्हें परिचित कराते हैं—शायद पुरावशेष के रूप में, क्योंकि इस मन्दिर का निर्माण वल्लभ के पुत्र तथा उत्तराधिकारी विट्ठलनाथ ने करवाया था।[11] और सूर गोवर्धन पर्वत पर स्थित गोवर्धननाथजी मन्दिर के कीर्तनकार बन जाते हैं। हम पाते हैं कि यह मन्दिर अन्ततः इस सम्प्रदाय का मुख्य धर्मस्थल बन जाता है। इस हैसियत से वे उस कोश के बाकी गीत सुनाते हैं, जो उनके नाम किए गए हैं—कम-से-कम उन हिस्सों को तो सुनाते ही हैं, जो कृष्ण से सम्बन्धित हैं। सूर का रचनाकोश इतना विशाल और प्रभावशाली है कि वल्लभ वास्तव में कभी-कभी उसे उसके लिए प्रचलित नाम 'सूरसागर' से पुकारते हैं। और यह सूर की कविताओं के संकलन के साथ जुड़ गया।

पूरी कथा का मकसद सूर को वल्लभ पंथ की कक्षा में मजबूती से स्थापित करना है। इस अर्थ में यह प्रकटतः और लगभग प्रतिमानात्मक रूप से पार्थक्य का विमर्श है। यहाँ 'विमर्श' शब्द ठीक है, क्योंकि '...वार्ता' में जो घटनाएँ दर्ज की गई हैं, वे मेरे खयाल से इतिहाससम्मत तथ्य नहीं हैं। वल्लभ सूर को जब 'सूरसागर' कहते हैं तब आप अपनी भँवें टेढ़ी करके भले ही सन्देह व्यक्त कर चुके हों, लेकिन कथा का असली उद्देश्य पहले से ही ज्ञात पाठ को शामिल करना था। यही नहीं, वल्लभ जब सूर के जीवन के नये चरणों को उद्घाटित करते हैं तब सूर जो कुछ गाते हैं, उसे बताने के लिए '...वार्ता' जिन कविताओं को चुनती है, उन्हें स्पष्टतः 'सूरसागर' की सबसे प्रशंसित रचनाओं में से चुना गया। यह पुरानी पांडुलिपियों और समकालीन प्रस्तुतियों में उनकी प्रमुखता से जाहिर है। एक स्तर पर, '...वार्ता' पाठ में एक आख्यान की तरह लगती है, जिसका उद्देश्य इन कविताओं को सिर्फ जीवनीपरक सन्दर्भ प्रदान करना है।

यह सब सच है। गोकुलनाथ जी ने लेखन तब किया जब एक बड़ा क्षण आया। यह बड़ा क्षण यह था कि उनके पिता विट्ठलनाथ ने वणिक समुदाय, खास कर

गुजराती वणिक समुदाय से भारी दान हासिल करके अपने पंथ को ठोस संस्थागत आधार प्रदान किया। इसमें कृष्णदास की सख्त प्रशासनिक प्रक्रियाओं का भी योगदान रहा। उन्होंने मुगल दरबार से भी समर्थन हासिल किया, जिसने कई फरमान जारी करके उसे जमीन दान की, और जैसाकि हम देखते हैं, उसे कानूनी पचड़ों से, खास कर बंगालियों के साथ हुए पचड़ों से उबरने में मदद की। इस समय तक, पंथ के आनुष्ठानिक जीवन को नियमित किया जा चुका था और उसे धर्मसिद्धान्त के अनुसार समायोजित किया जा चुका था। और जिन कवियों के गीतों को इसका आधार बनाया गया, उनमें सूर भी थे। वे इस पंथ के 'अष्टछापों' में शामिल किया गए, बल्कि इसके चार संस्थापकों में से सबसे प्रसिद्ध हुए। 'सूरसागर' नाम पहली बार 1640 की एक सूर पांडुलिपि में प्रकट होता है। यह विचार शायद इससे पहले से कुछ चर्चा में था। लेकिन सूर की प्राचीनतम पांडुलिपियों में कहीं यह संकेत नहीं मिलता कि यह स्वयं कवि के काल से था। इसलिए ऐसा लगता है कि इस तथ्य के उद्घाटन के बाद वल्लभवादी लोग 'सूरसागर' की प्रतिष्ठा के लिए खुद श्रेय बटोरने की कोशिश कर रहे थे, और इसके लिए पार्थक्य का विमर्श शुरू कर दिया था ताकि सूर की कविताओं को जिन सन्दर्भों में गाया जाता था, उनसे सूर को अलग किया जा सके।

यह कथा बताती है कि सुर को इस सम्प्रदाय में जितनी प्रतिष्ठा हासिल थी, उससे ज्यादा प्रतिष्ठा बाहर हासिल थी। वल्लभ जब परिदृश्य में उभरे थे, तब तक सूर के कई भक्त बन चुके थे। उनके बारे में जो प्राचीन वैष्णव विवरण हैं, वे—नाभादास की 'भक्तमाल' और हरिराम व्यास की कविताएँ—इसे स्पष्ट करते हैं। दोनों कृतियों में उन्हें महान कवि, सबसे प्रतिष्ठित कवि, पदों के सबसे उत्कृष्ट शिल्पकार, आदि कहा गया है। इसके अलावा, ब्रजभाषा की कविता के उपलब्ध प्राचीनतम संकलन, 1582 की फतेहपुर पांडुलिपि (फिलहाल जयपुर राजवंश के खास मोहर संग्रह में संरक्षित) मुख्यत: उन पर ही केन्द्रित है। इसलिए, '...वार्ता' जब वल्लभ को इस बात का श्रेय देती है कि उन्होंने सूर को ब्रजभाषा में प्रवेश दिलाया, तो एक मूल बात को भुला दिया जाता है कि सूर की कविताओं को पसन्द करनेवाले ब्रजभाषियों और सूर के बीच वल्लभ को घुसा दिया गया है।

साफ है कि यह विमर्श ब्रजभाषा से सम्बन्धित स्मृतियों को इस तरह का रंग देने की कोशिश है कि सूर को एक खास तरह के धर्म-सैद्धान्तिक तथा संस्थात्मक दायरों में घेर दिया जाए—चाहे इसके कारण सूर खुद से ही अलग क्यों न हो जाएँ। इस विमर्श में 'विनय' शृंखला की उनकी कविताओं को दूसरी कविताओं से कम महत्त्वपूर्ण बताने की कोशिश की गई है। इन कविताओं में सूर कृष्णलीला के किसी सदस्य का नाटकीय चेहरा बने बिना खुद अपनी ओर से बातें करते हैं। ये वल्लभ से पहले की रचनाएँ हैं, जो बच्चों की मचलाहट जैसी हैं। ये ऐसी बातें हैं जो सूर

ने धार्मिक होने से पहले कही—उस समय, जब वे 'घिघियाते' थे; '...वार्ता' सूचित करती है कि आचार्यश्री की 'सुबोधिनी' के प्रताप से सूर, सूर बने।

इतिहास में हाथ की सफाई कैसे हुई, इसके कुछ ब्यौरे काफी आश्चर्यजनक हैं। इनमें से कम-से-कम एक का उल्लेख करना प्रासंगिक होगा। जैसाकि मैं कह चुका हूँ, प्राचीन 'सूरसागर' की कुछ सबसे प्रसिद्ध कविताओं का विन्यास गोकुलनाथ ने किया, उन्हें '...वार्ता' में उद्धृत किया, और उन्हें इस तरह प्रस्तुत किया गया जिससे सूर के गुरु वल्लभ की महिमा में वृद्धि हो। जरा देखिए कि एक महत्त्वपूर्ण कविता[12] के मामले में ऐसा किस तरह किया गया :

चकई री चलि चरण सरोवर जहां न पेम वियोगु
जहं भ्रम निसा होत नहिं कबहू वह साइरु सुष जोगु
सनक सहंस मीन सिव मुनि जन नष रवि प्रभा प्रकास
प्रफुलित विमल कमल नहि ससि डरु गुंजित निगम सुवास
जिहि सर सुभग मुकति मुकता फल सुकृत विमल जल पीजै
सो सर छाडि कुबुद्धि विहंगम इहाँ कहा रहि कीजै
जहं श्री सहित सहज नित क्रीडा सोभित सूरिज दास
अब न सुहाइ विषै बनु छीलर वा समुद्र की आस

जरा उस अनुभवातीत झील पर विचार करें, जिसका उल्लेख इस कविता में किया गया है, और विशेष तौर पर उस पंक्ति पर गौर करें जिसमें 'श्री' के साथ खेलने की बात कही गई है (पंक्ति 7) : 'जहं श्री सहित सहज नित क्रीडा सोभित सूरिज दास'। केनिथ ब्रायंट आलोचना के जिस औजार का उपयोग करते हैं, वह सूर की उन प्राचीन पांडुलिपियों से प्राप्त सूचनाओं को व्यवस्थित करने में इस बिन्दु पर काफी उपयोगी होगा। इन पांडुलिपियों को मैंने अगले अध्याय के शुरू में ही सूचीबद्ध किया है। यह औजार तुरन्त स्पष्ट कर देता है कि सबसे सारगर्भित पाठांतर 'सहज' शब्द पर है, जिसके लिए विकल्प के तौर पर हाल की कुछ पांडुलिपियाँ 'करत' शब्द प्रस्तुत करती हैं। और कुछ पुरानी तथा छोटी पांडुलिपियों, ग्रुप बी 2, यू 1, बी 4 में 'श्री' शब्द गायब है। उनमें 'श्री सहित' की 'सर साखा' (यू 1) जैसा दर्ज है। लेकिन ये पाठांतर कुछ विवर्ण हैं। बाद वाले की शीर्षक पंक्ति में 'सर' के रूप में 'सरोवर' को बार-बार दोहराया गया है।

अब देखिए कि '...वार्ता' जब इस पंक्ति को उद्धृत करती है तब क्या होता है। यह इस प्रकार की हो जाती है : 'जहं श्री सहस्त्र सहित नित क्रीडत सोभित सूरजदास'।[13] इस पंक्ति का पद पांडुलिपि के बायें क्षेत्र में है, जब यह विचार किया जाता है कि 'सहस्त्र' को किसी पुरानी पांडुलिपि में सत्यापित नहीं किया गया है, लेकिन यह समझा जा सकता है कि 'सहज' को कैसे सुना गया होगा और उस तरह गाया होगा।

'सहस्त्र' ब्रजभाषा में अक्सर 'सहस' बन जाता है। इसके बाद 'सहज' हो जाना भी काफी सम्भव है।

इसलिए, '...वार्ता' में हम 'सहस्त्र' पाते हैं। और यह देखना काफी दिलचस्प है कि '...वार्ता' इसकी व्याख्या कैसे करती है। गोकुलनाथ क्रिया 'क्रीडत' के बरक्स 'श्री सहस्त्र' पद सुनते हैं। यह वल्लभ की महत्त्वपूर्ण पंक्ति की प्रतिध्वनि है। यह पंक्ति 'सुबोधिनी' के मंगलाचरण की पहली 'कारिका' है जिसमें 'भागवत' के दसवें स्कन्ध की व्याख्या की गई है। यह पद इस प्रकार है :

नमामि हृदये शेषे लीलाक्षीराब्धिशायिनं
लक्ष्मीसहस्त्रलीलाभि: सेव्यमानं कलानिधिम्।

[मैं अपने हृदय में उनकी वन्दना करता हूँ, जो क्षीरसागर में शेषनाग पर विश्राम कर रहे हैं—चन्द्रमा के समान वे, जिनके सामने श्री की हजारों लीलाएँ प्रस्तुत की जाती हैं।]

विट्ठलनाथ की मानें तो, अब हमारे पास ठोस प्रमाण है कि वल्लभ ने 'भागवत' के दसवें स्कन्ध के लिए जो प्रारम्भिक शब्द कहे हैं उन्होंने ही सूर को कृष्ण पर लिखी अपनी कविता को इस तरह शुरू करने को प्रेरित किया जिस तरह उन्होंने वास्तव में शुरुआत की है। गोकुलनाथ बताते हैं कि यह 'भगवत्लीला' पर सूर द्वारा लयबद्ध की गई पहली कविता है, और इसे सम्भव बनाया वल्लभ की 'लक्ष्मीसहस्त्र' और सूर की श्रीसहस्त्र' के बीच के स्वर्ण सूत्र ने।

कितनी विचित्र बात है यह कि यह बाद वाला अंश सभी पुरानी पांडुलिपियों से गायब है। ऐसा लगने लगता है कि 'सहज' को 'सहस्त्र' सुनना आज वैसा ही है मानो यह पूर्वग्रह का परिणाम है। सूर को वल्लभ के खाँचे में डालने के कार्यक्रम के साथ यह 'सूरदास की वार्ता' को वास्तव में जानबूझकर काफी 'पार्थक्यवादी' साबित करता है।[14]

अगर वल्लभवादियों का सम्प्रदायपरक कार्यक्रम इतनी अच्छी तरह सफल न हुआ होता तो इन सबका शायद ही कोई शैक्षिक महत्त्व होता। सूर का परिचय देनेवाला ऐसा आलेख दुर्लभ ही है जिसमें पहले ही पैरा में यह याद दिलाया गया हो कि वे वल्लभ के शिष्य थे। क्या हो अगर हम उन्हें इस सम्प्रदायपरक, पार्थक्यवादी जकड़न से मुक्त करा दें? वे वल्लभवादी पुष्टि मार्ग के कर्मकांड से मुक्त हो जाएँगे, मगर कहाँ जाएँगे?

दूसरे विच्छेद और मेल

जाहिर है, वे उस क्षेत्र की ओर जाएँगे, जहाँ सम्प्रदायगत कट्टरता कम है। ऐसा क्षेत्र हमें नाभादास की 'भक्तमाल' में और हरिराम व्यास के यहाँ मिलता है। दोनों पाठों

(नहीं, मेरा खयाल है, लेखकों) के अपने पंथगत झुकाव हैं—नाभादास का झुकाव रामानन्दी पंथ की ओर है, तो हरिराम व्यास का राधावल्लभी (हरिदास के प्रति महत्त्वपूर्ण स्वीकृति के साथ) पंथ की ओर है। लेकिन वे जिस संसार के थे, उसकी कई हस्तियों का चित्रण हमेशा पंथगत मकसद से नहीं किया—कम-से-कम प्रकट तौर पर तो नहीं ही। यह सच है कि नाभादास ने कबीर तथा रविदास जैसी हस्तियों को रामानन्द की शिष्य-परम्परा में रखा। इसे ज्यादा-से-ज्यादा कमजोर दावा माना जा सकता है।[15] लेकिन उन्होंने अपने पंथगत दायरे से आगे भी दृष्टि डाली, और यहाँ वे कम आग्रही नजर आते हैं। नाभादास की 'भक्तमाल' सूर को चैतन्य के अनुयायी नित्यानन्द तथा रघुनाथ गोस्वामी के ठीक बाद रखते हैं, और इसे उनके सत्संग का प्रभाव कहा जा सकता है।[16]

हरिराम व्यास इतने आश्वस्त नहीं हैं। कविता में, जहाँ व्यास सूर का उल्लेख करते हैं, उनके लिए कहे गए पद के बाद क्रमशः मीराँबाई, जैमल और परमानन्ददास को समर्पित तीन और पद भी बिना पंथगत भेदभाव के प्रस्तुत किए गए हैं, जबकि इनसे पहले कविता में जो प्रकट होते हैं, उनके साथ ऐसा नहीं किया गया है—पहले 'निकुंज लीला' समूह के हित हरिवंश और हरिदास हैं; फिर चैतन्य के अनुयायी हैं तथा सनातन गोस्वामी हैं; और अन्त में वल्लभ सम्प्रदाय के प्रतिनिधित्व के लिए कृष्णदास हैं। कविता 16वीं सदी की हस्तियों की उस पूरी पीढ़ी को 'सन्त घोषित' करती है जिसने संस्कृत तथा ब्रजभाषा में कविताएँ रचीं। और यह कविता उनके निधन पर अफसोस प्रकट करती है।[17] उन्हें पदानुक्रम तथा संस्था के आधार पर वर्गीकृत किया जाता है लेकिन कुछ हद तक ही। दूसरी कविताओं में हम देखते हैं कि उनका दिमाग पूरे समूह को दूसरी महत्त्वपूर्ण हस्तियों के विन्यास के बरअक्स रखता है—शाक्त जो हैं, वे अपनी अति के कारण बदनाम हैं और तथाकथित वैष्णव वास्तव में धार्मिक सौदेबाज सरीखे हैं। एक बिन्दु पर व्यास वल्लभवादियों तथा गौड़ियों पर दोषारोपण करते हैं कि चन्दा उगाहने के लिए वे गुजरात, बंगाल के दौरे पर गए और ब्रज को त्याग दिया।[18] इससे मुझे ज्ञानदेव के साथ नामदेव की यात्रा की कहानी याद आती है। वारकरियों ने महाराष्ट्र को अखिल भारतीयता से किस तरह ऊपर उठाया।[19] लेकिन मुख्य मुद्दा शायद यह है कि इन 'दूसरों' में से कोई मुस्लिम नहीं है।

इन 'भक्तमालों' में कुछ परस्पर विरोधी विश्वदृष्टियाँ पाई जाती हैं लेकिन इनमें भक्तों के व्यापक समूह की पृष्ठभूमि में एक आन्तरिक वृत्त बनाने की मंशा दिखती है। दूरी और धर्म-सैद्धान्तिकता तथा व्यावहारिकता के आधार पर उपयुक्तता का स्तर उनमें अन्तर पैदा कर सकता है। लेकिन उनमें शत्रुता शायद ही है। इन कथाओं में शत्रु उपस्थित तो होते हैं—उदाहरण के लिए, नाभादास की 'भक्तमाल' और अनन्तदास की 'परछाईं' में—लेकिन वे 'हिन्दू' दायरे के बाहर के किसी व्यक्ति के मुकाबले

ज्यादा मूर्ख, स्वार्थी, ब्राह्मण पाखंडियों जैसे हो सकते हैं। अकबर और सिकंदर लोदी सरीखे शासक शत्रु नहीं, बल्कि मध्यस्थ जैसे थे।

इसमें सन्देह नहीं है कि 1600 के आसपास जब नाभादास और हरिराम व्यास की 'भक्तमालों' की रचना हो रही थी तब उन्होंने उस समय मौजूद श्रेणियों, समूहों, संस्थाओं—वास्तविक मन्दिरों तथा जीविका के स्रोतों का खयाल रखा। आखिर, नाभादास ने अपनी 'भक्तमाल' में मनुष्यों के साथ देवताओं को भी रखा। भक्तों की माला की उपमा व्यापक रूप से समन्वय वाले पहलू को या कम-से-कम समानान्तर संगठन बनाने की इच्छा को सामने रखती है। लेकिन उत्तराधिकार निर्माण और उसके साथ पार्थक्यवादी संयोजन भी चलता रहता है। रामानंदियों की प्राथमिकताओं के कारण सूर भले छूट गए हों लेकिन जैसाकि रिचर्ड बर्गहार्ट बताते हैं, पंथ गठन की रामानन्दियों की इच्छा ने और कहीं इतिहास को विकृत कर दिया (या नया रूप दे दिया)।[20]

अब जरा अन्तिम कदम उठाएँ। हम गैर-वैष्णव स्रोतों पर, और आपकी इजाजत हो तो वंशवादी विमर्श पर विचार करें।

यह सर्वविदित है कि सूरदास नाम अबुल फजल के 'अकबरनामा' में दर्ज है। उन्हें भी तानसेन की तरह ग्वालियर घराने का बताया गया है, क्योंकि बताया जाता है कि वे वहाँ के रामदास के पुत्र थे। लेकिन उन्हें तानसेन या रामदास से काफी नीचे का दर्जा दिया गया है। तानसेन दरबार के सर्वश्रेष्ठ संगीतकारों में थे और उन्हें पहले नंबर पर रखा गया था, जबकि सूरदास 19वें नम्बर पर रखे गए थे। सूर की कला का यह जो मूल्यांकन है, और बाकी जगहों पर जो कुछ लिखा मिलता है, उसमें विरोधाभास, रामदास के साथ कुछ अस्पष्ट-सा साथ (रामदास बदायूनी में भी मिलते हैं मगर बिना सूरदास के)—ये बातें यह सोचने पर मजबूर करती हैं कि क्या ये वही सूरदास हैं, जो वैष्णव कवि थे और सूरदास के नाम से ही प्रसिद्ध हुए थे? फिर, यह तथ्य भी है कि अगर सूरदास का ज्यादा समय मुगल दरबार में बीता, तो ये बातें आश्चर्य में डालती हैं कि सूर के नाम दर्ज उनकी लोकप्रिय पुरानी कविताओं में फारसी-अरबी मूल के शब्द इतने कम क्यों हैं और मुगल अभिलेखागार में उनकी कोई कविता क्यों नहीं संगृहीत है? 'नास्तालिक' में दर्ज सूर की उपलब्ध पहली पांडुलिपि 1769 में प्रकट होती है और कोई ऐसी देवनागरी पांडुलिपि नहीं है जिसमें ऐसी पुष्पिका हो, जो उसे मुगल दरबार से जोड़ती हो। इसके अलावा, अगर कोई यह कहना चाहे कि मुगल दरबार वाले सूरदास ही वैष्णव सूरदास हैं, तो अबुल फजल को पढ़ते हुए वह समन्वय के विमर्श से काफी दूर ही रहेगा। अबुल फजल जब इन संगीतकारों को सूचीबद्ध करते हैं तब मजहब का ध्यान नहीं किया जाता।

समन्वयवाद के विमर्श के लिए कहीं बेहतर विकल्प एकदम अप्रत्याशित स्थान पर नजर आता है। यह मोहम्मद कबीर बिन इस्माइल का 'अफसाना-ए-शाहाँ' है,

जिसे जहाँगीर के काल में लिखा गया था, यानी 17वीं सदी के प्रारम्भिक वर्षों में। लेकिन यह एक ऐसे व्यक्ति ने लिखा था जिसका मुगलों से कोई पारिवारिक सम्बन्ध नहीं था। मोहम्मद कबीर अफगान परिवार के थे, जिसे मुगलों की जीत के कारण विस्थापित होना पड़ा था। अपने 'अफसाना' में वे इस्लाम शाह के दरबार की शान की याद करते हैं। इस शान का सम्बन्ध सूरदास के अलावा किसी से नहीं है। मोहम्मद कबीर कहते हैं :

'दर ऐश व जश्न नशतन्द। वह हमः वक्त उलमा व फुजलः व शुअरः हमराह भी बूदन्द। व दरजाए कि खुद भी बूदन्द गिर्द व गिर्दआँ कोशखः बरपा साख्तः बूदन्द व दरां कोशखः पान व गालिया हर किस्म निहादा बूदन्द। व आँजा वमिस्ल मीर सैयद मंझन मुसन्निफ मधुमालती व शाह फरमूली, व मूसन बिरादरे खुर्द शाह मुहम्मद व सूरदास वगैरह उलमा व फूजलः व शुअरः दरां कोशखः भी बूदन्द। व शेरे अरबी व पारसी व हिन्दवी भी गुफ्तन्द। इसलाम शाह फरमूद कि चूँ मनइजा बेयायम कसे अज शुमायानताजिमे मन न खाहेद कर। अगर कसे निशस्त; बाशद उ हम चुना निशस्तः बाशद व अगर खुस्पीदा बाशद हम चुना बाशद।'

[इस्लाम शाह जहाँ भी होता था, अपने को उच्च कोटि के विद्वानों और कवियों के सान्निध्य में रखता था। घालिया कस्तूरी, एंबरग्रीस, कर्पूर, बादाम के तेल से तैयार इत्र की खुशबू से गमकते खुशक (खोखे) बनाए जाते थे, जिनमें पान का पूरा इंतजाम रहता। 'मधुमालती' के रचनाकार सईद मंझन, शाह मुहम्मद फरमूली एवं उनके छोटे भाई मुसान, सूरदास और कई अन्य विद्वान तथा कवि वहाँ जमा होते और अरबी, फारसी, हिन्दवी में लिखी कविताओं का पाठ होता...][21]

अफगान दरबार के सांस्कृतिक जीवन के इस संक्षिप्त वर्णन में ऐसा प्रतीत होता है कि सूरदास यहाँ अन्य वैष्णव कवियों के प्रतिनिधि के तौर पर खड़े हैं। उनका नाम इन कवियों में से सबसे प्रसिद्ध है—वह भी उस परिदृश्य में, जिसमें सूफी शेखों से प्रभावित कवियों का वर्चस्व है। खुद मोहम्मद कबीर के अपने पूर्वज उनसे प्रभावित थे। दूसरे नजरिये से, सूरदास ब्रजभाषा में कविताई की उपलब्धियों की प्रतिमूर्ति हैं, जबकि मंझन अवधी भाषा की महानता के प्रतीक हैं। शाह मोहम्मद फरमूली और उनके भाई मुसान को किसी भाषायी खाँचे में रखना ज्यादा मुश्किल है लेकिन ये दोनों हिन्दवी के दायरे में दिखते हैं।[22]

मोहम्मद कबीर के विवरण को सीधे-सादे, ऐतिहासिकता के लिहाज से विश्वसनीय स्मृतिलेख के रूप में स्वीकार करना आसान लगता है। लेकिन यह इतना आसान नहीं है। 'अफसाना-ए-शाहाँ' में ऐसा कुछ नहीं है जो यह संकेत करे कि मोहम्मद कबीर इस्लाम शाह के दरबार के चश्मदीद गवाह रहे हों, और उस विवरण में ऐसा बहुत कुछ है जिस पर इतिहास के नजरिये से आपत्ति की जा सकती है। इसमें ऐसे प्रसंग भरे हैं जिनमें पिशाचों को मुख्य पात्र के रूप में चित्रित किया गया है।

इस्तांबुल और भारत के बीच भव्य रात्रि यात्राओं का वर्णन किया गया है। ये दस्तावेजी मकसद से ज्यादा स्तुतिपाठ का मकसद पूरा करते हैं, और उस समय के दूसरे दस्तावेजों में उपलब्ध सूचना का खंडन करते हैं।[23] बेशक, किसी को लग सकता है कि सूरदास जिस खंड में प्रकट होते हैं, उसे 'अफसाना-ए-शाहाँ' के ज्यादा समस्यामूलक अंशों से अलग माना जा सकता है। 'अफसाना-ए-शाहाँ' के दूसरे पहलुओं के गम्भीर आलोचक इक्तिदार हुसैन सिद्दीकी यही रुख अपनाते हैं। वे इस अंश को उन अंशों के बराबर रखते हैं जो 'अफगान काल के दौरान सांस्कृतिक, राजनीतिक, प्रशासनिक क्षेत्रों में सामंतों की उपलब्धियों के बारे में पाठकों को दिलचस्प सूचनाएँ ग्रहण करने' की छूट देते हैं।[24] दिक्कत यह है कि वे एक ऐसी कसौटी तय नहीं कर पाते ताकि ऐसे अंशों को उनके साथ के ज्यादा समस्यामूलक अंशों से अलग किया जा सके।

कहने को तो और भी बहुत कुछ है लेकिन हमारी दृष्टि से महत्त्वपूर्ण यह है कि मोहम्मद कबीर का लेखन सीधे तौर पर विमर्श के रूप में उभरता है—ऐसे विमर्श के रूप में सूर का उपयोग कर सकता है कि वे इस्लाम शाह के दरबार में कभी आए थे या नहीं। आज के परिप्रेक्ष्य में अतीत को देखें तो यह धार्मिक समन्वय के विमर्श जैसा प्रतीत होता है। ब्रजभाषा के एक वैष्णव कवि को हिन्दवी, फारसी भाषाओं के सूफी कवियों के साथ खड़ा किया जाता है। फिर भी हमें यह जरूर याद रखना चाहिए कि मोहम्मद कबीर केवल भाषा का जिक्र करते हैं, धर्म का नहीं। अगर यह समन्वय है, साहित्यिक या सांस्कृतिक समन्वय है, तो इसे स्पष्टतः राजनीतिक दायरे में बनाया गया है। और यह सार्वभौमिक तो कतई नहीं है। अगर गोकुलनाथ की 'वार्ता' नाम को समावेशवादी थी—सूर को पुष्टिमार्ग के विशाल जहाज पर लाया जाता है—लेकिन उसका लक्ष्य पार्थक्य था, तो यही बात मोहम्मद कबीर पर भी लागू होती है—नाम को समन्वय मगर लक्ष्य पार्थक्य। इस्लाम शाह के दरबार में अपने 'सिलसिले' के प्रतिनिधियों के साथ सूर तथा दूसरे कवियों को इकट्ठा करके वे सांस्कृतिक और शायद धार्मिक सर्वोच्चता के मुगलिया दावे को परोक्ष रूप से खारिज कर रहे थे। अफगानों के राज में हालात बेहतर थे। उनके दरबार में सूर सरीखे कवि थे। क्या अकबर ने ग्वालियर में ब्रजभाषा को संरक्षण देने के गौरव का श्रेय लेने की सिर्फ इसलिए कोशिश की कि वे कई संगीतकारों को आगरा ले आए थे? इस्लाम शाह का सम्बन्ध ज्यादा जैविक था। उन्होंने वास्तव में ग्वालियर में दरबार लगाया—बेशक कभी-कभी ही सही—जहाँ मोहम्मद गौस ने अपनी सट्टारी खानकाह स्थापित की। और जब उन्होंने वहाँ विद्वानों तथा कवियों को बुलाया तो वे वहाँ खुद को सहज महसूस करते थे। मोहम्मद कबीर के अनुसार, आत्मप्रचार करनेवाले अकबर के विपरीत पुरानी शाही परम्परा के इस सुलतान ने उन्हें ऐसा महसूस कराया कि उनमें और उसमें कोई फर्क नहीं है।[25]

यानी बात घूमकर फिर अकबर तक ही पहुँचती है लेकिन इस बार परिप्रेक्ष्य असन्तोष तथा अलगाव का है। यह 1971 में शार्लोट वॉदवील द्वारा किए गए प्रयास से अलहदा है, जिन्होंने वल्लभवादी 'वार्ताओं' के सूर और मुगल दरबार के सूर के बीच एक सेतु बनाने की कोशिश की थी। वह पुस्तक यूनेस्को की वित्तीय सहायता से प्रकाशित हुई थी और इसने 'राष्ट्रीय एकता' के भारत सरकार के बहुप्रचारित अभियान को काफी सहारा दिया था, भले ही अनजाने में ऐसा हुआ हो। हम इस तरह के समकालीन प्रासंगिकता के मकसदों से सहानुभूति रख सकते हैं लेकिन ऐसा लगता है कि 16वीं सदी की जमीन का जो असली खाका है, वह ज्यादा जटिल था।

निष्कर्ष

जब हम 16वीं-17वीं सदी के 'विमर्शों' से बाहर निकलते हैं तब पाते हैं कि जो सबक हमने सीखे वे उन सबकों से कम महत्त्वाकांक्षी थे, जिन्हें सीखने की वॉदवील ने हमसे उम्मीद की थी। उनके प्रस्ताव के विपरीत, हम यह नहीं कह सकते कि 'सूरसागर' के 'रचनाकार' इस नाम के सन्त कवि थे, जो ढाढ़ी पृष्ठभूमि के थे और अकबर के दरबार में नियुक्त थे और उनकी स्थिति वैसी ही थी, जैसी आज की आकाशवाणी में कर्मचारी संगीतकार की होती है। हमारे सूत्र भी हमें सर्वदेशीय क्रियात्मक सद्भावना की उस तसवीर से काफी पीछे ही छोड़ देते हैं, जिसे आदित्य बहल और सीमोन वेटमैन ने तब प्रतिबिम्बित होने की कामना की थी जब वे मोहम्मद कबीर के ऐतिहासिक रोमांस को इतिहास के रूप में लेते हैं। लेकिन इन सर्वदेशीय, सम्भवतः समन्वय के आदर्शों को पूरा करने में विफलता के क्रम में हम जो सब सीखते हैं, वे बुनियादी तथा महत्त्वपूर्ण हैं। उनकी संक्षिप्त सूची इस प्रकार है :

1. जिन वार्ताओं को हम समन्वयवादी या पार्थक्यवादी मानते हैं, उनमें धर्म हमेशा मुद्दा नहीं होता। उस काल के जिन आख्यानों की मैं समीक्षा करता रहा हूँ, उनमें से कई में अकबर मुसलमान के रूप में कम और शासक, संरक्षक, आदर्श सौंदर्योपासक के रूप में ज्यादा-ज्यादा उभरता है।[26]
2. हिन्दू-मुस्लिम विभाजन किसी भी तरह अहम नहीं है। हम यहाँ कई 'दूसरे' विभाजनों से निबट रहे हैं। माना जाता है कि ये विभाजन वैष्णव काल में छाये रहे हैं, जैसाकि हमने देखा है कि ये विट्ठलनाथ और गोकुलनाथ द्वारा बाड़ें बनाने के प्रयासों के कारण हुए हैं और ब्रज में स्थानीय स्तर पर वैष्णव काल में भी हुए हैं और हरिराम व्यास के दृष्टिकोण में भी हैं।

3. अगर हमें समन्वय और पार्थक्य की बात करनी है तो हमें यह अपेक्षा रखनी चाहिए कि उनके बीच एक द्वंद्वात्मक सम्बन्ध होगा। इसके उदाहरण हम वल्लभवादियों द्वारा 'अष्टछाप' के निर्माण में देखते हैं और इस्लाम शाह को मुगलों के विपरीत विलक्षण उदार शासक के रूप में प्रस्तुत करने के अफगान प्रयासों में भी देख चुके हैं जो बाद के दिनों में किए गए यानी एक व्यक्ति का समन्वय दूसरे का पार्थक्य होता है।

एक महान विषय है जो कवियों को अपनी ओर आकर्षित करता है, जिनमें से कई तो निस्सन्देह पेशेवर कवि हैं, जो निर्गुण-सगुण विभाजन के दोनों तरफ खड़े हैं, ठीक उसी तरह जिस तरह सन्त, सूफी, वैष्णव, स्त्री तथा पुरुष और उच्च तथा निचले वर्गों के सदस्य खड़े हैं। अपनी 'समन्वयवादी' सम्भावना में अनुकरणीय यह विषय एक आश्चर्य को छिपाता है क्योंकि इसका नाम विरह है। अकबर के मित्रों के बीच भ्रमण से अगर हम कुछ सीखते हैं तो वह यह है कि समन्वय के स्वर के रूप में दिखनेवाले विमर्श प्राय: एक पार्थक्य वाले पहलू को छिपा लेते हैं, और यह कि एक पृथकतावादी अपने तरीके से एक संश्लेषणवादी और शायद एक समन्वयवादी भी हो सकता है।[27] हममें से अधिकतर लोग औपनिवेशिक काल से पहले के खेल की सहिष्णुता, सन्तुलन, विविधता का महिमागान करना चाहेंगे लेकिन विडम्बनाएँ भी साथ-साथ चलती रहती हैं।

अध्याय-8

प्रारम्भिक 'सूरसागर' और सूर की परम्परा

पूर्व आधुनिक काल में हिन्दी के दो महान कवि हुए—तुलसीदास और सूरदास। यद्यपि यह स्पष्ट है कि उन्होंने संस्कृत के पाठों का स्थानीय भाषाओं में शब्दशः अनुवाद नहीं किया, केवल भावानुवाद किया; फिर भी पारम्परिक तौर पर कई लोग उन्हें अनुवादक मानते हैं। कहा जाता है कि तुलसी ने 'रामायण' की रचना अवधी में की, और सूर ने भागवत पुराण को ब्रजभाषा में लिखा। तुलसीदास के बारे में यह धारणा काफी सही है। ऐसा लगता है कि वे एक निश्चित तथा लिखित पाठ के आधार पर काम कर रहे थे, भले ही वह केवल वाल्मीकि की रचना क्यों न हो।[1] सूर के मामले में ऐसा नहीं है। भागवत पुराण को ब्रजभाषा में अनूदित करने का श्रेय उनकी एक पीढ़ी बाद के नन्ददास को जाता है।[2] इतना तो स्पष्ट है कि सूर भागवत को किसी-न-किसी रूप में जानते थे लेकिन इसके साथ उनका सम्बन्ध काफी अलग किस्म का था।

'सूरसागर' की प्रारम्भिक पांडुलिपियों का अध्ययन करने पर पता लगता है कि इस कृति की रचना या विस्तार में ऐसा कुछ नही है कि सूर किसी भी तरह से भागवत के ऋणी थे। यह सच है कि उनकी कविताओं के संकलनों को कभी-कभी स्थानीय भाषा का 'भागवत' कहा गया है। लेकिन यह अपेक्षाकृत हाल की परम्परा है। 'सूरसागर' की प्राचीनतम उपलब्ध पांडुलिपि, जिसे 'भागवत पुराण' के बारह स्कन्धों के सदृश बनाने की कोशिश की गई थी, वि.सं. 1753 (1696 ई) की है।[3] 'सूरसागर' की पुरानी दस पांडुलिपियों में—जिनमें से कुछ तो एक सदी या ज्यादा पुरानी हैं—ऐसा कुछ नहीं है जो इस तरह के सम्बन्ध की ओर संकेत करता हो।

इस मामले में, काशी नागरी प्रचारिणी सभा द्वारा प्रकाशित 'सूरसागर' के 12 स्कन्धात्मक फॉर्मेट वाले द्वितीय तथा उसके बाद के संस्करण, जो कि फिलहाल मानक हैं, बुनियादी तौर पर भ्रम पैदा करनेवाले हैं। यही बात इसका समर्थन करने के मकसद से लिखे गए शोध के बारे में भी कही जा सकती है, क्योंकि यह ऐतिहासिक तथ्य के करीब है और क्योंकि यह शोध नागरी प्रचारिणी सभा की

मान्यताओं को निश्चित मानकर उससे आगे बढ़ता है। कविता में आन्तरिक प्रमाण के आधार पर यह दिखाने की जो कोशिश की गई है कि सूर ने 'भागवत' का अनुवाद किया है, वह कोशिश बुनियादी रूप से उन कविताओं पर आधारित है ब्किी जाँच से पता चलता है कि वे प्राचीन पांडुलिपियों में दर्ज नहीं हैं।[4] ऐसी कई कविताएँ बाद के कवियों की थीं, जिन्होंने सूर के नाम पर उन्हें इसलिए लिखा ताकि वे उस उच्च परम्परा के साथ मूल सूर के सम्बन्ध को ज्यादा करीबी और सहज बता सकें, जबकि वास्तव में उनका सम्बन्ध ऐसा नहीं था।[5] पुरानी पांडुलिपियों के आधार पर यह भी कहा जा सकता है कि 'भागवत' के कुछ प्रमुख अंशों के बारे में अपनी तथा अपने पाठकों की जानकारी का सूर ने किस तरह लाभ उठाया और उन अंशों को विशेष रंग प्रदान किया। लेकिन लोग जब यह दावा करते हैं कि सूर का लक्ष्य 'भागवत' को आम बोलचाल की भाषा में प्रस्तुत करना था, तब स्थिति यह है कि दोनों के बीच का सम्बन्ध कहीं ज्यादा अन्तर्विरामी तथा रचनात्मक था।[6]

प्रारम्भिक पांडुलिपियाँ

पिछली शताब्दी के दौरान ऐसी सामग्री एकत्र करने के कई प्रयास किए गए हैं, जिनके आधार पर 'सूरसागर' का निर्णायक संस्करण तैयार किया जा सके।[7] लेकिन ये प्रयास दो मामलों में अपर्याप्त रहे। पहला, पांडुलिपियों की पूरी खोज नहीं की गई। इसका अर्थ यह हुआ कि नागरी प्रचारिणी सभा ने पांडुलिपियों की जो पुरानी सूचियाँ तैयार कीं, उन्हें बाद में हुई जाँच के बाद संशोधित नहीं किया गया। एक बार किसी पांडुलिपि के बारे में सूचना भर मिली कि उसका अस्तित्व स्वीकार कर लिया गया। सूचित की जानेवाली पांडुलिपियों की तो अधिकता थी मगर वास्तव में उनके उपयोग में भारी कमी थी। यह कहना मुश्किल है कि पुरानी पांडुलिपियों से ऐसी कितनी जानकारी मिल सकती है, जिसका उपयोग किसी विशेष आलोचनात्मक अध्ययन के लिए किया जा सकता है। अब तक जितने आलोचनात्मक संस्करण तैयार करने की कोशिश की गई है, उनके साथ-साथ दूसरी कमजोरी यह रही है कि पुरानी पांडुलिपियों को उपयुक्त महत्त्व नहीं दिया गया। उनके पाठों को अपेक्षाकृत नई या बिना तारीख वाली पांडुलिपियों के मुकाबले मूल्यवान नहीं माना गया। इसलिए 'सूरसागर' की इन आलोचनाओं का मूल्य कम हो गया और प्रारम्भिक 'सूरसागर' के चरित्र या सम्भावना की सही छाप नहीं उभर पाई।

मैंने इस स्थिति को सुधारने की कोशिश की है। 'सूरसागर' के अपेक्षाकृत अधिक पर्याप्त आलोचनात्मक संस्करण के, जिसे केनिथ ब्रायंट तथा मेरे अलावा अन्य विद्वानों के सहयोग से तैयार करने की कोशिश की गई है, पूर्वरंग के तौर पर मैं संक्षेप में 'सूरसागर' के लिए पांडुलिपिगत साक्ष्य के बारे में बताना चाहूँगा और

उस प्रक्रिया के कुछ पहलुओं का वर्णन करूँगा, जिनके अनुसार सूर की कविताओं के सबसे प्राचीन संकलनों में समय के साथ विस्तार और संशोधन हुए।

1975 तथा 1976 में मैं 'सूरसागर' की प्रारम्भिक पांडुलिपियों की खोज में जुटा। मैंने उन सभी पांडुलिपियों का पता लगाने की कोशिश की जिन पर वि.सं. 1764 (1707 ई.) या उससे पहले की तारीख पड़ी थी। मैंने यह कटऑफ तारीख यों ही तय कर ली थी लेकिन इससे विभिन्न स्थानों से मिली पांडुलिपियों को शामिल करने की सुविधा मिल गई। इससे पहले की तारीखें भौगोलिक लिहाज से ज्यादा सीमित बना देतीं। यहाँ मैं उन पांडुलिपियों को तिथिवार सूचीबद्ध कर रहा हूँ जिनके अस्तित्व की मैंने जाँच की है।[8] बेशक और भी पांडुलिपियाँ होंगी, जिन्हें रखनेवालों ने उनके बारे में सूचना उनके महत्त्व से अनजान रहते हुए या जानबूझकर प्रसारित नहीं की। अगर यह अज्ञानता के कारण हुआ तो हमें यह जरूर याद रखना चाहिए कि 'सूरसागर' के बारे में जानकारियाँ सौ से ज्यादा वर्षों से हासिल की जा रही हैं और इस मामले में प्रवृत्ति यह रही है कि जितनी पांडुलिपियाँ जाहिर तौर पर मौजूद हैं, उनसे ज्यादा के बारे में सूचनाएँ दी जाती रही हैं। और अगर मामला जानबूझकर सूचनाएँ दबाने का है, तो कम-से-कम प्रमुख संकलनों के लिए सूचीपत्र प्रमाण के रूप में उपलब्ध रहे हैं। ये सूचीपत्र इस खबर को पूर्व तिथि देकर यह बताते हैं कि कोई 'सूरसागर' वहाँ पाया जा सकता है लेकिन ये इस कृति को दर्ज नहीं करते। फिर भी कुछ छिटपुट व्यक्तियों के यहाँ पड़ी पांडुलिपियों के मामले में सम्भव है कि ऐसी कई होंगी जिनका मैं पता नहीं लगा पाया।

मेरा तरीका सरल था। पूर्वतिथि वि.सं. 1764 के एक 'सूरसागर' में प्रकाशित बयान में जिन स्थानों और व्यक्तियों का उल्लेख था, उन सभी स्थानों पर मैं गया और हरेक व्यक्ति से मिला। दो मामलों में मैं केवल मेल के जरिये जाँच कर पाया लेकिन 1977 में केनिथ ब्रायंट की यात्राओं ने पक्का कर दिया कि कोई पांडुलिपि नहीं मिल पाएगी।[9] जयपुर के शाही पुस्तकालय में कुछ पांडुलिपियाँ सामने आईं जिनके बारे में पहले सूचना नहीं दी गई थी। उन्हें निम्नलिखित सूची में शामिल किया गया है। इन पांडुलिपियों का वर्णन करते हुए मैंने उनमें से कुछ को माताप्रसाद गुप्त द्वारा दिये गए नामों पर गौर किया क्योंकि उनके निधन के बाद प्रकाशित उनके महत्त्वपूर्ण संस्करण को प्रस्तावित करनेवाली कुंजी में दी गई सूचना इतनी बिखरी हुई है कि उनमें कोई सम्बन्ध जोड़ना मुश्किल लगता है।[10] अगर गुप्त का कोई हवाला न दिया जाए तो इसका अर्थ यह होगा कि उन्होंने पांडुलिपि का खयाल नहीं रखा। तो प्रस्तुत है 'सूरसागर' की प्रारम्भिक पांडुलिपियाँ, जिनका मैं पता लगा पाया :

1. जे1। जयपुर के महाराजा के हिन्दी संग्रह में पांडु. सं. 49। वि.सं. 1639 (1582 ई.); फतेहपुर में लिखित; 48 जिल्दें और 411 पद, जिनमें से 23 दोहरावों को घटा दें तो 239 सूर के हैं, शीर्षकहीन। इस पांडुलिपि का

प्रकाशन गोपाल नारायण बहुरा तथा केनिथ ब्रायंट द्वारा सम्पादित प्रतिकृति संस्करण 'पद सूरदास का' (जयपुर : महाराजा सवाई मानसिंह-द्वितीय संग्रहालय, 1982) में किया गया है।[11]

2. बी1। हिन्दी पांडु. सं. 156, अनूप संस्कृत लाइब्रेरी, बीकानेर। कोई तिथि नहीं (सीए. वि.सं. 1655-85) या पुष्पिका सम्बन्धी अन्य सूचना।[12] 150 जिल्दें, 423 पद, शीर्षकहीन। माताप्रसाद गुप्त की 'बी4 के समान'।
3. बी2। हिन्दी पांडु. सं. 157, अनूप संस्कृत लाइब्रेरी, बीकानेर। वि.सं. 1681, बीकानेर के महाराजा के कारवाँ के एक नकलनवीस द्वारा दक्षिण भारत के बुरहानपुर में नकल, सूर से सम्बन्धित 161 जिल्दें, 492 पद, शीर्षकहीन। गुप्त की बी1।
4. बी3। हिन्दी पांडु. सं. 149, अनूप संस्कृत लाइब्रेरी, बीकानेर। वि.सं. 1695, किसी स्थान का जिक्र नहीं, 132 जिल्दें, सूर के 480 पद, शीर्षकहीन।
5. यू1। हिन्दी पांडु. सं. 575./2396, राजस्थान प्राच्यविद्या प्रतिष्ठान, उदयपुर। वि.सं. 1697, घानोरा में (सम्भवतः बाँसवाड़ा के पास), 202 जिल्दें, सूर के 793 पद, शीर्षक 'सूरसागर'।
6. बी4। हिन्दी पांडु. सं. 158, अनूप संस्कृत लाइब्रेरी, बीकानेर। वि.सं. 1698, मथुरा, 109 जिल्दें, सूर के 615 पद, शीर्षकहीन लेकिन विभाजनों के शीर्षक के साथ। गुप्त की बी3।[13]
7. जे2। हिन्दी पांडु. सं. 6732(2), 'खास मोहर' संग्रह, जयपुर के महाराजा। वि.सं. 1718 से पहले (जयपुर राजवंश द्वारा इसके अधिग्रहण की तारीख), 150 जिल्दें, सूर के 503 पद, शीर्षकहीन और विभाजनों के भी शीर्षक नहीं।
8. जे3। हिन्दी पांडु. सं. 3538, 'खास मोहर' संग्रह, जयपुर के महाराजा। 1059 हिजरी से पहले, इस पर पड़ी पहली मुहर की तारीख (यानी वि.सं. 1706), जयपुर राजवंश द्वारा इसके अधिग्रहण की तारीख 1075 हिजरी (वि.सं. 1722), 188 जिल्दें, सूर के 681 पद, शीर्षकहीन लेकिन विभाजनों के शीर्षक।
9. जे4। हिन्दी पांडु. सं. 1979, 'खास मोहर' संग्रह, जयपुर के महाराजा। वि.सं. 1733, चात्सू (जयपुर के पास), गोकुल के एक लेखक के द्वारा, 305 जिल्दें, सूर के 1472 पद, शीर्षक 'सूरसागर' और विभाजनों के भी शीर्षक।
10. जे5। हिन्दी पांडु. सं. 3387(1), 'खास मोहर' संग्रह, जयपुर के महाराजा। वि.सं. 1734 (?)[14], आजवगढ़ (अलवर जिला)[15], 34 जिल्दें, सूर के 95 पद, शीर्षक 'श्री सूरदास जी का पद'।

11. ए1। हिन्दी पांडु. सं. 76/220, इलाहाबाद नगरपालिका संग्रहालय। वि.सं. 1743, स्थान नहीं बताया गया, 213 जिल्दें, सूर के 585 पद, शीर्षक 'सूरसागर', विभाजनों के अनियमित शीर्षक।
12. के1। हिन्दी पांडु. सं. 3335, राजस्थान प्राच्यविद्या प्रतिष्ठान, कोटा। वि.सं. 1758, पचोर, मूलतः 64 जिल्दें, सूर के 209 पद, शीर्षक 'सूरसागर', विभाजनों के शीर्षक, गुप्त के 'प'।
13. यू2। हिन्दी पांडु. सं. 133 I/1954, राजस्थान प्राच्यविद्या प्रतिष्ठान, उदयपुर। वि.सं. 1763, 30 जिल्दें, सूर के 170 पद, शीर्षक 'सूरसागर', विभाजनों के शीर्षक, गुप्त के 'श्री'।

इन पांडुलिपियों में से जे4 का जे3 के साथ सीधा सम्बन्ध दिखता है, यू1 प्रायः बी1 के पाठों को प्रस्तुत करती है, यू2 का ए1 के साथ हल्का लगाव दिखता है। इसके अलावा, वे स्वतंत्र नजर आती हैं।

इस प्रारम्भिक काल (वि.सं. 1688, 1740, 1745, 1758) की चार अतिरिक्त पांडुलिपियाँ अब तक पहुँच से दूर रहे स्व. जवाहरलाल चतुर्वेदी संकलन की हो सकती हैं। इसके अलावा वि.सं. 1644 का एक रहस्यमय अंश है, जिसका जिक्र चतुर्वेदी ने 1953 में किया लेकिन 1956 की अपनी पुस्तक में नहीं किया। इस प्रारम्भिक काल से अब तक उपलब्ध अन्य पांडुलिपियों को लेकर बड़े सन्देह बने हुए हैं। मैंने खोज की लेकिन इन स्थानों पर कथित रूप से पाई गई पांडुलिपियों के अस्तित्व की पुष्टि नहीं कर पाया—नाथद्वारा (वि.सं. 1958), पार्लाऊ (1660), कोटा (1670), चीरघाट ((1672), कुचामन (1675), झालरापाटन (1678), बूँदी (1681), शेरगढ़ (1682), जोधपुर (1688 तथा 1700), बनारस (1745 तथा 1753)।[16]

आकार और सरोकार

इस संक्षिप्त सूचना के आधार पर 'सूरसागर' की प्रारम्भिक पांडुलिपियों को लेकर दो बातें उभरती हैं। पहली यह कि सूर की कविताओं के मौजूदा प्राचीनतम संकलन आज के मुद्रित संस्करणों से आकार में बहुत छोटे थे। दूसरी बात यह कि इन संकलनों का आकार धीरे-धीरे बड़ा होता गया। स्वयं कवि के जीवनकाल में या उसके करीब 239 कविताएँ एक जगह (जे1) संकलित की गई थीं।[17] पचास वर्षों में इनकी संख्या दोगुनी (492 पद, बी2) हो गई और अगले 50 वर्षों में इनकी संख्या तिगुनी (1472 पद, जे4) हो गई।

इस प्रक्रिया को एक साझा मूल के गिर्द एकत्रीकरण कहना अति सरलीकरण होगा। पांडुलिपियों के पश्चिमी या राजस्थानी समूह (बी1, बी2, यू1) और दूसरी

पांडुलिपियों के, जिन्हें हम पूरब से आनेवाली मान सकते हैं, बीच बड़ा विरोधाभास उभरता है क्योंकि इस समूह (बी4, जे4) की दो सबसे पुरानी पांडुलिपियाँ ब्रज से जुड़ी हैं। दूसरी (बी3, जे2, जे3 तथा ए1) हमें अपने उद्‌गम का कोई पता नहीं देतीं। हालाँकि समूह से जुड़ी कुछ बाद की दो पांडुलिपियाँ कोटा के पास पचोर (के1) और उदयपुर (यू2) की हैं। इसलिए जाहिर है कि 'पूर्वी' समूह ने काफी बड़े क्षेत्र को अपने दायरे में लिया। इनमें से सबसे पुरानी जे1 कभी-कभी दो समूहों के बीच तालमेल करती है लेकिन पहले समूह से करीबी से जुड़ी है।[18] इन व्यापक पाठांतरों के बावजूद यह बात महत्त्वपूर्ण है कि समान काल की पांडुलिपियों में लगभग उतनी समानता है जितनी उसी 'परिवार' की पुरानी या बाद की पांडुलिपियों के बीच है; गौरतलब है कि राजस्थानी समूह पूर्वी समूह से पहले के हैं। इसके अलावा, सूरदास की पांडुलिपियाँ आम तौर पर समय बीतने के साथ बड़ी होती जाती हैं।

अलग-अलग कविताओं के मामले में यह सामान्य ढंग देखा जा सकता है—पुरानी कविताएँ छोटी थीं। छह पदों वाली कविताएँ प्राचीन पांडुलिपियों में काफी पाई जाती हैं, नागरी प्रचारिणी सभा के संस्करण में पाई जानेवाली कविताओं की तुलना में कहीं ज्यादा। और समय के साथ उनमें विस्तार की प्रवृत्ति ज्यादा दिखती है। ('विनय' की तुलना में) आख्यानात्मक काव्य में शिक्षाप्रद कविताएँ या लम्बे सार-संक्षेप दुर्लभ हैं। ये पहले तो बी2 और बी4 में पाई जाती हैं, लेकिन उनकी संख्या छोटी है और उनका काम कविताओं के पूरे समूहों को प्रस्तुत करने तक सीमित है। उदाहरण के लिए, नागरी प्रचारिणी सभा 642 (ब्रायंट-3) बी2 में दर्ज की जानेवाली पहली कविता है और यह 'बाल लीला' खंड को प्रस्तुत करती है। इसके 17 साल बाद लिखी गई बी4 में इसी तरह की कविता (नागरी प्रचारिणी सभा 622) जोड़ी गई और यह भी वही भूमिका निभाती है।

इन प्रारम्भिक पांडुलिपियों की अधिकतर कविताओं के बारे में यह कहना असम्भव है कि उनकी रचना वास्तव में सूर ने ही की थी या दूसरे कवियों ने। संकलित कविताओं की संख्या में धीरे-धीरे वृद्धि के बारे में यही कहा जा सकता है कि यह सूर की सभी ज्ञात कविताओं को लिखित स्वरूप में संरक्षित करने की बढ़ती जरूरत के एहसास का परिणाम थी। यह एहसास खास कर उनके निधन के बाद बढ़ा या इस कारण कि समय बीतने के साथ उनके कोश में दूसरे 'सूरों' की कविताएँ शामिल की जाने लगीं। इन लम्बी, शिक्षाप्रद कविताओं के कारण मामला काफी साफ दिखता है। शैली तथा अभिप्राय के मामले में ये कविताएँ इन प्रारम्भिक संकलनों की अधिकतर कविताओं के, जो व्यक्तिपरक तथा प्रसंगमूलक हैं, एकदम विपरीत हैं। इनमें आयोजन सम्बन्धी अभिप्राय नजर आता है, जिनमें इनके रचनाकारों के सम्पादकीय उद्‌देश्य प्रकट होते हैं और इनसे यह संकेत मिलता है कि ये सूरदास से कुछ दूर ही हैं। ये कवि जानबूझकर एक 'सूरसागर' को स्वरूप प्रदान

कर रहे थे। वास्तव में, यह शीर्षक पहली बार उसी काल की एक पांडुलिपि यू1 में प्रकट होता है।

पुरानी पांडुलिपियों के संरचनात्मक स्वरूप, बाद में जो कुछ सामने आता है उसके मुकाबले ज्यादा अनौपचारिक हैं। उदाहरण के लिए, बी1 और यू1 जैसी पांडुलिपियों में दर्ज कुछ प्रमुख पदों या विचारों से ऐसा लगता है कि एक कविता दूसरी कविता का अनुसरण कर रही है। ऐसे भी उदाहरण हैं कि कविताओं को मोटे तौर पर वर्णमाला के क्रम में समूहबद्ध किया गया है।[19] यह सहज कल्पना की जा सकती है कि इस तरह कामचलाऊ ढंग से सिर्फ स्मृति के सहारे एक संकलन को तैयार किया जा रहा था। लगता है कि ऐसा जे1 के पहले दो खंडों में हुआ, जिसे एक लेखक ने लिखा और सम्भवत: पुरानी पांडुलिपियों से नकल की गई; लेकिन जब तक हम दूसरे लेखक द्वारा लिखे गए तीसरे खंड तक पहुँचते हैं तब तक राग के आधार पर संरचना स्पष्ट दिखती है।[20]

एक प्रभावी व्यवस्था को उभरने में ज्यादा समय नहीं लगा। वि.सं. 1700 तक हमें मानक 'सूरसागर' जैसी चीज दिखने लगती है। यह यू1, बी4, जे3 में होती नजर आती है। हमें नहीं मालूम कि इन तीनों में जो सबसे अन्तिम पांडुलिपि है, वह कहाँ से आई है लेकिन यह बात महत्त्वपूर्ण है कि प्रथम दो, जो एक साल के अन्तराल पर लिखी गईं, एक-दूसरे से भौगोलिक रूप से काफी दूर स्थित स्थानों से जुड़ी हैं—घानोरा (शायद दक्षिण-पश्चिम राजस्थान के बाँसवाड़ा के पास) और मथुरा से। इन तीनों को आपस में जोड़नेवाली बात यह है कि इन तीनों में विभाजन शीर्षक हैं—ऐसा पहली पांडुलिपि में हुआ है—और हालाँकि शीर्षकों में अन्तर है लेकिन उन कविताओं को मोटे तौर पर ब्रज में कृष्ण के जीवन के क्रम में रखा गया है।

दूसरी सामग्री जहाँ शामिल की गई है, उसे अन्त में रखा गया है। राम के बारे में कविताओं को यह स्थान दिया गया है। यह 'भागवत पुराण' द्वारा स्थापित क्रम के एकदम विपरीत है। राम के बारे में ये कविताएँ अच्छी संख्या में हैं और वे प्राय: सामने आती हैं, उदाहरण के लिए यू1 में। जब 'विनय' की कविताओं को बड़ी संख्या में शामिल किया जाता है, जैसाकि जे1-यू2-ए1 में किया गया, तब उन्हें भी अन्त में या उसके करीब रखा गया है। राग द्वारा संरचित पांडुलिपियों (बी2, जे2) में ऐसा नहीं किया गया है। उनमें कविताओं को पूरी पांडुलिपि में फैला कर रखा गया है। यहाँ अन्त में रखने से 'भागवत' का उलट नहीं किया गया है बल्कि पुष्टिमार्गी पंथ में सूर की पारम्परिक अवधारणा का उलटा किया गया है। वल्लभ के अनुयायी मानते हैं कि सूर ने अपने स्वर में याचना तथा प्रशंसा के जो गीत गाए, वे वल्लभ से उनकी मुलाकात से पहले रचे गए थे। माना जाता है कि वल्लभ ने उन्हें 'भागवत' पढ़ाया और उन्हें उस कविता से दूर किया, जो उस पर आधारित नहीं थी। यह हम पिछले अध्याय में देख चुके हैं। 'सूरसागर' की पुरानी पांडुलिपियों में केवल कोटा

पांडुलिपि (के1)। पहले 'विनय' की कुछ कविताओं को सूचीबद्ध करके इस परम्परा का पालन किया।

गौर करनेवाली बात यह है कि पुष्टिमार्गी पंथ की पूजन-पद्धति तथा धर्म-सिद्धान्त सम्बन्धी छाप भी गायब हैं। पुष्टिमार्गी पंथ का अनुष्ठान पंचांग कृष्ण के जीवन की घटनाओं की नियमितता के अनुसार निर्धारित किया गया है लेकिन वह उस जीवनकथा से थोड़ा अलग भी चलता है। उदाहरण के लिए, 'दानलीला' भाद्रपद शुक्ल पक्ष एकादशी के दिन मनाई जाती है, जो कि जन्माष्टमी के साथ शुरू होनेवाले अनुष्ठान वर्ष के प्रारम्भ में होती है। लेकिन हमारी पांडुलिपियों में इन बदलावों को दर्ज नहीं किया गया है। ऐसा लगता है कि वल्लभ पंथ के अनुष्ठान पंचांग ने इन प्रारम्भिक 'सूरसागरों' के स्वरूप को प्रभावित नहीं किया है, हालाँकि जिन व्यक्तियों के लिए इनकी नकल तैयार की गई, उनमें से कई इस पंथ से करीबी रूप से जुड़े थे।[21]

इसका अर्थ यह भी नहीं है कि उनके बीच कोई सम्बन्ध था ही नहीं। बी1, जे3 और जे4 में विनय की कविताओं का न होना वल्लभवादी दृष्टिकोण का प्रमाण हो सकता है। फिर भी यह सच है कि जो प्राचीनतम 'सूरसागर' मैंने विशेष तौर पर वल्लभवादी पुस्तकालय (श्रीनाथद्वारा की तिलकायत महाराज श्री पुस्तकालय में 12/3 नंबर की पांडुलिपि के रूप में संरक्षित, वि.सं. 1830 से पहले की)[22] में देखी है वह इस तरह से संरचित है कि यह केवल अस्पष्ट रूप से इस प्रारम्भिक काल की जे3 तथा जे4 पांडुलिपियों के करीब की लगती है।

इसके अलावा, इन प्राचीन 'सूरसागरों' में वल्लभवादी पूजा-पद्धति तथा धर्म-सिद्धान्त की विशिष्ट पहचान गायब हैं। वल्लभाचार्य की धर्म-सैद्धान्तिक शब्दावली में केन्द्रीय तत्त्व के रूप में पुष्टि, निरोध, तिरोभाव, आविर्भाव और यहाँ तक कि अनुग्रह जैसी अवधारणाओं की खोज करना व्यर्थ है। सूर और वल्लभ की भाषा की जीवंत पहचान जो एक शब्द करा सकता है, वह है 'अन्तर्यामी'। लेकिन यह शब्द भी पुराने से ज्यादा हाल के 'सूरसागरों' में पाया जाता है। पांडुलिपियों के अध्ययन से हमें न केवल यह पता लगता है कि सूर और वल्लभ के बीच का ऐतिहासिक सम्बन्ध काफी क्षीण था (यह तो पहले से ही स्पष्ट था[23]) बल्कि यह कि पुष्टिमार्गी पंथ की अगली पीढ़ियों ने कवि के निधन के बाद पहली सदी (मोटे तौर पर) के संकलन के तौर पर 'सूरसागर' के गठन पर सीमित प्रभाव ही डाला।[24]

अगर प्रारम्भिक 'सूरसागर' का ढाँचा न तो पंथिक जुड़ाव से तय होता और न 'भागवत पुराण' के उदाहरण से, तो फिर उसका केन्द्रीय जोर किस बात पर था? जहाँ तक इन प्रारम्भिक संकलनों की बात है, इनके आधार पर यही कहा जा सकता है कि सूर ही ऐसे पहले कवि लगते हैं जिन्होंने ब्रज से कृष्ण की विदाई के बाद वहाँ की गोपियों की व्यथा का वर्णन 'विरह' के रूप में किया है। बेशक दूसरी भावनाएँ भी उभरती हैं। सबसे महत्त्वपूर्ण बात यह है कि बाल्यकाल को लेकर सूर की प्रसिद्ध

कविताएँ भी हैं और वे कविताएँ भी हैं जिनमें पाठकों को विभिन्न मुद्राओं में कृष्ण के मोहक रूप के दर्शन करवाए गए हैं। लेकिन मुख्य स्वर विरह का ही है।

बी4 इस प्रवृत्ति को चुनौती देती दिखती है। कुल 615 कविताओं को इस तरह समूहबद्ध किया गया है कि वर्चस्व 'सिंगार' (शृंगार) की रसिक प्रेम की कविताओं का है, जिसके अन्तर्गत 280 कविताएँ हैं। इसका अर्थ यह है कि ये परिपूर्ण प्रेम यानी संयोग की कविताएँ हैं, क्योंकि एक श्रेणी वियोगग्रस्त प्रेम की भी बताई गई है। सम्पादक इस ठप्पे—करुणा—को 'विनय' की 112 कविताओं पर लागू करता है, जिन्हें प्रभु की कृपा पाने के लिए की गई याचना बताया गया है। वास्तव में, इन पर वियोग का भाव हावी है और महत्त्वपूर्ण बात यह है कि सम्पादक ने उन्हें उस शीर्षक के अन्तर्गत रखा है, जो उन कई कविताओं के लिए उपयुक्त हो सकता है जो कृष्णलीला के आख्यान के दायरे में आती हैं। इन कविताओं में उतना ही विरह-भाव भरा है जितना गोपियों की अभिव्यक्तियों में भरा है। शृंगार की कविताओं की जाँच करने पर पता चलता है कि उनमें से कई ऐसी हैं जिनमें प्रेम की परिपूर्णता से ज्यादा प्रेम में मिली पीड़ा की अभिव्यक्ति मुखर है। 'मुरली' और 'ध्यान' (प्रेम के प्रारम्भिक चरण में कृष्ण के प्रति गोपियों के अनुराग) श्रेणियों की कविताओं के लिए भी यह सच है। यहाँ तक कि कृष्ण के बाल्यकाल की 'बालचरित' वाली कविताओं में भी यह सच है, जिनमें माखनचोर से सम्बन्धित अनुराग तथा शिकायत का महत्त्वपूर्ण तत्त्व भी शामिल है।

यू1 तथा जे3 में जो कविताएँ हैं, उनके क्रम तथा वितरण से, उलटे विरह के कई चरणों पर सूर का बल देना कहीं ज्यादा स्पष्ट रूप से प्रतिबिम्बित होता है। यू1 की 169 कविताओं में अनुराग उत्पन्न होने पर पीड़ा का तत्त्व जिस तरह शामिल होता है—खास कर प्रेम जिस तरह व्यक्तित्व को विखंडित करता है तथा अहं पर दृष्टि केन्द्रित करता है—वह उन श्रेणियों की कविताओं में स्पष्ट रूप से उभरता है जिन्हें प्रेम के अगले चरण को चिह्नित करने के लिए चुना गया है। हमें 47 कविताएँ 'खंडिता' यानी उस स्त्री के बारे में मिलती हैं, जो प्रात:काल जगने पर पाती है कि उसका प्रेमी (कृष्ण) बिस्तर से गायब है; 187 कविताएँ विरह की हैं, और अतिरिक्त 122 कविताओं में विरह को स्वर दिया गया है जिसकी अभिव्यक्ति ब्रज से कृष्ण की विदाई के बाद 'भ्रमरगीत' में होती है।

जे3 में अधिक सूक्ष्म भेद करने की कोशिश की गई है लेकिन इकट्‌ठा देखें तो विरह का तत्त्व और मुखर होकर उभरता है और उन शीर्षकों की संख्या बढ़ जाती है जिनकी जरूरत विभिन्न सन्दर्भों का वर्णन करने के लिए पड़ती है। यही बात उसी काल की ए1 सहित दूसरी पांडुलिपियों पर लागू होती है। ए1 राजस्थानी समूह की नहीं है और उसमें ऐसी कई कविताएँ हैं जो राजस्थान में अज्ञात हैं। इसके अलावा, ऐसी पांडुलिपियाँ हैं जो सिर्फ 'विरह' पर जोर देती है, मसलन—जे2 और 'विनय' की कविताओं के ज्यादा अनुपात वाली जे5।

परवर्ती 'सूरसागर' : एक टीका के रूप में

'सूरसागर' के बाद के संस्करण में मार्मिकता के इस तत्त्व को गुणात्मक तथा परिमाणात्मक, दोनों लिहाज से काफी मन्द होना था। बेशक, पुरानी कविताएँ तो बची रहीं, हालाँकि कभी-कभी उन्हें विस्तार दिया गया और इस कारण उनका स्वरूप बदला, लेकिन उनके साथ धीरे-धीरे विभिन्न दूसरे सरोकारों तथा आवेगों वाली कविताएँ जुड़ती गईं। इसका परिणाम यह हुआ कि 'सूरसागर' के नागरी प्रचारिणी सभा वाले संस्करण की विषय सूची 'विरह' की प्रमुखता की शक्ति को उजागर नहीं करती। न ही यह केवल संख्या का मामला है। 'सूरसागर' के काफी बाद के संस्करणों में जोड़ी गई कई कविताओं में शान्तिप्रियता की प्रवृत्ति स्पष्ट तौर पर दिखती है। यह प्रारम्भिक संकलनों में स्पष्ट तौर पर प्रकट होनेवाली 'विरह' की पीड़ा को कम करती है, दूर करती है या उसका स्पष्टीकरण करके निवारण करती है।

इस प्रक्रिया को उन कविताओं में स्पष्ट तौर पर देखा जा सकता है जिनमें कृष्ण को माखनचोर के तौर पर प्रस्तुत किया गया है। प्रारम्भिक 'सूरसागर' में उनका ज्यादातर प्रभाव इस बात से तय होता है कि उनमें माखन चोरी को इस तरह कैसे प्रस्तुत किया गया है कि कृष्ण गोपियों का मन चुराकर ब्रज चले जाते हैं तो सभी गोपियों को साझा तौर पर क्या हानि होती है। यहाँ एक घपला है और एक इच्छा भी है, और कवि 'उरहन' (या उपालंभ) की विधा में इस इच्छा को पूरी तरह मुखरित करते हैं, जब गोपियाँ लम्बे समय से पीड़ित तथा रक्षात्मक मुद्रा में पड़ी माता यशोदा से कृष्ण की शिकायत मुखर होकर करती हैं।[25]

कविताओं के आधार पर यह कह पाना कठिन है कि गलत कौन है—क्या गोपियाँ जान-बूझकर कृष्ण को बहलाकर अपने घर लाईं और उन्होंने उन्हें माखन खिलाया (जैसाकि यशोदा का मानना है[26]) या कृष्ण गोपियों के मुताबिक चोर हैं और गोपियाँ उनके कारण पीड़ित हैं? दोनों पक्ष अपनी-अपनी बात रखते हैं और इसके कारण उभरे तनाव से पैदा हुए नाटक को खत्म करने को कवि राजी नहीं होते। वे एक संवादात्मक कविता देते हैं जिसमें दोनों पक्ष एक-दूसरे पर आरोप लगाते हैं और अपना बचाव करते हैं लेकिन मामले का निबटारा नहीं हो पाता। कविता का अन्त एक गोपी के बयान से होता है, जिसे या तो पश्चात्तापपूर्ण क्षमायाचना के तौर पर पढ़ा जा सकता है या अवज्ञापूर्ण विडम्बना की अभिव्यक्ति के तौर पर :

बात एक बोलत सकुचित हौं कहा दिखाऊँ गात
है गुन बड सूर प्रभु के ह्या लरिका ह्वै जात।[27]

सचमुच, कितना बड़ा है गुण!

बाद की कविताएँ ऐसी नहीं हैं। उनमें हम पाते हैं कि धर्म-सैद्धान्तिक निष्कर्ष को अभिव्यक्त करने के लिए कई तरह के उपक्रम अपनाए जाते हैं। बाद की पीढ़ियों द्वारा निकाला गया निष्कर्ष यह है कि गोपियों का उलाहना बस एक दिखावा है। दरअसल, ये युवतियाँ ही इस पूरे मामले के लिए जिम्मेदार हैं और वे यशोदा के पास शिकायत इसलिए करने आई हैं ताकि वे अपने प्रिय कृष्ण की झलक एक बार और देख सकें। इन गोपियों की चाल या तो कविता के बीच में ही पकड़ी जाती है या कथावाचक का तटस्थ स्वर बीच में आकर पाठकों को बताता है कि ये गोपियाँ बहाना बना रही हैं।[28] इस प्रकार, उनकी बातों से उभरा आक्रोश ठंडा पड़ जाता है और कृष्ण के मनोरम वृंदावन का वातावरण शान्त बना रहता है।

कृष्ण की शरारत को लेकर अगर कोई सन्देह बना रहता है तो वह भी बाद की कविताओं में समाप्त हो जाता है। पुराने 'सूरसागर' की कविताओं से ज्यादा इन कविताओं में कृष्ण अधिक बार स्वयं को दैवी अवतार बताकर अपने कामों को सही ठहराते हैं। बाद के 'सूरसागर' की एक सबसे परिचित कविता के शब्दों में कृष्ण बताते हैं कि उन्होंने अपने भक्तों के कारण अवतार लिया है और वे जो चोरी वगैरह करते हैं, वह इसी योजना का हिस्सा है ताकि हरेक गोपी की यह इच्छा पूरी हो कि वे उसके यहाँ जाकर उनका माखन खाएँ।[29]

इस तरह का सार-संक्षेप, ऐसी व्याख्याएँ हाल के 'सूरसागर' में ज्यादा पाई जाती हैं। यही नहीं, संस्कृत साहित्य में व्याख्याकार के लिए जो भूमिकाएँ आम तौर पर आरक्षित हैं, उन्हें भी स्थानीय भाषा की इस परम्परा के काव्य-कोश में समाहित कर लिया गया है। 'सूरसागर' में बाद में जो कविताएँ शामिल की गईं, उनमें से कई कविताएँ औपचारिक टीके के अभाव में पुरानी रचनाओं पर टीके का काम करती हैं। प्राय: यह टीकाकार का काम होता है कि वह अपने पाठ के दो स्वतंत्र पहलुओं के बीच के सम्बन्ध को स्पष्ट करे। यह काम बाद के 'सूरसागर' में ऐसी कविताएँ शामिल करके पूरा किया गया है, जिनमें कृष्ण-चरित में दर्ज प्रसंगों का वर्णन किया गया है। इन प्रसंगों के बारे में सूर ने रचना नहीं की लेकिन ये प्रसंग, पुराणों के मुताबिक, उनकी पसन्द के प्रसंगों के बीच-बीच में उभरते हैं। उदाहरण के लिए, कौवे और राक्षसों के पराजय के बारे में रचित कविताएँ इस श्रेणी में आती हैं। इसके अलावा ऐसी कविताएँ भी हैं जो पुराणों से आगे जाती हैं और इसी जरूरत को पूरा करती हैं। उदाहरण के लिए, एक कविता में गोपियों द्वारा निंदित कुब्जा को मौका दिया जाता है कि वह उस बात का जवाब दे सके जिससे, कवि-टीकाकार के मुताबिक, उसे आक्रोश हुआ हो।[30] तल्मूड के धर्मगुरुओं की तरह 'सूरसागर' के इन कवियों में यह प्रवृत्ति रही है कि उन्हें जो पाठ मिलता, उसके बिखरे सूत्रों को वे समेटा करते थे।

आलोचनात्मक साहित्य से दूसरा उद्‌देश्य यह पूरा होता है कि अव्यवस्थित-से पाठ के लिए एक व्यवस्थित ढाँचा उपलब्ध होता है। यह विशेष तौर पर बाद के

'सूरसागर' की लम्बी, शिक्षाप्रद कविताओं में दिखता है, जहाँ अलग-अलग परिच्छेदों को बड़ी दैवी योजना का अंग बनाया गया है।[31] बाद के 'सूरसागर' में इसी तरह की एक प्रवृत्ति इतनी ही उल्लेखनीय है। इस पद पर अपमानजनक अर्थ थोपने की इच्छा न रखते हुए भी इसे नारेबाजी कहा जा सकता है। यहाँ प्राय: दोहराए जानेवाले साधारण जुमले वही काम करते हैं जो शिक्षाप्रद कविताएँ करती हैं। वे पाठों को समेकित करती हैं और पाठकों का ध्यान आकर्षित करती हैं। माखनचोरी वाली कविताओं का उदाहरण हम फिर उठाएँ तो पाएँगे कि माखनचोर या माखनचोरी जैसे पद पुरानी कविताओं से ज्यादा नई कविताओं में दोहराए गए हैं क्योंकि उन्होंने कृष्ण के व्यक्तित्व के उस पहलू को प्रस्तुत किया है जिस पर प्रारम्भ की कविताओं ने जोर देकर उसे प्रसिद्ध बना दिया था।[32]

एक समानान्तर उदाहरण उक्तियों के प्रयोग से उभरता है। ये उक्तियाँ सूर द्वारा जोर दिए जाने का, और प्रारम्भिक 'सूरसागर' में तरलता की उपमा पर (मसलन, सागर शब्द को ही लें) दूसरे कवियों के योगदान का भी लाभ उठाती हैं। शुरू की कविताएँ भावना के उस सागर का वर्णन करने के लिए कई छवियाँ तथा मुहावरे प्रस्तुत करती हैं, जिस सागर में गोपियाँ तथा खुद कवि भी कृष्ण का स्मरण करते ही विलीन हो जाते हैं। बाद की कविताएँ इन्हें मानक फॉर्मूले में समेट देती हैं, जिनमें सबसे ज्यादा प्रयोग शायद 'सुखसागर' शब्द का होता है जिसमें कृष्ण पूरे ब्रज को डुबो देते हैं। दूसरे कवि भी इस मुहावरे का उपयोग करते हैं लेकिन व्यापक प्रयोग 'सूरसागर' में हुआ है।[33] वास्तव में, सागर शब्द या उसका एक पर्यायवाची उस पद की अन्तिम पंक्ति में प्राय: आता है जिसमें कवि का नाम पढ़ा जाता है। इसका परिणाम यह है कि जो नाम पूरे संकलन का पड़ा, वह अलग-अलग कविताओं में भी प्रतिध्वनित हुआ—'सूरसागर'।[34]

'सूरसागर' की बाद की कविताओं में भी अन्य परिचित आलोचनात्मक लक्षण प्रकट होते हैं। कोई टीकाकार प्राय: इस मकसद से लिखता है कि पाठ उसके अपने समुदाय के दृष्टिकोण के करीब दिखे।[35] इस तरह, 'सूरसागर' में शामिल बाद के कवियों ने राधा पर पहले की कविताओं के मुकाबले ज्यादा स्पष्ट जोर दिया। ये कवि राधा और कृष्ण की अद्वैतता को रेखांकित करते हैं। उदाहरण के लिए, वे बताते हैं कि राधा किस तरह मोतियों के अपने हार के खो जाने का बहाना करती हैं और हार को खोजने के लिए घर से बाहर जाने की अनुमति अपनी माता से ले लेती हैं, और इस तरह कृष्ण से मिलने का अपना वादा पूरा करती हैं।[36] जिस तरह यह बताया जाता है कि राधा को किस तरह रहस्यमय साँप ने डँस लिया है और इसका उपचार केवल असाधारण गारुड़ी कृष्ण ही कर सकते हैं,[37] ठीक इसी तरह हार के खो जाने की कथा राधा की चतुराई की प्रशंसा के लिए कही जाती है। यह चतुराई वैसी ही है जिस चतुराई के लिए कृष्ण की प्रशंसा पुरानी कविताओं में की गई है।[38] इन

कथाओं को आपस में सम्बद्ध आख्यानों की तरह कहा गया है, हालाँकि इन्हें अलग-अलग पदों में कहा गया है। यह तथ्य भी प्रारम्भिक 'सूरसागर' की विशेषता से मेल नहीं खाता है और यह उस आलोचनात्मक मानसिकता से मेल खाता है, जिसका उल्लेख हम करते रहे हैं। ये इक्का-दुक्का अवसरों की गवेषणा करने की जगह एक आख्यान को सम्पूर्णता और मजबूती प्रदान करती हैं।[39]

अन्त में, उपलब्ध पाठ से सम्बन्धित दूसरी सामग्री हासिल करने की प्रवृत्ति में हमें व्याख्यात्मक प्रवृत्ति का दर्शन होता है। 'सूरसागर' के मामले में इसे कभी-कभी मूलभूत तरीके से किया गया—दूसरे कवि के हस्ताक्षर से मौलिक रूप से प्रकट होनेवाली सम्पूर्ण कविताओं को सूर के कोश में लाया जाता है। जाहिर है कि 'सूरसागर' के आकार तथा उसकी प्रतिष्ठा ने दूसरी कविताओं को उसकी ओर आकर्षित किया। लेकिन हमें यह निष्कर्ष नहीं निकाल लेना चाहिए कि यह उधार समझ-बूझकर लिया गया। पद बेहद तरल स्वरूप में होता है और किसी भी कविता को प्रायः एकदम अलग रूपों में याद किया जाता था। उल्लेखनीय बात यह है कि जिन कविताओं को सूर तथा दूसरे कवि द्वारा रची गई बताया गया, उन्हें कहीं और से सूर के कोश में लाकर शामिल किया गया पाया गया, न कि वे 'सूरसागर' से छिटककर दूसरे संकलनों में गईं।

ऐसा कई मामलों में हुआ। मैंने एक ऐसी कविता पाई जिसे परमानन्ददास और सूर, दोनों के द्वारा रचित बताया गया। और माता प्रसाद गुप्त ने ऐसी कई और कविताओं को सूचीबद्ध किया है। एक कविता जो मेरे ध्यान में है, वह है नागरी प्रचारिणी सभा 949[40] या 'परमानन्द सागर' 147[41]। यह जिस प्रवृत्ति को उजागर करती है, वह इस मामले में अनूठी है कि 'सूरसागर' वाली प्रविष्टि बाद की है, न कि पहले की। इससे यह संकेत मिलता है कि यह कविता पहले परमानन्ददास की कृतियों में दर्ज की गई और बाद में 'सूरसागर' में। वैसे, सुनिश्चित होने के लिए 'परमानन्द सागर' का पूर्ण आलोचनात्मक अध्ययन किया जाना चाहिए—गोवर्धननाथ शुक्ल का संस्करण प्राचीन पांडुलिपियों की केवल आंशिक जाँच पर आधारित है। और ऐसी दोहरी प्रविष्टियाँ कई हैं जिनमें 'सूरसागर' का संस्करण अपेक्षाकृत प्रारम्भिक पांडुलिपियों में प्रकट होता है। इस मामले पर ज्यादा विस्तार से ध्यान देने की जरूरत है।

जिन मामलों का आलोचनात्मक अध्ययन आगे बढ़ा है, उनसे यही प्रवृत्ति साफ होकर उभरती है कि 'सूरसागर' के आकार को दूसरे कवियों से उधार लेकर बढ़ाया जाता रहा है। 'हित हरिवंश' की 'हित चौरासी' में 'सूरसागर' की छह कविताएँ दर्ज हैं और एक बार फिर यह पाया गया है कि उनमें से कोई भी 'सूरसागर' के प्रारम्भिक स्तर में नहीं पाई जाती।[42] यही बात तुलसीदास की 'श्रीकृष्णगीतावली' की उन सात कविताओं पर भी लागू होती है जिन्हें सूर की भी

बताया जाता है।[43] वे सूर की प्रारम्भिक पांडुलिपियों में भी नहीं हैं और उन्हें जरूर बाद में ही उनमें जोड़ा गया होगा।

जाहिर है कि 'सूरसागर' की प्रतिष्ठा ने दूसरी कविताओं को उसकी ओर आकर्षित किया और उनकी अपेक्षाकृत अनियतरूपता ने उन्हें उसमें शामिल होना आसान बनाया। तब भी उसके आकार का प्रश्न था। शुरू से प्रभावशाली 'सूरसागर' का विशाल विस्तार तब तक लगभग एक सिद्धान्त बन गया जब 'चौरासी वैष्णवों की वार्ता' लिखी जाने लगी थी। माना जाता है कि सूर ने एक लाख से ज्यादा कविताएँ लिखीं। आश्चर्य नहीं कि दूसरे स्रोतों से प्राप्त कविताओं को 'सूरसागर' में सहर्ष स्वीकार कर लिया गया। इसके पीछे की चेष्टा को व्यापक तौर पर व्याख्यात्मक ही कहा जा सकता है।

निष्कर्ष

जब 'सूरसागर' में बाद में जोड़ी गई कविताओं को छाँटा जाता है और इसके बीजकोष की पुरानी कविताओं का अध्ययन किया जाता है तो ऐसी लघु, जीवंत, और कभी-कभी अप्रासंगिक रचनाओं से भी सामना होता है, जो भागवत पुराण के सूत्रों पर शायद ही आधारित हैं और जो किसी विशेष सम्प्रदाय के सैद्धान्तिक ढाँचे में भी आसानी से नहीं समातीं। जहाँ तक उनके केन्द्रीय सरोकार का सवाल है, यह 'विरह' है। 'सूरसागर' में जो बाद में प्रविष्टियाँ हुईं, उन्होंने एक समूह के तौर पर इस पुराने काव्य के घपलों, अचरजों को निष्प्रभावी किया। प्राय: वे लम्बी, अधिक शिक्षाप्रद थीं, और भागवत के शान्तिकामी धर्म-सिद्धान्त की याद दिलाती थीं। शब्दचित्रों को आख्यानों में मजबूती दी गई, मुहावरे सूत्र बन गए, राधा की भूमिका के स्तर को ऊपर उठाया गया ताकि वह उस काल की धर्म-सैद्धान्तिक धाराओं के साथ चल सके और दूसरे कवियों की कविताएँ 'सूरसागर' में मानो इसे मजबूती प्रदान करने के लिए लाई गईं। ये सभी प्रवृत्तियाँ तार्किकता बहाल करने की टीकाकार की भूमिका की याद दिलाती हैं। वास्तव में, स्वतंत्र आलोचना परम्परा के अभाव में, बाद की ये कविताएँ पुराने 'सूरसागर' पर टीका का काम करती हैं और सूर की कविताओं को उन सन्दर्भों में स्थापित करती हैं, जो उन्हें बाद की पीढ़ियों के लिए अधिक रुचिकर तथा सुगम बना सकें।

अध्याय-9

कबीर : देश और विदेश में

भाषांतरण नदियों के समान होते हैं—उनके स्रोत प्राय: गुप्त होते हैं, उनके गंतव्य सागर के सदृश होते हैं—लेकिन इन सबके बावजूद इतिहास बनने का उनका दावा सच्चा होता है। रॉबर्ट ब्लाइ ने कबीर का जो बेहद प्रभावशाली भाषांतरण किया है, उसके लिए इतिहास में उनका जो स्थान मेरी समझ से हो सकता है, वह उन्हें विशेषकर एमर्सन तथा थोरो सरीखे 'न्यू इंग्लैंड' अतींद्रियवादियों से जोड़ता है। ब्लाइ की तरह ये लोग भी मानव गरिमा तथा व्यक्तिगत क्षमता के बारे में ऐसे खयाल रखते थे, जो उन्हें अपने छोटे-से कैल्विनवादी तालाब के किनारों से आगे देखने की दृष्टि प्रदान करता था। उन्होंने उपनिषदों और गीता का अध्ययन किया था। थोरो जब शहरी जीवन छोड़कर वाल्डेन तालाब (अमेरिका में मेसाचुसेट्स के कॉनकॉर्ड में स्थित) के किनारे जाकर बस गए थे तब वे अपने साथ गीता ले गए थे। जाड़े में जब मजदूर इस तालाब में जमी बर्फ को तोड़ते थे तब थोरो के मन में यह खयाल उठता था कि बर्फ के ये टुकड़े उस नदी की सतह पर बहते हुए 'मद्रास, बम्बई, कलकत्ता की गर्मी से परेशान लोगों तक' उसी तरह पहुँच जाएँगे, जिस तरह वह नदी उन तक गीता का अतींद्रियवादी ज्ञान ले आई है। या शायद वे एक ही कुएँ से निकली हैं।

जलकूप भले एक ही रहा होगा लेकिन कलकत्ता और वाल्डेन प्रत्यक्ष रूप से जमीन से जुड़े नहीं थे। थोरो ने गीता संस्कृत में नहीं पढ़ी थी, उन्होंने गीता का अंग्रेजी अनुवाद पढ़ा था, जो 1785 में चार्ल्स विलकिन्स ने किया था। ब्लाइ की पुस्तक 'कबीर' उतनी अलग नहीं है। ब्लाइ के अनुसार, यह रवीन्द्रनाथ ठाकुर और इवलिन अंडरहिल की 'निराशाजनक' विक्टोरियाई अंग्रेजी को दुरुस्त करती है, जिसे अजित कुमार चौधरी द्वारा पहले किए गए अंग्रेजी अनुवाद से लाभ मिला, और यह क्षितिमोहन सेन के बांग्ला संस्करण पर आधारित थी।[1] अन्ततः यह हमें वापस हिन्दी की भाषायी धारा की ओर ले जाती है, जिसमें कबीर 15वीं सदी के उत्तरार्द्ध या 16वीं सदी के पूर्वार्द्ध में बनारस में बुनकर की तरह तैरते नजर आते हैं। या लगभग उसके करीब। माना जाता है कि कबीर का निधन करीब 1518 में हुआ और इसके करीब चार सदी

बाद ठाकुर तथा अंडरहिल की 'सांग्स ऑफ कबीर' प्रकाशित हुई। इन चार सदियों के बीच वाचिक तथा लिखित के प्रसार का जटिल इतिहास है।

जैसाकि ब्लाइ कहते हैं, यह सच है कि इतिहास वाले कबीर के बारे में जो कुछ कहा गया है, उसका अधिकांश अफवाह ही है।[2] फिर भी, ठाकुर ने कबीर का जो अनुवाद किया, उसके बाद हमें काफी कुछ पता लग चुका है कि ये अफवाहें किन हालात में फैलीं, कि कबीर की कविता के प्रारम्भिक संकलन किस तरह तैयार हुए। ये हमें 'वास्तविक कबीर' तक नहीं पहुँचाते। कुछ भी हमें कभी भी वहाँ तक नहीं पहुँचा सकता। लेकिन ये हमें उसके इतने करीब ले जाते हैं कि हम यह देख सकें कि लोग उन्हें उनके जीवनकाल की एक सदी में ही किस तरह देखते थे।

प्रारम्भ के संकलन

कबीर ने अपने काल के जनजीवन पर जबरदस्त प्रभाव डाला। जैसाकि रविदास और तुलसीदास के मामले में है, कबीर का भी बनारस में रहना बहुत महत्त्व रखता है। चर्मकार कवि रविदास कबीर से कुछ छोटे थे, तो उदारवादी ब्राह्मण कवि तुलसीदास की कृति 'रामचरितमानस' उत्तर भारत का सबसे महत्त्वपूर्ण धर्मग्रन्थ बन गई। कबीर बनारस के थे, इसका अर्थ यह था कि उनकी अभिव्यक्ति इतनी तेजी और प्रामाणिकता से प्रसारित हो सकती थी जिसकी कल्पना आज मुश्किल है। आज की तरह तब भी बनारस शिक्षा, व्यापार तथा तीर्थाटन का एक बड़ा केन्द्र था। वहाँ कही गई बात के प्रतिध्वनित होने का स्वतः प्रबन्ध था क्योंकि शहर में छात्रों, व्यापारियों, कलाकारों, और तीर्थयात्रियों का आना-जाना लगा रहता था और ये लोग भारतभर और उसके बाहर तक जाते-आते रहते थे। यह एक आदर्श मंच था।

जाहिर है कि कबीर के बोल अविस्मरणीय हैं। उनके निधन के एक सदी के भीतर लोग उन बोलों को सैकड़ों मील दूर राजस्थान और पंजाब में लिखकर रख रहे थे। ये तीन साहित्यिक विधाओं में थे और तीनों लयबद्ध थीं तथा स्पष्ट छंद में बँधी थीं :

1. दोहे या साखी : सिख इन्हें 'सलोक' भी कहते हैं—तीखी विदग्धोक्तियाँ, जिन्हें गाया भी जा सकता है और पढ़ा भी जा सकता है;
2. रमैनी : चौपाई छंद में बँधे लयबद्ध गीत, जो दोहे पर समाप्त होते हैं;
3. पद या सबद : गाई जानेवाली रचनाएँ, जिनकी लम्बाई चार से लेकर बारह पदों की हो सकती है। हरेक शीर्षक पद के साथ शुरू होता है, जो टेक का काम भी करते हैं।

इनमें से केवल पद ही सेन, ठाकुर, ब्लाइ द्वारा तैयार कोशों में बहुत स्पष्ट रूप से जगह बना पाए, और चूँकि सन्देश देनेवाला माध्यम सन्देश को निश्चित तौर पर

प्रभावित करता है, इसलिए यह महत्त्वपूर्ण है। जो कहा जाता है, उसे हमेशा गाया नहीं जा सकता, और जो गाया जाता है, उसे हमेशा कहा नहीं जा सकता। पद या सबद की वर्चस्ववाली भावना के साथ ब्लाइ के कबीर आन्तरिक रूप से लयात्मक हैं हालाँकि दूसरे कबीर फॉर्म को उलट देते हैं और गायन को खुद अपने खिलाफ गायन पर मजबूर करते हैं।

इसका अर्थ यह है कि माध्यम तथा सन्देश एक-दूसरे से गहरे जुड़े हैं लेकिन वे एक समान नहीं हैं, और वास्तव में कबीर की कविताओं के जिन संकलनों ने प्रारम्भिक वर्षों से लेकर अब तक अपना अस्तित्व बनाए रखा है, वे अपनी काफी स्पष्ट पहचान प्रदर्शित करती हैं, जो इस बात पर निर्भर करती है कि उन्हें कैसे और कहाँ गाया गया और उनका संकलन कौन कर रहा था। पश्चिमी-मध्य भारत (राजस्थान या पंजाब) में तैयार किए गए संकलनों और दूर पूरब में (कबीर के नगर बनारस के आसपास) तैयार किए गए संकलनों में काफी बड़ा अन्तर उभरता है। पश्चिम के कबीर पूरब के कबीर के मुकाबले कहीं अधिक अन्तरंगता और गहरी भक्ति से ओतप्रोत दिखते हैं।[3] लेकिन इस अन्तर को सफेद और काले के बीच का अन्तर बताना गलत होगा। पूरब हो या पश्चिम, कबीर में एक निर्णायक धार है, जो उन्हें अपने काल के दूसरे सन्त-कवियों से एकदम अलग खड़ा करती है।

फिर भी, क्षेत्रगत अन्तर महत्त्वपूर्ण है। याद किए जानेवाले कबीरों के 'परिवार' की पश्चिमी शाखा के भीतर भी एक और विभाजन देखा जा सकता है। सिखों के द्वारा तैयार किए गए संकलनों का स्वर वैष्णवों यानी राम-कृष्ण तथा उनकी संगिनियों के भक्तों के द्वारा तैयार संकलनों से अलग है।[4] सिखों के कबीर की बातें प्रायः व्यवहारकुशल गृहस्थ जैसी लगती हैं, जबकि वैष्णवों के कबीर प्रेम की प्रगाढ़ता से आसानी से प्रभावित हो जाते हैं। ब्लाइ ने भक्ति के लिए इसी 'तीव्रता' (इंटेसिटी) शब्द का प्रयोग किया है। और प्रारम्भिक चरणों में संकलित सभी कविताओं में ये पश्चिमी, वैष्णव कबीर ही हैं जो ब्लाइ के कबीर के काफी करीब दिखते हैं।

बनारसी कबीर काफी अलग हैं। कबीर पंथ इसी कबीर को याद करता और पूजता है। कबीर पंथ ऐसे साधुओं और गृहस्थों का समुदाय है, जो मुख्यतः साधारण तबकों से आते हैं और जिन्होंने 'बीजक' नामक खंड (कविताओं की सूची या निर्देशिका, जो बताती है कि कोश कहाँ मिलेंगे) तैयार किया। यहाँ हम उस तल्ख, संघर्षशील कबीर को ज्यादा शुद्ध रूप में पाते हैं जिन्हें लिंडा हेस ने 'कटु वाग्मिता' वाला व्यक्ति कहा है। वे उकसाते हैं, फटकारते हैं, चुनौती देते हैं। अपनी मौखिक क्षमता पर पूरा विश्वास रखते हुए वे कागज पर लिखी हर चीज के साथ-साथ उन लोगों को खारिज करते हैं, जो खुद को बहुत महत्त्वपूर्ण मानते हैं, खुद को धूलभरे दस्तावेजों के रखवाले के तौर पर प्रस्तुत करते हैं। मुसलमान हों या हिन्दू, काजी हों

या ब्राह्मण—सभी एक ही मूल से निकले हैं, और योगी भी बहुत बेहतर नहीं हैं बल्कि और बुरे भी हो सकते हैं। ये जो बीजक वाले कबीर हैं, वे किसी भी देवता का कम ही उल्लेख करते हैं। राम का उल्लेख होता है लेकिन केवल नाम, ईश्वर के लिए आम तौर पर प्रयुक्त नाम के लिए—और शिव की तरह कृष्ण हास्य या इनकार को छोड़ बाक़ी सबके लिए अनुपस्थित हैं। जहाँ तक दुर्गा या शक्ति सरीखी देवियों का मामला है, जिन्हें रक्त की बलि अच्छी लगती है, उन्हें वे शत्रु जैसा मानते हैं।[5]

गौरतलब है कि 'बीजक' के नाम से ज्ञात पूर्वी पांडुलिपियाँ पश्चिमी पांडुलिपियों के मुकाबले ज्यादा नई हैं। किसी को यह लगा होगा कि कबीर चूँकि बनारस के थे (इस पर कोई विवाद नहीं है) इसलिए स्थानीय परम्पराओं ने एक लम्बा रेकॉर्ड उपलब्ध कराया होगा, लेकिन उन्होंने ऐसा नहीं किया। सबसे पुराना उपलब्ध बीजक 1805 का है। कबीर पंथ का सामाजिक आधार चूँकि गरीब, निचली जातियों—ये उनके लोग थे—में था इसलिए शायद इस तरह का रेकॉर्ड असम्भव था। कम-से-कम प्रारम्भिक सदियों में इस पंथ के सदस्यों का उन लोगों के मुकाबले ज्यादा शिक्षित होना कम मुमकिन था, जो अधिक उदार 'पश्चिमी' भक्ति-धारा का प्रसार करते थे। लिंडा हेस और सुखदेव सिंह का अनुमान है कि कबीरपंथियों ने कबीर की कविताओं का अपना पहला सुगठित, लिखित संकलन—सबसे पुराना बीजक—17वीं सदी के उत्तरार्द्ध में तैयार किया, लेकिन यह सिद्ध करने के लिए कोई प्रमाण उपलब्ध नहीं है।[6]

कबीर की कविताओं का पहला सिख संकलन (तथाकथित 'गोइंदवाल पोथियाँ') जाहिर है कि लगभग 1570 के प्रारम्भ में तैयार किया गया। शुरू में इस संकलन में 50 कविताएँ थीं, जो 1604 तक बढ़कर 220 हो गईं, जब उन्हें सिखों के 'कर्तारपुर ग्रन्थ' में शामिल किया गया था।[7] ये पांडुलिपियाँ इस तथ्य को प्रमाणित करती हैं कि सामूहिक पूजन आदि के दौरान कबीर के द्वारा रचित मानी गई कई कविताएँ दूसरे कवियों, खास कर खुद सिख गुरुओं की कविताओं के साथ गायी जाती थीं और आज भी गायी जाती हैं। पहला वैष्णव संकलन मात्र 15 कविताओं का था। ये कविताएँ दूसरे भक्ति कवियों की कविताओं के साथ उस पांडुलिपि में पाई जाती हैं, जिन्हें 1582 में जयपुर के पास फतेहपुर में संकलित किया गया था।[8] जैसाकि हम देख चुके हैं, पांडुलिपि को इस तरह तैयार किया जाता है जिससे यह स्पष्ट हो सके कि ये कविताएँ इससे भी पहले की पांडुलिपि में दर्ज थीं जिन्हें लेखक/सम्पादक दो अन्य के सन्दर्भ में ला रहा है और बाद वाली कविताएँ अधिक निश्चित तौर पर वैष्णव थीं तथा विशेषकर कृष्ण के रंग में रँगी थीं। बाद का एक पश्चिमी संकलन 1614 का था। इसे सन्त-कवि दादू (जो धुनिया थे) के अनुयायियों के लिए उपासना-पद्धति की खातिर तैयार किया गया था। दादूपंथ की कई दूसरी पांडुलिपियाँ,

जिनमें कबीर को संकलित किया गया, 17वीं सदी में सामने आती हैं।[9] इसलिए, हम देखते हैं कि शुरू में ही कबीर काफी विविध सन्दर्भों में जुड़े। ये गाए जा सकनेवाले भक्ति पदों के सभी तरह के सकंलनों की धुरी थे।

यह सवाल उठाना ठीक रहेगा कि ब्लाइ की कृति 'द कबीर बुक' में शामिल कितनी कविताएँ उन प्रारम्भिक पांडुलिपियों में पाई जा सकती हैं जिनकी हमने अभी समीक्षा की है। इससे यह अन्दाजा लगेगा कि उनके कबीर उन कबीर से कितना मेल खाते हैं जिन्हें 16वीं-17वीं सदी के कम-से-कम कुछ लोग तो पसन्द करते ही थे—वे लोग, जो हम लोगों की तरह बनारस से बाहर रहते थे। 'द कबीर बुक' के पहले संस्करण में प्रकाशित 44 कविताओं में से केवल एक ही उन प्रारम्भिक तथा कालांकित पांडुलिपियों में दिखती है जिन्हें वाइनांद कैलेवर्त की 'द मिलेनियम कबीर वाणी' का आधार बनाया गया है, और वे सभी उस लिहाज से 'पश्चिमी' हैं। स्वर्ण कविता 6 नम्बर वाली है : 'मोहि तोहि लागी कैसे छूटे'। यह पंजाबी नहीं, राजस्थानी धारा में दिखती है। यह काफी कमजोर मेल ब्लाइ की गलती नहीं है—बेशक अगर इसे गलती मानें तो। इसका अर्थ सिर्फ यह है कि सेन-ठाकुर-ब्लाइ क्रम को हम यह नहीं मान सकते कि वह हमें 'प्रामाणिक गीत' दे रहा है, जबकि ठाकुर और अंडरहिल यह मानते थे कि वह दे रहा है।[10] इसके कारण यह सवाल उठता है कि हम 'प्रामाणिक' किसे मानें, और इस सवाल का कितना महत्त्व है।

कौन थे कबीर?

कबीर को ग्रहण करने के इतिहास के अलावा यह जानने का कोई उपाय नहीं है कि कबीर कौन थे। हम देख चुके हैं कि यह इतिहास संयोग से, धुँधला नहीं है लेकिन यह एक मूलभूत समस्या लिये हुए है। अगर हम यह मान भी लें कि बीजक के मूल सूत्र उस वाचिक परम्परा में हैं जो इसकी पांडुलिपियों से भी पुरानी है, तो हम इस तथ्य का क्या करेंगे कि पश्चिमी तथा पूर्वी परम्पराएँ एक समूह की कविताओं पर आकर नहीं मिलतीं, जिनके कोश को हम 'वास्तविक' कबीर का प्रतिनिधि मान सकते हैं। यह हमेशा उलझन में डालेगा, और जब हम कबीर के जीवन से जुड़ी किंवदंतियों पर नजर डालते हैं तो और भी उलझनें पैदा होती हैं। ये किंवदंतियाँ 16वीं सदी के अन्तिम वर्षों में उभरीं। बेशक ऐसे लोग भी हैं जो कहते हैं कि वे उनकी आवाज की ध्वनि पहचानते हैं। 20वीं सदी के मध्य में हुए महान विद्वान हजारीप्रसाद द्विवेदी इसके अच्छे उदाहरण हैं। उन्होंने कबीर का भक्तिवाला रूप प्रस्तुत किया जिसे कई लोगों ने स्वीकार किया। द्विवेदी जी का कहना था कि उनके व्यक्तित्व को ब्राह्मण समाज सुधारक स्वामी रामानन्द की शिक्षा ने स्वरूप प्रदान किया।[11] दूसरे लोग भी गुरु की आवाज की ध्वनि को पहचानते हैं। कबीर के गीतों के प्रसिद्ध

गायक नेत्रहीन राजस्थानी कलाकार बिरजापुरी महाराज कहते हैं, 'अगर किसी वाणी का अर्थ गहरा है तो बेशक वह कबीर की ही होगी; अगर ऐसा नहीं है तो वह केवल नकल है।'[12] दुर्भाग्य से, इन गीतों के गायन से जो कबीर उभरते हैं, वे द्विवेदी जी के कबीर से काफी अलग हैं। इसलिए, जैसाकि एक विद्वान ने कहा है, यह कहना काफी नहीं होगा कि हम 'कबीर को उनके बोल और उनके सन्दर्भ में ही लें।'[13] कौने-से बोल? कौन-से सन्दर्भ?

हम स्वामी रामानन्द से ही शुरू करें, क्योंकि कबीर को उन्हें परिभाषित करनेवाली वंश-परम्परा से जोड़ने के लिए वे बहुत महत्त्वपूर्ण हैं। रामानन्द द्वारा कबीर को दीक्षा देने की हास्यप्रद कहानी उनके सन्तचरित का एक केन्द्रीय तत्त्व है। कहानी यह है कि रामानन्द गंगास्नान करने जा रहे थे तभी कबीर ने ऐसा कुछ किया कि वे कबीर से टकरा गए। रामानन्द के मुख से फूट पड़ा : 'राम!'। कबीर ने इसे ही दीक्षा का मंत्र मान लिया। ठाकुर ने क्षितिमोहन सेन द्वारा उपलब्ध कराई गई कविताओं का अनुवाद करते हुए एक कविता में रामानन्द को पाया और इसने उन्हें आश्वस्त कर दिया कि गुरु-शिष्य का सम्बन्ध एक ऐतिहासिक तथ्य है।[14] लेकिन अफसोस यह है कि पुरानी पांडुलिपियों के अध्ययन से कहीं भी इस कविता का पता नहीं चलता, और न ही रामानन्द का नाम किसी और पुरानी कविता में मिलता है, जबकि यह अपेक्षा की जा सकती है कि कबीर के लिए वे अगर इतने महत्त्वपूर्ण थे, तो उनका उल्लेख किसी कविता में मिलता।[15]

कबीर के गहन जानकार पुरुषोत्तम अग्रवाल तथा डेविड लोरेंजेन यद्यपि इससे असहमत हैं, मुझे इस जुड़ाव को सन्तचरित से पुनर्जीवित करने का कोई रास्ता नहीं सूझता। रामानन्द बेहद कम प्रमाण के साथ कई सारी समस्याओं का समाधान कर देते हैं। वे उस टूटी कड़ी को थमा देते हैं, जो कबीर के बनारसी 'पूर्वी' नास्तिक पक्ष को उस आस्तिक भक्तिवादी व्यक्तित्व से जोड़ती है जो सुदूर पश्चिम में उभरी पांडुलिपियों में व्यापक रूप से उपस्थित है। वे कबीर को विशिष्ट मठ परम्परा—रामानन्दी परम्परा—में स्थापित करते हैं और साथ ही मुसलमान परिवार की उनकी पृष्ठभूमि का सूत्र भी थमाते हैं, जैसाकि उनके नाम से स्पष्ट है। और फिर बाद में उन्हें उस तरह की भक्ति के साथ धर्मांतरण से भी जोड़ते हैं, जिसे कुछ ब्राह्मण तो अपना कहते ही हैं। यह सब काफी साफ-सुथरा है, और कविताओं में बहुत कम प्रतिध्वनित है। मुझे तो निचली जाति के उन आलोचकों का साथ देना पड़ेगा, जो यह मानते हैं कि रामानन्द तथा कबीर के बीच सम्पर्क महज एक पवित्रतावादी हस्तक्षेप था—कबीर को अपनी जड़ों से काटने का तरीका।[16]

नाभादास ने लगभग 1600 में अपनी कृति 'भक्तमाल' में कबीर का जो चित्र प्रस्तुत किया है, वह कहीं ज्यादा विश्वसनीय है। वैसे, वे भी वैष्णववाद के प्रति प्रतिबद्ध हैं और खास कर रामानन्दी भी हैं। यह सच है कि नाभादास जो सामान्य

सूची प्रस्तुत करते हैं, उसमें वे कबीर को रामानन्द के शिष्यों में दर्ज करते हैं लेकिन जब वे उनके बारे में प्रत्यक्ष तौर पर बात करते हैं तब तमाम पंथगत झुकावों से मुक्त रहते हैं। वे कहते हैं कि कबीर ने जातिगत भेदभावों को परिभाषित करनेवाले ब्राह्मणवादी सूत्रों के साथ ही 'युक्तिसंगत' दर्शन की छह धाराओं तथा इस विचार को भी खारिज कर दिया था कि मनुष्य के जीवन को एक निश्चित क्रम का पालन करना ही चाहिए। ये वर्णाश्रम धर्म के मूलाधार थे, जो कि शास्त्रीय ब्राह्मणवादी चिन्तन के केन्द्रीय तत्त्व बन गए थे। नाभादास के अनुसार, कबीर असहमति के स्वर थे। अगर भक्ति नहीं है, तो यह सच्चे धर्म के बिलकुल विपरीत है। वे जिस मान्यता के लिए पहचाने जाते हैं, वह यह है कि संगठित धर्म निरर्थक है। ब्लाइ के मुताबिक, जो चीज सबसे महत्त्वपूर्ण है, वह है—'भक्ति' ('तीव्रता')।[17]

समाज में उनकी जो स्थिति थी, उसके कारण यह कोई आश्चर्य की बात नहीं है कि कबीर यही रुख अपनाते, और नाभादास के मुताबिक गौर करनेवाली बात यह है कि उनके लिए जाति का कोई महत्त्व नहीं था। जैसाकि हमें केवल कुछ कविताओं से पता नहीं चलता, वे मुसलमान जुलाहे थे, जोकि हैसियत के लिहाज से काफी नीचे होता है। इसलिए, अचरज नहीं कि उनकी जैसी स्थिति में पड़े समुदाय उन्हें प्रभावशाली मानें। उनके प्रशंसकों में जाट, पंजाबी किसान हैं जो सिख समुदाय के मेरुदंड हैं और जो खुद को वर्णाश्रम धर्म के दायरे से बाहर बताते हैं।[18] लेकिन हम यह न भूलें कि कई दूसरे लोगों—बेशक वैष्णवों तथा ब्राह्मणों तक—ने इस आह्वान को सुना।

कबीर की कविताओं के प्रारम्भिक संकलनों से जो एक महत्त्वपूर्ण सूत्र उभरता है, वह उन्हें प्रस्तुत करने के सन्दर्भों के कारण फीका पड़ जाता है, और 'इतिहास' वाले कबीर को छोड़ने से पहले उसे उसका श्रेय देने की जरूरत है। नाथों के नाम से ख्यात योगियों के समुदाय के प्रति कबीर का यह बुनियादी ऋण है। इस समुदाय की सीख शारीरिक परिवर्तन की तकनीक के प्रति दृष्टिकोण में रूपाकार लेती है, जो कबीर की कविताओं में प्रायः उपस्थित है।[19] यह हठयोग है—सख्त शारीरिक अनुशासन के लिए कड़ा योग। ब्लाइ स्पष्ट तौर पर स्वीकार करते हैं कि उन्होंने इस आयाम को नहीं छुआ है। इसे वे 'शक्ति ऊर्जा का सम्पूर्ण विषय' ('द होल मैटर ऑफ सक्ति इनर्जी') बताते हैं।[20] फिर भी, विचार तथा व्यवहार की एक व्यवस्था (जिसे कबीर ने कभी शक्ति से नहीं जोड़ा) के तौर पर यह धार्मिक तथा लाक्षणिक सुरक्षा का बोध (जिसे हम उनके नाम के साथ हमेशा जोड़ते रहे हैं) कराने में प्रमुख तत्त्व का काम करता है।

इसका अहसास करने के लिए हम फिर से प्राचीनतम दिनांकित पांडुलिपि को देखें। उसमें हम एक ऐसे कुएँ के बारे में पढ़ते हैं, जो उलटा है :

दुभर पनीआ भरनि न जाइ   मेरी बहुत त्रिषा गोबिन्द बिना न बुझाइ
ऊपर कूवटा लेज तलैहारी   कैसे नीर भरै पनीहारी

निघर्यै नीर भयौ घट भारी गई निरास पांच पनिहारी
गुर उपदेस भयौं है नीर राम सरनि होइ न पीवहि कबीर।[21]

'दुभर पनीआ भरनि न जाइ' पंक्ति से शुरू होनेवाली कविता निश्चित ही अन्त:क्षेपित वीर्य के बारे में संकेत कर रही है, जिसे योगक्रिया, सम्भवत: तांत्रिक क्रिया के द्वारा मस्तिष्क की ओर क्षेपित किया गया है। चूँकि इस द्रव पर गुरुत्वाकर्षण बल का प्रभाव नहीं पड़ता इसलिए इसे ज्ञानेंद्रियों (पाँच पनिहारी) के द्वारा खींचा नहीं जा सकता, और इसी वजह से 'पनिहारी' निरास हो जाते हैं। यह द्रव रहस्यमय ढंग से भारी है, यह शरीर को कब्जे में कर लेता है। ऐसा लगता है कि कबीर को नाथ योगियों की पूरी दिनचर्या मालूम है—कुंडलिनी ऊर्जाओं को नियंत्रित करना और इस अवस्था में सुख की अनुभूति करना—कम-से-कम मौखिक तौर पर—सब कुछ मालूम है। इसके बाद आश्चर्य प्रकट होता है। वे अन्त में कहते हैं कि वे इस पानी को नहीं पीएँगे। क्या वे चरम आनन्द और वीर्य स्खलन से इनकार कर रहे हैं, जैसाकि तांत्रिक लोग करते हैं? नहीं, शब्द तो ऐसा नहीं कह रहे हैं; बल्कि वे यह कह रहे हैं कि वे गुर उपदेस को मानने से इनकार कर रहे हैं। वे, जैसाकि नाथ योगी कह रहे हैं, इस बात को मानने से इनकार कर रहे हैं कि :

गगन मंडल मैं ऊंधा कूबा तहां अंमृत का बासा।
सगुरा होइ सु भरि भरि पीवै निगुरा जाइ पियासा...[22]

कबीर तो राम या गोबिन्द का पान करेंगे। प्रारम्भिक पांडुलिपियों से प्राप्त कविताओं में हम कई बार इस कबीर से रू-ब-रू होते हैं—एक दिग्गज से, जो शारीरिक रूप से सक्रिय हैं, एक हठयोगी हैं, फिर भी जो अपनी पहचान अपने अन्तर में बसे सूक्ष्म गुरु से जोड़ते हैं, सच्चे गुरु राम/गोबिन्द से। यह नाथ योगी आधार का भक्ति पाठ है—सहजता, स्वत:स्फूर्तता और ईमानदारी का एक रूप, जो कि इसकी प्राथमिक लाक्षणिकता का काम करनेवाले शारीरिक द्रव अभियंत्रणा के उत्पाद से ज्यादा सरल है। अनुशासन का यह रूप—कम-से-कम अपने आप में एक लक्ष्य—उनके लिए नहीं है।[23] आश्चर्य नहीं कि वे बनारस की गलियों में भरे रहनेवाले योगियों के बारे में बोल सकते हैं :

का नागैं का बांधे चांम जौ नहिं चीन्हसि आतमरांम
नांगे फिरें जोग जौ होई बन का मिरग मुकुति गया कोई
मूंड़ मुड़ाएं जौ सिधि होई सरगहिं भेंड़ न पहुंची कोई
बिन्दु राखि जौ तरिअै भाई तौ खुसरै क्यूं न परम गति पाई
कहै कबीर सुनौं रै भाई रांम नांम बिन किन सिधि पाई।[24]

अनुवाद की धारा में कबीर

इतिहास वाले कबीर तक पहुँचने के लिए हम प्राचीनतम पांडुलिपियों को खंगालते रहे हैं। हम यही कर सकते हैं। लेकिन हमने यह भी पाया है कि ये पांडुलिपियाँ अलग-अलग स्वर में बोलती हैं। कोई एक कबीर नहीं हैं। उनके व्यक्तित्व में जो तमाम निश्चित तत्त्व बताए गए हैं, उनके बावजूद वे प्रस्तुति और ग्रहण की विविध धाराओं में उतराते नजर आते रहे हैं।

कबीर को अपनानेवाले समुदायों के रूप कई-कई हैं—दलित-ब्राह्मण, साधु-गृहस्थ, रिक्शाचालक से लेकर सीईओ तक और हिन्दू तथा मुसलमान—दोनों, जिनके बारे में बताया जाता है कि वे उनके पार्थिव शरीर की अन्तिम क्रिया को लेकर झगड़ पड़े थे : 'हम उन्हें दफनाएँगे', तो 'हम उनका दाहसंस्कार करेंगे'। हिन्दू-मुस्लिम एकता के प्रतीक के तौर पर कबीर, राष्ट्रीय एकता को बढ़ावा देने के भारत सरकार के प्रयासों के लम्बे समय तक एक अव्वल उदाहरण बन गए। उधर इस्लामी पाकिस्तान ने अपने यहाँ उर्दू साहित्य में कबीर को ऊँचा स्थान देकर उन्हें अपनी राष्ट्रीय विरासत का हिस्सा बताने का दावा किया।[25] 2003 में ये दोनों धाराएँ एक कैसेट टेप में आकर मिलीं, जिसमें जाने-माने फिल्मकार तथा गीतकार गुलजार ने 'कबीर बाइ आबिदा' (आबिदा की आवाज में कबीर) प्रस्तुत किया। आबिदा पाकिस्तान की एक आला सूफी गायिका हैं।[26] और जब मानवाधिकार संगठनों ने गुजरात के दंगा-पीड़ित मुसलमानों के लिए चन्दा इकट्ठा करने के लिए न्यूयॉर्क के रिवरसाइड चर्च के गुहामय अभयारण्य में संगीत कार्यक्रम का आयोजन किया, तो उसमें किसके दोहे गाये गए?

अगर कबीर हिन्दू-मुस्लिम सीमारेखा पर एक संकेतचिह्न की तरह खड़े हैं, तो वे सामाजिक विषमता, जातिगत भेदभाव, और भारतीय समाज की सम्पूर्ण एकता को लेकर जारी विमर्शों के लिए कम महत्त्वपूर्ण नहीं हैं। भीमराव आम्बेडकर कबीर को अपना एक प्रमुख पूर्वज बताते थे।[27] इसके विपरीत, आचार्य हजारीप्रसाद द्विवेदी जोर देकर कहते थे कि कबीर ने भक्ति का पाठ एक प्रगतिशील ब्राह्मण विचारक से आत्मपरिवर्तन के क्षण में सीखा। द्विवेदी जी के लिए वे असहमति का स्वर तो नहीं थे बल्कि साझी मानवता के उदाहरण थे, जिसे सामाजिक तथा धार्मिक भेदभावों को बेमानी करनेवाली भारतीय संस्कृति की एक व्यापक धारा के रूप में पुष्पित-पल्लवित होना चाहिए। नब्बे के दशक में दलित आलोचक धर्मवीर ने दिल्ली के बौद्धिक जगत में हलचल पैदा कर दी थी कि द्विवेदी जी का जो तर्क कबीर को हिन्दू में परिवर्तित करता है और उन्हें एक ब्राह्मण की छत्रच्छाया में सद्व्यवहारी के रूप में प्रस्तुत करता है, वह सब बकवास है।[28]

इस विवादास्पद वैश्विक ऐतिहासिक घालमेल में हम ब्लाइ को कहाँ रखें? उनके सूत्र उन्हें ठाकुर से बाँधते हैं और इस वजह से उनके कबीर किसी पंथिक या

सामाजिक उथल-पुथल से परे ही खड़े नजर आते हैं। आखिर, ब्लाइ ठाकुर के गद्दे-सोफे को बेपरदा तो करते हैं लेकिन फिर भी उन्हें फर्नीचर के उन भागों के बीच चुनाव करना था जिनका चयन ठाकुर ने पहले किया था। जाहिर है कि वे इनमें से कुछ रचनाओं को लेकर लगभग उत्साहित हो गए जिन्हें बहुत ज्यादा पृष्ठभूमि की जरूरत थी। वह काफी शब्दाडम्बरपूर्ण लगी; जिन्हें जटिल पहेलियों की तरह बुना गया था; जिन्हें शराबखोरी, पागलपन, ब्रह्मांड, और भृत्यभाव में काफी आनन्द आता था; जो ईसाइयत के 'मोक्ष', 'मुक्ति' जैसे शाब्दिक झोंकों से प्रदूषित थी। ये सब खिड़की से बाहर चली गईं। कबीर ने जिन कुछ कविताओं में सामाजिक वर्गीकरणों को चुनौती दी थी, उन्हें भी उन कविताओं के साथ कूड़े के डिब्बे में डाल दिया गया जिनमें अच्छी संगति के महत्त्व को रेखांकित किया गया था। फिर जो कबीर उभरते हैं, वे स्वावलम्बन (एमर्सन को याद करें), सिद्धान्त-सम्मत अवज्ञा (थोरो को याद करें) और कुछ ऐसे व्यवहारों के पक्ष में खड़े नजर आते हैं जिन व्यवहारों में शरीर तथा मस्तिष्क के मेल और गहन भावनाओं के मेल को सम्मान दिया जाता है (खुद ब्लाइ)।

ब्लाइ की ओर से किए गए कुछ सहज सम्पादन हमें उस कबीर की अनुभूति कराने में ठाकुर से कहीं आगे ले जाते हैं, जिस कबीर से हम उनकी कविताओं के प्रारम्भिक संकलनों में मिलते हैं, बजाय उस कबीर के, जिन्हें सेन ने ठाकुर के लिए प्रस्तुत किया। यह इस बात को स्पष्ट करता है कि कबीर को दुनियाभर में घर-घर के लिए परिचित बनाने में ब्लाइ ने किस तरह महत्त्वपूर्ण भूमिका निभाई। बाकी काम काव्य प्रतिभा के द्वारा और खुद कबीर के द्वारा लिये गए मौकों के जरिये पूरा किया गया।

जब ब्लाइ गहराई में जाकर यह कल्पना करते हैं कि कबीर अपने देहान्त के 500 साल बाद अंग्रेजी बोलनेवालों से क्या कह सकते हैं, तब कुछ नये लोग मंच पर आरूढ़ हो जाते हैं। उदासी तथा दर्द (पुराने बौद्ध शब्द 'दुख') के शब्द संसार का अमेरिकीकरण हो जाता है—'आध्यात्मिक सपाटता' और 'निरन्तर अवसाद' में। बनारस और मथुरा उन स्थानों—कलकत्ता और तिब्बत—में बदल जाते हैं जिनका नाम अमेरिकियों ने सुना होगा, और ठाकुर के 'कुंज तथा वाटिका' (अभी भी भारत के साथ जुड़े) 'घाटियों तथा देवदार पहाड़ों' में बदल जाते हैं। और 'रॉकीज' का क्या? लगभग हरेक भारतीय शब्द का रूपांतरण किया जाता है। ठाकुर (और कबीर) के योगी 'आध्यात्मिक खिलाड़ी' बन जाते हैं। और 'सुप्रीम ब्रह्म' 'हमारे भीतर के गुप्त ब्रह्म' के रूप में सामने आते हैं। ध्वनि का बहुत महत्त्व है। पुराण कुरान मूल हिन्दी में जबान से फिसलकर बाहर आ सकते हैं लेकिन ठाकुर ने जो 'पुराण और कुरान' का शाब्दिक उल्लेख किया है, वह ब्लाइ के लिए काफी सपाट है। बेहतर होगा कि हम उन्हें 'पूरब के पवित्र ग्रन्थ' मानें। कबीर, खास कर बनारसी

कबीर ने अपने पाठकों-श्रोताओं के साथ मजा किया, और ब्लाइ ने अपने पाठकों के साथ मजा किया है।[29]

कभी-कभी आप यह सोचने लगते हैं कि उन्होंने अति तो नहीं कर दी? चूँकि बताया जाता है कि चकोर पक्षी केवल चाँदनी पर जिंदा रहता है, ब्लाइ उसे उल्लू के रूप में आजमाते हैं। यह पश्चिम के लिए तो उपयुक्त है लेकिन भारतीय लोग विद्रोह कर सकते हैं क्योंकि उल्लू को मूर्खता का प्रतीक माना जाता है। हीरा रूबी में बदल जाता है। कमल के पत्तों को उसका श्रेय देने के साहसिक प्रयास के तहत ब्लाइ फूल को ही 'पानीफल' कहते हैं। भारत में माथे पर लगाए जानेवाले प्रचलित टीके के तौर पर यह 'विचित्र डिजाइनों' की तरह दिखता है। ठाकुर जिस तंबूरे को वीणा कहने (उसकी आवाज या उसे थामने के तरीके के कारण) से खुद को रोक न सके, वह और आगे बढ़कर पियानोनुमा वाद्य के रूप में सामने आता है। और 'द कबीर बुक' के बाहर-भीतर जो 'खूबसूरत मेहमान' आता-जाता है वह, ब्लाइ जितना दिखाना चाहते हैं, उससे कहीं अधिक रहस्यमय दिखता है। ब्लाइ उसे सम्भव बताते हैं। उसे ठाकुर के अनुवादों में विभिन्न स्रोतों से तैयार किया जाता है और उसे मूल में कहीं नहीं पाया जाता है—वह सचमुच मेहमान है।[30]

वैसे, दूसरे उदाहरणों में ब्लाइ सटीक निशाने पर प्रहार करते हैं। वे ठाकुर की एक कविता के अन्त में वर्णित एक देहमुक्त 'प्रेमी' को लेते हैं और उसे 'हम' बना देते हैं। और जब वे ठाकुर के 'वह मैं हूँ' को उलट कर 'मैं वह हूँ' कर देते हैं तो यह मूल 'सोहम' के कम-से-कम अच्छे रूपांतरण के जैसा है, और यह काफी बेहतर लगता है। फिर भी, परिवर्तन का झुकाव आविष्कार की तरफ दिखता है।[31]

इन्हें हम 'भाषांतरण की गलतियाँ' न कहें, हालाँकि ब्लाइ खुद ऐसा ही वाक्य प्रयोग करते हैं। बल्कि इसके बदले हम इसे 'विचारों का मिलन' कहें, जिसे ब्लाइ रोक न सके। दूसरे कलाकारों, कवियों से कबीर ने सदियों से जितनी तरह से संवाद किया है, उनकी हमने जो समीक्षा की है, वह बताती है कि यह कोई विसंगति नहीं है। करीब आधी सहस्राब्दी से कई कवि खुद को ऐसे पाठकों-श्रोताओं के रू-ब-रू पाते रहे हैं, जो कबीर की आवाज सुनने को उत्सुक रहे हैं। और ये कवि आम तौर पर उपलब्ध कोश में अपने कबीर को जोड़कर उनकी उत्सुकता को दूर करते रहे हैं। ब्लाइ की तरह इन कवियों ने भी यही सोचा होगा कि वे तो कबीर की ओर से ही बोल रहे हैं।

अन्त में, मेरा खयाल है कि कुछ कबीरपंथी सही निष्कर्ष पर पहुँचे। उन्होंने कबीर को कालातीत शक्ति के रूप में चित्रित किया, सृष्टिकर्ता काल के ठेठ विरोधी के रूप में, जिसके नाम का अर्थ है—काल-व-मृत्यु।[32] यह इस दुनिया में, जिसे हम जानते हैं, कबीर बनाम काल का मामला है, और जब ब्लाइ उनके साथ हैं तब कबीर लम्बे समय तक चर्चा में रहेंगे।

अध्याय-10

फतेहपुर के हस्तलेख में कबीर

सन् 1998 में कबीर के 600 साल पूरे हुए। यह संख्या अपने-आपमें सचमुच भव्यता का बोध कराती है। कबीर की जयंती की यह संख्या स्मरणीय तो है ही और इसके साथ वे परेशानियाँ भी नहीं जुड़ी हैं, जो 500 की संख्या के साथ जुड़ी होतीं, जो हमें उस काल में ले जाती है जब वास्को डि गामा ने भारत के पश्चिमी तट पर पहली बार अपने कदम रखे थे। 600 दरअसल 60 का भी एक अच्छा गुणनफल है। 60 साल की उम्र जीवन की वह अवस्था होती है जब व्यक्ति सन्तोष कर सकता है कि उसने अपना जीवन अच्छी तरह बिता लिया है। यह हमें 60 के एक और गुणनफल 120 की याद दिलाता है। आज कबीरपंथियों का दावा है कि उनके पंथ के संस्थापक 120 साल तक जिए थे। अगर कबीर के निधन की तारीख (1518 ई.) की याद वास्तव में सही है (डेविड लोरेंजेन ने इसे सही मानने के कई अच्छे कारण बताए हैं[1]) तो 120 साल की यह जादुई इकाई स्पष्ट करती है कि हम 1398 में कैसे पहुँचे। इसलिए, 600वाँ वर्ष एक महान जीवन का उत्सव मनाता है, भले ही किसी को इस पर सन्देह हो कि वह जीवन 120 साल तक खिंचकर 1398 में पहुँचा था। पांडुलिपि से उपलब्ध प्रमाण के व्यापक बिखराव के आधार पर मूल्यांकन करें तो लगता है कि 16वीं सदी के अन्त तक लगभग पूरा उत्तर भारत कबीर के बारे में सुन चुका था। उनके नाम का अर्थ है 'महान' और वे सचमुच महान 'थे'।

फिर भी, कबीर को प्रस्तुत करनेवाले संकलन और जीवनियाँ अनिवार्यतः यही दिखाती हैं कि उनकी महानता के बारे में अलग-अलग लोगों की अलग-अलग धारणाएँ थीं।[2] यहाँ मैं कबीर की महानता के बारे में वह विचार प्रस्तुत करूँगा, जो सबसे पुरानी विश्वसनीय दिनांकित पांडुलिपि में दर्ज है, जिस पांडुलिपि में उनका नाम भी दर्ज है।

फतेहपुर में कबीर

यह कविताओं की एक चयनिका है, खास कर ब्रजभाषा की कविताओं की। इसे जयपुर के उत्तर-पश्चिम में शेखावाटी (अब सीकर) जिले के फतेहपुर शहर में

1582 (वि.सं. 1639) में तैयार किया गया था।[3] यह मानने के पर्याप्त कारण हैं कि पंजाब में दूसरी चयनिका 'गोइंदवाल पोथियाँ' इससे कुछ वर्ष पहले तैयार की गई होगी। ऐसा बताने की कोशिश गुरिंदर सिंह मान ने की है।[4] यह काफी हद तक सम्भव है। वैसे भी गोइंदवाल और फतेहपुर चयनिकाएँ इतनी समान हैं कि उन्हें समकालीन माना जा सकता है और उन्हें हम एक-दूसरे से जुड़ा हुआ मान सकते हैं। वैसे, जल्दी ही मैं यह दिखाने की कोशिश करूँगा कि फतेहपुर पांडुलिपि में इससे भी पुरानी चयनिका शामिल है जिसमें कबीर दर्ज हैं। हमें यह भी ध्यान रखना होगा कि इस प्राचीन तारीख का दूसरा दावेदार है—सन्तचरित 'निर्भयज्ञान' की पांडुलिपि, जिसे काशी नागरी प्रचारिणी सभा द्वारा 1909-11 में जारी 'खोज रिपोर्ट' में सूचीबद्ध किया गया और उसे 1576 (वि.सं. 1633) तारीख दी गई। वैसे, 'खोज रिपोर्ट' में किए गए दावों की तरह यह पांडुलिपि भी कभी सामने नहीं आई और लोरेंजेन का यह कहना सही है कि इसका स्वरूप—कबीर और उनके कथित शिष्य धर्मदास के बीच संवाद—यह बताता है कि इसे बाद में, 18वीं सदी में लिखा गया होगा।[5]

बेशक हमारे पास लगभग उस काल में लिखी कबीर की जीवनियाँ उपलब्ध हैं। ऐसा लगेगा कि अनन्तदास की 'कबीर परचई' और नाभादास की 'भक्तमाल'—दोनों की रचना 1600 के बहुत बाद में जाकर नहीं की गई थी, और कबीर की कविता का असली खजाना 1604 (वि.सं. 1661) की सिख 'कर्तारपुर बीर' में पाया जाता है। लेकिन जहाँ तक पक्की तारीख का सवाल है, फतेहपुर पांडुलिपि बाढ़ की पहली लहर के समान है। इसमें 15 पद हैं, जिन्हें कबीर का रचा बताया गया है और उन्हें 'कबीर कौन थे' विषय पर विद्वानों के विमर्श में अभी तक महत्त्वपूर्ण स्थान नहीं मिला है। इसका एकमात्र अपवाद वह मददगार तुलना है, जो वाइनांद कैलेवर्त ने फतेहपुर पांडुलिपि में दर्ज कविताओं में सर्वश्रेष्ठ (कविता 4) तथा दूसरी पुरानी पांडुलिपियों में दर्ज इसके संस्करणों के बीच की है।[6]

फतेहपुर पांडुलिपि की सामग्री को मैंने अध्याय 3 में रेखांकित किया है लेकिन इस नये सन्दर्भ में हमें अपनी याददाश्त को ताजा करने की जरूरत है। मैं इसकी तारीख तथा उत्पत्ति का उल्लेख कर चुका हूँ। किसी भी पुष्पिका द्वारा दी गई यह सबसे महत्त्वपूर्ण जानकारी है और यह हर तरह से प्रामाणिक नजर आती है। अपने समय की जो जानकारियाँ किसी पुष्पिका से पाने की उम्मीद की जाती है, वे सब यह देती है। यह उसी हस्तलिपि में लिखी गई है जिसमें पांडुलिपि का तीसरा खंड लिखा गया है, बाकी दो खंड शायद इससे पहले लिखे (या नकल किए) गए हैं और वे अलग लिखावट में हैं। महाराजा राम सिंह की मुहर भी मौजूद है, जो इस बात को सत्यापित करती है कि इस पांडुलिपि को आमेर राजवंश (बाद में जयपुर राजवंश नाम पड़ा) ने 1661 में हासिल किया। यह

भूगोल, और मूल पुष्पिका, दोनों के साथ मेल खाता है। इन कारणों से, मेरी जानकारी के अनुसार, किसी ने भी फतेहपुर पांडुलिपि या उसकी पुष्पिका की प्रारम्भिक तारीख को चुनौती नहीं दी है।

पुष्पिका कहती है कि पांडुलिपि, बल्कि उसके तीसरे खंड को—चूँकि दूसरे तथा तीसरे खंड की लिखावट में अन्तर है—रामदास रतन नामक व्यक्ति ने किसी चीतर्जी (जो कि राजश्री नरहरिदासजी के पुत्र थे) के कहने पर लिखा था। इस चीतर्जी के बारे में और कोई जानकारी उपलब्ध नहीं है, सिवाय 18वीं सदी की वंशावली के, जो इस बात की पुष्टि करती है कि वे नरहरिदास के पुत्र थे।[7] नरहरिदास के बारे में थोड़ी और जानकारी मिलती है। गोपाल नारायण बहुरा ने 'क्याम खाँ रासा' में बताया है कि कोई नरहरिदास थे, जो उस समय फतेहपुर में जमीन के मालिक थे।[8] सामाजिक सन्दर्भ ठीक वही है जिसकी हम अपेक्षा कर सकते हैं—'राजश्री' नामक फतेहपुरी विशेषण सम्भवतः ठाकुर वाली हैसियत का संकेत करता है और उन्हें कछवाहा समुदाय से जोड़ता है। दिलचस्प बात यह है कि खुद रामदास रतन अपनी साहित्यिक स्थिति शाही मुगल दरबार के सन्दर्भ से जोड़ते हैं। वे कहते हैं कि वे 'पातिसाह' श्री अकबर के काल में थे।[9]

'क्याम खाँ रासा' बताती है कि कुछ वर्षों बाद नरहरिदास और उनका परिवार फतेहपुर से तब पलायन कर गया जब उस पर जहाँगीर के एजेंट दौलत खाँ का कब्जा हो गया। परिवार लोहारू में बस गया, और यह पता नहीं चलता कि पांडुलिपि का क्या हुआ। हम केवल यह जान पाते हैं कि 1661 में यह आमेर राजवंश के पास थी, जो कि मुगल दरबार का सबसे महत्त्वपूर्ण राजपूत (और हिन्दू) सहयोगी था। उसकी वजह से पांडुलिपि आज तक सुरक्षित है। यह इतनी पुरानी—और जाहिर है कि इतनी मूल्यवान—थी कि इसे जयपुर पुस्तकालय 'पोथीखाना' के 'खास मुहर' में दर्ज किया गया, जहाँ यह बेहद महत्त्वपूर्ण तथा मूल्यवान पांडुलिपियों के साथ संगृहीत है। 1980 में प्रिंस ऑफ वेल्स के दौरे के समय फतेहपुर पांडुलिपि को प्रसिद्ध पांडुलिपियों के साथ कुछ समय के लिए जनता के दर्शन तथा फोटो के लिए बाहर रखा गया। इसके कुछ ही समय बाद इसकी प्रतिकृति प्रकाशित की गई। इस सबके लिए हम 'पोथीखाना' के विद्वान पुस्तकालय अध्यक्ष श्री गोपाल नारायण बहुरा और उनके सहकर्मी केनिथ ई. ब्रायंट (ब्रिटिश कोलंबिया विश्वविद्यालय) के ठीक समय पर किए गए समर्पित प्रयासों के आभारी हैं।

फतेहपुर पांडुलिपि कृष्ण तथा राम का संक्षिप्त आवाहन करने के बाद बताती है कि वह 'कृष्णपदम् सूरदास के' प्रस्तुत कर रही है। वास्तव में, संकलन में सूरदास छाये हुए हैं। पांडुलिपि में उनके हस्ताक्षर से 239 कविताएँ दर्ज हैं—वैसे तो 262 हैं लेकिन 23 कविताएँ नकली हैं। फिलहाल के लिए दिलचस्प बात यह है कि दूसरे कवियों की 149 रचनाएँ भी पांडुलिपि में दर्ज हैं, जिनका क्रम इस प्रकार है :

कान्हा	52
कबीर	15
परमानन्द	13
नामदेव	11
रैदास	8
ब्रह्मदास	7

यह मान लें कि नरहरिदास का परिवार सूरदास, कान्हाँ, परमानन्द और ब्रह्मदास के प्रतिनिधित्व वाले वैष्णव काव्य के प्रति समर्पित था, तो गौर करनेवाली बात यह है कि आम तौर पर सन्त या निर्गुण कवि माने जानेवाले कबीर, नामदेव और रैदास ने भी 'भागीदारी' की। बाद के ये कवि सिख तथा दादूपंथी चयनिकाओं में प्रमुखता से प्रकट होते हैं, जहाँ वे अपने वैष्णव समकालीनों के साथ नजर आते हैं। दादूपंथी सिद्धान्त की 'पंचवाणी' तो वैष्णवों को काट कर चलती है और गोपालदास की दादूपंथी 'सर्वांगी' में केवल सूरदास को प्रतिनिधित्व दिया गया है।[10] सिख धर्मग्रन्थों की परम्परा में हम सूरदास और मीराँबाई का बहुत हल्का उल्लेख पाते हैं और परमानन्द तथा कान्हाँ सरीखे वैष्णव कवियों का तो उल्लेख है ही नहीं।

फतेहपुर पांडुलिपि की आन्तरिक संरचना यह संकेत देती है कि इन सन्तों (यह उपाधि बाद में जाकर ही प्रचलित हुई[11]) को किस तरह शामिल किया गया। फतेहपुर पांडुलिपि ने कविताओं की जो सूची बनाई है, वह संकेत देती है कि इसे लिखनेवालों ने तीन पुराने कविता संकलनों से काम लिया। पांडुलिपि में 1 नम्बर की कविता की ओर दो बार लौटा गया है और तब फिर आगे बढ़ा गया है।[12] और दोनों बार उस मौके पर यह लगा है कि लेखनकर्ता नई शुरुआत करना चाह रहा है। पहले परिवर्तन बिन्दु (पद 106 के बाद) पर लेखनकर्ता की पहचान अज्ञात है लेकिन एक जैसी है : लिखावट नहीं बदलती। लेकिन नम्बर 1 से जब फिर गिनती शुरू होती है (पद 284 के बाद), तब लिखावट भी बदलती है। इस बार रामदास रतन जिम्मेदार हैं।

कविताओं के पहले तथा तीसरे समूह सिर्फ सूरदास को समर्पित हैं लेकिन हम देख चुके हैं कि बीच वाला जो समूह है, वह भिन्न है। यह 178—या इसकी अपनी संख्या के मुताबिक 183—कविताओं से बनी चयनिका है, क्योंकि लम्बी 'सूर पचीसी' को लगातार छह नंबर दिये गए हैं।[13] इसमें सूर की कई कविताएँ शामिल हैं, जिनमें से कुछ नकल हैं और पांडुलिपि में अन्यत्र दर्ज हैं। यह एक और बड़ा संकेत है कि फतेहपुर के लिपिक एक नहीं बल्कि कई पुरानी पांडुलिपियों (कम-से-कम तीन) की नकल कर रहे थे। इस आन्तरिक चयनिका में सूर की कविताएँ नम्बर 2 से शुरू होकर लगातार 50 कविताओं तक चली हैं। इसलिए अचरज नहीं कि फतेहपुर के पहले लिपिक ने इस चयनिका को 'कृष्णपदम् सूरदास के' के

सर्वेक्षण के लिए एक स्रोत के रूप में उपयोग करने के बारे में स्वाभाविक रूप से सोचा। सौभाग्य से—और सम्भवतः महत्त्वपूर्ण रूप से (देखें : अध्याय 3)—उसने यहाँ दर्ज सूरदास की कविताओं को बाहर नहीं निकाला बल्कि पूरी चयनिका की ही नकल तैयार कर डाली। प्राथमिक तौर पर सूर द्वारा जारी पदों के इस काल्पनिक पुराने संकलन का समापन कान्हाँ (158-81) द्वारा रचित बताई गई 14 रचनाओं से होता है; और कान्हाँ की कविताओं के दो अन्य समूह साथ ही प्रकट होते हैं (56-65, 132-44)।[14]

तालिका 10.1 : फतेहपुर चयनिका में कबीर की कविताएँ

कविताएँ	पद*	पृष्ठ	टेक	के.वी. #	के.वी. पृष्ठ
1	1	76	सरवर कै तति हंसनी तिसाई	311	395
2	73	134	कारनि कौन सवारै देही		
3	74	135	राम राम ए भनि राम चितावनि		
4	87	143	राम वान अनियारे तीर	262	333
5	88	144	दुभर पनाई भरनि न जाइ	150	188
6	106	155	अमर मेरी काया नरु जानै		
7	113	160	स्वाद पतंग परै जलि जाई		
8	124	165	जिहि नर राम भगति नहि साषा	124	154
9	125	166	जलि जाऊ ऐसौ जीवन		
10	145	186	मेरी मति भौंरी रामु बिसार्यौ	232	294
11	146	186	तूं गारुडी मै विष का माता	145	183
12	147	187	अब मरिबौ तब जइगो कहं		
13	148	187	रवि रह्यौ एकु अवरु नहि हुआ		
14	149	188	ना मनु रहै न घरु होइ मेरा		
15	151	189	कहा करौ कैसे तरौ भवजल निधि भारी	69	90

* यहाँ दी गई संख्या फतेहपुर चयनिका में कविताओं की दूसरी कड़ी पर लागू होती है। पद वाली संख्या उसी की है, जिसमें मूल लेखनकर्ता द्वारा दी गई संख्या का उपयोग किया गया है। पृष्ठ वाली संख्या बहुरा और ब्रायंट की दी हुई है।

\# के.वी. का अर्थ है जयदेव सिंह तथा वासुदेव सिंह का 'कबीर वांग्मय', खंड 3 : 'शबद' (वाराणसी; विश्वविद्यालय प्रकाशन, 1981)। पहली के.वी. सूची सम्बन्धित पद (शबद) को दी गई संख्या बताती है; दूसरी सूची उस पृष्ठ को बताती है जिस पर वह पद दर्ज है। मैंने इसे मुद्रित संस्करणों के केवल प्रथम सन्दर्भ के रूप में उद्धृत किया है। अगर कोई के.वी. संख्या नहीं दी गई है, तो मुझे नहीं लगता कि सम्बन्धित कविता उस खंड में पाई जा सकती है, लेकिन कम-से-कम दो अतिरिक्त मामलों में इसे और कहीं पाया जा सकता है; कविता 2 के लिए देखें वॉदवील, 'वीवर', पेज 250-1, कविता 9 के लिए देखें नोट 30।

जहाँ तक उन कविताओं की बात है जिन्हें कबीर रचित बताया गया है, वे पूरी चयनिका में बराबर पसरे हैं (देखें : तालिका 15.1)। उन्हें एक बार में एक-दो करके दर्ज किया गया है। केवल एक बार छह कविताओं को एक समूह में दर्ज किया गया है, जो 145-51 के बीच दर्ज हैं (पूरनदास की एक कविता 150 नम्बर पर है)। लेकिन मैं खास तौर से इस तथ्य की ओर ध्यान दिलाना चाहूँगा कि चयनिका की पहली ही कविता कबीर की है। ऐसा लगता है कि स्थानीय भाषा में भक्ति काव्य की ऐसी चयनिका की कल्पना नहीं की जा सकती थी, जिसका प्रारम्भ कबीर की कविता से न हो। मुझे बहुत बाद की ऐसी पांडुलिपि—'दतिया का आश्चर्य'—की याद आती है जिसे दुनिया का सबसे बड़ा 'सूरसागर' कहा जा सकता है। इस पर कोई तारीख नहीं है और यह शायद 19वीं सदी की है। इसमें करीब 10 हजार कविताएँ हैं, जो सूर की बताई जाती हैं (बेशक कुछ दोहराव भी हैं)। और किसी ने इसके मुखपृष्ठ पर कबीर की एक कविता डाल दी है।[15] याद करें कि सिख धर्मग्रन्थों में भी, सिख गुरुओं को छोड़ दें तो कबीर ही सबसे पहले नजर आते हैं।

फतेहपुर पांडुलिपि में प्रतिबिम्बित ये कबीर कौन हैं? इस पांडुलिपि का जो सामान्य स्वरूप है, उसके कारण यह थोड़ा आश्चर्यजनक लगेगा कि हम जिस कबीर को जानते और चाहते हैं, उनके मुकाबले ये कबीर कुछ ज्यादा वैष्णव लगते हैं। अतिवादी उदाहरण लेते हुए इस चयनिका (15)[16] में कबीर की अन्तिम कविता को लें, तो हमें एक ऐसी रचना मिलती है जिसमें कवि ने उस देवता को सम्बोधित किया है जिसे वे मुरारि, माधव, और दिलचस्प यह कि विट्ठल (बीठुला) नाम तक से पुकारते हैं। इसके अलावा, सम्बोधन की भाषा उस अभिव्यक्ति से निर्देशित है जिसे हम वैष्णव कविता में कई बार पाते हैं : 'बलि जाऊँ'।[17] वैष्णव रंग उन फतेहपुर गीतों में भी दिखता है जिन्हें कबीर रचित बताया गया है। मुरारि को सम्बोधित 9 गीत हैं, गोविन्द के लिए 5, कृष्ण के लिए 6, हरि (1, 12, तुलना 9), भगवान (13), और दिलचस्प यह कि परमानन्द के लिए 14 गीत हैं। एक कविता में, जिसमें एक वार्ताकार की अपेक्षा की जाती है, गोपाल नाम चुना जाता है (9)। और जैसीकि हम अपेक्षा कर सकते हैं, कई स्थानों पर हम व्यापक पदनाम राम को पाते हैं (3, 4, 5, 7, 8, 9, 10)।

यद्यपि पांडुलिपि का प्रारम्भ रामचन्द्र के आवाहन से किया गया है। यह आवाहन सम्भवत: पहले दो खंडों के लिपिकों ने किया है, कबीर की कविताओं के इस 'राम' के विविध रूप हैं। एक मौके पर इसे 'राम के नाम' पर सम्मिलित किया गया है, तो दूसरे मौके पर यह क्रिया 'बुदबुदाना' या 'दोहराना' (रामु जपत, 10) के साथ आता है। तीसरे मौके पर यह 'रामभक्ति' (राम भगति, 8) पद का हिस्सा है। चौथे मौके पर इसे 'हरि' (9) के पर्यायवाची के रूप में लिया जाता है। निश्चित ही यह वैष्णववाद है लेकिन आपकी कल्पना से कहीं ज्यादा व्यापक अर्थ में, यानी जब आप उन

कविताओं के संकलनों का वर्णन कर रहे हों जिन्हें एक प्रमुख ब्रज सम्प्रदाय के मन्दिर में गाया जानेवाला हो। उन हरिदासियों, राधावल्लभियों, चैतन्यवादियों और पुष्टिमार्गियों को संकीर्ण अर्थों में वैष्णव गिना जाएगा; अपने आनुष्ठानिक व्यक्तित्व में तो वे विशिष्ट तौर पर कृष्णवादी हैं। हमारा लिपिक वास्तव में कृष्ण का आवाहन करता है और अपनी कृति को उनका नाम देता है, और पांडुलिपि के मध्य खंड में वह जिन कविताओं को सम्मिलित करता है, वे संकेत करती हैं कि वह वैष्णववाद (अगर वह इस शब्द का उपयोग करता है) को काफी उदार अर्थ में लेता है।[18]

वैसे, इसके साथ ही वह उस 'सन्त समागम' से अलग-थलग खड़ा है, जिसके बारे में हम काफी कुछ सुनने के आदी हो चुके हैं।[19] एक संकेत यह है कि फतेहपुरी कबीर की भाषा में इस्लामी या उर्दू-फारसी शब्दों का लगभग लोप दिखता है। यह कबीर 'हिन्दू-मुस्लिम एकता के दूत' शायद ही लगते हैं, जबकि 1970 के दशक में प्रकाशित एक महत्त्वपूर्ण पुस्तक के एक उपशीर्षक या इसके एक दशक बाद भारतीय टेलीविजन पर प्रसारित एक धारावाहिक में उन्हें इसी रूप में चित्रित किया गया।[20] न ही वे हिन्दुओं और मुसलमानों (बल्कि तुर्कों) के साझा 'शत्रु' नजर आते हैं, क्योंकि फतेहपुर कविताओं में वे किसी भी पक्ष का जिक्र नहीं करते। वैसे, उनके कथित प्रसिद्ध उद्गारों के आधार पर हम यही अपेक्षा कर सकते हैं कि उन्हें दोनों पक्षों का शत्रु माना जाएगा। यहाँ हमारी मुलाकात किसी काजी से भी नहीं होती, आलोचना के निशाने के तौर पर भी नहीं। और एक मौके पर जब वे किसी पंडित को निशाने पर लेते हैं (12.3) तो उसे 'भाई' कहते हैं (12.2) और यहाँ उसका हिन्दू होना कोई मुद्दा नहीं बनता। इन कविताओं में कहीं भी हम उस बहुचर्चित मुकाबले की झलक नहीं पाते, जो कबीर की कई प्रसिद्ध रचनाओं का प्रमुख स्वर रहा है, जब हिन्दू और मुसलमान आमने-सामने होते हैं। लेकिन कविता के खत्म होने से पहले राम-रहीम या अल्लाह-राम के मेल के लिए वे हाथ मिलाते दिखते हैं। या कबीर की तल्ख जबान एक झटके में दोनों को खारिज करती दिखती है।[21] यह हिन्दू/मुस्लिम कार्यक्रम कबीर का वह पहलू है जिसे नाभादास ने कबीर पर लिखे विवरण में काफी महत्त्व दिया है। यह सम्भवत: 1600 से 1625 के बीच कभी लिखा गया था इसलिए फतेहपुर संकलन में इसका न होना काफी खटकनेवाली बात है।[22] यहाँ हम उस कबीर को नहीं पाते जो योगियों, महंतों, शाक्तों; मियाँओं, सुलतानों, और मुल्लों की बात करते हैं। जीवंत दृश्यवाली गलियों का भव्य बनारस भी नदारद है। और कबीर अगर जुलाहे थे, तो यह आप फतेहपुर संकलन से नहीं जान पाएँगे।

इसकी जगह हम खुद को एक तरह के 'सामान्य' (वुल्गोट) वैष्णव' परिवेश की सीमाओं के भीतर पाते हैं—वह भी कुछ दिलचस्प उलटफेर के साथ।[23] मैं 15 कविताओं के इस कोश की कविताओं तथा उनके अनुवादों को दो चरणों में प्रस्तुत

करके इस कबीर का चित्र खींचने की कोशिश करूँगा। पहले मैं करीब एक-तिहाई कविताओं को सामने रखूँगा ताकि संकलन के आम स्वरूप का एहसास हो सके। इसके बाद मैं वापस लौटूँगा और बाकी कविताओं पर विषयानुरूप विचार करूँगा। ऐसा करने के लिए मैं परिदृश्य के सबसे 'वैष्णव' सिरे से शुरू करूँगा जिस पर हम विचार करते रहे हैं, और तब आगे अन्त तक जाऊँगा जिसके बारे में कई विद्वानों का मानना है कि यह नाथ योगियों के साथ कबीर के संवादों से समृद्ध है।[24] मुझे उम्मीद है कि इस तरह आगे बढ़ने से हमें इस प्रारम्भिक संकलन की न केवल विविधता का अनुभव होगा बल्कि यह भी पता चलेगा कि इसका विशेष जोर किस बात पर है।

छह कविताएँ

बिना कोई टीका-टिप्पणी किए मैं फतेहपुर पांडुलिपि की छह कविताओं को दृष्टांत के तौर पर प्रस्तुत कर रहा हूँ। मैं उन्हें उसी क्रम में रख रहा हूँ जिस क्रम में वे पांडुलिपि में दर्ज हैं, और उन कविताओं को छोड़ रहा हूँ जिन पर बाद में विस्तार से चर्चा की जाएगी :

पद 2 : राग सोरठ

कारनि कौंन सवारे देही — अंति भसम जरि हवैहै षेहि
कोटि जतन करि दह मुट्ठाई — अग्नि दहै कै जंजु कषाइ
दूध दही घृत देहे मुट्ठाई — अंति कालि नाटी मै जाई
बहुत जतन करियो तन पाल्यौ — सो तन देष्यौ बाहरि जाल्यौ
माथै रचि रचि बांधते पाग — तिस सिर चिंचु सवारी काग
कहि कवीर जिन पावै चूरी — तिन सौ कहा अभै पदु दूरी [25]

पद 3 : राग गौड़ी

राम राम ए भनि राम चितावनि — भाग वडौ पायौ छाडौ जिनि
ह्रिदै कवल मै राषि लु काइसि — पैम गांठि दीजै छुटि न जाइसि
असंत बचन सुनि डति रे भुलाइसि — असंत मुष मै ते विसरी जाइसि
अष्ट महासिधि नव मडारी — कहि कबीर हू दै देखि विचारी [26]

पद 4 : राग गौड़ी

राम वान अनीयारे तीर — *जिहि लागै सो जानै पार (पीर)*
तन मन षोज चोठ न पाउ — वौषद मूरी धसि कहा लगाउे (लगाउ)

एक भाइ दीसै सब नारी　　ना जानै कोई राम पिआरी
कहत कबीर जाकै माथै भाग　ना जानौ कोई लेइ सुहग (सुहाग)

पद 7 : राग बिलावल

स्वाद पतंग परै जलि जाई　　अनहल चित्त उवी न रहाई
किते मूये मरहेगे केते　　मूरिष लोग अजहु नहि चेते [27]
माया कै रस चेत न देष्यौ　हू नहि जात एक नहि पेष्यौ
तंत मंत वौषद सब माया　राम कै नाम कबीर हि गाया

पद 10 : राग आसावरी

मेरी मति बौंरी रामु बिसार्यौ　　हौं किहि बिधि रहनि रहौ रो
सासु का दुषी ससुर की प्यारी　　जवे कै नाम डरौ रे
नणद सहेली गरब गहेली　　देवर कै विरहि जरौ रो
　　मेरी मति बौंरी रामु बिसार्यौ
बापु साव का करति लराई　　माया कै संगि रहौंगी
　　तब हौ पियहि पिचारी रे
यह संसारु पंच कौ डगरा　　डगरति जनमु गवायौ
कहत कबीर सुनहु रे लोगौ　　मै रामु जपत सबु पायौ [28]

पद 13 : राग का उल्लेख नहीं

रवि रह्यौ एकु अवरु नहि हुआ　बुडि गई अगिनि न निकसै धुंआ
जलि गई बाती तेल निषूटा　बजै न मंदलु नदु पै सूता
टूटी तारन बजै रबाबु　जानि बिगार्यौ अपनौ काजु
कहत कबीर छाडहु अभिमानु　भगतहि दूरि नही भगवानु

'सामान्य वैष्णव' की खोज

कविताओं के इस कोरस में हम ज्यादातर जो कुछ सुनते हैं, वह कबीर को सुनने के आदी कानों के लिए काफी परिचित हैं—बेबाकबयानी, काया तथा मृत्यु पर जोर, माया की माया, ससुराल वाले, राम नाम की महिमा। लेकिन संकलन के बाकी भाग में हमारा सामना कुछ ऐसी बातों से होता है जिन्हें कबीर के व्यापक कोश में उतना साझा नहीं किया गया है। चूँकि मैंने घोषणा की है कि एक तरह का वैष्णववाद इनमें प्रकट होता है, इसलिए हम तुरन्त उस कविता—पद 15—को देखें, जो इसकी अनदेखी को मुश्किल बनाती है। यहाँ हमारा सामना निरर्थक तरह से बिताए गए

जीवन से सम्बन्धित विषय से होता है। यह बात हम कविता 2 तथा 7 में पाते हैं और इसे हम 'सूरसागर' की 'विनय' कविताओं में पा सकते हैं (यानी 'सूर्स ओशन' 389,401—नागरी प्रचारिणी सभा 77,154) या तुलसीदास की 'विनयपत्रिका' (71,81)। सभी मामलों में यह 'सन्त' काव्य है लेकिन 'सूरसागर' या 'विनयपत्रिका' की कविताओं में विषयवस्तु को विशिष्ट वैष्णव झुकाव प्रदान किया गया है।

लिखित स्रोत अपने मौखिकता वाले तत्त्व के प्रति सचेत है। या तो यह गायक को दिये गए संकेत के कारण प्रस्तुति की अपेक्षा करता है, या यह लिखित रूप में आने से पहले की गई प्रस्तुति की याद करता है, या दोनों बातें होती हैं। अगर इन दोहरावों के कारण लिपिक मौखिक स्रोत को प्राथमिकता देने का संकेत करता है, तो वह स्रोत फतेहपुर पांडुलिपि से कम-से-कम एक कदम दूर है। ठीक स्थान पर नकलनवीसी के दो उदाहरण—एक अगली कविता ('ज', 15.4) में, एक और कहीं ('का', 6.2)। बताते हैं कि इस लिपिक के लिए तात्कालिक स्रोत लिखित में था। यहाँ प्रस्तुत है हमारी 'सबसे अधिक वैष्णव' कविता :

पद 15 : राग बिलावल

कहा करौ कैसे तरौ भवजलनिधि भारी
राषि राषि मुहि बीठुला तोहि सरनि मुरारा (मुरारी)
कहा करौ कैसे तरौ भवजलनिधि भारी
बलि जाऊ घरु तजि बन षंडि जाइयौ षैयै चुनि लंदा
अजहूं बिकारू न छाडई पापी मनु मंदा
बलि जाऊ जीवत जनमु जोबनु गयौ कछू कीआ न नीका
यह जी निरमोल काकौं डालगि बीका
बलि जाऊ जीवत जनमु जोबनु गयौ कछू की न नीका
यह जो निरमोल काकौं डालगि बीका
बलि जाऊ न जन्म जन्म की बासना टूटी नहु जाई
अनक जतन करि राषीयै फिरि फिरि लपटाई
कहु कबीर मेरे माधवा तोहि सरब बिआपी
तोहि समान नहि को दयाल मोसा नहि जावी[29]

फतेहपुरी कबीर की कई अन्य कविताएँ इसी भाव की हैं। एक अलग हटकर और थोड़ी भ्रामक है क्योंकि कवि खुद को किसी गोपाल के नाम से सम्बोधित करते हैं, जो कि कृष्ण का एक परिचित नाम है। या उनका आशय इसके शाब्दिक अर्थ से है—'भावों के अभिभावक' से। अगर ऐसा है, तो गोपाल इस काम में विफल रहे हैं : कबीर उन्हें राम का साथ छोड़ने पर फटकारते हैं। कविता की अन्तिम पंक्ति आश्चर्यजनक रूप से अप्रत्याशित है और वैष्णव/कृष्णपंथी उपाधि मुरारि को राम से

जोड़ती है। इसलिए ऐसा नहीं लगता कि कवि यहाँ राम और कृष्ण की धाराओं को परस्पर विरोध में खड़ा कर रहे हैं। और जब वे राम के प्रति शिव की भक्ति का, जिसकी पुष्टि रामायण भी करती है, उल्लेख करते हैं तब यह स्पष्ट हो जाता है कि राम यहाँ केवल नाम के लिए नही हैं। यह उससे भी ज्यादा वैष्णव है।[30]

पद 9 : राग गौड़ी

जलि जाउ ऐसौ जीवना — जिहि राम परीति न होई
गुपाल करि करि झूठी कामना — पूजहु देव अनेका रे
एकु न सूजौ रामैया — जाकी काछी भगति महेसा रे
गुपाल जिउ माषामधा संचवै मधु — महा या हरि लै जाई रे
अध लै रामु न चेतियौ — पटि गुणि गोल सुनाई रे
गुपाल कहु कबीर चित चंचला — मन की वृथा निवारी रे
बहुरि न मिलै मुरारी रे[31]

फिर, पद 14 जैसी कविता है जो वैष्णव व्याख्या को अलग तरह की चुनौती देती है। यह भी एक विलाप है। कबीर उत्साह से बताते हैं कि न तो मस्तिष्क (मनु) और न ही घर (घरु) उनके साथ रहता है, न ही गृहस्थ का जीवन रहता है और न साधु का। वे बेघर हैं और उन्हें एक घर चाहिए :

पद 14 : राग गौड़ी

ना मनु रहै न घरु होइ मेरा — इति मन घर जारे बहुतेरा
घरु तजि बनि षडली आबास — घरु बनु देषौ दोऊ है ऊदास
जरा मरण तन अधिक बिआपु — सो घर करहु रे न सोक सन्तापु
दास कबीर सरणि निजु बन्दा — तू घर महि घरु दे परमानंदा

इस कविता का अन्तिम शब्द कुछ अस्पष्ट-सा है। परमानन्द का अर्थ अनीश्वरवादी सन्दर्भ में 'आनन्द की पराकाष्ठा' होता है—'आनन्द, जो चिरस्थायी' है—या यह उस आनन्द के स्रोत की ओर संकेत हो सकता है, उस व्यक्ति की ओर जिसमें यह आनन्द सम्भव हो सकता है। चूँकि परमानन्द एक निजी ईश्वर के लिए निरन्तर प्रयुक्त उपाधि है, और चूँकि फतेहपुरी पांडुलिपि में दर्ज दूसरी कविताओं का झुकाव इस तरह की आस्तिकता की ओर है इसलिए मैंने उस व्याख्या का यहाँ भी उपयोग किया है। लेकिन रूपांतरण से जो भाव उभरता है, दानकर्ता को जो आनन्द है, वह उपहार से भी फूटता है।

पद 8 में भी यही भावना व्यक्त की गई है, लेकिन इस तरह स्पष्ट आत्मकथात्मक शैली में नहीं। यहाँ कबीर इस सामान्य विचार को स्वर प्रदान कर रहे हैं कि जो भी भक्ति के जीवन की उपेक्षा करता है, वह जीवन को बरबाद करता है—केवल एक

जीवन को नहीं लेकिन इस मानव योनि में जन्म पाने तक के लिए बिताए गए सभी जीवन को। यहाँ भी इस तरह की भक्ति राम के लिए है (जिहि नर राम भगति नहि साषी/ जनम ते वसन मूवौ अपराधी), जबकि यह कविता उन कविताओं (जिन पर हम चर्चा कर चुके हैं) के मुकाबले कम आत्मकथात्मक है (निश्चित ही यह विलाप जैसी कम है), यह विषयवस्तु के मामले में पद 9 की विषयवस्तु के समानान्तर है, जिसे हम उद्धृत कर चुके हैं। पद 8 छोटा तथा सरल है और इसका विशेष मकसद है क्योंकि यह कबीर को कवि का शगल अपनाने का मकसद प्रदान करती है :

पद 8 : राग गौड़ी

जिहि नर राम भगति नहि साषी जनम ते वसन मूवौ अपराधी
जिहि कुल प्रतु न ग्यान बिचारी विधवा कस न भई महतारी
बहुते गरभ पकै नहिं बांध्यो सूकर जन्म जीव जगि साध्या (साध्यो)
छिन महि बितसै यहै सरीरा तिहि कारन पदु रचै कवीरा [32]

यहाँ जो पद कबीर रचित बताए जाते हैं, वे चार या पाँच पदों के हैं। और चार पदों वाली कविता ध्रुपद गायन के लिए काफी उपयुक्त होती है, हालाँकि हमारे पास यह जानने का कारण नही है कि इन पदों को वास्तव में किस तरह गाया जाता था। वैसे, यह स्पष्ट है कि कबीर जिस दूसरी बड़ी विधा के लिए प्रसिद्ध हैं, उससे यह उलटी है। यह दूसरी बड़ी विधा तल्ख विदग्धोक्ति वाले दोहों की है, जिसे गुरुग्रन्थ साहिब, साखी तथा बीजक समेत कबीर के कई अन्य संकलनों में 'सलोक' कहा गया है।[33]

पद 8 में कबीर जब साक्षी बनने की बात करते हैं तब वे साखी शब्द का ही उपयोग करते हैं। कम-से-कम पीछे मुड़कर देखें तो यह एक तरह का द्विअर्थी शब्द लगता है और यही बात 'पद' शब्द के लिए कही जा सकती है। प्रस्तुत कविता में कबीर केवल 'कविता बनाने' की प्रक्रिया की बात करते हैं और कोई सवाल नहीं है, क्योंकि वे 'रचै' शब्द का उपयोग करते हैं। लेकिन दूसरी जगह यानी कविता 12 में—जिसका हस्ताक्षर गायब है लेकिन चयनकर्ता जिसे उस सेट के मध्य में रखते हैं और जिसे वे कबीर का बताते हैं—कवि 'पद' शब्द के व्यापक अर्थ का लाभ उठाते हैं।[34] उस उदाहरण में इसका अर्थ 'पद' (पाँव) है लेकिन काव्यात्मक भाव में नहीं बल्कि पदचिह्न के भाव में, इसलिए एक कदम, पड़ाव, या स्थिति के भाव में। जब कविता 12 का समापन 'हरि पद' के साथ होता है, तब साथ ही यह हरि के बारे में एक गीत की बात करती है। और उनके सन्दर्भ में स्थापित किए जाने की बात भी करती है। वैष्णववाद के इस व्यापक अर्थ में, 'हरि' जैसा नाम उस स्थान को पहचान देता है जहाँ शब्दों की दुनिया और अस्तित्व

की दुनिया आपस में मिलती है। दुर्भाग्य से, मुझे इस अर्थ को रूपांतरण में प्रेषित करना असम्भव लगा है :

पद 12 : राग श्री

अबि मरिबौ तब जाइगो कहां   घरु आंगनु द्वारु नहि जहा
सिषरन रूष बिरषु नहि भाई   काकी छाह वैसै गोजाई
तुम्ह पंडित मैं मूरिष सनहु रे लोई   हरि पदु बिरला बूझै कोई

'सामान्य' वैष्णववाद की इस शाब्दिक/सांसारिक विशेषता को हम दूसरी जगहों पर भी देख सकते हैं। सूरदास द्वारा रचित बताई गई फतेहपुर कविताओं में ऐसे कई उदाहरण हैं जिनमें 'स्याम' शब्द दोहरे मकसद पूरा करता है—उनका व्यक्ति रूप में भी उल्लेख करता है और प्रकृति की छटा का भी उल्लेख करता है खास कर बरसात में घिरते काले बादलों का। फतेहपुरी कबीर कृष्ण को अपने आख्यान के इतर जगहों में भी देखते हैं—इस नाम वाले स्थानों में, पूरी दुनिया में। पद 6 के अन्तिम छंद में कबीर कृष्ण यानी काले नाम को योग के सूक्ष्म वाक्य-विन्यास में स्थानांतरित करते हैं। ऐसा करते हुए वे कमल फूलों के साथ जुड़ाव के लिए कृष्ण की महिमा का गान अपने आख्यान, 'सगुन' धारा में करना नहीं छोड़ते, जिसकी गहरी छानबीन मीराँबाई और सूरदास ने की—कृष्ण के कमल नयनों, कमल जैसे करों की। बल्कि वे उस आयाम का विस्तार करते हैं जहाँ कमल-कृष्ण पाए जा सकते हैं—ब्रज से बाहर भी और हरेक योगी के शरीर में। इसके अतिरिक्त भी कहने को बहुत कुछ है उनके पास।

पद 6 : राग गौड़ी

अमर मेरी काया नरु जानै
जैसा घरी घरी बात दुपहर की छाया
नर जानै
कछू एक कायौ क कछू एक रनै
मुगधु न चेतै सिर ऊपरि मरनौ (मरनै)
सुपना फिरि फिर टेषि गरवानी
अयाति सहीं पुनि जानी
जल बुद बुद देषीय संसार
उपन षपत नहि लागै बार
पांच पषे सू एक सरीरा
कृष्ण कमल दल भवर कबीरा
नरु जानै
अमर मेरी काया नरु जाने

'कबीर' हस्ताक्षर वाले दूसरे पदों में कभी-कभी कुल मिलाकर व्यवस्थित योगिक विश्लेषण किया जा सकता है। यह विश्लेषण भ्रमर को खुलती कुंडलिनी के रूप में, जो ऊपर की ओर बढ़ते हुए विभिन्न कमल चक्रों का स्वाद लेता जाता है, व्याख्यायित करके किया जा सकता है।[35] वैसे, यहाँ जिस चक्र की बात की जा रही है, वह पाँच पंखुड़ियों वाला कमल है। पाँच एक विषम संख्या है इसलिए अजूबा है और यह हमें अभ्यास के स्तर से रूपक के स्तर तक ले जाती है क्योंकि यह संख्या तत्त्वों तथा भावों के सामान्य शीर्षकों को संकेतित करती है। इसी तरह, 'पख' शब्द (पष, वी. 5) संख्या पाँच नहीं बल्कि दो से स्वाभाविक रूप से जुड़ा होगा; सबसे पहले तो शरीर के दो हिस्सों से जुड़ा होगा और फिर भीतर-बाहर (साँसों के सन्दर्भ में) और ऊपर-नीचे (योग शरीर विज्ञान के तहत प्रमुख नाड़ियों के सन्दर्भ में) के इर्दगिर्द सभी द्वैतों से जुड़ा होगा। इस कविता में कबीर शरीर तथा भाव की उस विश्वस्त तकनीक से जूझते दिखाई देते हैं। वे इसे ध्वस्त करने के लिए ही इसका सहारा लेते हैं। वे इसके भक्तों को उद्धृत करके शुरुआत करते हैं : 'अमर मेरी काया नरु जानै'। और तब हरेक छंद में इसे लेते हुए आगे बढ़ते हैं लेकिन अन्तिम छंद में आरोह-अवरोह की इसकी भाषा को दोहरे दोहराव में बदल देते हैं, जो यह बताता है कि शारीरिक तकनीक पर निर्भरता कितनी बेकार हो सकती है। 'घरी घरी' (छंद 1), 'कछू एक...कछू एक' (छंद 2), 'जल बुद बुद', 'फिरि फिर'(छंद 3)—जरा देखिए कि यह सिलसिला कहाँ तक जाता है। कृष्ण के सिवा क्या बचता है?

इस कारण, मैं नहीं समझता कि यह कहना गलत होगा कि इस तरह की कविता वैष्णव काव्य के संकलन की होगी। पहले तो यह विचार आ सकता है कि चयनकर्ता अन्तिम पंक्ति में संयोग से 'कृष्ण' (काला) शब्द को देखकर धोखा खा गया और उसने सोचा कि इस कविता का वैष्णव भक्ति से कोई बुनियादी ताल्लुक नहीं है। लेकिन यह मैं निश्चित तौर पर नहीं कह सकता। सच है कि कबीर का 'भ्रमर' या 'भँवर' (छंद 5) सूरदास या नन्ददास या भागवत पुराण के 10वें स्कन्ध—भ्रमर गीत—का भँवर नहीं है लेकिन ऐसा लगता है कि कबीर ने कृष्ण के साथ इसके सम्बन्ध के बारे में पूरे सोच के साथ इसे अपनाया है। 'शुद्ध वैष्णव' कविता में, ब्रज की गोपियों को कालेपन की छाया में कृष्ण तथा उनके सन्देशवाहक ऊधो एक-दूसरे में समाए दिखते हैं लेकिन यह एक-दूसरे को ढकता कालापन कृष्ण को उनके निपुण/भक्त कबीर से जोड़ने में कम विश्वसनीय भूमिका नहीं निभाता। अगर हम मूल कविता को सुनें तो हमें उस अन्तिम पंक्ति को दो तरह से सुनना होगा। पहला, आम अश्वेत वाला तरीका होगा जिसे हमारे रूपांतरण में पहले ही स्पष्ट किया गया है, जिसमें कबीर केवल कथावाचक की भूमिका निभा रहे हैं (भवर...कबिरा)। दूसरा तरीका वह है जिसमें महसूस होगा कि विशिष्ट चीज पर जोर दिया गया है, जहाँ कबीर खुद भँवरा बन जाते हैं (भवर...कबिरा)।

'गारुडी' (गरुड़-पुरुष) के परिचित अलंकार के मामले में इसी तरह का ढाँचा उभरता है (देखें : अध्याय 5)। फतेहपुरी कबीर इस परिचित रूपक का क्या करते हैं, यह देखना दिलचस्प होगा। भ्रमर के साथ ही विशिष्ट रूप से शृंगारिक वैष्णव सम्बन्ध भी पृष्ठभूमि में चला जाता है। यहाँ जिस विष को उतारा जाना है, वह 'विरह' का नहीं बल्कि 'संसार' का है। यह वही तत्त्व है जिसे उस कविता में प्रयुक्त पद 'संसार की गति कैसी है' में रूपांतरित किया गया था जिस कविता का हमने अभी सर्वेक्षण किया है।[36] जहाँ तक साँप की बात है, इसे प्रेमी देवता (पथभ्रष्ट पुरुष) के रूप में नहीं बल्कि स्त्री के रूप में (सांपिनि, 11.3)-सांसारिक माया के रूप में ढाला गया है, जो कविता में सर्पदंश के कारण होनेवाले दिग्भ्रम के रूप में प्रकट होती है :

पद 11 : राग गौड़ी

तूं गारुडी मै विष का माता   का दन मिलहु मेरौ अबृंत दाता
सैसार भुवंगम डसी मेरी काया   इक दुषु ब्यापै अरु दारुण माया
तूं गारुडी मै विष का माता
सांपिनि अधिक पिटारै जागै   जो सोवै तिसहीं पुनि लागै
कहत कबीर जिनि बुधि न विचारी   वालक मरत मुई महतारी [37]

इस कविता में और अभी जिस कविता पर हमने विचार किया है, उसमें भी हठयोग की प्रतिध्वनि फिर से उभरती है। हम सँपेरे की टोकरी के बारे में सुनते हैं जिसका अर्थ गारुड़ी से है, जो सर्पदंश के ओझा से ज्यादा एक सँपेरा है, और यह भूमिका 'गारुड़ी' शब्द के व्यापक शब्दार्थ विज्ञान के दायरे में आती है। क्या यह उस व्यक्ति से अपील है, जो साँप को टोकरी में खड़ा करवाने—हरेक शरीर की कुंडलिनी को जगाने—की क्षमता रखता है और उसे अनुशासित रूप से खड़ा रख सकता है? या इससे उलटी बात है—यह उस व्यक्ति से अपील है जो साँपों और उनके कुप्रभावों को शान्त करने या खत्म करने की क्षमता रखता है? कृष्ण के साथ भी हम इसी तरह के अस्पष्ट, विस्फोटक संकेत पाते हैं, जो वियोग और फिर उसके विरह से प्रभावित करते हैं तथा उसकी काट भी करते हैं। इस तरह सूरदास की कई प्रभावशाली कविताएँ स्पष्ट करती हैं,[38] और विष्णु की ब्रह्मांडीय शक्ति की प्रतिकृति बनाती हैं। विष्णु स्वयं में से माया की रचना करते हैं और इसी तरह माया को काटने में भी सक्षम हैं।

इसलिए, यह कविता इसी सवाल का सामना दूसरे रूप में कराती है। क्या 'गारुड़ी' का रूपक एक घिसा-पिटा सूत्र है, जिसे चयनकर्ता ने इस कविता को वैष्णव धारा में शामिल करने के लिए गलती से पकड़ लिया है या यह वाकई कुछ महत्त्वपूर्ण चीज है? मैं फिर यही उत्तर दूँगा कि यह कविता हमें योग-क्रिया के

विशिष्ट चक्र से आगे जाने को बाध्य करती है। कबीर के विवरण में ये टोकरियाँ केवल शरीर का प्रतीक नहीं हैं जिसमें कुंडलिनी जाग्रत होती है, बल्कि ये जन्म हैं, जीवन हैं और यहाँ वैष्णव सूत्र बेतरतीब नहीं है। माया/मोहिनी से विष्णु/कृष्ण को जोड़नेवाली धुरी वास्तव में महत्त्वपूर्ण है। इसकी वजह से 'गारुड़ी' नाम गहरा अर्थ हासिल करता है, जब कवि उस व्यक्ति को सम्बोधित करता है जिसके नाम पर अन्य सभी गारुड़ियों का नाम दिया गया है। फतेहपुरी संकलन में दूसरी जगह पर कबीर तंत्र, मंत्र, औषधि ('तंत मंत वौषद' 7.4), जो वास्तविक गारुड़ी का कलपुर्जा है, के साथ बहुत ज्यादा सम्बन्ध का मखौल उड़ाते हैं। यहाँ वे जिस गारुड़ी को सम्बोधित करते हैं, वह उससे ज्यादा भव्य तथा सरल है। लेकिन इसी लिहाज से वे तंबू को नहीं गिराते हैं और इन नाथ योगी प्रतिध्वनियों की ताकत को कमजोर करते हैं, जैसाकि उन्हें कविता के बाद के रूपों में प्रभावी ढंग से करना पड़ता है, जो कि इसे रहस्यवाद में बदल देता है। ये अन्तिम पंक्ति को 'राम का रस चखने' (जिसका अर्थ है उनके नाम का निरन्तर जाप) के लिए महिमागान में बदल देते हैं।[39] जैसाकि हम जानते हैं, फतेहपुरी संकलन में उनके नाम के जाप का कुछ विशेष अर्थ है। एक कविता इस स्वीकारोक्ति के साथ शुरू होती है :

राम राम ई भनि राम चितावनि
भाग वड़उ पाययु।[40]

लेकिन नाम ही सब कुछ नहीं है। शरीर अभी भी वहाँ है।

मुझे उम्मीद है कि अब तक मैंने फतेहपुरी कबीर की 'वैकल्पिक' वैष्णववादी व्याख्या की उपयुक्तता के बारे में स्वीकार्य वकालत कर दी है लेकिन हमें उन दो कविताओं के बारे में विचार करना अभी बाकी है, जो इस दृष्टिकोण के लिए चुनौती प्रस्तुत करती हैं। कम-से-कम पहले पाठ में तो दोनों कविताएँ नाथ योगी दायरे में आसानी से समा जाती हैं और वैष्णव चेतना के रूप में कम ही योगदान देती हैं। संसार-रूपी विष की काट का वर्णन करनेवाली जिस भी चीज के बारे में हमने सुना है, उससे कहीं आगे तक ये दोनों कविताएँ ले जाती हैं और इस बात का ज्यादा विशिष्ट अहसास कराती हैं कि 'अम्ब्रत दाता' (11.1) को क्या त्यागना पड़ सकता है। एक कविता में इस अमृत को वैष्णव शब्द में 'हरि जलु' (1.1) कहा गया है लेकिन इसका शायद और भी मौलिक अर्थ है। दूसरी कविता में, वह अन्तिम बादल गायब हो जाता है। अमृत केवल 'पानी' है (पनीआ, 5.1), यह पानी गुरु के उपदेश से लबालब है (गुर उपदेस भर्यौं है नीर, 5.4)। दोनों कविताओं में हम 'उलटवाँसी' में प्रवेश करते हैं, जो कि कई लोगों के लिए कबीर की पहचान है। इसमें ऐसा कुछ नहीं है जिसे वैष्णववाद को व्याख्यायित करना पड़े, यद्यपि सूरदास की 'कूटकाव्य' में हमने देखा है कि पहेलियाँ भी वैष्णव जमीन पर सहज हो सकती हैं।

यह कोई संयोग नहीं है कि कबीर का यह 'योगी' वाला रूप फतेहपुर संकलन की पहली ही कविता में उभरता है, जिसे उनकी रचना बताया गया है। मैंने पहले ही संकेत किया था कि इस कविता का विशेष महत्त्व हो सकता है क्योंकि यह सूरदास रचित बताई गई पचास रचनाओं के शीर्ष पर अलग-थलग नजर आती है। इस और पद 5 की केन्द्रीय छवि उलटबाँसी की ही नहीं बल्कि समापन की भी है, जो कि उलट शब्द का आम बालेचाल में बुनियादी अर्थ है। क्या यहाँ हमारे पास उलटवाँसी के केन्द्रीय अर्थ को उद्‌घाटित करनेवाला तत्त्व है, जो इसे हमेशा के लिए उस नाथ योगी आध्यात्मिक जीवतत्त्व से जोड़ दे जिसे मैं वैष्णव सन्दर्भ में ढालने को काफी उत्सुक रहा हूँ? जरा देखिए कि यह कविता और इसकी सहयोगी क्या कहती हैं :

पद 1 : राग सोरठ

सरवर कै तटि हंसिनी तिसाई जुगति बिना हरि जलु पीयो न पाई
कुंभ लीयो ठाढीयै पनिहारी लेज बिनु नीर कौ भरहि कैसै नारी
कूवौ लो रैलै षक वारी उडि न सकै दोऊ पर भारी
कहत कबीर इक बुधि विचारी सहज सुभाइ मुहि मिले वनवारी

पद 5 : राग गौड़ी

दुभर पनीआ भरनि न जाइ मेरी बहुत त्रिषा गोबिन्द बिना न बुझाइ
ऊपर कूवटा लेज तलैहारी कैसै नीर भरै पनीहारी
निघय्यै नीर भयौ घट भारी गई निरास पांच पनिहारी
गुर उपदेस भयौं है नीर राम सरलि होइ न पीवहि कबीर

इस उलटे कूप और इसके अकथ रूप से बहुमूल्य, दैवी जल के साथ हम स्पष्ट रूप से उलटे गुरुत्वाकर्षण के दायरे में पहुँच गए हैं, जिसे हम कुंडलिनी योग से जोड़ते हैं। इसकी वजह यह है कि यह पानी गुरुत्वाकर्षण बल को नहीं मानता इसलिए इसे चेतना के बल पर कुएँ से खींचा नहीं जा सकता; और इसी कारण कोई भी अपने पात्र को भर नहीं सकता।[41] पानी के पर्यायवाची शब्द (ये अंग्रेजी से ज्यादा हिन्दी में हैं) इन कविताओं में भरे पड़े हैं, इतने कि आश्चर्य होता है कि क्या ये पानी के सीधे अर्थों को प्रेषित करने के लिए ही उपयोग किए गए हैं? ये निश्चित ही ऊर्ध्वक्षेपित वीर्य का बोध कराते हैं, जो कि नाथ योग क्रिया का मूलाधार है, लेकिन कवि इसे कुछ और बताते हैं। पहले मामले (1.1) में यह हरि हैं, दूसरे मामले (5.1) में गोविन्द हैं।

दोनों कविताओं में लगता है कि अन्तिम पंक्ति, तकियाकलाम में कोई राज छिपा है। पहली कविता में, हम अपेक्षा करते हैं कि ईसा का पवित्र प्याला—सत्य की खोज का माध्यम—अनुभव का कोई आन्तरिक क्षेत्र है। हम सुनते हैं कि 'सहज

क्या है', 'तुम्हारा अपना क्या है' (स्वभाव), और हम अन्तिम शब्द की अपेक्षा करते हैं जो उस अवस्था का वर्णन करता है, जोकि उसी लाइन पर है। वह शब्द है 'वनवारी', जो फूलों के बगीचे का संकेत करता है—केन्द्रीय, करीने से तैयार किया गया स्थान, जो अनुभव के घालमेल को सुलझाता है।[42] कबीर की बताई गई दूसरी कविता में, यह 16 पंखुड़ियों वाले कमल, सम्भवत: पाँचवें चक्र के प्रति ध्यान केन्द्रित करने से जुड़ा है।[43] लेकिन इस तथा उस, दोनों कविताओं में इस विचार को नहीं त्यागा गया है कि ऐसे स्थान पर जाने का अर्थ है 'वनवारी' यानी कृष्ण से रू-ब-रू होना। फतेहपुरी 'वनवारी' लाइन के बाद के संस्करण इसका 'रामकरण' कर देते हैं। इसलिए अगर आप मुद्रित संस्करणों को देखेंगे तो आपको 'वनवारी' की जगह 'राम राइ' शब्द मिलेगा।[44] और इसके साथ ही नाथ योग और वैष्णववाद के बीच का श्लेषालंकार गायब मिलेगा।

दो कविताओं के हमारे अन्तिम सेट की दूसरी कविता का निष्कर्ष कुछ अलग दृश्य उपस्थित करता है। यहाँ कवि अन्त में जाकर हमें अचरज में डालते हैं, वे किसी साधना (पद 1 में हंसिनी के पास नहीं है) या किसी 'गुरु की सीख' (गुरु उपदेस, 5.4) से इनकार करते हैं ताकि भाव या तत्त्वों (पंच पनिहारी, 5.3) की अक्षमताओं के कारण चूक होने पर सहायता मिले। ऐसा करते हुए वे 'गोरख बानी' के, जिसे डेविड व्हाइट 'शायद उनकी सबसे प्रसिद्ध' रचना कहते हैं, ज्ञान को स्पष्ट चुनौती देते दिखते हैं :

गगन मंदल मैं ऊंधा कूबा तहां अमृत का बासा
सगुरा होई सु भरि भरि पीवै निगुरा जाई पियासा।[45]

कबीर को ऐसे 'गुरु उपदेश' की जरूरत नहीं है। यह स्वत:स्फूर्तता (सहज) की प्रबलता है, जो 'राम सरनि' (5.4) के कारण सम्भव होता है। यह सवाल सहज रूप से उठ सकता है कि क्या यह भक्ति की आड़ में तंत्र विद्या है, जो उन लोगों के लिए सूक्ष्म अर्थ रखती है जिन्हें भाषा समझ में आती है और उन लोगों के लिए नहीं रखती जिन्हें सकल अर्थ समझ में आता है। यह ऐसा ही प्रतीत होता है। कविता 1 में वे हमें 'सरवर कै तटि' (1.1) तक ले जाते हैं। लेकिन यह 'सरवर' क्या है? क्या यह 'सर' या 'सिर' नहीं है—सिर का सरोवर, सबसे ऊपर का चक्र, उलटा कमल, 'सहस्रार'? और क्या इस उलटे कुएँ का स्पष्ट वर्णन कविता 5.2 में नहीं किया गया है, जो ऊर्ध्वक्षेपित वीर्य के विशुद्ध 'पानी' को बूँद-बूँद गिराता है?[46] जहाँ तक महिला जलवाहिकाओं की बात है, क्या वह कुंडलिनी नहीं है, जो केन्द्रीय सुषुम्ना नाड़ी पर कुंडली मारे हुए है, वीर्यजल को ग्रहण करने को तैयार?

हम एक कदम आगे बढ़ें। इस आध्यात्मिक जीवतत्त्व के साथ जो पौराणिकता है, उसे क्या कबीर समायोजित नहीं करते, ताकि यह शैव न होकर वैष्णव रूप में उभरे?

क्या वे उस श्वेत नर हंस को—जिसे हम इस आन्तरिक, वीर्य के बर्फीले रंग के कैलाश पर्वत की ओर उड़ान भरते हंस से जोड़ते हैं—उसके स्त्री, वैष्णव आन्तरिक मित्र में नहीं बदल देते? तो क्या, मानसरोवर झील में हंसिनियों तथा अन्य पक्षियों के पानी पीने का जो वर्णन वैष्णव काव्य में किया गया है, उसका यही वास्तविक अर्थ नहीं है?[47]

मैं इन तमाम बातों पर 'हाँ' कहना चाहता हूँ—और फिर 'ना'। 'हाँ' इस अर्थ में कि कबीर इस सारी योग क्रियाओं और शायद तांत्रिक विद्या की भी गहरी जानकारी रखते प्रतीत होते हैं। 'हाँ' इस अर्थ में कि वे हमें यह विश्वास करने के लिए लुभाते हैं कि उन्हें इन सब पर यकीन है। वे हमें आन्तरिक तथा बाहरी, सूक्ष्म तथा सम्पूर्ण, बारीक तथा सकल के बीच के सम्बन्धों की शक्ति के दर्शन कराते हैं। लेकिन 'ना' इस अर्थ में कि वे इससे आगे जाते हैं। एक कविता में वे अन्ततः कहते हैं कि वे उस जल का पान नहीं करेंगे, जिस जल को वे दूसरी कविता में 'हरि जलु' कह चुके हैं। जो भी चीज भावों की तकनीक पर निर्भर है, वह अन्ततः कारगर नहीं होती। पक्षी कुएँ में बह जाता है (1.3)। जलवाहक निराश हो जाते हैं (5.3)। वास्तविक स्वाभाविकता, 'सहज सुभाउ' (1.4) योग के अनुशासन में नहीं आते।

अन्त में, ऐसा लगता है कि कबीर कुंडलिनी के उलट-पुलट से जूझ रहे हैं, वैसे वे इस मौखिक प्रसार को पसन्द भी करते हैं। यह असाधारण जीवतत्व अक्सर उनके अनुस्थापन का बिन्दु हो सकता है लेकिन फतेहपुरी संकलन में तो कम-से-कम यह राम और कृष्ण की भाषा—जिसे मैं 'वैकल्पिक वैष्णववाद' कहता रहा हूँ—के आगे समर्पण कर देता है। जब आप निर्णायक बिन्दु तक पहुँचते हैं, तो वह जाहिर है कि पद है, छाप है, पदचिह्न है, वह आधार है जिस पर कबीर खड़े हैं। यही वजह है कि वे कविताओं, यानी पदों की रचना करते हैं (8.4)।

लिंडा हेस ने बीजक का अनुवाद किया है और इसके समापन तक पहुँचते हुए—वास्तव में, जब वे परिशिष्ट तक पहुँच जाती हैं और कबीर की उलटवाँसी के साथ चलती हैं, तब वे इस सब पर नजर डालते हुए कहती हैं :

'सामान्यतः, हम कबीर के पदों पर पंडितों के हमलों, उन्हें तमाशा बनाने के विरोधाभास के बीच (जिसे कुछ लोग निरर्थक बता सकते हैं) काम करते हैं जिसमें हम खुद पात्र हैं। हरेक कविता पर हम बहुत सरलता से टीका कर सकते हैं; या टिप्पणियों, शब्दकोशों, पाठांतरों, विभिन्न सन्दर्भों में समान छवियों के बीच उनके अर्थ की अन्तहीन खोज करते रह सकते हैं। और कभी-कभी शब्दों के खेल का गरिमापूर्ण तर्क के तौर पर मजा ले सकते हैं या कभी-कभी हँसी के तीन पात्रों (द थ्री स्टूजेज) की तरह एक-दूसरे पर गिरते-पड़ते रह सकते हैं।'[48]

फतेहपुर में संकलित कुछ कविताओं में कबीर हमें इस परस्पर विरोधी प्रक्रिया से गुजारते हैं लेकिन अन्ततः, वे हमें एक तरह की सादगी का सहारा लेने को कहते हैं—उस सादगी का, जिसे वे विष्णु से सम्बन्धित शब्दों से जोड़ते हैं।

अध्याय-11

भक्ति, लोकतंत्र और धर्म सम्बन्धी अध्ययन

इस अन्तिम अध्याय में हम अपनी 'भक्ति त्रिमूर्ति' के इर्द-गिर्द फैली विशेष धाराओं और विवादों के बीच से गुजरने के बाद एक व्यापक मंच पर कदम रख रहे हैं। हम उन कुछ विशेष कालनिरपेक्ष चुनौतियों पर ध्यान केन्द्रित करेंगे—मानव समता तथा गरिमा के मूल्यों; विविध धार्मिक झुकावों की स्वीकार्यता की चुनौतियों; और एक खुले, लोकतांत्रिक, वास्तव में अन्तरसंवादी समाज की मजबूती के लिए इन्हें बाधक की जगह संसाधन बनाने की चुनौतियों पर। ये वैश्विक मसले हैं लेकिन ये विशेष रूप से भारतीय मसले भी हैं, और यहीं पर भक्ति वाली विरासत का महत्त्व दिखता है। भारत में कबीर प्राय: इन मसलों पर होनेवाली बहसों के मूल के करीब रहे हैं। वे ही हमारी मुख्य प्रेरणा, मार्गदर्शक, और एक उत्तेजक सूत्र होंगे। फिर भी जैसाकि हम स्पष्ट रूप से देख चुके हैं, कबीर गुरुत्वाकर्षण मुक्त अन्तरिक्ष में नहीं उतराते हैं। जिस कबीर को हम जानते हैं, वे वह कबीर हैं जिन्हें जानने का पाठ हमें पढ़ाया गया है। इसलिए जब वे तथा भक्तिकालीन अन्य सन्त कवि इस प्रश्न पर बोलते हैं कि आज धर्म (रेलिजन) का क्या स्वरूप हो, तब यह विचार करना महत्त्वपूर्ण हो जाता है कि हमें इसके बारे में कौन पढ़ाएगा; और यह पढ़ाई किस तरह आगे बढ़ेगी?

भारत में धर्म का अध्ययन

धर्म (रेलिजन) को एक विषय के रूप में प्रस्तुत करते हुए मेरा तात्पर्य न केवल इससे जुड़ी सैद्धान्तिकता तथा आस्था से है बल्कि आचार-व्यवहार की उस समष्टि से भी है जिसका सम्बन्ध लोग दैवी सत्ता से प्रत्यक्ष अथवा अप्रत्यक्ष रूप से जोड़ते हैं। इस समष्टि में सिद्धान्त, पाठ, अनुष्ठान, सर्वोच्च सत्ता के प्रति भाव, गहरी आस्था, साझा आचरण के आदर्श तथा परम्पराएँ, आदि सभी शामिल हैं। और ये एक पूर्ण इकाई के रूप में एक-दूसरे से अभिन्न रूप से भले न जुड़े हों, अर्थपूर्ण ढंग से जरूर जुड़े हैं। अंग्रेजी में 'रेलिजन' शब्द अलग-अलग समय में अलग-अलग अर्थ

अख्तियार करता रहा है। जब हम अपनी दृष्टि का विस्तार करते हैं या दक्षिण एशिया की विभिन्न भाषाओं के शब्दार्थों के सन्दर्भ में विचार करते हैं तब इस 'रेलिजन' शब्द के वास्तविक अर्थ को लेकर समस्या और गहरी हो जाती है। जहाँ तक हिन्दी भाषा की बात है, मैं 'रेलिजन' शब्द के आगे दिये गए शब्दों में से किसी अर्थ को नहीं छोड़ना चाहूँगा—धर्म, मजहब, सम्प्रदाय, दीन, पंथ, और भक्ति। बल्कि मैं तो कहूँगा कि ये सब अक्सर मिलकर उस भाव की सृष्टि करते हैं, जो अंग्रेजी 'रेलिजन' से निकलता है, और जिन्हें सदियों के आपसी संवाद एवं रूपांतरण तथा ब्रिटिश औपनिवेशिक प्रशासन के अन्तर्गत हुए साझा अनुभव के अन्तर्गत आपस में गूँथ कर उस दिशा की ओर ले जाया गया है। हर कोई इस विचार से सहमत नहीं होगा। उदाहरण के लिए, कुछ प्रभावशाली विद्वानों और गणमान्य व्यक्तियों ने यहूदी और भारतीय विरासतों के बीच के भेद को रेखांकित किया है। लेकिन मुझे विश्वास है कि भारतीय व्यवहार के तहत, इन दोनों के बीच आदान-प्रदान—वास्तव में वे दोनों दो नहीं हैं—इतना व्यापक है कि यह कहना तर्कसंगत है कि सभी धाराएँ एक जटिल, साझा जमीन पर बह रही हैं।

भारत तथा अमेरिका में भी सार्वजनिक संस्थान इस सवाल को लेकर काफी सावधानी बरतते रहे हैं कि अर्थ तथा व्यवहार—'रेलिजन' या धर्म—के अर्थों की इस समष्टि का अध्ययन सार्वजनिक व्यवस्था के अन्तर्गत किया जाए या नहीं। और इन दोनों देशों में इसे अपने सन्दर्भों में—इसके अपने क्षेत्र के तौर पर—धर्मनिरपेक्ष परिवेश में अध्ययन करने को लेकर हिचक बनी रही है। वैसे, विश्वविद्यालय के स्तर पर दोनों देशों के रास्ते स्पष्ट रूप से अलग-अलग हैं। अमेरिका में निजी तथा सरकारी, दोनों तरह के संस्थानों में धर्म के अध्ययन के सैकड़ों विभाग हैं या धर्म सम्बन्धी अध्ययन, धर्मों के तुलनात्मक अध्ययन, धर्म के अध्ययन आदि के अलग-अलग विभाग हैं; जबकि भारत में सरकारी विश्वविद्यालयों में इस तरह के अध्ययन के विभाग गिनतीभर से ज्यादा नहीं हैं।

यह समझना मुश्किल नहीं है कि ऐसी स्थिति क्यों है। भारतीय गणतंत्र जब अपनी विश्वविद्यालय व्यवस्था तैयार कर रहा था तब धर्म यहाँ बेहद संवेदनशील विषय था। उसने इस व्यवस्था के मुख्यत: ब्रिटिश मॉडल को विरासत में हासिल किया। लेकिन यह मॉडल अभी मुख्यत: ईसाइयत की शिक्षा देने को प्रतिबद्ध संकाय से धर्म के उस संकाय की तरफ कॉपरनिकन छलाँग नहीं लगा पाया था, जिसका बुनियादी पाठ्यक्रम (अमेरिकी बोलचाल में जिसे परिचयात्मक पाठ्यक्रम कहते हैं) विभिन्न धर्म परपंराओं के कई मददगार परिप्रेक्ष्यों से निष्पक्ष तथा तुलनात्मक अध्ययन के प्रति समर्पित हो। फिर भी, परिणाम आश्चर्यजनक है। यह एक ऐसा देश है जो कई तरह से दुनिया का धार्मिक रूप से सबसे गूढ़ देश है। यहाँ विश्वविद्यालय स्तर का एक भी विद्वान शायद ही मिलेगा, जो अपनी पहचान धर्म के अध्ययन से

सम्बन्धित अनुशासन के छात्र-रूप में करता हो। यह सच है कि भारतीय इतिहासविदों, समाजविज्ञानियों, मनोवैज्ञानिकों, मानविकी विज्ञानियों ने धर्म के काफी सटीक, कुशाग्र मूल्यांकन किए हैं लेकिन ऐसा लगता है कि अधिकतर भारतीय विश्वविद्यालयों में ऐसी कोई जगह नहीं है, जहाँ विभिन्न अनुशासनों के परिप्रेक्ष्य से किए गए अध्ययनों पर ध्यान दिया जाता हो। धर्म के ही तुलनात्मक अध्ययन के लिए कोई स्थान नहीं है।

मैं मानता हूँ कि 'धर्म' की अवधारणा (यूरोपीय भाषाओं में इसका जिस तरह उपयोग किया जाता है) को लेकर गहरी समस्याएँ हैं। और जैसाकि मैं कह चुका हूँ, किसी भारतीय भाषा में, जिसे मैं जानता हूँ, इस शब्द का अनुवाद एकदम सटीक नहीं है।[1] इसलिए मैं चाहूँगा कि इस विषय को अगर भारतीय पाठ्यक्रम का हिस्सा बनाया जाए, तो हम नये स्थूलीकरण से बचें।

वास्तव में, पश्चिम में धर्म का जिस तरह अध्ययन किया जाता है, उस तरह धर्म की अवधारणा की कमजोरियों की ओर निरन्तर संकेत करते हुए भारतीय विद्वान इसके विस्थूलीकरण में सहायता करेंगे। और मुझे विश्वास है कि उनकी बात सुनने के लिए भारी संख्या में विद्वान आगे आएँगे। यह प्रक्रिया शुरू भी हो चुकी है।[2]

अमेरिका में करीब 50 वर्षों से, धर्म के अध्ययन के मूलभूत नियामक स्वीकारात्मक नहीं बल्कि मुख्यतः तुलनात्मक रहे हैं। हमारे अपने समाज में बहुलतावाद जिस तरह बढ़ रहा है, उसके कारण यह चीज और बढ़ेगी हालाँकि ऐसी शक्तिशाली धाराएँ भी रही हैं जो विपरीत दिशा में बहा ले जाना चाहती हैं। अमेरिका में उच्च शिक्षा के कई छात्र, जो भारत में विशेष रुचि रखते हैं, धर्म के विभाग को अपना आधार बनाने का फैसला करते हैं। भारतीय संस्कृति असाधारण या मूल रूप में धार्मिक है, यह विचार दुर्भाग्य से यूरोपीय-अमेरिकी पूर्वग्रह (जो कि अतीत में यूनानियों तक जा सकता है)[3] की उपज हो सकता है। लेकिन इस घिसे-पिटे विचार में जितनी भी सच्चाई मानी जाती हो, उसे खुद भारत के भी विद्वानों द्वारा सही किए जाने की जरूरत है।

यह काम इतना महत्त्वपूर्ण है कि इसे नौसिखुओं और विदेशियों के भरोसे नहीं छोड़ा जा सकता। मार्क्स, फ्रायड, और शायद नेहरू तक ने उम्मीद (और इच्छा) की होगी कि समय के साथ धर्म कमजोर होता हुआ मृत हो जाएगा लेकिन उनकी पीढ़ी से लेकर हमारी पीढ़ी तक से यही संकेत उभरते हैं कि यह मानव जीवन का स्थायी तत्त्व है—जो हमेशा अपना स्वरूप बदलता रहता है, लेकिन एक परिघटना के तौर पर अटल है। हरेक शिक्षित संस्कृति में ऐसे लोगों की जरूरत है, जो इस परिघटना को समझने की कोशिश कर रहे हों। और क्या पता, इसके कुछ व्यावहारिक लाभ भी हो सकते हैं।

इस बात के संकेत हैं कि आज भारत में धर्म के गम्भीर, तटस्थ शिक्षण तथा शोध की सख्त जरूरत महसूस की जा रही है। धर्म के लिहाज से हम एक मुश्किल वक्त में जी रहे हैं और कई भारतीय शिक्षाविदों को शुतुरमुर्गी रवैया न अपनाने का श्रेय जाता

है, भले ही उन्हें अपने शैक्षणिक अनुशासन के तहत जो प्रशिक्षण मिला है, उसने उन्हें धर्म के अध्ययन के लिए बाध्य नहीं किया हो। इस सिलसिले में मैं खास तौर से 'ट्रैक्ट्स फॉर द टाइम्स' नामक शृंखला का उल्लेख करूँगा, जिसका सम्पादन श्री नीलाद्रि भट्टाचार्य ने सर्वपल्ली गोपाल तथा रोमिला थापर के सहयोग से किया और जिसका प्रकाशन 1994 से शुरू हुआ था। इसका पहला खंड 'खाकी शॉर्ट्स एंड सैफ्रन फ्लैग्स' तथाकथित बाबरी मस्जिद के विध्वंस के अभियान से जुड़े संगठनों के इतिहास का प्राथमिक पाठ प्रस्तुत करने की एक कोशिश है। इसका उपशीर्षक इसे 'दक्षिणपंथी हिन्दुत्व के एक आकलन' के रूप में प्रस्तुत करता है। इस शृंखला का जन्म जिस विद्वत् मंडली के बीच हुआ, उसके मद्देनजर यह कोई आश्चर्य की बात नहीं है।

लेकिन तीसरा खंड जरूर आश्चर्य में डालता है। रुस्तम भरूचा अपने संवेदनशील निबन्ध 'द क्वेश्चन ऑफ फेथ' में दोहरे उद्देश्य पूरा करना चाहते हैं। उनका एक उद्देश्य धर्म को इसके 'सुसंस्कृत निन्दकों' के वास्ते बोधगम्य बनाना है। 1799 में बर्लिन में प्रोटेस्टेंट धर्मशास्त्री फ्रेडरिक श्लेयरमाखर को जब इसी तरह की जिम्मेदारी उठानी पड़ी थी तब उन्होंने इसी जुमले ('सुसंस्कृत निन्दकों') का प्रयोग किया था।[4] इस मामले में भरूचा खास तौर से घिसे-पिटे मार्क्सवादी पूर्वग्रहों को तोड़ने की उम्मीद करते हैं, हालाँकि वे मार्क्सवादी चिन्तन में गहरी आस्था रखते हैं। दूसरी ओर, भरूचा भाषा तथा शोध के ऐसे एजेंडा को चलाना चाहते हैं, जो धर्म को बोधगम्य बनाने का वादा करता है—न केवल 'सुसंस्कृत निन्दकों' के वास्ते बल्कि हर किसी के लिए। और यह काम वे धर्म से जुड़े अनुभव की जटिलता पर जोर देकर तथा जिसे वे 'आस्था का दोहरापन' कहते हैं, उसके जरिये करते हैं। पुस्तक का उपसंहार करते हुए वे कहते हैं :

> 'यह स्वीकार करते हुए काफी खुशी होती है कि हमारे इतिहास के क्रांतिकारी धार्मिक आन्दोलनों, और सबसे उल्लेखनीय रूप से 'भक्ति' आन्दोलन में विद्वानों तथा सामाजिक कार्यकर्ताओं की रुचि बढ़ रही है...। भारत में एक 'धर्मनिरपेक्ष धर्मशास्त्र' बने, इसके लिए एक ऐसे सिद्धान्त की जरूरत है, जो मतभिन्नता रखनेवाले भारत के बहुधार्मिक सन्दर्भ में स्वीकार्य हो। ऐसे सिद्धान्त का आधार कबीर, गुरु नानक, चैतन्य सरीखे उन सन्तों की कल्पना को छोड़ 'धार्मिक सहिष्णुता' के मौजूदा राजनीतिक शब्दाडम्बर में नहीं पाया जा सकता, जिन सन्तों को रवींद्रनाथ ठाकुर ने बहुत गहराई से समझा था, जिन सन्तों ने भारत की सभी कौमों को पाठ पढ़ाया था कि 'ईश्वर एक है', और संवाद के विभिन्न माध्यमों का उपयोग किया था। हर एक धार्मिक विचार में 'सहिष्णुता' का जो पद शामिल है, उससे धर्मनिरपेक्षतावाद को बहुत कुछ सीखना है।'[5]

भरूचा के आग्रह के निष्कर्ष तक पहुँचें तो मुझे लगता है कि वे चाहते हैं कि भारत में शोधार्थियों की एक नई पीढ़ी तैयार हो, और भारतीय विश्वविद्यालयों में अध्ययन–अनुसन्धान का वास्तव में नया क्षेत्र तैयार हो। भरूचा अपने कई समकालीन भारतीय विद्वानों की कृतियों का काफी रचनात्मक उपयोग करते हैं, जिनमें आशीष नन्दी से लेकर कुमकुम संगारी तथा सुदेश वैद, डी.पी. दुबे, अनुराधा कपूर तक शामिल हैं। लेकिन इस क्षेत्र को समग्रता में समेटते हुए वे एकमात्र, शिकागो विश्वविद्यालय के वयोवृद्ध विद्वान (अब दिवंगत) मिर्चेया एलियाडे को अपवाद बनाते हैं।[6] मिर्चेया ने 'पवित्र' और 'अपवित्र' का जो विभेद किया है, उसे लागू करने पर उन्होंने बुनियादी आपत्ति जताई है और भारत के लिए इस तरीके की उपयुक्तता पर सवाल उठाया है। वास्तव में धर्म का तुलनात्मक अध्ययन करनेवाले विद्वानों, खास कर युवा विद्वानों ने किसी भी संस्कृति के लिए इसकी उपयुक्तता पर कई बार सवाल खड़े किए हैं। इस क्षेत्र में भारत में काम कर रहे विद्वानों की नई पीढ़ी इस साहित्य से परिचित है, और भरूचा जिस तरह की आलोचना प्रस्तुत करते हैं, उसे वह गूढ़ तथा मौलिक तरह से समझ सकती है। भारत धर्म के अध्ययनकर्ताओं को बहुत कुछ सिखाता है।

कबीर और भक्ति पर अन्तरराष्ट्रीय अध्ययन

अब मैं वादे के मुताबिक विषय परिवर्तन करूँगा और भरूचा के आग्रह पर अलग तरह से टिप्पणी करूँगा। चूँकि वे मुख्यत: उन भारतीय शोधार्थियों पर ध्यान केन्द्रित करते हैं, जो 'भक्ति पर अध्ययनों' में जुटे हैं। उत्तर भारत में भक्ति की धारा पर भारत में रह रहे या उससे बाहर के शोधार्थियों के हाल के शोधों की कुछ विशेषताओं पर नजर डालना तथा उनकी जाँच करना उपयोगी होगा। इसका मकसद यह है कि भरूचा कबीर, गुरु नानक और चैतन्य सरीखे जिन सन्तों की विचार–दृष्टि से प्रभावित हैं उसके बारे में हमारी समझ पर ये शोधार्थी क्या प्रकाश डालते हैं। कई महत्त्वपूर्ण भारतीय विद्वान अरसे से यह मानते रहे हैं, जैसाकि संस्कृत के महान विद्वान वी. राघवन ने कहा है कि 'भक्ति वह लोकतांत्रिक मतवाद है जो सभी लोगों को जाति, समुदाय, राष्ट्रीयता, या लिंग के भेदों से मुक्त करके एकजुट करता है।'[7] या भक्ति में वे संसाधन हैं जो इस तरह की विचार–दृष्टि को स्पष्ट और लागू करते हैं। लेकिन विरोधी खेमा भी है उन शोधार्थियों का, जो या तो इस बात का खंडन करते हैं कि भक्ति में कभी सच्चे अर्थों में निरंकुशतावाद विरोधी आग्रह था, या जो यह कहते है कि जब भी इसे अमल में लाया गया, इसे विफल कर दिया गया।[8]

आगे मैं यह देखने की कोशिश करूँगा कि कबीर, नानक, और चैतन्य जैसी विभूतियों पर वर्तमान अन्तरराष्ट्रीय अनुसन्धान क्षेत्र में जो विमर्श चल रहा है, उस

पर किस तरह प्रकाश डाला जा रहा है; भक्ति-धारा के सन्तों की इस मंडली की विचार-दृष्टि को समझने के लिए क्या किया जा सकता है; और इस विचार का क्या अर्थ है कि भक्ति-धारा लोकतंत्र तथा सहिष्णुता के आदर्शों का समर्थन करती है। आगे चलकर मैं इस सवाल को सुलझाने की कोशिश करूँगा कि क्या भक्ति-धारा चूँकि प्रातिनिधिक यानी व्यापक तौर पर लोकप्रिय है इसलिए आन्तरिक रूप से समतावादी भी है? 'लोकतंत्र' का दोहरा अर्थ होता है लेकिन ये दोनों समान नहीं हैं।

वर्तमान कार्य यही बताता है कि हम अध्ययन के कम-से-कम तीन क्षेत्रों पर विचार करें ताकि हम यह देख सकें कि इस तरह के सवालों का जवाब उत्तर भारत में भक्ति-धारा के महान 'स्वरों' के परिप्रेक्ष्य में किस तरह दिया जा सकता है :

1. केवल पाठात्मक अध्ययन : 15वीं से 17वीं सदी तक के भक्ति सन्त-कवियों की रचनाओं के संस्करण तथा भाषांतरण;
2. जीवनी या सन्तचरित से जुड़े अध्ययन : इन सन्तों के नाम से जुड़ी कविता से सम्बन्धित उनकी जीवनी;
3. सन्दर्भों—ऐतिहासिक, सामाजिक, अनुष्ठानिक, क्रियात्मक—के अध्ययन: उन समुदायों का जिनमें भक्ति समाहित है, उनके संचालन के प्रत्यक्ष अथवा अप्रत्यक्ष नियम।

हम इन पर इस दृष्टि से विचार करेंगे क्योंकि ये उत्तर भारत में भक्तिधारा के नायकों अथवा नायिकाओं में से केवल एक—कबीर—से सम्बन्ध रखते हैं। भरूचा उन्हें भारत में हाल की बयानबाजियों में सबसे पहला तथा सबसे महत्त्वपूर्ण स्थान देते हैं। हम दूसरे भक्ति सन्तों, विशेषकर मीराँबाई पर भी यदाकदा टिप्पणी करेंगे।

इसलिए, अगर गहराई से देखा जाए, तो सवाल उठेगा कि ये कबीर कौन हैं जिनसे भरूचा अपेक्षा रखते हैं?

कई वर्षों से हिन्दू-मुस्लिम एकता के लिए कबीर की प्रभावकारी आवाज—वास्तव में उनकी प्रभावकारी छवि—का उपयोग करने की ख्वाहिश बनी रही है। आखिर, वे ऐसे सन्त थे जिनके पार्थिव शरीर की अन्तिम क्रिया करने को लेकर लोग आपस में लड़ पड़े थे, जबकि बताया जाता है कि उनका शव फूलों के ढेर में बदल गया था।[9] एक कथा यह है कि सन्त के प्रतीक के रूप में इस तत्त्व परिवर्तित ढेर ने ईश्वर के बारे में सच जानने के कट्टरपंथी, सम्प्रदायवादी दावों की निरर्थकता को सिद्ध कर दिया था। दूसरी कथा के मुताबिक, वास्तव में वहाँ फूलों के दो ढेर थे और आकाशवाणी (कबीर की) हो रही थी, जिसमें कहा जा रहा था कि मुसलमान एक ढेर को ले जाकर दफन कर दें और हिन्दू एक ढेर को ले जाकर दाह-संस्कार कर दें। इस तरह दोनों अनुष्ठानों को समानान्तर रूप से महत्त्वहीन बता दिया गया। दोनों को जिस सम्मान का प्रतीक बताया जाता है, उसकी तुलना में उनके मूल्य को गौण बताया गया।

कबीर के निधन के साथ जुड़ी इस दूसरी कथा की अगली कड़ी के रूप में गोरखपुर के पास मगहर में उनके प्रयाण स्थल पर एक मकबरा और एक मन्दिर बना दिया गया है।[10] जैसाकि अंग्रेजी की एक कृति का उपशीर्षक कहता है, यह उन्हें 'हिन्दू–मुस्लिम एकता के देवदूत'[11] के तौर पर स्थापित करने के लिए किया गया। 'अमर चित्रकथा' की श्रृंखला में उनके ऊपर प्रकाशित कॉमिक्स ने भी उन्हें 'ऐसे सूफी के रूप में स्थापित किया है जिन्होंने हिन्दुओं और मुसलमानों को साथ लाने की कोशिश की।' इसके अंग्रेजी संस्करण में हम पढ़ते हैं : 'इस भलेमानुस को इस बात से तकलीफ होती थी कि मजहब, जाति, और नस्ल लोगों को बाँट रही है', इसलिए उन्होंने प्रार्थना की, 'हे भगवान, मुझे लोगों के बीच नफरत फैलानेवाले इन बाड़ों को तोड़ने की ताकत दो।'[12] वास्तव में, ऐसा लगता है कि 'अमर चित्रकथा' ने इस बात पर जोर देने के लिए एक कविता भी खोज निकाली है। इसके आन्तरिक मुखपृष्ठ पर कबीर की पाँच प्रतिनिधि कविताएँ प्रकाशित की गई हैं। हिन्दी संस्करण में चार अनूदित कविताएँ छपी हैं और वे विभिन्न संस्करणों में भी हैं। लेकिन बाजी मारनेवाली पाँचवीं कविता नया जोड़–घटाव लगती है : 'हिन्दू तुरुक कहाँ तैं आए किन एह राह चलाई'।[13]

कबीर के कोश में इस तरह की पंक्तियाँ जरूर पाई जा सकती हैं, लेकिन पाठ की सर्वश्रेष्ठ परम्परा वाली इन कविताओं के बारे में गौर करनेवाली बात यह है कि कबीर शान्ति बहाल करनेवाले की भूमिका सबसे तल्ख मुद्रा में निभाते हैं; बल्कि उनकी शैली तो सीधी टक्कर लेनेवाली शैली है :

पंडिआ कवन कुमति तुम लागे
बूड़हुगे परिवार सकल सिउं राम न जपहु अभागे

काजी तै कवन कतेब बखानी
पढ़त पढ़त केते दिन बीते गति एकौ नहिं जानी[14]

हिदायतुल्लाह सरीखे लेखक इस मुद्रा की धार को कुंद करने के लिए उन उद्धरणों को प्रस्तुत करते हैं, जिनमें कबीर सुलहवाली मुद्रा अपनाते हैं, मसलन निम्न तरह का दोहा प्रस्तुत करते हैं, जो कहता है :

कबिरु पुंगरा राम अलाह का, सब गुर पीर हमारे

Kabir is a child of Rama and Allah,
and accepted all gurus and pirs.[15]

दरअसल, इस रूपांतरण में थोड़ी मुश्किल है, क्योंकि इसका स्वर कुछ दुनियावी रंग लिये है। हिदायतुल्लाह गुरुग्रन्थ साहिब के मानक संस्करण में उपलब्ध पाठ पर

काम करते हैं लेकिन पी.एन. तिवारी का आलोचनात्मक संस्करण वैकल्पिक पाठ को प्रभावी मानता है :

कबिरा पुंगरा अलाह राम का, सोइ गुर पीर हमारा[16]

यह उस कविता की भावना के ज्यादा अनुरूप है, जो ब्राह्मणों तथा काजियों और उनके चेलों की मान्यताओं व अनुष्ठानों को ध्वस्त करने में जुटी है, जिसमें कवि अपने हृदय के प्रत्यक्ष साक्ष्यों के सिवाय बाकी सबको छिलके की तरह उतार फेंकते हैं। कभी हिदायतुल्लाह इसे यह कह करके स्वीकार करते हैं कि कबीर ने 'दोनों धर्मों के ग्रन्थों की उपयोगिता को इसलिए खारिज कर दिया था कि दोनों धर्मों के तथाकथित संरक्षक—ब्राह्मण तथा मुल्ला—उनका गलत इस्तेमाल कर रहे थे और उन्हें गलत रूप में प्रस्तुत कर रहे थे।[17] लेकिन आगे वे यह भी कहते हैं कि कबीर का एक पहलू सुलहवाला भी है : 'वरना, इस बात के भी प्रमाण हैं कि कबीर धर्मग्रंथों की मूल वैधता तथा सचाई को मानते थे।'[18] मैं इस तरह के दावे के पक्ष में कोई साक्ष्य नहीं खोज सकता।

यहाँ अब तक मैं जो कह चुका हूँ—और प्रस्तावना में ज्यादा विस्तार से—उससे यह जरूर स्पष्ट हो गया होगा कि अगर कोई यह दावा करना चाहता है कि अतीत में एक बड़ी हस्ती ने कोई आग्रह या दिशा पकड़ ली थी तो मेरे खयाल से पाठात्मक आलोचना को सामने लाना जरूरी है। विखंडनवादी किस्म के हाल के चिन्तन ने उस पाठ को चुनौती दी है जिसे कबीर सरीखी हस्ती के 'इप्सिस्सिमा वैर्बा' (लातीनी शब्द जिनके अर्थ हैं—सटीक शब्द) की खोज करते बताया जा सकता है। दूसरे प्रस्थान-बिन्दुओं से चलकर भी इसी निष्कर्ष पर पहुँचा जा सकता है, जैसाकि आलोचकगण किसी पाठ के तत्त्व का निर्धारण करने में इस बात पर जोर देते हैं कि पाठक उस पाठ को किस तरह ग्रहण करते हैं। जिस कवि के शब्दों को मूलत: वाचिक रूप में याद किया जाता हो, तो उसके लिए हमारा कहना है कि इस बात का ध्यान रखना खास तौर से महत्त्वपूर्ण है।[19]

फिर भी, मेरा मानना है कि जिन बयानों को कबीर सरीखी हस्ती के द्वारा दिया गया माना जाता है, उनमें से हरेक को एक समान महत्त्व देना भूल होगी। भक्ति की बगिया में पाठ-सम्बन्धी जो उपक्रम किए गए, उनसे दो सबसे महत्त्वपूर्ण जो उपलब्धियाँ हुईं, वे ये हैं कि किसी एक कवि के जो भिन्न-भिन्न गुण-दोष निरूपण हुए, उनसे उसके अलग-अलग व्यक्तित्व सामने उभरे, और यह कि संचारण की परम्पराओं में जहाँ मौखिकता का तत्त्व मूलभूत है, वहाँ कविता की उम्र इस बात का अच्छा संकेत देती है कि उसमें शैलीगत और अवधारणागत सम्भावनाएँ क्या हो सकती हैं। दूसरे शब्दों में, समय और क्षेत्र के अनुसार कवि का व्यक्तित्व बदल जाता है। टीकाकार और प्रदर्शक जब किसी एक तरह की कविताओं पर ज्यादा जोर देते

हैं तब उनके साथ जुड़ी परम्पराएँ उसी मुताबिक विकसित होती हैं या बदल जाती हैं और बदलाव ज्यादातर तो अनजाने में हो जाता है।[20] इसका फल यह होता है कि एक ही कवि के नाम की और ज्यादा रचनाएँ सामने आती हैं और सम्बन्धित कवि का सकल व्यक्तित्व क्रमशः विकसित होता जाता है। प्रायः यह संचारण के एक समुदाय से दूसरे समुदाय में अलग तरह से विकसित होता है।

हाल के अध्ययनों के मुताबिक, कबीर के मामले में यह सब शुरू में ही हो गया। जैसाकि हम अध्याय 9 में देख चुके हैं, पांडुलिपि के स्पष्ट रूप से तीन भिन्न-भिन्न पाठ हैं। इनमें से हरेक किसी एक समुदाय या सम्बन्धित समुदायों के समूह के प्रति उनके सम्मान को दर्शाता है। पांडुलिपियों का एक पुराना सेट सिख 'गुरुग्रन्थ साहिब' से जुड़ा है, इस तरह कि कबीर की कविताएँ इसकी पूर्ववर्ती 'कर्तारपुर बीर' (1604) तथा इससे भी पहले 'गोइंदवाल पोथियाँ' (सम्भवतः 1570 वाले दशक की)[21] में मिलती हैं। दूसरा सेट राजस्थान में तैयार किया गया था, जिसमें सबसे पुराना उदाहरण फतेहपुर पांडुलिपि का है जिसका अध्ययन हम अध्याय 10 में कर चुके हैं। इसके बाद दादूपंथ द्वारा एकत्रित संकलन हैं—रज्जब तथा गोपालदास की 'सर्वांगियाँ' हैं (जिनकी रचना काफी पहले, सम्भवतः 17वीं सदी में की गई थी, लेकिन पांडुलिपियाँ क्रमशः 1714 और 1724 से उपलब्ध हैं[22]); और 'पंचवाणी' हैं जिनका पूजन-पद्धति में उपयोग होने लगा (1614, 1636, 1653, 1658 आदि)।[23] कबीर पंथ से सम्बन्धित तीसरे सबसे प्राचीन पाठ की 1805 से पहले की पांडुलिपि नहीं मिलती लेकिन महत्त्वपूर्ण विद्वानों का कहना है कि आन्तरिक प्रमाण के मुताबिक इसे 'पंचवाणी' से पहले का नहीं, तो उसके ही काल का माना जाए।[24] जैसाकि हम पिछले अध्यायों में संकेत दे चुके हैं, कुछ हद तक इनमें से हरेक पाठ हमारे सामने एक अलग कबीर को प्रस्तुत करता है।

गुरुग्रन्थ साहिब के कबीर एक 'गृहस्थ सन्त' हैं। यह विशेषण कैरीन शोमर ने अपनी कृति 'कबीर इन द गुरुग्रन्थ साहिब : ऐन एक्सप्लोरेटरी एस्से' में दिया है।[25] दादूपंथ के कबीर से ज्यादा ये कबीर सत्संग के महत्त्व, मृत्यु के करीब आने पर पाप का फल भुगतने के भय आदि पर जोर देते हैं। इसके उलट, दादूपंथी कबीर ज्यादा रहस्यमय हैं, आस्था की राह की कठिनाइयों की बात करते हैं और सत्गुरु की बात इस तरह करते हैं जिससे स्पष्ट हो जाए कि वह गुरु मानवीय सीमाओं से भी ऊपर है। संन्यास के गुणों के बारे में भी बहुत कुछ है और महिलाओं पर आक्षेप कम नहीं हैं।[26] और अब तक हम अपने दूसरे राजस्थानी कबीर के, जो फतेहपुर (देखें : अध्याय 10) में प्रकट होते हैं, 'सामान्य वैष्णववाद' के बारे में अच्छी तरह जान चुके हैं। उनकी आस्तिकतावादी, भक्तिवादी प्रवृत्तियों के बावजूद उन्हें मुद्दा-दर-मुद्दा उस कबीर के साथ शायद ही जोड़ा जा सकता है जिन्हें दादूपंथ अपनाना चाहता था, हालाँकि दोनों राजस्थान के ही थे।

जहाँ तक कबीर पंथ—जिसका मुखयालय बनारस में है लेकिन जिससे जुड़ें संगठन पूरे उत्तर-पूर्व भारत (खास कर बिहार तथा छत्तीसगढ़) तथा दूसरी जगहों में फैले हैं—वाले कबीर की बात है, यह हस्ती ऐसी है जो पश्चिम भारत, या पंजाब या राजस्थान में पाई जानेवाली भक्तिधारा में ओतप्रोत कबीर से एकदम अलग है। वह ज्यादा तल्ख और आत्मविश्वास से भरी है (विरह या विनय उसमें कम ही है), और बाकी दो कबीरों के विपरीत वह कृष्ण की उपासक नहीं है। कृष्ण का नाम 'बीजक' में एक ही बार आता है।[27] कबीर पर समकालीन विमर्शों का जो माहौल है, उसके मद्देनजर यह शायद आश्चर्य की बात नहीं है। लेकिन जैसाकि लिंडा हेस बता चुकी हैं, 'गुरुग्रन्थ साहिब' में दर्ज कबीर के 17 प्रतिशत पदों और 'पंचवाणी' में शामिल उनके 15 प्रतिशत पदों में कवि कृष्ण को सम्बोधित करते हैं या अन्य सन्दर्भों में उनका उल्लेख करते हैं। तो क्या कबीर सबसे बढ़कर एक तरह के वैष्णव हैं? (देखें : अध्याय 10)

मुश्किलें और भी हैं। 'पंचवाणी' के रमैनी खंड और बीजक के बीच काफी सहमति दिखती है। 50 प्रतिशत रमैनी दोनों में समान हैं लेकिन पदों और दोहों (या साखियों में, जैसाकि उन्हें बीजक में कहा गया है, या सलोकू, जैसाकि उन्हें 'गुरुग्रन्थ साहिब' में कहा गया है) के मामलों में यह अनुपात गिर जाता है। यहाँ पंचवाणी और बीजक के बीच पारस्परिक सम्बन्ध काफी क्षीण है, कोई 3 प्रतिशत और 9 प्रतिशत, यह इस पर निर्भर है कि आप गिनती किस तरह करते हैं।[28] कबीर को लेकर चालू निवेदनों में सम्भवत: इसी विधा को सबसे ज्यादा उद्धृत किया जाता है, इस बात के मद्देनजर इस तथ्य पर विचार करने की जरूरत है। और बुरी बात यह है कि इस विधा में कवि का नाम कविता में सबसे कम आता है।[29] यह धारणा बनती है कि यह ऐसी जगह है जहाँ नई कविताओं को पुरानी के साथ जोड़ना आसान था, और सबको एक प्रभावी नाम के अन्तर्गत रखा जा सकता था।[30] इसलिए, कबीर को उद्धृत करने जैसे सामान्य काम में तमाम तरह की चूकों की सम्भावना बनी रहती है।

सौभाग्य से, बात यहीं खत्म नहीं होती। लिंडा हेस का मानना है कि वे 'वास्तविक' कबीर (गनीमत है कि वे स्वयं यह जुमला इस्तेमाल नहीं करतीं) की खोज में आगे बढ़ने के लिए बीजक पर विशेष ध्यान दे सकती हैं, भले ही उसकी पांडुलिपियों पर बाद की तारीख पड़ी हो। वे इसका इस्तेमाल इसलिए करेंगी क्योंकि अपने सीमित फोकस में 'यह सभी तीनों संकलनों में उन सबको समेटे हुए है, जो सार्वभौमिक तथा विशिष्ट है, जो उपस्थित है, यहाँ तक कि हावी है।'[31] शार्लौट वॉदवील ने इसे कबीर की 'असाधारण चारित्रिक स्वतंत्रता'[32] कहा है। इसके अलावा, हेस का मानना है कि हम पश्चिम के कबीर में कृष्णवाद और आम तौर पर वैष्णव तत्त्व को बड़े विश्वास के साथ गौण कर सकते हैं क्योंकि यह समझना आसान है कि कबीर की कविताओं में इस पहलू को तब किस तरह शामिल कर लिया गया होगा, जब

वे अपने घर से पश्चिम की ओर पहुँची होंगी, उस घर से जिसे तमाम परम्पराएँ तथा आन्तरिक प्रमाण बनारस के तौर पर चिह्नित करते हैं। हेस बताती हैं कि कृष्ण का उल्लेख पद की पहली या अन्तिम पंक्ति में बार-बार आता है। ये पंक्तियाँ 'डिब्बाबन्दी' वाला काम करती हैं, जहाँ आपको इसकी जरूरत लगती है और कभी-कभी वे शेष कविता की भाषा तथा उसके सन्देश में अटपटे ढंग से फिट हो जाती हैं।[33] यह हमें वापस उस कवि की ओर ले जाता है जो हरि, सत्गुरु, और प्राय: राम जैसे पदों का उपयोग अन्तिम सत्य के सिद्धान्त को अचेतन रूप से चिह्नित करने के लिए करते हैं। फिर भी यह याद रखना महत्त्वपूर्ण है कि शुरू में, दो भिन्न पश्चिमी परम्पराओं में उन्हें एक तरह से कृष्णभक्त माना जाता था, चाहे वे और कुछ भी रहे हों। अध्याय 10 में फतेहपुर पांडुलिपि पर विचार करते हुए मैंने यह दिखाने की कोशिश की है कि मैं यह नहीं मानता कि कृष्ण के उल्लेख हमेशा सतही रहे हैं, भले ही ये पहली तथा अन्तिम पंक्ति में केन्द्रीकृत हों। ये उल्लेख वास्तव में चरम स्थिति के द्योतक हैं।

यह स्वाभाविक रूप से हमें सन्तचरित लेखन के क्षेत्र में पहुँचाता है, क्योंकि हम याद करते हैं कि कबीर अपने वैष्णववाद तक कैसे पहुँचे। कहा जाता है कि उन्होंने अपने महान गुरु रामानन्द से, जो रामानुज की परम्परा के थे, दीक्षा ली। कथा यह है कि कबीर ने ऐसी चाल चली कि उन्होंने जैसे ही रामानन्द का पैर छुआ, वे राम का नाम जोर से बोल बैठे और कबीर को कुल मिलाकर एक अनुष्ठानिक परिस्थिति में अपनी दीक्षा का मंत्र मिल गया। कबीर भोर के अँधेरे में बनारस में गंगा के एक घाट की सीढ़ियों पर इस तरह लेट गए थे कि गुरु वहाँ से गुजरें तो उन्हें न देख सकें। फिर इसके बाद जो हुआ, वह कहा जाए तो, एक 'इतिहास' ही है। इस महान कथा के संकेत 1712 में तब उभरे, जब प्रियादास ने नाभादास की 'भक्तमाल' पर अपनी टीका लिखी, जिसे अगली सदी में गंगा के घाटों पर बाँचा जाने लगा। 1814 की एक पांडुलिपि हमें पहला सत्यापन कराती है। जब हम प्रियादास के पीछे जाते हैं तब कबीर और रामानन्द के सम्बन्ध अस्पष्ट हो जाते हैं। नाभादास और उनके समकालीन अनन्तदास 1600 में कहते हैं कि इसका अस्तित्व था। इसके बाद यह लुप्त हो जाता है। कबीर की कविता के प्रारम्भिक पाठ में ऐसा कुछ नहीं है, जो इसकी पुष्टि करे—रामानन्द के नाम का एक बार भी उल्लेख नहीं है।[34]

इन विषयों के बेहद गम्भीर पश्चिमी अध्येता डेविड लोरेंजेन और भारत के अपने अग्रणी कबीर विशेषज्ञ पुरुषोत्तम अग्रवाल का भी मानना है कि कबीर और रामानन्द के बीच का सम्बन्ध वास्तविक था। लेकिन मेरे विचार से, खास कर दिनांकन की कुछ समस्याओं के कारण, इस सम्बन्ध की कथा एक विशेष तरह के ब्राह्मणवादी उदार धर्मशास्त्र के लिए कबीर के करिश्मे को समायोजित करने का एक साफ-सुथरा उपाय है।[35] उनके बचपन की प्रसिद्ध कथा है कि उनके हिन्दू माता-पिता ने उन्हें त्याग दिया था और मुस्लिम परिवार ने उन्हें अपना लिया था। यह कथा

भी इसी इच्छा को उजागर करती है। उच्च जाति की वैष्णव परम्परा का सामना जब एक ऐसे कवि से हुआ, जो नाम से तो मुसलमान लगता था और जिसकी कविता कभी-कभी इस बात की पुष्टि करती है कि वह सम्भवत: मुस्लिम जुलाहा था, तो उसने उस कवि के जीवन के एकदम प्रारम्भ के दिनों के बारे में से फिर से खोज की। जिस तरह उसने चमार रविदास को पूर्वजन्म में ब्राह्मण बताया, उसी तरह उसने कबीर के बचपन को एक नया (उनके विचार से) और पवित्र रंग दे दिया, जो बाद में उनकी प्रसिद्धि को उनकी दृष्टि से उचित ठहरा सके।

यह देखना आश्चर्यजनक है कि ये कथाएँ कितनी सशक्त हैं कि उन्हें बार-बार कहा-सुना जाता है, बशर्ते यह याद न किया जाए कि दुनियाभर में धार्मिक परम्पराओं के अन्तर्गत आख्यानात्मक शैली में उतनी ताकत तो है ही जितनी शिक्षाप्रद शैली में होती है (देखें : अध्याय 2)। ये कथाएँ आलोचनात्मक विश्लेषण से उल्लेखनीय तौर पर अछूती रही हैं,[36] क्योंकि उन्हें अलग करने का खतरा यह है कि उनके विकल्प के रूप में कुछ भी नहीं है। हम कथाओं के बिना नहीं रह सकते। इसलिए, हजारीप्रसाद द्विवेदी सरीखे आधुनिक आलोचक रामानन्द के साथ कबीर के सम्बन्ध का उपयोग वैष्णव कबीर को उनके कबीरपंथी, योगी प्रतिरूप में आरोपित करने के लिए करते हैं। द्विवेदी रामानन्द से पहले के और बाद के कबीर की कल्पना रखते हैं, जब कबीर ने रामानन्द से वैष्णव-भक्ति का पाठ पढ़ा।[37]

मुहम्मद हिदायतुल्लाह इससे एक कदम आगे बढ़ते हैं, शायद किसी अलग उद्देश्य के लिए। वे कहते हैं कि रामानन्द दक्षिण से जिस तरह की भक्ति लेकर बनारस पहुँचे, वह अरब सागर के तटवर्ती क्षेत्र में सूफी प्रभावों के पहले असर के चलते इस्लाम से इतनी परिचित थी कि रामानन्दी धारा के वैष्णव होने का अर्थ दरअसल एक तरह का मुसलमान होना था। फिर, हिदायतुल्लाह पुरानी कथा में यह जोड़ते हैं कि कबीर किस तरह शेख तकी के भी शागिर्द थे और वे कबीर को हिन्दू धर्म तथा इस्लाम के दो महान सम्मिश्रण का सूत्रधार बताते हैं। पहला, उस सम्मिश्रण को स्वीकार करना था जिसकी पैरोकारी रामानन्द कर रहे थे, और फिर इसे शेख तकी के साथ जुड़ कर और मजबूती देना था।[38]

धर्म का तुलनात्मक अध्ययन स्पष्ट रूप से सिखाता है कि भारत ही नहीं बल्कि पूरी दुनिया में संश्लेषण सन्तचरितों का चरित्र रहा है। प्रकरण एक सन्त के जीवन से दूसरे सन्त के जीवन के साथ जुड़ते रहे हैं या एक ही प्रकरण को दो सन्तों के जीवन में आसानी से स्वीकार कर लिया जाता रहा है। इस तरह कि वास्तव में किसी सन्तचरित की शक्ति को आम तौर पर दूसरे सन्तों के जीवन के सदर्भ में देखकर आँका जा सकता है। लेकिन इससे यह निष्कर्ष न निकाला जाए कि सन्तचरित इतिहास के दस्तावेज के तौर पर एकदम अविश्वसनीय हैं। हमें यह जरूर देखना होगा कि उनसे उनके लेखकों की क्या मंशा उजागर होती है। भक्तिकालीन सन्तों

के काव्य संकलनों की तरह वे भी समय और स्थान के मुताबिक विकसित होते हैं और हरेक सन्तचरित उसे स्वरूप प्रदान करनेवाले समुदाय के बारे में हमें कुछ-न-कुछ बताता है। फिर भी हमें उनकी इस प्रवृत्ति का अहसास होना चाहिए कि वे स्वयं सन्तों के बोलों या लहजों के कारण पैदा हुए खुरदरेपन को ठीक करते हैं। हमें इस सम्भावना का भी ध्यान रखना होगा कि सन्तचरितों में दर्ज आख्यान सम्बन्धित सन्त के नाम की कविताएँ भी बड़ी संख्या में पैदा कर सके हैं, जैसाकि मीराँबाई के मामले में हो चुका है। उनके द्वारा रचित बताई गई अधिकांश कविताएँ आत्मकथात्मक लगती हैं जबकि वास्तव में वे सन्तचरितात्मक हैं।

उदाहरण के लिए, इस बात पर गौर करें कि मीराँबाई के पूरे कोश में से हमारे पास केवल दो ऐसी कविताएँ हैं जिन पर उस 16वीं सदी की तारीख अपरिहार्य रूप से डाली जा सकती है, जिस सदी की वे खुद थीं (देखें : अध्याय 4)।[39] और उनके जीवन को भी इतिहास का उतना मजबूत आधार नहीं दिया जा सकता, जितना कबीर के जीवन को दिया जा सकता है। यद्यपि फिल्मों ने खास तौर से एकीकृत 'सम्पूर्ण आख्यान' रचने जैसा काम किया है, प्रारम्भिक फिल्में कभी-कभी इससे एकदम अलग हटकर हैं या एक-दूसरे से भिन्न हैं। किंवदंती बन चुके इस जीवन को किसी भी स्तर पर इतिहास के रूप में देखा जाए, तो यह जाँच पर खरा नहीं उतरेगा। किंवदंती और इतिहास को एक-दूसरे से अलग रखकर बरतने में जो कठिनाइयाँ हैं, उनके बारे में पूरी सावधानी दर्शाने के अलावा कुमकुम संगारी ने इस बात की समझ भी दिखाई है कि 'एक मौखिक कोश को किसी एक रचनाकार तक सीमित नहीं किया जा सकता'। इन सबके बावजूद वे अन्ततः इस तरह आगे बढ़ती हैं कि एक वास्तविक, सचमुच ज्ञेय मीराँ का अस्तित्व था। पाठक एक ऐसे व्यक्ति की छवि मन में बना लेता है, जो मेवाड़ के वास्तविक इतिहास के एक काल में था (बावजूद इसके कि मेवाड़ राजवंश के किसी दस्तावेज में मीराँ का कोई उल्लेख नहीं मिलता) और वह ऐसी कविताएँ रच रहा था जो उस काल विशेष से सम्बन्ध रखती थीं।[40]

फिर भी, मीराँ के बारे में हमारे पास उपलब्ध साक्ष्य की जो स्थिति है, उसके कारण हमें यह निष्कर्ष निकालना पड़ेगा कि ये संस्मरण चाहे पूर्वग्रहग्रस्त क्यों न हों, उन्हें एक तरह के नये 'मेटा' सन्तचरित लेखन के रूप में लेना पड़ेगा। हम मीराँ के बारे मे जब भी बात करें, इस तरह बात करें कि जिससे स्पष्ट हो कि हम इस या उस 'मीराँ परम्परा' के लिए शॉर्टहैंड का उपयोग कर रहे हैं। हमारे सूत्र इससे ज्यादा की अनुमति नहीं देते। इस मामले में पारिता मुक्ता के समाज-वैज्ञानिक अध्ययन की बड़ी विशेषता का जिक्र किया जा सकता है, जिसमें वर्तमान सौराष्ट्र तथा पश्चिमी राजस्थान की निचली जातियों द्वारा मीराँ के प्रस्तुतीकरण और उनकी पूजा की परम्परा का अध्ययन किया गया है। यह दर्शाता है कि उनकी मीराँ उस मीराँ से किस तरह अलग है, जिसे परशुराम चतुर्वेदी के बहुचर्चित संस्करण में प्रस्तुत किया गया है।[41]

एक स्तर पर इस बात में सन्देह नहीं किया जा सकता कि मीराँ भारतीय राष्ट्रीय पौराणिकता में समन्वयकारी शक्ति हैं। वे देशभर में जानी जाती हैं। लेकिन सतह को जरा-सा खुरचिए तो व्याख्या की भिन्न-भिन्न धाराओं ने वास्तव में उन्हें वह बना दिया है, जो वे 'हैं'—वे एक मीराँ नहीं हैं।[42] मीराँ के मामले में हम वही देखते हैं जो भक्ति-धारा के सभी सन्तों के लिए सच है। चूँकि हमारे पास उनमें से किसी की हस्ताक्षरित पांडुलिपि नहीं है, इसलिए हम उन्हें उन्हीं के मार्फत जानते हैं जो उनसे प्यार करते रहे हैं (या प्राय: उनकी निन्दा करते रहे हैं)। अन्तत:, भाष्यशास्त्र का चक्र टूटता नहीं दिखता।

कम-से-कम साहित्यिक दृष्टि से वह वैसा ही है, जैसा होना चाहिए, और यह वह बिन्दु है जहाँ पर सन्तचरित और इतिहास सम्बन्धी अध्ययन-अनुष्ठानों तथा प्रस्तुतियों के अध्ययन में समाहित हो जाते हैं। फिलिप लुत्जेनडॉर्फ ने इस तथ्य की ओर ध्यान खींचा है कि 'रामचरितमानस' की आन्तरिक संरचना 'कथा' वाली है। तुलसीदास ने मानस की रचना केवल इस चलताऊ विचार से नहीं की कि उसे किस तरह मंचित किया जाएगा।[43] इसी तरह, केनिथ ब्रायंट ने इस बिन्दु पर जोर दिया है कि 'सूरसागर' की कई कविताएँ इसलिए महान हैं कि वे जिन पाठकों की उम्मीद रखती हैं, उनकी अपेक्षाओं को मोड़ने-बदलने में सफल हैं।[44] लिंडा हेस ने कबीर का जो आलंकारिक विश्लेषण किया है, वह आत्मीयतापूर्ण उपक्रम है।[45] और डेविड लोरेंजेन दिखाते हैं कि क्षेत्र, सामाजिक सन्दर्भ और सम्बन्धित काल के हिसाब से कबीर की कितनी तरह से व्याख्या की गई है और उनका किस-किस तरह 'उपयोग' किया गया है।[46]

गहराई से देखने पर कबीर एक ऐसे सन्त-कवि नजर आते हैं जिनका प्रभाव उनकी अपनी भाषा की शक्ति से ज्यादा एक अच्छे सम्बोधन पर निर्भर करता है। उनमें हमें उन समुदायों का प्रभुत्व दिखता है जिन्होंने उन शब्दों को ग्रहण किया और अर्थ प्रदान किया। विल्फ्रेड कैंटवेल स्मिथ ने सशक्त तर्क दिया है कि जब कुछ शब्द पवित्र बन जाते हैं तब यही होता है।[47] पिछले 500 वर्षों से जिन तीन पंथों ने कबीर के शब्दों को संरक्षित—और निस्सन्देह परिवर्तित, समृद्ध तथा सम्पादित—किया है, उनके लिए 'कबीर' तो स्पष्टत: एक पवित्र ग्रन्थ है। रुस्तम भरूचा और अन्य लोगों में कबीर को सम्बोधित करने की जो इच्छा है—दलित लेखक धर्मवीर ने 'कबीर के आलोचकों' पर जो तंज कसा है, वह इसका ताजा उदाहरण है[48]—यह दर्शाता है कि उनका भी एक प्रभुत्व है, जो इन पंथों से आगे तक फैला है और शायद हमेशा रहा है। इसी तरह, भरूचा ने कबीर को उनके अपने काल तथा स्वभाव के लोगों के सन्दर्भ में रखने की जो कोशिश की है, वह एक अन्तर्निहित मतवाद को उजागर करती है। औरों की तरह यह भी एक निर्मित मतवाद है। उत्तर भारत के भक्तिकालीन सन्त-कवियों की कृतियों से कोई एक सीख ली जा सकती है, तो वह शायद यही है।[49]

उत्तर भारतीय भक्ति-धारा इस अपेक्षा को शायद हमेशा पूरा नहीं कर सकती कि वह लोकतांत्रिक मूल्यों को मजबूत करने और विभिन्न धार्मिक परम्पराओं की वैधता के प्रति सम्मान को बढ़ाने के लिए ताकत जुटाए। इसमें शक नहीं है कि लड़ाई के इस मैदान में कबीर को एक भरोसेमन्द योद्धा के तौर पर नहीं उतारा जा सकता, सत्य को सम्मान देने का उनका तरीका यह था कि उसके इर्द-गिर्द के झूठ को नीचा दिखाओ। उन्होंने हिदुओं तथा मुसलमानों, दोनों की प्रिय मान्यताओं तथा व्यवहारों का बार-बार उपहास किया। इसका जो अच्छा पहलू है—उन्होंने हिन्दुओं तथा तुर्कों को एक ही लाठी से हाँका—वह शायद अवधारणात्मक नहीं है, बल्कि शब्दाडम्बर या साहित्यिक अनिवार्यताओं द्वारा प्रेरित होगा। किसी पद या दोहे में जो समानान्तर तुलनाएँ प्रस्तुत की गई हैं, वे दोनों विधाओं में सुनने में तब अच्छी लगती हैं जब हरेक पद को मध्य के करीब विराम देकर विभाजित किया जाता है—हिन्दू एक तरफ हो जाते हैं, तुर्क दूसरी तरफ। कई पदों के अन्त में जब कवि स्वयं अपनी आवाज के साथ उपस्थित होता है तो वह विराम को खत्म करके इन दोनों साहित्यिक खेमों पर अपनी नाटकीय जीत दर्ज करता है। यह सुलह सीमित अर्थ में ही है। तात्त्विक तथा शैलीगत, दोनों पहलुओं से यह सहिष्णुता नहीं है बल्कि निर्मम निष्पक्षता के साथ की गई आलोचना है, जिसका उद्देश्य असहिष्णुता में साजिशपूर्ण साथ देनेवाले हम पाठकों को खुश करना है ताकि हम अपने दायरों और सीमाओं से पार पाने में सक्षम हों।

या कभी-कभी यह हमें रुलाने के लिए है। आनन्द पटवर्धन ने अपने वृत्तचित्र 'राम के नाम' के अन्त में जब कबीर के निम्नलिखित पद को उद्धृत किया तो यह उच्च कोटि की बुद्धिमत्ता का ही परिचय देना था :

सन्तो देखत जग बौराना
हिन्दू कहे मोहि राम पियारा, तुर्क कहै रहिमाना।

1992 के अयोध्या 'कांड' के बाद इन शब्दों को धर्म को लेकर उस हस्ती के विलाप के रूप में सुना जा सकता है, जिन्हें पटवर्धन ने 'कामगारों का सन्त-कवि' कहा है। इसका गूढ़ अर्थ यह लगता है कि वर्ग चेतना को धर्म के ऊपर रखा जाना चाहिए। और यह कविता कबीर के काव्यकोश की कई कविताओं के विपरीत कोई सीमा नहीं तय करती, यह किसी देवता को सम्बोधित नहीं है। इसलिए, पटवर्धन ने कबीर का कुशल उपयोग किया है क्योंकि उन्होंने ऐसी कविता चुनी है, जिसकी पृष्ठभूमि अच्छी है और एजेंडा स्पष्ट है। यह कबीर की 'आसान' कविताओं में से है, जिनमें उदार सहिष्णुता सतह पर तैर रही है और यह कबीर-परम्परा की अधिक ताजा परत से आ रही है।

फिर भी, दोनों मामलों में अगर हम विविधता तथा धार्मिक बहुलता के लिए कबीर से सम्मान के भाव हासिल करने की कोशिश करते हैं तो एक दुविधा पेश

आती है। अगर इन्हें 'लोकतांत्रिक मूल्यों' के प्रति सम्मान के साथ हासिल करना है तो हमें इन्हें दूसरे स्तर पर खोजना होगा। इन्हें खुद कवि में नहीं देखना होगा, चाहे वह कोई भी था, बल्कि उन विभिन्न पंथों में देखना होगा जिन्होंने उसे पूजा और याद रखा। और भक्तिकाल के उसके सभी समकालीनों के बारे में भी हम कुल मिलाकर यही कह सकते हैं। इन कवियों का बेशक़ अपने जीवनकाल में और निश्चित तौर पर बाद की पीढ़ियों में भी अपने पाठकों-श्रोताओं के अलावा कलाकारों तथा उनके दर्शकों-श्रोताओं के साथ गहरा सम्बन्ध ही भक्ति का वास्तविक लोकतंत्र है। कबीर को अपनानेवाले पंथों के बारे में गौर करनेवाली बात उनकी समरसता या क्षेत्रहीनता या वर्गहीनता नहीं है बल्कि विभिन्नता है; कभी-कभी उनमें एक-दूसरे के साथ टकराव हुआ है। कबीर की तरह के बेहद मजबूत परिभाषा वाले व्यक्तित्व को सैद्धान्तिक तथा सामाजिक, दोनों तरह से सैकड़ों तरह से व्याख्यायित किया जा सकता है, इस तथ्य को स्वीकार करना इस बात का पता लगाना है कि इतने प्रभाव का स्रोत वास्तव में कहाँ है—संवाद में या विवाद में। कबीर को लेकर किए गए साहित्यिक/पाठात्मक, सन्तचरितात्मक, सामाजिक/ऐतिहासिक अध्ययन बताते हैं कि वे जीवंत तथा गूढ़ हैं, क्योंकि उनका अस्तित्व उन्हीं के सन्दर्भ में है जो उन्हें याद करते हैं, चाहे जैसे भी करते हों।

मुझे यकीन है कि मुझे कबीर में भारी मनोरंजन तथा घोर गम्भीरता के विचित्र मेल के सिवाय ऐसा कुछ नजर नहीं आता है कि उस संवाद के लिए दिशा-निर्देश सुझा सकूँ। लेकिन उनका निर्भयतापूर्ण व्यापक दायरा यह जरूर संकेत देता है कि इस खेल में हर कोई शामिल है। कबीर को जिस तरह पूजा गया है, वह यही दर्शाता है कि तमाम तरह के लोगों को यह खेल अपना लगा है, और यही कबीर की महानता है। और चीजों के अलावा, यह उनके संवाद की विविधता की महानता है—और यह स्मृति में कितने गहरे धँसी है, यह हम उतना ही देख पाएँगे जितना विद्वानों द्वारा किए गए अध्ययन हमें देखने की अनुमति देंगे।

निष्कर्ष

यह एक सचाई है कि पूरे भारत में हुए भक्ति आन्दोलन ने एक ऐसा अन्तर्क्षेत्रीय नेटवर्क बनाया है, जो राष्ट्रीय एकता तथा संघर्ष निवारण के लक्ष्य के लिए उपयोगी रहा है और आगे भी रह सकता है। यह ऊपर से नीचे और क्षैतिज रूप से भी फैला है। भक्ति के कई प्रतीक एक भाषायी क्षेत्र से दूसरे में 'वर्चस्ववादी' संस्कृत की मध्यस्थता के बिना आवाजाही करते रहे हैं। भक्ति के बहुजातीय संगठन (भक्तों के सुपरिचित क्षेत्रीय 'परिवार' और उनसे जुड़े परस्पर विरोधी पंथ) और जाति से जुड़ी विषमताओं की आलोचना करनेवाली इसकी स्पष्ट सामग्री में काफी कुछ निहित है। उदाहरण के लिए,

इन दो कल्पनाशील कविताओं पर विचार करें जिनमें एक मीराँ की बताई जाती है, तो दूसरी (कम-से-कम 1604 से) रविदास[50] की बताई जाती है :

चालाँ अगम वा देस, काल देख्याँ डराँ
भराँ प्रेम रा होज, हंस केल्याँ कराँ
सावा संत रो संग, ग्याण जुगताँ कराँ
घराँ साँवरो ध्यान चित्त उजलो कराँ
सील घूँघरा वाँध तोस निरताँ कराँ
साजाँ सोल सिंगार, सोणारो राखडाँ
साँवलिया सू प्रीत, मीराँ सूँ आखडाँ।

बेगम पुरा सहर को नाउ   दुखु अंदोहु नही तिहि ठाउ
नां तसवीस खिराजु न मालु   खउफु न खता न तरसु जवालु
अब मोहि खूब बतन गह पाई   ऊहां खैरि सदा मेरे भाई
काइमु दाईमु सदा पातिसाही   दोम न सेम एक सो आही
आबादानु सदा मसहूर   ऊहां गनी बसहि मामूर
तिउ तिउ सैल करहि जिउ भावै   महरम महल न को अटकावै
कहि रविदास खलास चमारा   जो हम सहरी सु मीतु हमारा[51]

ये दोनों कविताएँ ईश्वर के सामने एक प्रसन्न सामाजिक लोकतंत्रीकरण की कल्पना करती हैं। बेगम पुरा सहर वाली कविता को, जिसमें 'दुखु अंदोहु नही तिहि ठाउ' का वर्णन किया गया है, 'बेगम' का अर्थ 'बिना गम के' भी लिया जा सकता है—बरसों-बरस के उस दर्द का अहसास किए बिना पढ़ पाना मुश्किल है, जिसे इस दुनिया के शहरों में एक चमार कवि ने झेला होगा। क्या इस बात से राष्ट्रीय एकता को बल मिलता है कि दूसरी कविताओं में वे अपनी कमतर सामाजिक हैसियत को स्वीकार करते हैं और उसे सौम्यता का माध्यम मानते हुए उस पर गर्व भी करते दिखते हैं? ब्राह्मणों और वैश्यों के लिए तो इसका जवाब 'हाँ' में हो सकता है लेकिन दलितों का जवाब 'ना' में होगा। इस तरह के मिले-जुले जवाबों में ही शायद भक्ति को लोकतंत्रीकरण, सामाजिक सुधार और सार्थक एकता का साधन बनाने की उम्मीद निहित है।

बनारस में सन्त रैदास मन्दिर जगजीवन राम ने इस तरह बनवाया है कि चारों कोनों पर चार मीनारें चार बड़ी धार्मिक परम्पराओं का प्रतिनिधित्व करती हैं, और ये पाँचवीं यानी केन्द्रीय मीनार के लिए लोकपाल के तौर पर प्रभावी रूप से काम करती हैं। केन्द्रीय मीनार सार्वभौमिक 'जनता के धर्म' का प्रतिनिधित्व करती है, जिसे रैदास ने कथित रूप से आगे बढ़ाया था। आप कह सकते हैं—बहुत अच्छा! खास

कर तब, जब आप जगजीवन राम की कांग्रेस पार्टी के समर्थक हों। माना जाता है कि कांग्रेस इस विचार का प्रतिनिधित्व करती है। लेकिन जरा देखिए कि रामानन्द सागर अपने धारावाहिक 'रामायण' में जब नेक इरादे से समरसता को प्रस्तुत करना चाहते हैं तब कई लोगों के मुताबिक इसका क्या हश्र होता है। इस धारावाहिक की हर कड़ी के शुरू में उर्दू सहित जो विभिन्न भाषाएँ परदे पर आती थीं, वे आसानी से अयोध्या में राम मन्दिर की ईंटों में परिणत हो गईं, जिन्हें भारत तथा विदेश के विभिन्न हिस्सों से वहाँ लाया जा रहा है। यह एक तरह की राष्ट्रीय एकता है, जो कुछ को परे करके कुछ को एक करती है। बहिष्कार—और इसलिए, विनाश—इसकी प्रतीकात्मकता की जड़ में है।

भक्ति में बहुलता-विरोधी सम्भावनाएँ भी हैं। राम को लेकर कबीर की जो उदार, गैर-साम्प्रदायिक भावना है उसके, और इस राम के नाम को विश्व हिन्दू परिषद ने जो स्वरूप प्रदान किया है, उसके बीच जो दूरी है, उससे ज्यादा इसका स्पष्ट प्रतीक और कुछ नहीं हो सकता। जो लोग भक्ति के इतिहास तथा उसकी सम्भावनाओं का खयाल रखते हैं, उनके लिए यह दृश्य हिला देनेवाला है कि विहिप के मित्र तथा शत्रु—दोनों ही उसके अयोध्या एजेंडा के सैनिकों को रामभक्त कहने लगे हैं।। इस पद को एक भाव के तहत 'हाँ' कहना होगा—कारसेवक खुद को इसी तरह प्रस्तुत करते हैं—लेकिन कई मामलों में इसे 'ना' कहना होगा।

इसलिए मामले को रोमानी न बनाया जाए। वृंदावन में रासलीलाओं के दौरान बेशक ऐसे मौके आते हैं जब भक्ति के कारण जाति और वर्ग के वे भेद मिट जाते हैं, जो दूसरे सन्दर्भों में माने जाते हैं। लेकिन क्रिस्टोफर फुलर ने विभिन्न भक्ति-परम्पराओं का जो सार-संक्षेप उनके अपने-अपने सामाजिक सन्दर्भों में प्रस्तुत किया है, उनके मुताबिक यह तर्क देना उतना ही आसान है कि भक्ति ने श्रेणीक्रम की यथास्थिति को बनाए रखा है, जितना यह कहना कि उसने इस पर बुनियादी सवाल उठाया है। जैसाकि मिल्टन सिंगर ने चेन्नै में राधा-कृष्ण के भजनों के प्रस्तुतीकरण में इसे सामाजिक समरसता या समाधान के साधन के तौर पर तो देखा है लेकिन सामाजिक श्रेणीक्रम किसी-न-किसी तरह मजबूत ही होता रहा।[52] फिर भी, चूँकि यह आम तौर पर माना जाता है कि भक्ति काव्य और कभी-कभी भक्ति सामाजिकी यथास्थिति तथा धर्म के बरअक्स एक दूरी-सा दिखाती है इसलिए सामाजिक आलोचना की, और उपेक्षित अथवा चुप कराए गए लोगों पर ध्यान देने की वजहें किसी-न-किसी रूप में हमेशा विद्यमान हैं।

डेविड पोकॉक ने गुजरात प्रवास के अपने अनुभवों के बारे में बताया है कि 'मैंने किसी को यह सुझाव देते नहीं सुना कि भजनों में रीति-रिवाजों तथा जाति-प्रथा से ऊपर उठने का जो सन्देश निहित है, उसे अमल में लाया जाए।'[53] लेकिन उसी क्षेत्र में पारिता मुक्ता का अनुभव काफी अलग है। वैसे, पोकॉक के हिसाब

से भी महत्त्वपूर्ण बात यह है कि भक्ति किसी बुनियादी अर्थ में हमेशा लोकतंत्र की बात भले न करे मगर वह फिर भी लोकतंत्र है।[54] इसमें शक नहीं है कि ऐसी स्थितियाँ भी रही हैं कि भक्ति को दैनंदिन जीवन की फजीहतों से सावधानीपूर्वक बचाया गया और उसे कुछ भव्य, चमकदार मंडप के रूप में प्रस्तुत किया गया।[55] यह मंडप मन्दिर या धर्मशास्त्र (शायद उस कवि—कबीर—के शब्दों की संस्कृत में साहित्यिक टीका के साथ, जिसने उस भाषा की निन्दा की है) का रूप ले सकती है या यह आधुनिक समाजविज्ञान का रूप ले सकती है जिसे प्रगतिशील एजेंडा को आगे बढ़ाने के काम में लगाया गया है। लेकिन लोकतंत्र तथा राष्ट्रीय एकता के संसाधन के तौर पर भक्ति को देखें तो बड़ी बात यह है कि यह हवाई मंडपों का रूप लेने से हमेशा बचती रही है। यह लोक-साहित्य है, लोक-धर्म है, और इसके रूप सामाजिक सन्दर्भों के मुताबिक बदलते रहे हैं, और इसमें हमेशा नयापन शामिल होता रहा है। यहाँ हम दुनिया के प्रति सच्चे लोगों की प्रतिक्रियाएँ पाते हैं, सच्चे लोगों की कल्पनाएँ तथा उम्मीदें पाते हैं—और ये सब कई-कई आवाजों में। इसलिए, भक्ति राष्ट्रीय एकता का उसी तरह एक साधन है, जिस तरह धर्म दर्शन से भिन्न है। यह शब्दों के साथ-साथ व्यावहारिकता भी है, बहुआयामी अनुभवों का संकुल है। और शब्दों तथा व्यवहारों का रूप सबसे जटिल व रहस्यपूर्ण से लेकर सबसे अपरिष्कृत, और सबसे व्यावहारिक तक हो सकता है।

ऐसी चीजों को यथासम्भव किसी आस्थागत प्रतिबद्धता के पूर्वग्रह से मुक्त होकर सभी कोणों से भक्ति के तौर पर देखने की आदत बनाते हुए धर्म के आधुनिक अकादमिक अध्ययन में धर्म को उसके तमाम सन्दर्भों के परिप्रेक्ष्य में स्पष्ट करने की कोशिश की जाती है। अपने सर्वोत्तम रूप में यह इसे रोमानी नहीं बनाता। लेकिन यह उसके आकर्षण—और कभी-कभी खौफ—के धार्मिक पहलू को छोड़ता भी नहीं है, जो मानव जाति की स्मृति जहाँ तक जाती है वहाँ से लोगों को अपनी ओर खींचता रहा है। जैसाकि रुस्तम भरूचा कहते हैं, धर्म को उस केन्द्रीय तत्त्व से 'विलग' करने की कोशिशें हुई हैं और ये कोशिशें उतनी ही खतरनाक तथा झूठी (और उतनी ही विकृत 'धार्मिकता') साबित हुई हैं जितने खुद धर्म के अतिवादी रूप साबित हुए हैं।[56] इन तथ्यों पर नजर डालकर और अच्छे के साथ बुरे को भी—ऐसा नहीं है कि हम हमेशा जान पाते हों कि अच्छा क्या है और बुरा क्या—रखकर ही हम उस दुनिया में वास्तविक प्रगति कर सकते हैं जहाँ से धर्म का लोप होने की सम्भावना नहीं लगती है।

धर्म के धर्मनिरपेक्ष अध्ययन का सांस्थानिकीकरण क्या हमारी सहायता कर सकता है?

बीज की बात

अध्याय 1 : यह निबन्ध मूलत: 'ऑथर एंड ऑथरिटी इन द भक्ति पोएट्री ऑफ नॉर्थ इंडिया' शीर्षक से 'द जरनल ऑफ एशियन स्टडीज' 47:2 (1988) में पृष्ठ 269-290 पर प्रकाशित हुआ था। इसके लिए मैं डेविड शुलमैन को धन्यवाद देता हूँ कि उन्होंने 1983 में दक्षिण एशिया पर विस्कॉन्सिन में हुए सम्मेलन में लेखकीय अधिकार की अवधारणाओं पर एक गोष्ठी आयोजित करके इस विषय की ओर मेरा ध्यान आकर्षित किया। मैं नॉर्मन कटलर, फिलिप लुत्गेंडॉर्फ, और फ्रांसेस प्रिट्शेट का आभारी हूँ कि उन्होंने विभिन्न मसौदों की ज्ञानवर्द्धक आलोचना की।

अध्याय 2 : सबसे पहली बार यह निबन्ध जे.एस. हौली द्वारा सम्पादित पुस्तक 'सेंट्स एंड वर्चूज' (बर्कली: यूनिवर्सिटी ऑफ कैलिफोर्निया प्रेस, 1987) में पृष्ठ 52-72 पर प्रकाशित हुआ था। इसका मूल शीर्षक था—'मॉरैलिटी बियोंड मॉरैलिटी इन थ्री हिन्दू सेंट्स'। 'सेंट्स एंड वर्चूज' में सन्तत्व और अनुकरणीय नैतिकता के बीच के सम्बन्धों की तुलनात्मक विवेचना की गई है, जिनकी कल्पना विभिन्न धार्मिक परम्पराओं के तहत की गई है। यद्यपि 'सेंट' शब्द का अंग्रेजी में मुख्यत: प्रयोग करनेवाला रोमन कैथलिक चर्च कहता है कि 'सेंट' की उपाधि उसी को दी जा सकती है जो गुणों का स्रोत हो। 'सेंट्स एंड वर्चूज' में शामिल कई लेख सन्त वाले करिश्मे और अनुकरणीय नैतिकता के बीच हुई चूक का जायजा लेते हैं। ये चूकें भक्ति तथा धर्म के बीच के तनाव को प्रतिध्वनित करती हैं, लेकिन ऐसा नहीं है कि यह उत्तर भारतीय कवि-सन्तों की जीवनकथाओं में महिमामंडित की जानेवाली भक्ति को कम अनुकरणीय बताती हैं।

अध्याय 3 : इस लेख का सबसे पहले प्रकाशन डेविड लोरेंजेन द्वारा सम्पादित 'भक्ति रेलिजन इन नॉर्थ इंडिया: कम्यूनिटी आइडेंटिटी एंड पॉलिटिकल एक्शन' (अल्बानी : स्टेट यूनिवर्सिटी ऑफ न्यूयॉर्क प्रेस, 1994) में पृष्ठ 160-180 पर 'द निर्गुण/सगुण डिस्टिंक्शन इन अर्ली मैनुस्क्रिप्ट एंथोलॉजीज ऑफ हिन्दी डिवोशन' शीर्षक से हुआ था। यह डेविड लोरेंजेन की इस मान्यता पर आधारित था कि निर्गुण भक्ति मुख्यत: एक ऐसी स्वतंत्र परम्परा के रूप में काम करती है, जो सगुण भक्ति के विपरीत है। इस तथा इससे जुड़े विषयों पर 1991 में कोलेजियो डि मेक्सिको में

लोरेंजेन तथा उनका सहकर्मियों ने जो अन्तरराष्ट्रीय सम्मेलन किया था और उसमें जो विचार-विमर्श हुआ था, उसका मैं आभारी हूँ। मैं टाइलर वाकर विलियम्स की एम.फिल. थिसिस 'भक्ति काव्य में निर्गुण-सगुण विभाजन का ऐतिहासिक अध्ययन' का विशेष तौर पर जिक्र करना चाहूँगा, जिसे 2007 में दिल्ली के जवाहरलाल नेहरू विश्वविद्यालय में प्रस्तुत किया गया था। इसमें विलियम्स ने ऐसी कई कृतियों का सर्वे तथा विश्लेषण किया है, जिन पर मैंने इस अध्याय में विचार नहीं किया है। मैंने यहाँ जो प्रश्न उठाया है, उसके महत्त्व को वे स्वीकार करते हैं लेकिन मेरे निष्कर्षों में उपयुक्त सुधार करते हैं।

अध्याय 4 : इस निबन्ध का सबसे पहले प्रकाशन दिल्ली के ऑक्सफोर्ड यूनिवर्सिटी प्रेस ने इस पुस्तक के अंग्रेजी संस्करण में किया था। इस निबन्ध का बीजरूप अक्टूबर, 2002 में लॉस एंजिलिस काउंटी कला संग्रहालय में मीराँबाई पर हुए एक अन्तरराष्ट्रीय सम्मेलन में पढ़ा गया था। मैं सम्मेलन की मुख्य आयोजिका नैन्सी एम. मार्टिन का आभारी हूँ कि उन्होंने मुझे इसके लिए निमंत्रित किया। मैं इसमें भाग लेनेवालों के प्रति आभारी हूँ कि उन्होंने गम्भीर चर्चा की। कई लोगों के साथ बातचीत और पत्राचार ने इस अध्याय को लिखने में मेरी काफी मदद की। मैं इन लोगों के प्रति अपना आभार प्रकट करता हूँ—'प्रेम अम्बोध' उपलब्ध कराने के लिए एन. मर्फी, जसविन्दर गर्ग तथा गुरिंदर सिंह मान का; यहाँ जिस चौथी कविता का विश्लेषण किया गया है उस पर विचार तथा उसकी उपयुक्त व्याख्या के लिए सुषम बेदी का; मीराँ की कर्तारपुर कविता के देवनागरी पाठ के लिए गुरिंदर सिंह मान का; डाकोर पांडुलिपि के सूक्ष्म अध्ययन के लिए पॉल एर्नी का; इस क्षेत्र का परिचय कराने और यहाँ तीन जोधपुरी कविताओं की फोटो उपलब्ध कराने के लिए नैन्सी मार्टिन का; गुजरात विद्यासभा से सम्पर्क कराने के लिए नीलिमा शुक्ल-भट्ट का; और विद्यासभा में विभूति शेलट तथा उनके सहयोगियों का। लॉस एंजिलिस में मीराँबाई पर हुए सम्मेलन में हाइदी पाउवेल्स की प्रस्तुति ने काफी प्रेरित किया। अन्तिम परन्तु बेहद महत्त्वपूर्ण यह कि मैं फ्रांसेस टैफ्ट के प्रति गहरा आभार प्रकट करता हूँ सिर्फ इसलिए नहीं कि यहाँ जिन समस्याओं पर विचार किया गया है, उन्हें उन्होंने मौलिक रूप से प्रस्तुत किया बल्कि इसलिए कि वे निजी मुलाकात करने आईं और कई बार ई-मेल के जरिये उन्होंने ऐसे सुझाव दिए कि मैं गलतियाँ करने से बचा, अपने विचारों में सुधार ला सका। उन सुझावों ने राजस्थान के इतिहास के नये क्षितिज मेरे सामने खोल दिये।

अध्याय 5 : 'कृष्ण एंड द जेंडर ऑफ लॉन्गिग' निबन्ध सबसे पहले अप्रैल, 1998 में चैपमैन यूनिवर्सिटी में नैन्सी मार्टिन तथा जोसफ रुंजो द्वारा आयोजित सम्मेलन में प्रस्तुत किया गया था। सम्मेलन का विषय था—'लव एंड जेंडर इन द वर्ल्ड रेलिजन्स' (दुनियाभर के धर्मों में प्रेम तथा जेंडर)। उन्होंने इसे उस ग्रन्थ में

पहली बार प्रकाशित किया, जिसका उन्होंने सम्पादन किया। यह ग्रन्थ था—'लव, सेक्स एंड जेंडर इन द वर्ल्ड रेलिजन्स' (ऑक्सफोर्ड : वनवर्ल्ड प्रेस, 2000, पृष्ठ 238-256)। मैं सिंथिया ह्यूम्स का आभारी हूँ, जिन्होंने चैपमैन सम्मेलन में मेरे प्रतिवादी की भूमिका निभाई थी और मूल मसौदे पर गहरी टिप्पणियाँ की थीं। इसमें रुचि रखनेवाले पाठक बाद के मेरे निबन्ध को देख सकते हैं, जिसमें मैंने पहले यहाँ चर्चित विषयों को उठाया है—'द डैमेज ऑफ सेपरेशन: कृष्णाज लव्स एंड कालीज चाइल्ड' ('जरनल ऑफ द अमेरिकन एकेडमी ऑफ रेलिजन' 72:2, [जून 2004], पृष्ठ 369-393)।

अध्याय 6 : 'व्हाइ सूरदास वेंट ब्लाइंड' मूलत: 'जरनल ऑफ वैष्णव स्टडीज' 1:2, (1993) में पृष्ठ 62-78 पर प्रकाशित हुआ। मैंने 'सूरदास : पोएट, सिंगर, सेंट' (दिल्ली : प्राइमस बुक्स, 2018) के द्वितीय संशोधित संस्करण के प्रथम तथा अन्तिम अध्यायों में सूरदास के सन्तचरित तथा कविता में नेत्रहीनता के अर्थ पर विस्तार से विचार किया है।

अध्याय 7 : 'लास्ट सीन विद अकबर' सबसे पहले 'थ्री भक्ति वायसेज' के अंग्रेजी संस्करण में प्रकाशित हुआ। 2 नवम्बर, 2000 को इसका परिवर्द्धित आलेख यूनिवर्सिटी ऑफ टेक्सास में दक्षिण एशिया पर हुए सेमीनार में प्रस्तुत किया गया। इसमें भाग लेने का निमंत्रण अकबर हैदर ने भेजा था। उन्होंने संश्लेषणवाद और विभाजनवाद को अतीत तथा आज के दक्षिण एशिया की धर्म-सम्बन्धी राजनीति के परस्पर विरोधी नजरिये के विमर्श के तौर पर इस निबन्ध को ढाला था। मैं आदित्य बहल का आभारी हूँ कि उन्होंने 16वीं सदी के उत्तर भारत में सूरदास सरीखे दिग्गज कवि का स्वागत करनेवाले कला परिवेश के बारे में मेरे विचारों को विस्तार दिया। मेरे खयाल से, 'केरियर भक्ति कवि' पद उन्होंने ही ईजाद किया था।

अध्याय 8 : यह 'सूरसागर' से सम्बन्धित प्राचीन दिनांकित पांडुलिपियों की खोज को सार्वजनिक करने के मेरे पहले प्रयास का फल है। सबसे पहले यह 'द अर्ली सूरसागर एंड द ग्रोथ ऑफ द सूर ट्रैडीशन' शीर्षक से 'जरनल ऑफ द अमेरिकन ओरिएंटल सोसाइटी' 99:1 (1979) में पृष्ठ 64-72 पर प्रकाशित हुआ था। इस सोसाइटी के दिग्गज सदस्य तथा हार्वर्ड में मुझे संस्कृत तथा भारतीय अध्ययन पढ़ानेवाले डेनियल एच.एच. इंगल्स का मैं आभारी हूँ कि उन्होंने मुझे यह बताया कि यह निबन्ध प्रकाशित करने के लायक है। उनके सभी विद्यार्थियों की तरह मुझे भी यह अवसर प्राप्त था कि मैं एक ऐसी मेधा का साक्षात्कार कर सकूँ, जो कम ही लोगों को प्राप्त होती है। मूल संस्करण में मैंने उल्लिखित पांडुलिपियों का सन्दर्भ उन अधिग्रहण संख्याओं से दिया है जो उन्हें संगृहीत करनेवाले पुस्तकालयों ने उन पर डाली थी। उसके बाद से मैंने पांडुलिपियों के संक्षिप्त नामों (मसलन, जे1) को संशोधित किया है ताकि वह उस व्यवस्था के अनुरूप हो जाए, जो केनिथ ब्रायंट

तथा मैंने तब अपनाई थी जब हमने सूरदास द्वारा रचित बताए गए उन पदों का महत्त्वपूर्ण संस्करण तैयार करना शुरू किया था, जो पद 16वीं सदी में प्रचलित थे। देखें : 'सूर्स ओशन' (कैंब्रिज : हार्वर्ड यूनिवर्सिटी प्रेस, 2015)। इसमें 16वीं सदी के 433 पदों के ब्रायंट द्वारा सम्पादित संस्करण तथा हरेक का मेरे द्वारा किया गया अनुवाद शामिल है।

अध्याय 9 : 'द रिसीव्ड कबीर : बिगिनिंग्स टु ब्लाइ' निबन्ध रॉबर्ट ब्लाइ की पुस्तक 'द कबीर बुक' के संशोधित तथा परिवर्द्धित संस्करण में उपसंहार के तौर पर लिखा गया था। ब्लाइ की इस पुस्तक का नाम बदलकर 'कबीर : एक्स्टैटिक पोएम्स' (बोस्टन : बीकन प्रेस, 2004) कर दिया गया था और यह लेख इसमें पृष्ठ 77-102 पर प्रकाशित किया गया था। मैं बीकन प्रेस के ब्रायन हैले और रॉबर्ट ब्लाइ का आभारी हूँ कि उन्होंने मुझे इस उल्लेखनीय तथा प्रभावशाली कृति में लिखने के लिए निमंत्रित किया। मैं लिंडा हेस का भी शुक्रगुजार हूँ कि उन्होंने मसौदे पर सद्भावपूर्ण तथा चुनौतीपूर्ण विचार-विमर्श किया।

अध्याय 10 : 'कबीर इन हिज ओल्डेस्ट डेटेड मैनुस्क्रिप्ट' निबन्ध सबसे पहले इस पुस्तक के अंग्रेजी संस्करण में प्रकाशित हुआ। इसका बीजरूप 22 नवम्बर, 1998 को अमेरिकन एकेडमी ऑफ रेलिजन की वार्षिक बैठक में आयोजित एक गोष्ठी में प्रस्तुत किया गया था। यह बैठक कबीर की 600वीं जयंती (उनकी जन्मतिथि के बारे में पारम्परिक मान्यता के अनुसार) के वर्ष के उपलक्ष्य में बुलाई गई थी। मैं इसमें भाग लेनेवालों, खास कर जॉन कारमैन का आभारी हूँ, जिन्होंने उस समय मेरा हौसला बढ़ाया था। बैठक में भाग लेनेवाले गुरिंदर सिंह मान का मैं आभारी हूँ कि उन्होंने कई कविताओं पर ज्ञानवर्द्धक विमर्श प्रस्तुत किया। इसके कई दिनों बाद नवम्बर, 2003 में सुखदेव सिंह ने कबीर की पांडुलिपियों के अध्ययन के लम्बे अनुभव के लाभों के बारे में बताया और व्याख्या सम्बन्धी कई जटिल समस्याओं का समाधान प्रस्तुत किया।

अध्याय 11 : 'भक्ति, डेमोक्रेसी एंड द स्टडी ऑफ रेलिजन' मूलतः एक अन्तरराष्ट्रीय संगोष्ठी के लिए लिखा गया एक निबन्ध था। भारतीय सांस्कृतिक सम्बन्ध परिषद ने नवम्बर-दिसम्बर, 1994 में यह संगोष्ठी केरल के कोवलम समुद्रतट पर आयोजित की थी, जिसका विषय भारत से सम्बन्धित अध्ययन था। यह निबन्ध के. सच्चिदानन्द मूर्ति तथा अमित दासगुप्त द्वारा सम्पादित 'द पेरेनियल ट्री' (नई दिल्ली : भारतीय सांस्कृतिक सम्बन्ध परिषद, 1996) में पृष्ठ 213-236 पर प्रकाशित हुआ। प्रारम्भिक मसौदे के आलोचनात्मक पाठ के लिए मैं एलन बैब, एंस्ली एम्ब्री, लिंडा हेस, मार्क जुर्गेंसेमेयेर तथा लॉरा शपीरो का आभारी हूँ।

टिप्पणियाँ

भूमिका

1. सी.एल. प्रभात, 'मीराँ : जीवन और कार्य' (जोधपुर : राजस्थान ग्रन्थागार, 199), खंड 2, पृ. 265
2. माताप्रसाद गुप्त, 'सूरसागर की भूमिका', सम्पा. : उदयशंकर शास्त्री, 'भारतीय साहित्य', 13:1-2, पृ. 43-5
3. गुप्त, 'सूरसागर की भूमिका', पृ. 7
4. वाइनांद एम. कैलेवर्त द्वारा सम्पादित 'अर्ली हिन्दी डिवोशनल लिटरेचर इन करेंट रिसर्च' (दिल्ली : इम्पेक्स इंडिया, 1980) में केनिथ ई. ब्रायंट, 'टुवर्ड अ क्रिटिकल एडिशन ऑफ सूरसागर'; पृ. 9
5. सचमुच, कोई कह सकता है, जैसाकि रेचल ड्वायर ने प्रस्ताव किया है, कि ' 'सूरसागर' के बाद के संस्करणों की वैधता ज्यादा है क्योंकि इन संस्करणों को ही आज पढ़ा और पसन्द किया जाता है...' देखें : ड्वायर, 'द पोएटिक्स ऑफ डिवोशन : द गुजराती लिरिक्स ऑफ दयाराम' (रिचमंड, सरे, कर्जन प्रेस, 2001), पृ. 10। 'सूर परम्परा' पद केनिथ ई. ब्रायंट ने 'पोएम्स टु द चाइल्ड गॉड : स्ट्रक्चर्स एंड द स्ट्रेटेजीज इन द पोएट्री ऑफ सूरदास' (बर्कली : यूनिवर्सिटी ऑफ कैलिफोर्निया प्रेस, 1978), पृ. 11-12 पर उपयोग किया है।
6. देखें : हौली, 'कृष्ण, द बटर थीफ' (प्रिंस्टन : प्रिंस्टन यूनिवर्सिटी प्रेस, 1983), पृ. 99-177
7. पुरुषोत्तम अग्रवाल, 'क्राइसिस प्वाइंट्स इन द महाभारत', नई दिल्ली के इंडिया हैबिटाट सेंटर में 9 सितम्बर, 2003 को दिया गया व्याख्यान।
8. इस कविता के दूसरे हिस्से (जैसेकि अलग-अलग कलाकारों द्वारा प्रस्तुत किए गए हैं) बहादुर सिंह ने 'प्रॉब्लम्स ऑफ ऑथेंटिसिटी इन द कबीर टेक्स्ट्स' में अनूदित तथा प्रस्तुत किए हैं, जो कि मोनिका हॉर्स्टमैन सम्पादित 'इमेजेज ऑफ कबीर' (दिल्ली : मनोहर, 2002), पृ. 195 पर दर्ज है।
9. कलाकार हैं प्रह्लाद सिंह टिपाणिया (1993), और कैसेट रेकॉर्डिंग प्रस्तुत की है सोनोटेक इलेक्ट्रॉनिक इंडस्ट्रीज, साकेत नगर, जबलपुर (म.प्र.) ने।
10. विनय धारवाड़कर ने अपने गम्भीर अध्ययन 'कबीर : द वीवर्स सांग्स' (नई दिल्ली : पेंगुइन, 2003) में इस मसले पर कुछ अलग नजरिये से विचार किया है। कबीर द्वारा रचित बताई गई कविता तक हम जिन विविध सूत्रों की मदद से पहुँचते हैं, उनका सर्वेक्षण

करते हुए वे सवाल करते हैं कि क्या कोई यह दावा कर सकता है कि कबीर एक ही थे? धारवाड़कर कहते हैं कि ऐसा दावा नहीं किया जा सकता। जो कबीर हमारे पास हैं, वह 'रचनाकारों का एक समुदाय' है। धारवाड़कर का कहना है कि 'औपनिवेशिक तथा उत्तर-औपनिवेशिक भाषाशास्त्रियों' के बद्धमूल शगलों ने उन्हें इस मामले में उनके अपने ही कार्यों के नतीजों को कबूलने से रोक रखा है (पृ. 60)। इसलिए वे यूरोपीय भाषाओं के विद्वानों तथा भाषाशास्त्रियों के अलग समूह को उसी अधीरता का दोषी ठहराते हैं, विद्वत्ता की जिस कमी का दोष मैं हिन्दी वालों पर लगाता हूँ। धारवाड़कर माटी-कूची से चित्रकारी करते हैं और वे जिन विद्वानों-भाषाशास्त्रियों—की आलोचना करते हैं, उनके बारे में जो नजरिया रखते हैं, उसे मैं हमेशा मान्य नहीं करता (देखें : अध्याय 10)। उनका सामान्य तर्क महत्त्वपूर्ण है, और उस तर्क के लगभग समानान्तर है, जिसे मैं ऊपर प्रस्तुत कर चुका हूँ। फिर भी मुझे लगा है कि वे भी उसी गड़बड़ी के शिकार हो चुके हैं जिसे वे दूसरों में पाते हैं। कबीर के कोश के मूल में वे वह 'उल्लेखनीय तथा कल्पनाशील सातत्यता' पाते हैं, जो उन्हें आगे बढ़ने से पहले एक सच्चा, व्यवस्थित धर्मशास्त्र प्रस्तुत करने की इजाजत देती है जो कि एक—इतिहास के—कबीर का नहीं, तो 'कबीर कवियों' का धर्मशास्त्र है (पृ. 77-8)। और मुझे डर है कि सामूहिक लेखकीयता के नाम पर प्रारम्भिक पाठात्मक परतों को बाद की परतों से अलग करने के भाषाशास्त्रीय उत्तरदायित्व से मुँह मोड़ करके उन्होंने घुन के साथ गेहूँ को भी फेंक दिया है। भाषाशास्त्र हो या न हो, यह सोचना भारी भूल होगी कि 'साहित्यिक' दायरे में या उससे बाहर इतिहास को देखना अ-भारतीय चीज है। इस बिन्दु की खातिर, और इतिहास और साहित्य के बीच किसी भेद से इस आधार पर इनकार करने के खास कर 'उत्तर-आधुनिक प्रयास के विरुद्ध, कि 'सब कुछ विमर्श है जो भाषा के अन्तर्गत ही है', जानने के लिए देखें : वेलचरु नारायण राव, डेविड शुलमैन, और संजय सुब्रह्मण्यम की 'टेक्स्चर्स ऑफ टाइम : राइटिंग हिस्टरी इन साउथ इंडिया 1600-1800' (नई दिल्ली : पर्मानेंट ब्लैक, 2001), पृ. 18 और 'पैसिम'।

11. ब्रायंट, 'पोएम्स टु द चाइल्ड-गॉड', पृ. 21-42। इससे जुड़ा चिन्तन जी.एन. डेवी ने अधिक सामान्य स्तर पर किया है : 'आफ्टर एम्नेसिया : ट्रैडीशन एंड चेंज इन इंडियन लिटररी क्रिटिसिज्म' (मुम्बई : ओरिएंट लांगमैन, 1992) में, पृ. 74-92 पर।
12. वही, पृ. 40
13. वही, पृ. 37, 39
14. इन सूत्रों का पता श्रीवत्स गोस्वामी से वृंदावन में अक्टूबर, 1998 में बातचीत से मिला, और मैं उनका आभारी हूँ कि उन्होंने इस विषय पर आगे पत्राचार भी किया। वाक्य-विन्यास सम्बन्धी पारस्परिक प्रत्याशा के रूप में 'आकांक्षा' पर जोर देते हुए इस विषय के बारे में आम विमर्श के लिए देखें : के. कुंजुन्नी राजा की 'इंडियन थ्योरीज ऑफ मीनिंग' (मद्रास, वेदांत प्रेस, 1963), पृ. 151-62; साथ में के. कुंजुन्नी, 'आकांक्षा : द मेन बेसिस ऑफ सिंटैक्टिक यूनिटी', अडयार लाइब्रेरी बुलेटिन 21, 3-4 (1957), पृ. 282-95
15. रामचन्द्र शुक्ल, 'हिन्दी साहित्य का इतिहास : संशोधित एवं परिवर्द्धित संस्करण', (इलाहाबाद : ए टु जेड पब्लिशिंग, 2001, मूलतः बनारस, 1929), पृ. 39-155

अध्याय-1 : छाप और नाम

1. डेविड शुलमैन, 'फ्रॉम ऑथर टु नॉन-ऑथर इन तमिल लिटररी लीजेंड', जरनल ऑफ इंस्टीट्यूट ऑफ एशियन स्टडीज 10:2 (1993), 1-23; मुकुंद लाठ, 'हाफ अ टेल : अ स्टडी इन द इंटररिलेशनशिप बिटवीन ऑटोबायोग्राफी एंड हिस्टरी' (जयपुर : राजस्थान प्राकृत भारती संस्थान, 1981), प्रस्तावना, पृ. 10-20
2. हिन्दी दोहे के दूसरे पद में कवि का नाम प्राय: आता है (इसके एक प्रारम्भिक उदाहरण का अनुवाद दर्ज है आर.एस. मॅक्ग्रेगर की 'हिन्दी लिटरेचर फ्रॉम इट्स बिगनिंग टु द नाइंटींथ सेंचुरी' (वीजबेडेन : ओट्टो हारासोविज, 1984), पृ. 26 पर, और इसे प्रारम्भिक बंगालीचर्या कविताओं तथा मराठी अभंगों के अन्त में पाया जाता है। ये दोनों हिन्दी पद जैसे ही हैं। देखें : दुसान ज्वाबिलेल, 'बंगाली लिटरेचर' (वीजबेडेन : ओट्टो हारासोविज, 1984), पृ. 131; सुकुमार सेन, 'अ हिस्टरी ऑफ बंगाली लिटरेचर' (नई दिल्ली : साहित्य अकादेमी, 1971), पृ. 336-7, 347, 'पास्सिम'। कुछ समानताएँ उर्दू गजल, ललद्यद के कश्मीरी गीतों और द्रविड़ गीतों : कन्नड़ तथा तेलगू के वचन तथा पदम् और तमिल तेवरम के पटिकम में भी पाई जाती हैं।
3. ऑक्सफोर्ड इंग्लिश डिक्शनरी रचनाकार ('वह, जो लिखित बयान देता है...।') की तीन परिभाषाएँ बताती है। यहाँ मेरे दिमाग में चौथा तथा पाँचवाँ विकल्प है। वे क्रमश: ये हैं—'वह व्यक्ति, जिसकी ओर से बयान दिया जाता है...' और 'वह, जिसका अधिकार दूसरों पर चलता है...' 1970, पृ. 572
4. पद्म गुरचरण सिंह, 'सन्त रविदास : विचारक और कवि' (जालंधर : नव चिन्तन प्रकाशन, 1977), पृ. 191-204
5. रज्जब की 'सर्वांगी' में रविदास के 22 पद और एक साखी हैं, और इसकी मूल कृति 'पंचवाणी' में 1636 से 1676 ई के बीच की 65 से लेकर 71 तक कविताएँ विभिन्न पांडुलिपि रूपों में दर्ज हैं : वाइनांद एम. कैलेवर्त, 'द सर्वांगी ऑफ द दादूपंथी रज्जब' (ल्युइवेन : काथोलिएके यूनिवर्सिटी, 1978), पृ. 436, और निजी संवाद, 21 फरवरी, 1987
6. मार्क ज्युर्गेंसेमेयर, 'रेलिजन ऐज सोशल विजन : द मूवमेंट अगेंस्ट अनटचेबिलिटी इन ट्वेंटिएथ सेंचुरी पंजाब' (बर्कली : यूनिवर्सिटी ऑफ कैलीफोर्निया प्रेस, 1982), पृ. 260-2; जूली वोमैक, 'रविदास एंड द चमार्स ऑफ बनारस', अंडरग्रेजुएट निबन्ध, विस्कोंसिन विश्वविद्यालय, 1983, पृ. 56-7; आर.एस. खरे, 'द अनटचेबल ऐज हिमसेल्फ' (कैम्ब्रिज यूनिवर्सिटी प्रेस, 1984), पृ. 40-50, 97; जे.एस. हौली एवं मार्क ज्युर्गेंसेमेयर, 'सांग्स ऑफ द सेंट्स ऑफ इंडिया' (दिल्ली : ऑक्सफोर्ड यूनिवर्सिटी प्रेस, 2004), अध्याय 1
7. के.एन. उपाध्याय, 'गुरु रविदास : लाइफ एंड टीचिंग्स' (ब्यास, पंजाब : राधास्वामी सत्संग, ब्यास, 1982), पृ. 12
8. बंताराम घेड़ा, 'श्री गुरु रविदासजी का संक्षिप्त इतिहास' (एन.पी. : अखिल भारतीय आदि धर्म मिशन, एन.डी.)। रविदास के जीवन के पारम्परिक विवरणों का अलग तरह का

पुनर्मूल्यांकन—इसका स्वरूप जीवनीमूलक नहीं बल्कि धर्मशास्त्रीय या विचारधारात्मक है—चन्द्रिका प्रसाद जिज्ञासु ने 'सन्तप्रवर रविदास साहेब' (लखनऊ : बहुजन कल्याण प्रकाशन, 1984, मूलतः 1968) में किया है। घेड़ा ने जो किया है, उसके बारे में समझदारी को लेकर व्यापक परिवर्तन नब्बे के दशक में हुआ। घेड़ा के गुट और पंजाबी धार्मिक नेता सन्त सरवन दास के गुट के बीच के संघर्ष का निबटारा अदालत में हुआ, जो दास के पक्ष में गया। अब श्री गोवर्धनपुर में यह सुना जाता है कि घेड़ा ने नहीं बल्कि दास ने इमली के पेड़ तथा गोरखनाथ के बीच के सम्बन्ध का पता लगाया था (प्रकाश माही, साक्षात्कार, 11 नवम्बर, 2003)।

9. 'गुरु रविदास ग्रन्थ' (मूलतः गुरुमुखी में प्रकाशित ग्रन्थ के आधार पर देवनागरी लिपि में हस्तलिखित) में कविता नम्बर 2, जैसाकि वीरेन्द्र सिंह के लिए टेपांकित किया गया। इसका उपयोग करने की अनुमति देने के लिए मैं वीरेन्द्र सिंह का आभारी हूँ।
10. घेड़ा, 'इतिहास', पृ.1; खरे, 'द अनटचेबल ऐज हिमसेल्फ', पृ. 47
11. बी.आर. घेड़ा, साक्षात्कार, नई दिल्ली, 23 अगस्त, 1983
12. डब्ल्यू.एच. मॅक्लॉड, 'अर्ली सिख ट्रैडीशन' (ऑक्सफोर्ड : क्लेअरेंडन प्रेस, 1980), पृ. 287-8
13. मोनिका थीएल-हॉर्स्टमैन सम्पादित 'भक्ति इन करेंट रिसर्च, 1979-1982' (बर्लिन : दित्रिख राइमर वेर्लाग, 1983) में पृ. 385-401 पर हॉर्स्टमैन का 'द भजन रेपर्टर ऑफ द प्रेजेंट-डे दादूपंथ'; और 'नेश्लिखेज वाखन : एइने फॉर्म इंडिशेन गॉटेस्दिएनस्टेस' (बॉन : इंडिका एट तिबेतिका वेर्लाग, 1985)।
14. कबीर (के नाम), 'अनुराग सागर', (इलाहाबाद : बेलवेडेयर प्रिंटिंग वर्क्स, 1975), पृ. 44; एफ.एफ., राजकुमार भग्गे, प्रताप सिंह, और केंट बिकनेल द्वारा अनूदित कृति 'द ओशन ऑफ लव' (सैनफोर्नटन, एन.एच. : सन्त वाणी आश्रम, 1982), पृ. 85 एफएफ।
15. हॉर्स्टमैन सम्पादित 'भक्ति, 1979-1982', पृ. 158-69 पर जे.एस. हौली, 'द सेक्टेरियन लॉजिक ऑफ द सूरदास की वार्ता'।
16. जे.एस. हौली, इस पुस्तक का अध्याय 8, और 'सूरदास : पोएट, सिंगर, सेंट' (सिएट्ल : यूनिवर्सिटी ऑफ वाशिंगटन प्रेस; दिल्ली : ऑक्सफोर्ड यूनिवर्सिटी प्रेस, 1984), पृ. 35-63; गोपाल नारायण बहुरा तथा के.ई. ब्रायंट सम्पा., 'पद सूरदासजी का/द पद्स ऑफ सूरदास' (जयपुर : महाराजा सवाई मानसिंह-द्वितीय संग्रहालय, 1982, वास्तव में प्रकाशित 1984), प्रस्तावना में पृ. 7-20 पर केनिथ ई. ब्रायंट का 'द मैनुस्क्रिप्ट ट्रैडीशन ऑफ द सूरसागर : द फतेहपुर मैनुस्क्रिप्ट'।
17. हम जानते हैं कि 'सूरसागर' के हिस्से के तौर पर सामान्य रूप से दर्ज कई कविताओं के साथ ऐसा हुआ। ऐसा लगता है कि वे अलग-अलग हस्ताक्षरों के साथ पहले ही दोहों के उन संकलनों में सामने आ गई थीं, जिन दोहों को हरिवंश, परमानन्ददास, और तुलसीदास का बताया जाता है। देखें : आर.एस. मॅक्ग्रेगर की 'तुलसीदासेज श्रीकृष्णगीतावली', जरनल ऑफ द अमेरिकन ओरिएंटल सोसाइटी 96:4 (1976), पृ. 520-6; और इस पुस्तक का अध्याय 8। मीराँबाई के सवाल पर भगवानदास तिवारी सम्पा. 'मीराँ की प्रामाणिक पदावली' (इलाहाबाद : साहित्य भवन, 1974), पृ. 33, और मॅक्ग्रेगर की 'हिन्दी लिटरेचर',

पृ. 82 को भी देखें।

18. हौली, 'सूरदास', पृ. 3-33

19. इस तुलना के लिए मैं अपनी संगीतप्रेमी पत्नी का आभारी हूँ। विनय धारवाड़कर ने यह कहकर इसे दूसरी तरह प्रस्तुत किया है कि कबीर के कोश की हरेक कविता 'स्पष्टत: उपरिलिखित है', लेकिन उनका यह विचार मेरे दावे से परे जाता है, कि 'हरेक कविता की तब तक पुन: रचना (की मंशा) होती है जब तक कि उसकी तमाम कवित्वमय सम्भावनाएँ समाप्त नहीं हो जातीं' ('कबीर : द वीवर्स सांग्स', पृ. 65)।

20. फिलिप लुत्गेनडॉर्फ, निजी संवाद, 7 अप्रैल, 1987

21. पूर्वोक्त गोकुलनाथ (के नाम), 'चौरासी वैष्णवों की वार्ता', सम्पा. द्वारकादास पारीख (मथुरा : श्री बजरंग पुस्तकालय, 1970, मूलत: 1948), पृ. 434-45

22. डब्ल्यू.एच. मॅक्लॉड, 'द इवोल्यूशन ऑफ द सिख ट्रैडीशन' (दिल्ली : ऑक्सफोर्ड यूनिवर्सिटी प्रेस, 1975), पृ. 72-5; हॉर्स्टमैन सम्पादित 'भक्ति, 1979-1982', पृ. 325-7, 331-2 में प्रीतम सिंह का 'भाई बन्नोज कॉपी ऑफ द सिख स्क्रिप्चर'।

23. हाइदी आर.एम. पाउवेल्स, 'राठौड़ी मीराँ', इंटरनेशनल जरनल ऑफ हिन्दू स्टडीज 14:2-3 (2011), पृ. 177-200। विस्तृत विवरण, खास कर सी.एल. प्रभात द्वारा अहमदाबाद के गुजरात विद्या सभा पुस्तकालय में खोजी गई कई कविताओं के लिए देखें : अध्याय 4।

24. कल्याण सिंह शेखावत ने अपनी पुस्तक 'मीराँ-बृहत्पदावली' में—जो कि मीराँ की कविताओं के राजस्थानी संकलनों की पांडुलिपियों का एक अध्ययन है—उपलब्ध वि.सं. 1826, 1834, और 1836 (क्रमश: 1769, 1777, 1779 ई.) की पांडुलिपियों में मीराँ के हस्ताक्षर वाली कविताएँ पाई गई हैं। देखें : मीराँबाई (के नाम), 'मीराँ-बृहत्पदावली' खंड 2, सम्पा. कल्याण सिंह शेखावत (जोधपुर : राजस्थान प्राच्यविद्या प्रतिष्ठान, 1975), पृ. 4, 6। 1950 के दशक के शुरू में सी.एल. प्रभात ने गुजरात तथा बम्बई में उपलब्ध संकलनों का सर्वे किया और 18वीं सदी की सात पांडुलिपियों में 173 कविताएँ पाईं। देखें : 'मीराँ : जीवन और काव्य' (जोधपुर : राजस्थानी ग्रन्थागार, 1999), पृ. 225-35। बारह कविताओं को छोड़ शेष सभी कविताएँ वि.सं. 1805 (1748 ई.) की बम्बई की डाकोर पांडुलिपि में और बम्बई के रमन देसाई के संग्रह में वि.सं. 1851 (1798 ई.) की एक पांडुलिपि में दर्ज थीं। मुझे नहीं मालूम है कि इनमें से कितनी नकली हैं। 'मीराँ-बृहत्पदावली' (1968) के प्रथम खंड के स्रोतों तथा इसका संकलन करने की इसके सम्पादक हरिनारायण शर्मा की कार्यपद्धति अज्ञात है। ठीक इसी तरह, आज सबसे प्रचलित संस्करण, परशुराम चतुर्वेदी की 'मीराँबाई की पदावली' के स्रोतों तथा उसकी कार्यपद्धति का भी पता नहीं चलता है।

इसी तरह की अनिश्चितताएँ कई अन्य संस्करणों के साथ जुड़ी हैं। इनमें से एक, जो उपरोक्त निष्कर्षों को चुनौती देती है, ललिता प्रसाद सुकुल का 'मीराँ स्मृति ग्रन्थ' है। यह मीराँ की उन कविताओं की दो पांडुलिपियों की सूची देता है, जिन्हें सुकुल ने 1924 में गुजरात के डाकोर में प्राप्त किया था। बताया जाता है कि एक तो डाकोर में ही लिखी गई थी, जो कि वि.सं. 1642 (1585 ई.) की है। दूसरी बनारस की है, वि.सं. 1727 (1670 ई.) की।

डाकोर वाली में 69 कविताएँ हैं, जबकि बनारस वाली में ये सभी उसी क्रम में हैं और इनके बाद 34 और कविताएँ हैं। इन कविताओं को भगवानदास तिवारी की 'मीराँ की प्रामाणिक पदावली' में तुलनात्मक सामग्री के साथ पुनः प्रस्तुत किया गया है। मुझे खेद है कि मैं उन पांडुलिपियों को नहीं देख पाया हूँ जिन पर ये संस्करण आधारित हैं, क्योंकि उनके बारे में प्रकाशित सूचनाओं ने मुझे उनकी प्रामाणिकता पर सन्देह करने को विवश कर दिया। खास तौर से, डाकोर पांडुलिपि की जो पुरानी तारीख दी गई है, वह इसे उल्लेखनीय बना सकती थी क्योंकि भारत में पांडुलिपियों के बड़े पुस्तकालयों (मसलन बनारस की काशी नागरी प्रचारिणी सभा, जयपुर का शाही पोथीखाना, और वृंदावन शोध संस्थान) में विशेषकर मीराँ की कोई पुरानी पांडुलिपि नहीं उपलब्ध है। दुर्लभतम अपवादों के लिहाज से भी, जैसाकि पहले कहा जा चुका है, उनकी कविताओं को पुरानी पांडुलिपियों में चयनित भी नहीं किया गया है। सन्देह इस तथ्य से और बढ़ जाता है कि ये दोनों पांडुलिपियाँ एक ही स्रोत से प्राप्त हुई हैं; और यह कि जबकि उनके भिन्न-भिन्न उद्‌गमों का दावा किया गया है, उनमें समान पाठवाली कविताओं का समान भंडार पाया जाता है। शेखावत इस बात से परेशान थे कि कुछ कविताओं में 'ड़' पाया जाता है—कल्याण सिंह शेखावत, 'मीरांबाई का जीवनवृत्त एवं काव्य' (जोधपुर, हिन्दी साहित्य मन्दिर, 1974), पृ. 15। मुझे यह बात भी ज्यादा खटकी कि 'स' की जगह 'श' का ज्यादा प्रयोग किया गया है, जिससे यह पता चलता है कि पांडुलिपियों को जिन शहरों से जोड़ा गया है, उनकी जगह उनका प्रकाशन कलकत्ता में हुआ, बशर्ते गम्भीर संशोधन न किया गया हो। ये स्थितियाँ हमें इन दो पांडुलिपियों की प्रामाणिकता पर तब तक सवाल खड़ा करने पर तो मजबूर करती ही हैं, जब तक कि मूल की जाँच न की जाती हो। विस्तृत विवरण के लिए अध्याय 4 देखें।

25. 'जपजी', 10.3
26. मनमोहन सहगल, 'श्री गुरुग्रन्थ साहिब' (लखनऊ : भुवन वाणी ट्रस्ट, 1978), पृ. 40 में जपजी पर टीका।
27. सूरदास (के नाम), नागरी प्रचारिणी सभा, 3854.6
28. धीरेन्द्र वर्मा, 'सूरसागर—सार सटीक' (इलाहाबाद : साहित्य भवन, 1972), पृ. 244
29. उदाहरणार्थ, 'सूरदास', नागरी प्रचारिणी सभा, 3847.14, 2376.5; 'मीराँ-बृहत्पदावली', खंड 1, सम्पा. : हरिनारायण शर्मा (जोधपुर, राजस्थान प्राच्यविद्या प्रतिष्ठान, 1968), पद 36.4, 173.4
30. देखें : उदाहरणार्थ, जी. कृष्ण सम्पा., 'कंट्रीब्यूशंस टु साउथ एशियन स्टडीज', खंड 1 (दिल्ली : ऑक्सफोर्ड यूनिवर्सिटी प्रेस, 1978) में पृ. 29-87 पर फ्रीडहेल्म हार्डी का 'द तमिल वेद ऑफ अ शूद्र सेंट : द श्रीवैष्णव इंटरप्रेटेशन ऑफ नम्माल्वार'; ए.के. रामानुजन, 'हाइम्स फॉर द ड्राउनिंग : पोएम्स फॉर विष्णु बाइ नम्माल्वार' (प्रिंस्टन : प्रिंस्टन यूनिवर्सिटी प्रेस, 1981), पृ. 165; शुलमैन, 'ऑथर टु नान-ऑथर'; या नॉर्मन कटलर, 'इम्प्लाइड पोएट्स इन द रियल वर्ल्ड : अ स्टडी ऑफ द तमिल सेंट्स', 5 नवम्बर, 1983 को मैडिसन में दक्षिण एशिया पर विस्कोंसिन सम्मेलन में प्रस्तुत पत्र।
31. नरेन्द्र झा, सम्पा., 'भक्तमाल : पाठानुशीलन एवं विवेचन' (पटना : अनुपम प्रकाशन, 1978), पृ. 40-6; गिल्बर्ट पोलेट, 'अर्ली एविडेंस ऑन तुलसीदास एंड हिज एपिक',

‘ओरिएंटालिया लोवानिएंसिया पिरिऑडिका’ 5 (1974), पृ. 157–9
32. पूर्वोक्त, मॅक्लॉड, ‘इवोल्यूशन’, पृ. 60–2, 73–9
33. ब्रायंट, ‘द मैनुस्क्रिप्ट ट्रैडीशन’, पृ. 37–47
34. नाभादास, ‘श्री भक्तमाल’, साथ में सीतारामशरण भगवान प्रसाद रूपकला सम्पा. प्रियादास की टीका ‘भक्तिरसबोधिनी’ (लखनऊ : तेजकुमार प्रेस, 1969, मूलतः 1910), पृ. 718–19
35. ‘भक्तमाल’, पृ. 712–13
36. परशुराम चतुर्वेदी सम्पा. ‘मीराँबाई की पदावली’ (इलाहाबाद : हिन्दी साहित्य सम्मेलन, 2008, मूलतः 1932), पृ. 107, पद 37
37. मीराँबाई (के नाम), ‘मीराँ-बृहत्पदावली’ खंड 2, सम्पा. शेखावत, पृ. 68, 72, 76—पद 140, 148, 167
38. हार्डी, ‘तमिल वेद’, पृ. 338–9
39. हौली, ‘सूरदास’, पृ. 48
40. वही, पृ. 7, 19, 45
41. वार्ता, पृ. 414
42. वही, पृ. 422
43. सिंह, ‘सन्त रविदास’, पृ. 195, पद 13
44. हौली, ‘कृष्ण, द बटर थीफ’ (प्रिंस्टन : प्रिंस्टन यूनिवर्सिटी प्रेस, 1983), पृ. 171–6; ‘सूरदास’, पृ. 54–86
45. ए.के. रामानुजन, ‘स्पीकिंग ऑफ शिव’, (बाल्टीमोर : पेंगुइन बुक्स, 1973), पृ. 90
46. कैरोलीन वाकर बाइनम, स्टीवन हैरेल और पाउला रिचमैन सम्पा. ‘जेंडर एंड रेलिजन : ऑन द कम्प्लेक्सिटी ऑफ सिम्बल्स’ (बोस्टन : बीकन प्रेस, 1986), पृ. 238–41 (मीराँ) में हौली, ‘कृष्ण, द बटर थीफ’, पृ. 118–20 (सूर), और ‘इमेजेज ऑफ जेंडर इन द पोएट्री ऑफ कृष्ण’।
47. सिंह, ‘सन्त रविदास’, पृ. 197, पद 19
48. वही, पृ. 198, पद 20। इस तरह की कविताएँ—जिनका मुख्य विषय कवि का जातिगत पेशा है—कबीर, नामदेव, और कई अन्य कवियों द्वारा रचित (यानी उनके नाम) बताई गई रचनाओं में पाई जा सकती हैं। पेशे से दर्जी नामदेव के लिए देखें नामदेव (के नाम), ‘गुरुग्रन्थ साहिब’ में राग आशा नम्बर 4 और जैसाकि रामचन्द्र मिश्र सम्पा. ‘सन्त नामदेव और हिन्दी पद-साहित्य’ (फर्रूखाबाद : शैलेंद्र साहित्य सदन, 1969), पृ. 179, 209—पद 2145 तथा 2166 में दिया गया है। इन पदों के अनुवाद के लिए देखें प्रभाकर माचवे, ‘नामदेव : लाइफ एंड फिलॉसफी’ (पटियाला : पंजाबी विश्वविद्यालय, 1968), पृ. 96, 101, 105। पेशे से जुलाहे कबीर के लिए देखें कबीर (के नाम), ‘कबीर ग्रन्थावली’, सम्पा. पारसनाथ तिवारी (इलाहाबाद, इलाहाबाद विश्वविद्यालय, 1961), खंड 2, पृ. 9, पद 12, अनुवाद के लिए देखें हौली और जुएर्गेंसेमेयेर की ‘सांग्स ऑफ द सेंट्स ऑफ इंडिया’, पृ. 53, पूर्वोक्त पृ. 58
49. इसका थोड़ा दूसरा उपयोग दक्षिण भारत में होता है, जिसका उल्लेख शुलमैन की

'ऑथर टु नॉन-ऑथर', पृ. 2 पर है : 'तेवरम पटिकम्स' (पूर्वोक्त, रामानुजन, 'ड्राउनिंग', पृ. 163) में 'तिरुक्क—तैक्काप्पु', 'फाटक बन्द करना'। इसका प्रत्यक्षत: अधिक उपयुक्त उदाहरण हिन्दी का दोहा है, जिसे साखी भी कहा जाता है, जैसे कबीर के दोहों को कहा जाता है। इसका शाब्दिक अर्थ है—गवाह यानी 'वह जो आँखें रखता है'—और संकेत करता है कि बोली की ताकत का सम्बन्ध उसे बोलनेवाले व्यक्ति के चरित्र से होता है।

50. सिंह, 'सन्त रविदास', पृ. 197, पद 192-4, 197—पद 3-5, 9, 19; पूर्वोक्त, पद 6, 7, 16, 34, 38, 39 में 'रविदास दास, रविदास उदास'।
51. रामानुजन, 'स्पीकिंग ऑफ शिव', पृ. 67-90, 115-42; पूर्वोक्त, रामानुजन, 'ड्राउनिंग', पृ. 163
52. विल्फ्रेड कैंटवेल स्मिथ, 'अ ह्यूमन व्यू ऑफ ट्रुथ', एस.आर. : साइंसेज रेलिज्यूजेस/स्टडीज इन रेलिजन, 1 (1971), पृ. 6-24; वेर्नेर येगेर, 'पेडिया : द आइडियल्स ऑफ ग्रीक कल्चर', अनु. गिल्बर्ट हाइएट (न्यूयॉर्क : ऑक्सफोर्ड यूनिवर्सिटी प्रेस, 1943-5); पीटर ब्राउन, 'द सेंट ऐज एक्जेम्प्लर इन लेट एंटीक्विटी', 'रिप्रेजेंटेशंस' 1:2 (1983), पृ. 1-25, और जे.एस. हौली सम्पा. 'सेंट्स एंड वर्चूज' (बर्कली : यूनिवर्सिटी ऑफ कैलिफोर्निया प्रेस, 1987), पृ. 3-14

अध्याय-2 : धर्म और भक्ति

1. मनुस्मृति के लिए देखें पी.वी. कणे, 'हिस्टरी ऑफ धर्मशास्त्र', 5 खंड (पूना : भंडारकर ओरिएंटल रिसर्च इंस्टीट्यूट, 1930-46), और रॉबर्ट लिंगैट, 'द क्लासिकल लॉ ऑफ इंडिया', अनु. जे. डंकन एम. डेरेट (बर्कली : यूनिवर्सिटी ऑफ कैलिफोर्निया प्रेस, 1973); इसकी तारीख के बारे में, लिंगैट की कृति के पृ. 92-6, 123-32
2. मैं निम्न संस्करण का उल्लेख करूँगा—नाभादास, 'श्री भक्तमाल' (लखनऊ : तेजकुमार प्रेस, 1969)। 'भक्तमाल' पर महत्त्वपूर्ण कार्य नरेन्द्र झा ने अपनी कृति 'भक्तमाल : पाठानुशीलन एवं विवेचन' (पटना : अनुपम प्रकाशन, 1978) में किया है। झा ने जो पाठ प्रस्तुत किया है, उसमें और तेजकुमार प्रेस वाले संस्करण के पाठ में मामूली ही अन्तर है। इसके अलावा, गिल्बर्ट पोलेट के दो लेखों को देखा जा सकता है—'अेट मैनुस्क्रिप्ट्स ऑफ द हिन्दी 'भक्तमाल : इन इंग्लैंड', 'ओरिएंटालिया लोवानिएंसिया पीरिऑडिका 1' (1970), पृ. 203-22, और 'द मेडाइवल वैष्णव मिरैकल्स ऐज रेकॉर्डेड इन हिन्दी 'भक्तमाल', ला म्युजिओन 80 (1976), पृ. 474-87। एक नया महत्त्वपूर्ण योगदान है—दाऊद अली सम्पा., 'इनवोकिंग द पास्ट : द यूजेज ऑफ हिस्टरी इन साउथ एशिया' (दिल्ली : ऑक्सफोर्ड यूनिवर्सिटी प्रेस, 1999), पृ. 367-99 में विलियम आर. पिंच का 'हिस्टरी, डिवोशन, एंड द सर्च फॉर नाभादास ऑफ गाल्टा'।
3. तमिल शैव सन्तों की सूची आठवीं सदी में सामने आने लगी और 11वीं-12वीं सदी में वह पूर्ण सन्तचरितों में बदल गई। जहाँ तक वैष्णवों का मामला है, उनके तमिल सन्तचरित 13वीं सदी में 'आरायिरप्पटि कुरुपरपराप्रपावम' के साथ आने शुरू हुए, हालाँकि माना जाता है कि इससे एक सदी पहले 'दिव्य सूरी चरित' आ चुका था। कर्नाटक के वीरशैव

समुदाय की 'शून्यसम्पादने' 15वीं सदी में आई थी। इसके एक सदी बाद महाराष्ट्र के सन्त एकनाथ ने मराठी में एक सन्तचरित संकलन तैयार किया। तमिल सामग्री के लिए देखें : कामिल ज्वेलेबिल की 'तमिल लिटरेचर' (वीजबेडेन : ओट्टो हारासोविज, 1974), पृ. 91, 170, 173–5; इसके अलावा मुझे डेनिस हडसन से निजी सम्पर्क (मार्च 1983) करने से लाभ हुआ।'शून्यसम्पादने' पर सामग्री के लिए देखें आर। ब्लेक माइकल, 'अष्टवर्ण इन शून्यसम्पादने' (पी-एच.डी. निबन्ध, हार्वर्ड यूनिवर्सिटी, 1979)। एकनाथ पर सामग्री के लिए देखें : एल.आर. पगारकर, 'मराठी वांग्म्याचा इतिहास' (पुणे : विदर्भ मराठवाड़ा बुक कंपनी, 1972, मूलत: 1935), पृ. 242। नाभादास के बाद सन्तचरित लेखन की जो परम्परा चली उसके लिए देखें : कैलाश चन्द्र शर्मा, 'भक्तमाल और हिन्दी काव्य में उनकी परम्परा' (रोहतक : मंथन प्रकाशन, 1983), पृ. 65–159। एक और कृति है, जो नाभादास की 'भक्तमाल' के अलावा हिन्दी में प्राचीनतम सन्तचरित संकलन के गौरव का दावा करती है। यह है अनन्तदास की 'परचई', एक समूह के तौर पर (आगे देखें : टिप्पणी संख्या 20)। नाभादास के पाठ के विपरीत यह अपने पांडुलिपि संस्करणों में हमेशा एक समूह के तौर पर नहीं सामने आते।

4. 'भक्तमाल', पृ. 41–6। नाभादास के पाठ के दिनांकन के बारे में देखें : गिल्बर्ट पोल्लोट, 'अर्ली एविडेंस ऑन तुलसीदास एंड हिज इपिक', ओरिएंटालिया लोवानिएंसिया पीरिऑडिका 5 (1974), पृ. 157–8 (खंड 3.2)। खंड 3.3 एफएफ में जो प्रमाण बताए गए हैं, उनकी पुष्टि करना मुश्किल लगता है, खास कर इसलिए कि यह तुलसीदास की जीवनियों पर आधारित है जिनकी प्रारम्भिक तारीख संदिग्ध है। इस मामले पर देखें : फिलिप लुत्गेनडॉर्फ, 'द क्वेस्ट फॉर लीजेंडरी तुलसीदास', जरनल ऑफ वैष्णव स्टडीज 1:2 (1993), पृ. 79–101, और कुछ विस्तार के लिए देखें : वाइनांद कैलेवेर्त तथा रुपर्ट स्नेल सम्पा. 'एकॉर्डिंग टु ट्रैडीशन : हैजियोग्राफिकल राइटिंग इन इंडिया' (वीजबेडेन : ओट्टो हारासोविज, 1994), पृ. 65–85
5. प्रियादास के बारे में देखें : आर.डी. गुप्त, 'प्रियादास, ऑथर ऑफ द भक्तिरसबोधिनी'; 'बुलेटिन ऑफ द स्कूल ऑफ ओरिएंटल एंड अफ्रीकन स्टडीज' 32:1 (1969), पृ. 57–70; साथ ही फिलिप लुत्गेनडॉर्फ, 'कृष्ण चैतन्य एंड हिज कंपेनियंस ऐज प्रेजेंटेड इन भक्तमाल ऑफ नाभा जी एंड द भक्तिरसबोधिनी ऑफ प्रियादास' (मास्टर्स एस्से, यूनिवर्सिटी ऑफ शिकागो, 1981), पृ. 24–9
6. भारत की कई विख्यात महिला सन्तों की जीवन-कथाओं में यह मूलभूत तनाव है, हालाँकि यह हमेशा उस तरह नहीं उभरता जिस तरह मीराँ के मामले में उभरता है। विषयवस्तु में भिन्नता का अच्छा विवेचन इनमें किया गया है—ए.के. रामानुजन की 'ऑन वुमन सेंट्स', जे.एस. हौली और डॉन्ना एम. वुल्फ, सम्पा. 'द डिवाइन कन्सॉर्ट : राधा एंड द गॉडेसेज ऑफ इंडिया' (बर्कली : बर्कली रेलिजियस स्टडीज सीरीज, 1982), पृ. 316–24, और एनि फेल्डहॉज की 'बहिना बाई : वाइफ एंड सेंट', जरनल ऑफ द अमेरिकन एकेडमी ऑफ रेलिजन 50.4 (1982), पृ. 591–604। अतिरिक्त सामग्री प्रस्तुत की है आर. ब्लेक माइकल ने 'द हाउसवाइफ ऐज सेंट : टेल्स फ्रॉम द शून्यसम्पादने' (अमेरिकन एकेडमी ऑफ रेलिजन, न्यूयॉर्क को 1979 में प्रस्तुत पत्र)।

7. 'भक्तमाल', पृ. 712-13
8. प्रियादास जब राणा शब्द का प्रयोग करते हैं तो उसमें इस बात का उल्लेख नहीं होता कि वह किसके लिए है। इसकी वजह अध्याय 4 में स्पष्ट होती है।
9. 'भक्तमाल', पृ. 718
10. वही, पृ. 717। 'साधु' को आधुनिक हिन्दी में धार्मिक भिक्षु माना जाता है; परन्तु भाषा के पुराने अर्थों में इस शब्द का दायरा व्यापक है, जैसाकि पाठ के स्वरूप से भी संकेत मिलता है।
11. सत्संग का अर्थ है 'अच्छे लोगों का जमावड़ा', या 'सन्तों का साथ'। सन्त शब्द की उत्पत्ति एक क्रिया के संस्कृत कृदंत से हुई है, जिसका अर्थ 'सदाचारी होना' भी है और 'वास्तविक' होना भी, और हिन्दी में उत्तर भारत में इसका प्रयोग कई अर्थों में किया जाता है। 15वीं तथा 16वीं सदी में होनेवाले प्रयोग के तहत इसका सामान्य अर्थ 'सदाचारी' है, जो ईश्वर पूजन-भजन करते हैं। बाद की सदियों में इसके कुछ भिन्न अर्थ लगाए जाते रहे हैं। प्राय: सन्त को धार्मिक व्यक्तियों के उस समूह का सदस्य माना जाता है जिनका मूल अन्ततः नाथ योगियों में पाया जा सकता है और जो उस विचार को आगे बढ़ाता है जिसे सन्त मत के रूप में जाना जाता है। इस शब्द को यह अर्थ हजारीप्रसाद द्विवेदी, शार्लोट वॉदवील और डब्ल्यू.एच. मॅक्लॉड ने प्रदान किया है। अन्त में, आज पंजाबी में सन्त उसे माना जाता है, जो सामान्य समाज से अलग-थलग रहता है। मैं यहाँ इस शब्द के सबसे पहले वाले अर्थ का प्रयोग करूँगा, क्योंकि मुझे यह इसके प्रारम्भिक उपयोग के तालमेल में लगता है। इस मामले पर अतिरिक्त सामग्री के लिए देखें : कैरीन शोमर तथा डब्ल्यू.एच. मॅक्लॉड सम्पा., 'द संट्स : स्टडीज इन अ डिवोशनल ट्रैडीशन ऑफ इंडिया' (बर्कली : बर्कली रेलिजियस स्टडीज सीरीज, और दिल्ली : मोतीलाल बनारसीदास, 1987), पृ. 203 पर जे.एस. हौली, 'द सन्त इन सूरदास'।

    'भक्त' शब्द और सन्त के बीच प्राय: सन्त के दूसरे अर्थ के कारण अन्तर किया जाता है, जो सगुण/ निर्गुण भेद पैदा करता है। इन दोनों में जो अन्तर है, उसके विपरीत शुरू में दोनों समानार्थी थे (पूर्वोक्त अध्याय 3)।
12. पद है—'लिखयौ चित्र भीत मानो' (भक्तमाल, पृ. 719)।
13. भक्तमाल, पृ. 722
14. उनका वर्णन करने के लिए इस शब्द का अनुवाद 'नि:शंक' किया जा सकता है, जैसाकि भक्तमाल के दूसरे सन्तों के लिए किया जाता है, उदाहरण के लिए सूरदास मदनमोहन (भक्तमाल, पृ. 679, 748)।
15. भक्तमाल, पृ. 673-4
16. पीपादास तथा उनकी पत्नी (भक्तमाल, पृ. 496-500) के जीवन के सन्दर्भ में भी सिंचाई तथा पानीसोख के रूपक का उपयोग किया जाता है। और जीव गोस्वामी, सूरदास तथा तुलसीदास के लिए जल का रूपक प्रयोग किया जाता है (भक्तमाल, पृ. 610, 749, 756)।
17. भक्तमाल, पृ. 679-80
18. 'जेनेसिस' 50:20 (संशोधित मानक संस्करण)। भक्तमाल दूसरे की सम्पत्ति को लेकर

रविदास की उदासीनता के बारे में ऐसी ही कहानी कहती है। सन्त द्वारा सहज अतिथि सत्कार के अनुग्रह स्वरूप एक अतिथि रविदास को पारस पत्थर सँभालकर रखने के लिए देता है। यह कोई मामूली पत्थर नहीं है लेकिन रविदास को इसकी कोई परवाह नहीं है क्योंकि उनके पास तो वह पत्थर, वह छवि है जिसकी वे पूजा करते हैं। वह पारस पत्थर उनकी झोंपड़ी के छप्पर में रखा है और रविदास की इच्छा के बिना ही उनकी सम्पत्ति बढ़ने लगती है लेकिन उनके लिए तो यह हरि की कृपा का फल है। वे तो एक भव्य मन्दिर का निर्माण चाहते हैं, जहाँ लोग सन्तों के मार्गदर्शन में हरि के भजन गाया करें (भक्तमाल, पृ. 474–5)।

19. 'अनिच्छित सम्पत्ति' का परिदृश्य भक्तमाल की सामान्य विशेषता है। हरिदास दान में भारी मात्रा में मिले इत्र को यमुना नदी के किनारों पर बिखरा देते हैं लेकिन दानकर्ता ने तो मन्दिर के लिए इत्र दान किया था और उसकी खुशबू चमत्कारी रूप से मन्दिर में ही पहुँच जाती है (भक्तमाल, पृ. 602)। रामदास पर एक बहुमूल्य प्रतिमा को चुराने का गलत आरोप लगाया जाता है और उन पर जुर्माना थोपा जाता है। वे कहते हैं कि उनके पास कोई सोना नहीं है लेकिन आरोप लगानेवाला 'भक्त' उन्हें उनकी पत्नी के खजाने की याद दिलाता है, जिसे तौला जाता है तो वह इतनी भारी निकलती है कि उन्हें जमीन से उठा पाना मुश्किल हो जाता है (भक्तमाल, पृ. 451–3)। धणा का परिचय देनेवाली सूक्ति में कहा जाता है कि उनकी फसल बीज के बिना उगी है (भक्तमाल, पृ. 521)। महाराज चतुर्भुज़, सूरदास मदनमोहन, तुलसीदास सरीखे कई सन्तों (भक्तमाल, पृ. 708, 748, 766) की असाधारण उदारता के उदाहरण मिलते हैं। देखें : आर. ब्लेक माइकल, 'वर्क ऐज वर्शिप इन द वीरशैव ट्रैडीशन', जरनल ऑफ द अमेरिकन एकेडमी ऑफ रेलिजन 50.4 (1982), पृ. 605–19

20. भक्तमाल, पृ. 494। अनन्तदास के सन्तचरितात्मक चित्रों के अलावा भक्तमाल आज उपलब्ध प्राचीनतम पाठ है, जो यह बताता है कि कबीर, रविदास, पीपा, और धणा स्वामी रामानन्द के शिष्य थे (भक्तमाल, पृ. 282)। पीपा की कथा गुरुभाई परिवार की एक साथ यात्रा के द्वारा गुरु के बाद शिष्य के उत्तराधिकार की परम्परा की पुष्टि से आगे जाती है (भक्तमाल, पृ. 495)। इसके बाद रामानन्दी के मजबूत होने की विवेचना के लिए देखें : रिचर्ड बर्गहार्ट, 'द फाउंडिंग ऑफ द रामानन्दी सेक्ट', एथनोहिस्ट्री 25.2 (1978), पृ. 121–39। पीपा के बारे में अनन्तदास ने जो विवेचना की है, उसके सम्पूर्ण, सम्पादित पाठ का अंग्रेजी अनुवाद उपलब्ध है वाइनांद एम. कैलेवर्त (स्वप्न शर्मा के साथ) की 'द हैजियोग्राफीज ऑफ अनन्तदास : द भक्ति पोएट्स ऑफ नॉर्थ इंडिया', (रिचमंड, सरे : कर्जन प्रेस, 2000), पृ. 141–302, साथ में प्रासंगिक सामग्री।

21. यह वल्लभ सप्रदाय में गृहस्थ के गुणगान के क्रम में त्यागी की भूमिका के उपहास से काफी अलग है। इस स्थिति को खुद वल्लभ के लेखन के समय में देखा जा सकता है (देखें : 'कृष्णशोडषग्रन्थः'; बम्बई, निर्णय सागर प्रेस, एन.डी.) में उनका 'संन्यास-निर्णय'। फिर भी, अगर ठीक समझा गया हो तो 'भक्तमाल' गृहस्थाश्रम के प्रति झुकाव दिखाता है। धणा रामानन्द के शिष्य बनते हैं, इसके ठीक बाद यह कहा जाता है कि वे गृहस्थ बने रहे (भक्तमाल, पृ. 524)। हरिवंश के बारे में कहा जाता है कि वृंदावन में बसने के लिए

उन्होंने अपने परिवार का त्याग कर दिया था। उनके लिए 'हित हरिवंश' प्रस्तुत करनेवाले नाभादास यह तथ्य रखते हैं कि उनके पुत्रों ने वृंदावन के ब्राह्मण परिवारों में शादी की थी, मानो यह 'हित हरिवंश' द्वारा अपनी पारिवारिक जिम्मेदारियों की उपेक्षा की भरपाई हो। इसलिए उनकी कथा एक ऐसी जीवनी है, जो गृहत्याग के जीवन और गृहस्थ के जीवन के बीच के झूठे विरोधाभास को मिटाती है (भक्तमाल, पृ. 598-600)।

22. भक्तमाल, पृ. 502 : घर की... । रति साँची।
23. दूसरे प्रकरणों में यही क्रम जारी रहा (भक्तमाल, पृ. 512-13)।
24. भक्तमाल, पृ. 492, 50, 507, 511, 523
25. कई टिप्पणियों में कहा जा चुका है कि मीराँ, नरसी, और पीपा तथा सीता के तीन सन्तचरित उन नये गुणों के केवल कुछ ही विस्तृत, प्रकट चित्र प्रस्तुत करते हैं, जो देव भजन तथा सेवा के जीवन से विकसित होते हैं। दूसरे सन्तों का जीवन भी प्रायः इन्हीं रंगों में रँगा होता है, और ऐसा केवल भक्तमाल में नहीं हुआ है। उदाहरण के लिए, सन्तों को भोजन कराने में रविदास तथा उनकी पत्नी को पीपा तथा सीता से कम तत्पर नहीं दिखाया गया है (भक्तमाल, पृ. 473-4, 503)। इस तरह की साधुसेवा या सन्तभक्ति, जिसका उल्लेख पीपा-सीता की कथा में है, धणा, नन्ददास, और कई दूसरे सन्तों में भी दिखती है (भक्तमाल, पृ. 521, 696, 708, 748, 766)। सूरदास चूँकि ईश्वर के वरदान को लेकर नरसी मेहता वाली धारणा ही रखते हैं, इसलिए 'चौरासी वैष्णवों की वार्ता' पर हरिराय के टीके में उन्हें इस बात का श्रेय दिया गया है कि वे खोये सिक्कों तथा मवेशी का पता उसी तरह बताते हैं जिस तरह नरसी तीर्थयात्रियों को अज्ञात लोगों के पास पैसे के लिए भेज देते थे ('चौरासी वैष्णवों की वार्ता', सम्पा.: द्वारकादास पारीख; मथुरा : श्री बजरंग पुस्तकालय, 1970, पृ. 401-2)। नानक की एक प्राचीन जीवनी में कहा गया है कि पीपा की तरह वे भी पशुओं से रहस्यपूर्ण संवाद स्थापित कर लेते थे—उन्होंने एक मृत हाथी को जीवित कर दिया था। तुलसीदास की कथा कहनेवाले भक्तमाल में हनुमान के बारे में बहुत कुछ कहा गया है (डब्ल्यू.एच. मॅक्लॉड, 'गुरु नानक एंड द सिख रेलिजन'; ऑक्सफोर्ड : क्लेअरेंडेन प्रेस, 1968, पृ. 15, 39; भक्तमाल, पृ. 762-3, 769-70)।
26. भक्तमाल, पृ. 474
27. मैं जॉन बी. कारमैन का आभारी हूँ कि पिछले तीन पारा में जो कुछ मैंने कहा है, उसके मुख्य पहलुओं के बारे में उन्होंने मुझे सुझाव दिये (हार्वर्ड यूनिवर्सिटी, 16 दिसम्बर, 1982)।
28. मनुस्मृति 5, 146-9, अनु. : गेओर्ग ब्यूलर, 'द लॉज ऑफ मनु' (न्यूयॉर्क : डोवर, 1969, मूलत: 1886), पृ. 195
29. भक्तमाल, पृ. 470, 479-80
30. वही, पृ. 599
31. वही, पृ. 367-7, 473, 485, 764
32. वही, पृ. 614
33. वही, पृ. 470
34. वही, पृ. 557
35. वही, पृ. 614 उद्धरण प्रियादास का है लेकिन पिछले पृष्ठ पर नाभादास ने इसी तरह की

भाषा का प्रयोग किया है।

36. वही,
37. वही, पृ. 767
38. वही, पृ. 768
39. कमला चन्द्रकांत, 'मीराँबाई' (बम्बई, इंडिया बुक हाउस, एन.डी.), पृ. 4। पाठक याद रखें कि मीराँ को यहाँ 'सच्ची हिन्दू पत्नी' कहा गया है (पृ. 11)। कॉमिक्स में बेशक अच्छे और बुरे पति के बीच के इस भेद को नहीं बताया गया। इसका सूत्र करीब एक शताब्दी पहले लोकप्रिय पुराणशास्त्र में मिलता है।
40. जीवनचक्र को लेकर 'चातुर्याश्रम धर्म' की अवधारणा स्त्रियों पर बहुत गौण रूप में लागू होती है और इस पर बार-बार ध्यान दिया गया है। (उदाहरण के लिए, कैथरीन यंग, 'वन स्टेज, थ्री ऐक्ट्स : द लाइफ-ड्रामा ऑफ अ ट्रैडीशनल हिन्दू वुमन'। शोधपत्र जो नवम्बर, 1979 में अमेरिकन एकेडमी ऑफ रेलिजन में प्रस्तुत किया गया। फिर भी, असाधारण तथा प्रसिद्ध स्त्रियों के लिए 'चातुर्याश्रम' मॉडल की कुछ प्रासंगिकता है।
41. भक्तमाल, पृ. 498
42. जॉन बी. कारमैन, ओरल कम्यूनिकेशन, 10 फरवरी, 1983

अध्याय-3 : निर्गुण और सगुण

1. परशुराम चतुर्वेदी, सम्पा. : 'हिन्दी साहित्य का बृहत् इतिहास', खंड 4 (वाराणसी : नागरी प्रचारिणी सभा, वि.सं. 2025, 1968 सीई); दीनदयाल गुप्त, देवेंद्रनाथ शर्मा, और विजयेंद्र स्नातक, सम्पा. : 'हिन्दी साहित्य का बृहत् इतिहास', खंड 5 (वाराणसी : नागरी प्रचारिणी सभा, वि.सं. 2031, 1974 ई.)।
2. पुन:प्रस्तुति : जे.एस. हौली और मार्क जुएर्गेंसमेयेर, 'सांग्स ऑफ द सेंट्स ऑफ इंडिया' (न्यूयॉर्क तथा दिल्ली : ऑक्सफोर्ड यूनिवर्सिटी प्रेस, 1988, 2004), पृ. 5
3. उदाहरणार्थ, शार्लौट वॉदवील, 'ऑ कैबेरे डि एल'एमॉर', (पेरिस, गैल्लिमार्ड, 1959), पृ. 7-9, वॉदवील, कबीर, खंड 1 (ऑक्सफोर्ड : क्लेअरेंडन, 1974), डब्ल्यू.एच. मॅक्लॉड, 'गुरु नानक एंड द सिख रेलिजन' (ऑक्सफोर्ड : क्लेरेंडन, 1968), पृ. 151-8
4. कैरीन शोमर और डब्ल्यू.एच. मॅक्लॉड, सम्पा. : 'द संट्स : स्टडीज इन अ डिवोशनल ट्रैडीशन ऑफ इंडिया' (बर्कली : बर्कली रेलिजियस स्टडीज सीरीज; दिल्ली : मोतीलाल बनारसीदास, 1987)। उल्लेखनीय है कि केनिथ ई. ब्रायंट ने दूसरे संकलन में वह योजना प्रस्तुत की है, जो सगुण और निर्गुण कवियों में भेद को ठेठ धर्मशास्त्रीय आधार पर नहीं बल्कि साहित्यिक आधार पर उचित ठहराती है। देखें : मार्क जुएर्गेंसमेयेर और एन. गेराल्ड बेरियर सम्पा. : 'सिख स्टडीज : कम्परेटिव पर्सपेक्टिव्स ऑन अ चेंजिंग ट्रैडीशन' (बर्कली : बर्कली रेलिजियस स्टडीज सीरीज, 1979), पृ. 65-74 में ब्रायंट, 'सन्त एंड वैष्णव पोएट्री : सम ऑबजर्वेशंस ऑन मेथड'।
5. शोमर, 'द संट्स', पृ. 3
6. यहाँ तुलसी साहब की भूमिका के बारे में देखें : शोमर और मॅक्लॉड सम्पा. : 'द संट्स',

पृ. 337 पर मार्क जुएर्गेंसेमेयेर, 'द राधास्वामी रिवाइवल ऑफ सन्त ट्रैडीशन'।

7. बेल्वेडेयर प्रेस द्वारा प्रकाशित 'सन्तबानी पुस्तकमाला सीरीज' में, खास तौर से मीराँबाई को 'सन्तों' की सूची में दर्ज किया गया है। देखें (सम्पा. का नाम नहीं है)—'सन्तबानी संग्रह' (इलाहाबाद : बेल्वेडेयर प्रेस, 1915)। मीराँ को 'सन्तबानी संग्रह' खंड के प्रतिनिधित्व वाले संकलन में भी सन्तों में शामिल किया गया है। रविदास के हाथों मीराँ की कथित दीक्षा ने उन्हें सन्त परम्परा में शामिल किए जाने का औचित्य प्रदान किया होगा। गौर करनेवाली बात यह है कि 'सन्तबानी संग्रह' में एक ऐसा खंड भी है जिसमें सूरदास, नरसी मेहता, और तुलसीदास सरीखे वैष्णव कवियों को चयनित किया गया है। लेकिन तब, 'दूसरे महात्मा' वाली उपाधि—उन महात्माओं के बरअक्स जिन्हें वास्तव में 'सन्तबानी पुस्तकमाला सीरीज' में शामिल किया गया था—श्रेणियों को लेकर भ्रम को दूर करने के लिए बनाई गई ('सन्तबानी संग्रह', पृ. 2)।
8. पीताम्बर डी. बर्थ्वाल, 'द निर्गुण स्कूल ऑफ हिन्दी पोएट्री : ऐन एक्सपोजीशन ऑफ मेडाइवल इंडियन सन्त मिस्टिसिज्म' (बनारस : इंडियन बुक शॉप, 1936)। इसका हिन्दी अनुवाद (आंशिक तौर पर खुद बर्थ्वाल द्वारा किया गया) भी सामने आया है—'हिन्दी काव्य की निर्गुण धारा' ('मध्ययुगीन भारतीय सन्तों के रहस्यवाद का एक अध्ययन'), अनु. तथा सम्पा. : परशुराम चतुर्वेदी तथा भगीरथ मिश्र (नई दिल्ली : तक्षशिला प्रकाशन, 1995, मूलतः 1969 में 'हिन्दी काव्य में निर्गुण सम्प्रदाय' शीर्षक से)।
9. पूर्वोक्त, मुज्तबा मिनोरी और इजार अफ्शर सम्पा. : 'यादनामे-ए-ईरानी-ए-मिनोर्स्की' (तेहरान : तेहरान यूनिवर्सिटी, 1969), पृ. 1-24 पर विल्फ्रेड कैंटवेल स्मिथ, 'द क्रिस्टलाइजेशन ऑफ रेलिजियस कम्यूनिटीज इन मुगल इंडिया'। हाल में, वसुधा डालमिया, अंगेलिका मलिनार, और मार्टिन क्रिस्तॉफ सम्पा. : 'करिज्मा एंड कैनन : एसेज ऑन द रेलिजियस हिस्टरी ऑफ द इंडियन सबकंटीनेंट' (दिल्ली : ऑक्सफोर्ड यूनिवर्सिटी प्रेस, 2001), पृ. 129-54, खास कर पृ. 147-8 पर वसुधा डालमिया, 'फोर्जिंग कम्यूनिटी : द गुरु इन सेवेंटींथ सेंचुरी वैष्णव हैजियोग्राफी'।
10. खास कर, रुपर्ट स्नेल, 'द एटीफोर हाइम्स ऑफ हित हरिवंश, ऐन एडिशन ऑफ द चौरासी पद' (दिल्ली : मोतीलाल बनारसीदास, 1990); डब्ल्यू.एम. कैलेवर्त और मुकुंद लाठ, 'द हिन्दी सांग्स ऑफ नामदेव' (ल्युवेन : डिपार्टमेंट ओरिएंटलिस्टिक, 1989); माताप्रसाद गुप्त, 'सूरसागर' (आगरा : के.एम. हिन्दी तथा भाषाविज्ञान पीठ, आगरा विश्वविद्यालय, 1979); गोपाल नारायण बहुरा और केनिथ ई. ब्रायंट, सम्पा. : 'पद सूरदास जी का/द पद्स ऑफ सूरदास' (जयपुर : महाराजा सवाई मानसिंह—द्वितीय संग्रहालय, 1982); जे.एस. हौली और के.ई. ब्रायंट, 'सूर्स ओशन' (कैम्ब्रिज : हार्वर्ड यूनिवर्सिटी प्रेस, 2015); जे.एस. हौली, 'सूरदास : पोएट, सिंगर, सेंट' (सिएट्ल : यूनिवर्सिटी ऑफ वाशिंगटन प्रेस; दिल्ली : ऑक्सफोर्ड यूनिवर्सिटी प्रेस, 1984); गुरिंदर सिंह मान, 'द मेकिंग ऑफ सिख स्क्रिप्चर' (न्यूयॉर्क : ऑक्सफोर्ड यूनिवर्सिटी प्रेस, 2001); पारसनाथ तिवारी, 'कबीर ग्रन्थावली' (इलाहाबाद : प्रयाग विश्वविद्यालय, 1961); सुखदेव सिंह, 'कबीर बीजक' (इलाहाबाद : नीलाभ प्रकाशन, 1972)।

11. हौली, 'सूरदास', पृ. 121-60

12. यहाँ और आगे भी नागरी प्रचारिणी सभा की संख्याओं का उपयोग सूर की कविता को सबसे ख्यात संस्करण (नागरी प्रचारिणी सभा के) के बरअक्स पता लगाने के लिए किया जाता है : 'सूरसागर', सम्पा. : जगन्नाथदास 'रत्नाकर' एवं अन्य (बनारस, 1934, 1948, 1972, 1976)। वैसे, अनूदित वास्तविक पाठ, जो आगे प्रस्तुत किया गया है, वह है जिसे के.ई. ब्रायंट ने स्थापित किया (देखें : हौली तथा ब्रायंट, 'सूर्स ओशन')। यह कविता जिस सबसे पुरानी दिनांकित पांडुलिपि में पाई गई (बी 2) 1624 (वि.सं. 1681) में बीकानेर के महाराजा के कारवाँ में शामिल एक लिपिकार ने लिखी थी; उसका दावा है कि उसने पुरानी पांडुलिपि से नकल की थी।

13. हौली, 'सूरदास', पृ. 18-22, और आगे अध्याय 7

14. मॅक्लॉड, 'अर्ली सिख ट्रैडीशन' (ऑक्सफोर्ड : क्लेअरेंडन प्रेस, 1980)।

15. शार्लौट वॉदवील, 'द गोवर्धन मिथ इन नॉदर्न इंडिया', इंडो, ईरानियन जरनल 22 (1980), पृ. 1-45; मोनिका थीएल-हॉर्स्टमैन, सम्पा. : 'भक्ति इन करेंट रिसर्च, 1979-1982' (बर्लिन : दित्रिख राइमर वेर्लाग, 1983), पृ. 157-69 पर हौली, 'सूरदास', पृ. 14-22 और 'द सेक्टेरियन लॉजिक ऑफ द सूरदास की वार्ता'।

16. आर.डी. गुप्त, 'प्रिया दास, ऑथर ऑफ 'भक्तिरसबोधिनी', बुलेटिन ऑफ द स्कूल ऑफ ओरिएंटल एंड अफ्रीकन स्टडीज 32:1 (1969), पृ. 61-9; फिलिप लुत्गेनडॉर्फ, 'कृष्ण चैतन्य एंड हिज कंपेनियन्स ऐज प्रेजेंटेड इन द भक्तमाल ऑफ नाभा जी एंड द भक्तिरसबोधिनी ऑफ प्रिया दास', एम.ए. डिस्स., यूनिवर्सिटी ऑफ शिकागो, 1981, पृ. 25-9

17. जगदीश कुमार तथा उमा ठुकराल के साथ डेविड लोरेंजेन, कबीर लीजेंड्स एंड अनन्तदासेज कबीर परचई (अल्बानी : स्टेट यूनिवर्सिटी ऑफ न्यूयॉर्क प्रेस, 1991), पृ. 9-18। मुझे लगता है कि मुख्य समस्या इतिहास में रामानन्द की स्थिति को लेकर है। वे अनन्तदास की गुरु परम्परा में प्रमुखता से उभरते हैं, जैसाकि उन्होंने अपनी पीपा परचई में खुद दावा किया है। वैसे, प्रमाण पूरी तरह स्पष्ट नहीं है (लोरेंजेन, कबीर लीजेंड्स, पृ. 10)। बाद की उत्तर भारतीय भक्ति और पहले की दक्षिण भारतीय भक्ति के बीच सेतु—और वैधता प्रदान करनेवाली शक्ति—के रूप में रामानन्द की प्रतीकात्मक भूमिका इतनी बड़ी है कि मुझे दिग्गजों की ऐतिहासिकता और उनकी परम्परा पर बहुत ज्यादा विश्वास करने में परेशानी महसूस होती है। उत्तर और दक्षिण, सन्त और वैष्णव के बीच एक भंडार के रूप में उनकी उपयोगिता बहुत बड़ी है। और प्रिया दास सरीखे सन्तचरित लेखक उनके बारे में किंवदंतियों का जो उपयोग करते हैं, वह मुझे दोगुना सावधान कर देता है।

18. देखें : हौली और जुएर्गेंसमेयेर, 'सांग्स ऑफ द सेंट्स ऑफ इंडिया', पृ. 24। वहाँ अनुवादित कविता पद्म गुरचरण सिंह, 'सन्त रविदास : विचारक और कवि' (जैसलमेर : नव-चिन्तन प्रकाशन, 1977) में कविता 33 है।

19. हौली और जुएर्गेंसमेयेर, 'सांग्स ऑफ द सेंट्स ऑफ इंडिया', पृ. 158। इससे जुड़ा सन्तचरितात्मक पाठ है मूल गोसाईं चरित (दोहे 29-32, और सम्बन्धित चौपाइयाँ),

जो बेनी माधवदास की बताई जाती है। इसका पता चला—किशोरीलाल गुप्त, गोसाईं चरित (वाराणसी : वाणी-वितान प्रकाशन, 1964) में पृ. 285 पर। पाठ की स्थिति के लिए देखें : फिलिप लुत्गेनडॉर्फ, 'द क्वेस्ट फॉर द लीजेंडरी तुलसीदास', जरनल ऑफ वैष्णव स्टडीज 1:2 (1993), पृ. 79-101, और कुछ विस्तार के लिए देखें : वाइनांद कैलेवर्त तथा रुपर्ट स्नेल, सम्पा. : 'एकॉर्डिंग टु ट्रैडीशन : हैजियोग्राफिकल राइटिंग इन इंडिया' (वीजबेडेन : ओट्टो हारासोविज, 1994), पृ. 65-85।

20. मैं कबूल करता हूँ कि इस कविता में जिस अटपटे छंद का प्रयोग किया गया है और इसमें काव्यात्मकता की जो कमी है, उसके चलते मुझे सन्देह है कि 'वास्तविक' सूरदास—मुझे पूरा विश्वास है कि वे थे—ने इस कविता की रचना की है। इसकी पांडुलिपि सर्वश्रेष्ठ पृष्ठभूमि की नहीं है (ए1, बी2, बी3, बी4, जे4, यू1, यू2), फिर भी यह इतनी मजबूत है कि यह बताती है कि यह कविता 16वीं सदी में ज्ञात थी। पद 9 में 'प्रगट' शब्द का प्रयोग यह प्रश्न पैदा करता है कि क्या कवि सन्तों के अवतार के ऐसे सिद्धान्त को मानकर चल रहा है जैसाकि महीपति की 'भक्तविजय' में बताया गया है?
21. अगर हम इस भेद को एक क्षण के लिए मान लें। इसके विपरीत, देखें : हौली, सूरदास, पृ. 141-8
22. हिन्दी पांडुलिपि 30587 (वि.सं. 1788) के सन्दर्भ में राजस्थान प्राच्यविद्या प्रतिष्ठान, जोधपुर की सन्दर्भ सूची।
23. पांडुलिपि 'स्फुटकर पद' की अधिग्रहण संख्या है 773/48, नागरी प्रचारिणी सभा के रजिस्टर में अन्तिम पड़ाव के रूप में दर्ज इस पांडुलिपि की तारीख वि.सं. 1757 है। अतिरिक्त दो को ग्रुप 1 में सूचीबद्ध किया गया है।
24. पांडुलिपि की चयनिका के मामले में यहाँ से आगे मैं केवल विक्रम संवत (वि.सं.) की तारीख का उल्लेख करूँगा, जो पांडुलिपि में पाई जाती है। जूलियन कैलेंडर के मुताबिक सम्बन्धित तारीख वि.सं. की संख्या में 57 घटाकर प्राप्त की जा सकती है।
25. रावतमल सारस्वत और दीनानाथ खत्री, 'कैटलॉग ऑफ द राजस्थानी मैनुस्क्रिप्ट्स इन द अनूप संस्कृत लाइब्रेरी' (बीकानेर : बीकानेर महाराज, 1947), पृ. 50-71। 'फुटकर पद' वाली श्रेणी में दोहे, सोरठे, सवैये, कवित्त शामिल हैं। कवित्त इतना बड़ा होता है कि उसमें पद भी शामिल हों।
26. मैंने नागरी प्रचारिणी सभा की विभिन्न खोज रिपोर्टों और माताप्रसाद गुप्त द्वारा प्रारम्भ में किए गए पांडुलिपि सर्वे का भी उल्लेख किया है।
27. यह पांडुलिपि गोपाल नारायण बहुरा की 'लिटररी हेरिटेज ऑफ द रूलर्स ऑफ आमेर एंड जयपुर' (जयपुर : महाराजा सवाई मानसिंह-द्वितीय संग्रहालय, 1976), पृ. 168 में सूचीबद्ध 'पद संग्रह' (स्फुट) में सूचीबद्ध नहीं है।
28. खेद है कि मेरी टिप्पणियों में जिल्दों की संख्या की जानकारी नहीं दी गई है।
29. पांडुलिपि की फोटो खींची जा चुकी है, आगे जाँच की जानी है।
30. उदाहरणार्थ, कोटा के श्यामसुन्दर कीर्तनकर या नाथद्वारा की दूसरी गद्दी के राधेश्याम कीर्तनकर।
31. शोमर तथा मॅक्लॉड सम्पा. : 'द संत्स', पृ. 27-9 पर वॉदवील, 'सन्त मत : संतिज्म ऐज

द यूनिवर्सल पाथ टु सैंक्टिटी'।

32. जयपुर : महाराजा सवाई मानसिंह-द्वितीय संग्रहालय, 1982 (वास्तविक प्रकाशन 1984)। फतेहपुर पांडुलिपि की हालत के बारे में ज्ञानवर्द्धक चर्चा के लिए मैं गुरिंदर सिंह मान का आभारी हूँ।
33. इस बिन्दु पर मैं उस पांडुलिपि को रद्द करता हूँ, जिसके बारे में सूचीपत्र के विवरण से लगता है कि वह यहाँ सूचीबद्ध है। राजस्थान प्राच्यविद्या प्रतिष्ठान की जोधपुर शाखा में इसकी अधिग्रहण संख्या 39687 है और शीर्षक है : 'गुटका सन्तवाणी संग्रह'। सूचीपत्र के मुताबिक यह वि.सं. 1710 की है लेकिन पुष्पिका फिलहाल तो गायब है। इसलिए कोई विश्वसनीय तारीख नहीं दी जा सकती। 'सन्त' उपाधि के मद्देनजर गौर करनेवाली बात यह लगती है कि सूर की एक निर्गुण कविता 'सूर पचीसी' शामिल है।
34. इस पांडुलिपि की फोटो केनिथ ब्रायंट ने 12 दिसम्बर, 1980 को खींची थी।
35. इस मुद्दे पर एक बयान के लिए देखें : पशौरा सिंह, 'द टेक्स्ट एंड मीनिंग ऑफ द आदिग्रन्थ' (पी-एच.डी. निबन्ध, यूनिवर्सिटी ऑफ टोरंटो, 1991), पृ. 186-90। इसे और स्पष्ट किया है गुरिंदर सिंह मान ने, 'द मेकिंग ऑफ सिख स्क्रिप्चर' में, पृ. 115-17
36. जुएर्गेंसेमेयेर तथा बेरियर, सम्पा. : 'सिख स्टडीज', में पृ. 75-86 पर कैरीन शोमर, 'कबीर इन द ग्रेट ग्रन्थ साहिब : एन एक्सप्लोरेटरी एस्से'; लिंडा हेस (तथा सुखदेव सिंह), 'द बीजक ऑफ कबीर' (सैन फ्रांसिस्को : नॉर्थ प्वाइंट प्रेस, 1983), पृ. 6-7
37. डेविड एन. लोरेंजेन, 'द कबीर पंथ : हेरेटिक्स टु हिन्दूज', डी.एन. लोरेंजेन सम्पा. : 'रेलिजियस चेंज एंड कल्चरल डॉमिनेंस' (मेक्सिको सिटी : एल कोलेजियो डि मेक्सिको, 1981), पृ. 151-71

अध्याय-4 : पांडुलिपि में मीराँ

1. देखें : लॉरेंस ए. बैब, वर्षा जोशी, और माइकल मीस्टर, सम्पा. : 'मल्टिपल हिस्टरीज : कल्चर एंड सोसाइटी इन द स्टडी ऑफ राजस्थान' (जयपुर : रावत पब्लिकेशंस), पृ. 313-35; पृ. 314 और 324 से उद्धरण। कल्याण सिंह शेखावत की 'मीराँ की प्रामाणिक जीवनी' (जोधपुर : राजस्थान ग्रन्थागार, 2002) विषय के मामले में तुलना के योग्य लेकिन शैली तथा मान्यता के मामले में भिन्नता।
2. जे.एस. हौली और मार्क जुएर्गेंसेमेयेर, 'सांग्स ऑफ द सेंट्स ऑफ इंडिया', (न्यूयॉर्क तथा दिल्ली : ऑक्सफोर्ड यूनिवर्सिटी प्रेस, 1988, 2004), पृ. 122; मन्दाक्रांता बोस सम्पा : 'फेसेज ऑफ द फेमिनाइन फ्रॉम एन्सिएंट, मेडाइवल, एंड मॉडर्न इंडिया' (न्यूयॉर्क : ऑक्सफोर्ड यूनिवर्सिटी प्रेस, 2000), पृ. 163, 170 पर नैन्सी एम. मार्टिन, 'मीराँबाई इन द एकेडमी एंड द पॉलिटिक्स ऑफ आइडेंटिटी'; पारिता मुक्ता, 'अपहोल्डिंग द कॉमन लाइफ : द कम्यूनिटी ऑफ मीराँबाई' (दिल्ली : ऑक्सफोर्ड यूनिवर्सिटी प्रेस, 1994), पृ. 26
3. मुँहता नैणसी, 'मुँहता नैणसी री ख्यात' खंड 1, सम्पा. : बदरीप्रसाद साकरिया (जोधपुर :

राजस्थान प्राच्यविद्या प्रतिष्ठान, 1960), पृ. 21

4. गुजराती कवि दयाराम (1777-1852) को 19वीं सदी के उत्तरार्द्ध में इतिहास सम्बन्धी मान्यता के लचीलेपन का उदाहरण माना जा सकता है, जब मीराँ के जीवन का मानकीकरण कर दिया गया था। उनके लिए मीराँ के पिता जैमल राठौड़ थे, न कि रतनसिंह : 'मीराँ चरित्र', पद 1, अंबाशंकर नागर द्वारा 'मध्यकालीन हिन्दी साहित्य : अध्ययन और अन्वेषण' (अहमदाबाद : पश्चिमांचल प्रकाशन, 1997) में पृ. 177 पर उद्धृत।
5. मुनि जिनविजय, सम्पा. : 'राजस्थानी-हिन्दी हस्तलिखित ग्रन्थसूची' खंड 1 (जोधपुर : राजस्थान प्राच्यविद्या प्रतिष्ठान, 1960), पृ. 234-5; ओंकारलाल मेनारिया, सम्पा. : खंड 4 (1978), पृ. 38-47
6. वाइनांद एम. कैलेवर्त और रुपर्ट स्नेल, सम्पा. : 'एकॉर्डिंग टु ट्रैडीशन : हैजियोग्राफिकल राइटिंग इन इंडिया' (वीजबेडेन : हारासोविज वेर्लाग, 1994), पृ. 65-85 पर फिलिप लुत्गेनडॉर्फ, 'द क्वेस्ट ऑफ द लीजेंडरी तुलसीदास'।
7. टैफ्ट, 'मीराँबाई', पृ. 333, नोट 6 में उद्धृत हुक्म सिंह भाटी, 'मीराँबाई : ऐतिहासिक व सामाजिक विवेचन' (जोधपुर : राजस्थान साहित्य संस्थान, 1986), पृ. 14
8. टैफ्ट, 'मीराँबाई', पृ. 329 में उद्धृत, 'मारवाड़ रा परगनां री विगत', खंड 2, सम्पा. : बदरीप्रसाद साकरिया (जोधपुर : राजस्थान प्राच्यविद्या प्रतिष्ठान, 1969), पृ. 471
9. नाभादास तथा अन्य, 'श्री भक्तमाल', साथ में 'भक्तिरसबोधिनी' पर प्रियादास की टीका, सम्पा. : सीतारामशरण भगवानप्रसाद रूपकला (लखनऊ : तेजकुमार प्रेस, 1969, मूलत: 1910), पृ. 477-8
10. हर बिलास सारदा, 'महाराणा सांगा, द हिन्दूपत' (अजमेर : स्कॉटिश मिशन इंडस्ट्रीज कंपनी, 1918), पृ. 12-13; पूर्वोक्त, हौली और जुएर्गेंसेमेयेर, 'सांग्स ऑफ द सेंट्स ऑफ इंडिया', पृ. 177, नोट 18
11. गिल्बर्ट पोलेट, 'अर्ली एविडेंश ऑन तुलसीदास एंड हिज एपिक', ओरिएंटालिया लोवानिएंसिया पीरिऑडिका 5 (1974), पृ. 157-9
12. द्वारिकादास पारीख, सम्पा. : 'चौरासी वैष्णवों की वार्ता' (मथुरा : श्री बजरंग पुस्तकालय, 1970), पृ. 713, 717, 722
13. देविन्दर सिह उषाहण, 'प्रेम अम्बोध' (पटियाला : पंजाबी यूनिवर्सिटी पब्लिकेशन ब्यूरो, 1989), पृ. 109, 115, चौपाइयाँ 3, 4, 22
14. उषाहण, 'प्रेम अम्बोध', पृ. 117-19; खास कर दोहरा, पृ. 117; चौपाइयाँ 32-3, और करमाबाई चौपाई, पृ. 119
15. उषाहण, 'प्रेम अम्बोध', पृ. 117-18, चौपाई 32, पृ. 118 को उद्धृत करते हुए। प्रतिशोधक सुदर्शन चक्र वाले विषय को अंबरीष तथा दुर्वासा की कथा से लिया गया है। विस्तार के लिए देखें : हौली, 'इंटु सूर्स ओशन' (पद 363)।
16. हौली और जुएर्गेंसेमेयेर, 'सांग्स ऑफ द सेंट्स ऑफ इंडिया', पृ. 125-6; हाइदी आर.एम. पाउवेल्स, 'इन प्रेज ऑफ होली मेन : हैजियोग्राफिक पोएम्स बाइ एंड अबाउट हरिराम व्यास' (ग्रोनिंजेन : एगबर्ट फोर्स्टेन, 2002), पृ. 85
17. हाइदी आर.एम. पाउवेल्स, 'राठौड़ी मीराँ'; साथ में मोनिका हॉर्स्टमैन, सम्पा. : 'भक्ति

लिटरेचर इन करेंट रिसर्च', 2001-03 (दिल्ली : मनोहर, प्रकाश्य), खंड 2.2 में 'हैजियोग्राफी एंड रिसेप्शन हिस्टरी : द केस ऑफ मीराँज पद्स इन नागरीदासेज पद-प्रसंग-माला'।

18. दीनदयाल गुप्त, 'अष्टछाप और वल्लभ सम्प्रदाय' (इलाहाबाद : हिन्दी साहित्य सम्मेलन, 1970), खंड 1, पृ. 129-30; कांतामणि शास्त्री, 'अष्टछाप की वार्ता' (कांकरौली : विद्या विभाग, 1952), पृ. 3-4
19. व्रजेश्वर वर्मा, 'सूर-मीमांसा' (नई दिल्ली : ओरिएंटल बुक डिपो, तारीख नहीं), पृ. 30-1; जे.एस. हौली, 'सूरदास : पोएट, सिंगर, सेंट' (सिएट्ल : यूनिवर्सिटी ऑफ वाशिंगटन प्रेस; दिल्ली : ऑक्सफोर्ड यूनिवर्सिटी प्रेस, 1984); पृ. 7
20. 'वार्ता', पृ. 530-1; रिचर्ड बार्ज, 'द भक्ति सेक्ट ऑफ वल्लभाचार्य' (फरीदाबाद : थॉमसन प्रेस लि।, 1976), पृ. 213-14।
21. क्रिस्टोफर की चैपल, 'डिवोशन टु गॉड इन मीराँबाई, जैनिज्म, एंड योग', 5 अक्टूबर 2002 को लॉस एंजिलिस की यूनिवर्सिटी ऑफ कैलिफोर्निया में 'मीराँबाई : हिन्दू सेंट फॉर अ ग्लोबल वर्ल्ड' विषय पर हुए सम्मेलन में पढ़ा गया पर्चा।
22. मूल अंग्रेजी में 'टू रोड्स डाइवर्ज' रॉबर्ट फ्रॉस्ट की उस कविता का सन्दर्भ देता है, जो इस पंक्ति से शुरू होती है—'टू रोड्स डाइवर्ज्ड इन अ येलो वूड'। फ्रॉस्ट परिचित रास्ते और अपरिचित रास्ते के बीच के विरोधाभास को उजागर करते हैं। इसके आगे जो होता है, मैं दूसरे रास्ते को चुनता हूँ। फ्रॉस्ट कहते हैं कि इससे 'पूरा फर्क पड़ जाएगा'।
23. वाइनांद एम. कैलेवर्त, साथ में स्वप्ना शर्मा, 'द हैजियोग्राफीज ऑफ अनन्तदास : द भक्ति पोएट्स ऑफ नॉर्थ इंडिया' (रिचमंड, सरे : कर्जन प्रेस, 2000), पृ. 224, 275; यह उद्धरण 'पीपा परचई' के पद 35.16 के रूप में आता है।
24. हाइदी आर.एम. पाउवेल्स, 'कृष्णाज राउंड डांस रीकन्सीडर्ड : हरिराम व्यासेज हिन्दी रसपंचअध्यायी' (रिचमंड, सरे : कर्जन प्रेस, 1996), पृ. 4-6; 'इन प्रेज ऑफ होली मेन', पृ. 85-6, 269-71
25. हौली और जुएर्गेंसमेयेर, 'सांग्स ऑफ सेंट्स ऑफ इंडिया', पृ. 202-3; वाइनांद कैलेवर्त, 'द अर्लिएस्ट सांग ऑफ मीराँ' (1503-1546), जरनल ऑफ द ओरिएंटल इंस्टीट्यूट (बड़ौदा विश्वविद्यालय) 39 (1990), पृ. 376, टिप्पणी 17; सी.एल. प्रभात, 'मीराँबाई' (शोधप्रबन्ध) (बम्बई : हिन्दी ग्रन्थ रत्नाकर, 1965), पृ. 245; और 'मीराँ : जीवन और काव्य' (जोधपुर : राजस्थान ग्रन्थागार, 1999), पृ. 462-9; नैन्सी एम. मार्टिन, 'मीराँबाई' (न्यूयॉर्क : ऑक्सफोर्ड यूनिवर्सिटी प्रेस, प्रकाश्य); पाउवेल्स, 'राठौड़ी मीराँ'।
26. प्रभात, 'मीराँबाई', पृ. 245; और 'मीराँ : जीवन और काव्य', पृ. 462-9; पूर्वोक्त, प्रियाबाला शाह, 'अ डिस्क्रिप्टिव कैटलॉग ऑफ संस्कृत मैनुस्क्रिप्ट्स' (गुजरात विद्या सभा संग्रह) (अहमदाबाद : गुजरात विद्या सभा, 1964), विधात्री ए. वोरा सम्पा. : 'अ डिस्क्रिप्टिव कैटलॉग ऑफ गुजराती, हिन्दी, मराठी मैनुस्क्रिप्ट्स ऑफ बी.जे. इंस्टीट्यूट म्यूजियम' (अहमदाबाद : बी.जे. इंस्टीट्यूट ऑफ लर्निंग एंड रिसर्च, 1987)।
27. प्रभात, 'मीराँ : जीवन और काव्य' पृ. 467
28. भगवानदास तिवारी, 'मीराँ की भक्ति और उनकी काव्य-साधना का अनुशीलन'

(इलाहाबाद : साहित्य भवन, 1974), पृ. 22

29. पॉल बी. आर्नी, 'द डाकोर एंड काशी मैनुस्क्रिप्ट्स : आर दे जेनुइन ?' (अप्रकाशित पर्चा, कोलंबिया यूनिवर्सिटी, 1989), पृ. 3; पूर्वोक्त, तिवारी, 'मीराँ की भक्ति', पृ. 237-9
30. पूर्वोक्त, आर्नी, 'द डाकोर एंड काशी मैनुस्क्रिप्ट्स', पृ. 5
31. कल्याण सिंह शेखावत, 'मीराँबाई का जीवनवृत्त एवं काव्य' (जोधपुर : हिन्दी साहित्य मन्दिर, 1974), पृ. 15, 27; आर्नी, 'द डाकोर एंड काशी मैनुस्क्रिप्ट्स', पृ. 9-10, हौली और जुएर्गेसमेयेर, 'सांग्स ऑफ सेंट्स ऑफ इंडिया', पृ. 202
32. कैलेवर्त, 'द अर्लिएस्ट सांग ऑफ मीराँ', पृ. 369
33. प्रभात, 'मीराँ : जीवन और काव्य', पृ. 462; शेखावत, 'मीराँबाई का जीवनवृत्त एवं काव्य', पृ. 14-15
34. तिवारी, 'मीराँ की भक्ति', पृ. 24-5, और 'मीराँ की प्रामाणिक पदावली' (इलाहाबाद : साहित्य भवन, 1974), पृ. 5
35. ललित प्रसाद सुकुल, 'मीराँ स्मृति ग्रन्थ' (कलकत्ता: बंगीय हिन्दी परिषद, 1949), पृ.ग-च, उद्धृत वही, पृ. 22-4
36. सुकुल, 'मीराँ स्मृति ग्रन्थ', उद्धृत वही, पृ. 23
37. सुकुल, 'मीराँ स्मृति ग्रन्थ', पृ. च-ज, उद्धृत वही, पृ. 24-5
38. सुकुल, 'मीराँ स्मृति ग्रन्थ', उद्धृत वही, पृ. 23
39. मार्टिन, 'मीराँबाई', अध्याय 4; कैलेवर्त, 'द अर्लिएस्ट सांग ऑफ मीराँ' (1503-1546)'
40. प्रभात, 'मीराँ : जीवन और काव्य', पृ. 464-5
41. गुरिंदर सिंह मान, 'द मेकिंग ऑफ सिख स्क्रिप्चर' (न्यूयॉर्क : ऑक्सफोर्ड यूनिवर्सिटी प्रेस, 2001), पृ. 115-16; पूर्वोक्त, प्रभात, 'मीराँ : जीवन और काव्य' पृ. 462-5
42. एम.ए. मकाउलिफ, 'द लीजेंड ऑफ मीराँबाई, द राजपूत प्रिंसेस', इंडियन एंटिक्वारी 32 (1903), और मार्टिन, 'मीराँबाई', अध्याय 4
43. कैलेवर्त, 'द अर्लिएस्ट सांग ऑफ मीराँ', पृ. 366
44. पाउवेल्स, 'राठौड़ी मीराँ', पूर्वोक्त, नाभादास, 'भक्तमाल', पृ. 820; 'भक्तमाल' की तारीख के लिए देखें : 'अर्ली एविडेंश ऑन तुलसीदास एंड हिज एपिक', पृ. 157-9
45. प्रभात, 'मीराँ : जीवन और काव्य', पृ. 467
46. रामकृपालु शर्मा, सम्पा. : 'ग्रन्थ पारिजात : हिन्दी भाषा की हस्तलिखित सूची' (जयपुर : श्री संजय शर्मा संग्रहालय एवं शोध संस्थान, 2001), पृ. 137
47. इस कविता पर विचार-विमर्श करने के लिए इसकी, और जिस पांडुलिपि की यह है, उसकी पुष्पिका की प्रतिलिपि लेने की अनुमति देने के लिए मैं श्री रामकृपालु शर्मा का आभारी हूँ (जयपुर, 31 मई, 2004)। पहली पंक्ति में गोपी शब्द 'काती' (कितनी ?) के ठीक ऊपर लिखा है लेकिन पूरे पाठ से भिन्न हस्तलेख में। गर्मी के मौसम में जब आम पकने लगते हैं तब महिलाएँ 'नवरंग' (नौ रसों के प्रतीक के तौर पर) खेल खेलती हैं। पहले वे फल खाती हैं, फिर उसके गूदे से होली खेलती हैं और फिर कपड़े बदलती हैं। अन्तिम पंक्ति में प्रश्न उठाया गया है : 'कितने कृष्ण और कितनी मुरली ?' इस प्रश्न का सम्बन्ध शायद इस तथ्य से है कि रासलीला के वृत्त में मुरली थामे कृष्ण

कई प्रतिरूप धारण कर लेते हैं ताकि हरेक गोपी को लगे कि वह उनका हाथ थामे है। इसलिए, इस प्रश्न का उत्तर वही होगा, जो शायद कविता की प्रथम पंक्ति में उठाए गए प्रश्न का हो सकता है।

48. कैलेवर्त, 'द अर्लिएस्ट सांग ऑफ मीराँ', पृ. 377; हौली और जुएर्गेंसमेयेर, 'सांग्स ऑफ द सेंट्स ऑफ इंडिया', पृ. 202; मार्टिन, 'डाइड इन द कलर ऑफ हर लॉर्ड : मल्टिपल रिप्रेजेंटेशंस इन द मीराँबाई ट्रैडीशन' (शोधप्रबन्ध, ग्रेजुएट थियोलॉजिकल यूनियन, 1995), पृ. 130

49. कैलेवर्त ने संजय शर्मा संग्रहालय में सूचीबद्ध मीराँ की एक प्राचीन कविता का पता लगाया (निजी बातचीत, 7 अक्टूबर, 2002) तो मैंने उपरोक्त कविता की खोज करने का फैसला किया। उन्होंने बताया कि वृंदावन संग्रह में उन्होंने एक और कविता देखी है ('द अर्लिएस्ट सांग ऑफ मीराँ', पृ. 377, नोट 17)। इसी तरह, नीलिमा शुक्ल-भट्ट ने अहमदाबाद के बी.जे. इंस्टीट्यूट में गुजरात विद्या सभा संग्रह की पांडुलिपि 689 में चार कविताओं की पहचान की है जिन्हें मीराँ की बताया गया है। इन पर वि.सं. 1792 (1735 ई.) तारीख पड़ी है (निजी संवाद, 29 सितंबर, 2002 और 13 अप्रैल, 2004)।

50. मैं राजस्थान प्राच्यविद्या प्रतिष्ठान, जयपुर के ब्रजेश कुमार सिंह का आभारी हूँ कि उन्होंने 24 मार्च, 2004 को वित्तीय टिप्पणियों की बारीकियाँ मुझे समझाईं।

51. परशुराम चतुर्वेदी, सम्पा. 'मीराँबाई की पदावली' (इलाहाबाद : हिन्दी साहित्य सम्मेलन, 1973, मूलत: 1932), पृ. 13

अध्याय-5 : लालसा की काया

1. 'सांग ऑफ सांग्स' की व्याख्या कई तरह से की गई है। उनमें से सभी बिलिंग्स द्वारा की गई व्याख्या के सुर में नहीं हैं या रूपक में नहीं बदल जातीं। ईसाई व्यंजनात्मक व्याख्या के दायरे में भी सभी टीकाकार इस बात से सहमत नहीं हैं कि सन्दर्भ बिन्दु ईसा और चर्च हैं। मैं एलिजाबेथ कास्टेली का आभारी हूँ कि उन्होंने इन विषयों पर विचार-विमर्श का अवसर मुझे दिया और मार्सिया फॉक का भी उनकी इस पुस्तक के लिए आभारी हूँ—'द सांग ऑफ सांग्स : अ न्यू ट्रांसलेशन एंड इंटरप्रेटेशन' (सैन फ्रांसिस्को; हार्पर, 1990)।

2. इन विवरणों के लिए मैं गुरिंदर सिंह मान को श्रेय देता हूँ, जिन्होंने पांडुलिपि की सावधानी से जाँच की है और मैंने उनके टेपांकन से अनुवाद किया है। पाठ कानपुर की तथाकथित बन्नो पांडुलिपि में पाए गए पाठ से केवल दो जगह अलग है। बन्नो पांडुलिपि 1642 की है जिसे डब्ल्यू. एम. कैलेवर्त की 'द अर्लिएस्ट सांग ऑफ मीराँ (1503-1546)', नेपल्स की इंस्टीट्यूटो यूनिवर्सिटारियो ओरिएंटेल की 'अन्नली' 50.4 (1990) में पृ. 365-6 पर, और 'ओरिएंटालिया लोवानिएंसिया पीरिऑडिका' 22 (1991), पृ. 203 पर प्रकाशित किया गया है। अतिरिक्त जानकारी तथा अलग अनुवाद के लिए देखें : नैन्सी एम. मार्टिन (—केर्शा), 'डाइड इन द कलर ऑफ हर लॉर्ड : मल्टिपल रिप्रेजेंटेशंस इन द मीराँबाई ट्रैडीशन' (शोधप्रबन्ध, ग्रेजुएट थियोलॉजिकल यूनियन, बर्कली, 1995), पृ. 115। इस कविता पर गुरिंदर सिंह मान के शोध के पहलुओं के लिए देखें : 'द मेकिंग ऑफ सिख

स्क्रिप्चर' (न्यूयॉर्क : ऑक्सफोर्ड यूनिवर्सिटी प्रेस, 2001), पृ. 115–17

3. 1640 की सूरदास की कविता की एक पांडुलिपि के शीर्षक-दर-शीर्षक विभाजन के लिए देखें : जे.एस. हौली, 'सूरदास : पोएट, सिंगर, सेंट' (सिएट्ल : यूनिवर्सिटी ऑफ वाशिंगटन प्रेस; दिल्ली : ऑक्सफोर्ड यूनिवर्सिटी प्रेस, 1984); पृ. 48
4. यह कविता नागरी प्रचारिणी सभा मानक 'सूरसागर' की कविता नम्बर 3857 से मिलती-जुलती है।
5. एस.के. डे, 'हिस्टरी ऑफ संस्कृत पोएटिक्स', द्वितीय संशोधित संस्करण (कलकत्ता : के.एल. मुखोपाध्याय, 1960), पृ. 384
6. उपयुक्त संक्षेप में इस इतिहास के विवरण के लिए देखें : बैरन हॉलैंड, 'द सतसई ऑफ बिहारी : हिन्दी पोएट्री ऑफ अर्ली रीति पीरियड' (शोधप्रबन्ध, यूनिवर्सिटी ऑफ कैलिफोर्निया, बर्कली), 1969, पृ. 82–7; साथ में देखें : रोनाल्ड स्टुअर्ट मॅक्ग्रेगर, 'हिन्दी लिटरेचर फ्रॉम इट्स बिगनिंग टु नाइंटींथ सेंचुरी' (वीजबेडेन : ओट्टो हारासोविज, 1984), पृ. 118–29
7. मूल ब्रजभाषा ब्रायंट संस्करण है (165) जो कि नागरी प्रचारिणी सभा 3399 का है।
8. महिलाएँ स्वाभाविक तौर पर उपासक होती हैं, यह बयान हिन्दू भक्ति साहित्य में प्राय: उद्धृत किया जाता है और यह जे.एस. हौली तथा डॉन्ना एम. वुल्फ द्वारा सम्पादित 'द डिवाइन कन्सॉर्ट : राधा एंड द गॉडेसेज ऑफ इंडिया' (बर्कली : बर्कली रेलिजियस स्टडीज सीरीज, और दिल्ली : मोतीलाल बनारसीदास, 1982), में पृ. 324 पर ए.के. रामानुजन की 'ऑन वुमेन सेंट्स' के अन्त में भी है। रामानुजन कमजोर पड़ने की बात नहीं करते, सद्‌भाव की बात करते हैं। जहाँ तक 'स्वाभाविक' सादृश्यता—पुरुष की तुलना में स्त्री में कुछ आन्तरिक कमी—की बात है, सिंथिया ह्यूम्स (चैपमैन यूनिवर्सिटी, 2 अप्रैल, 1998) कहती हैं कि भरत के क्लासिक 'नाट्यशास्त्र' में नायक के जो आठ सर्वोत्कृष्ट भाव निर्धारित किए गए हैं, उनमें जो 'ललित गुण' है, वह उसे स्त्री से आन्तरिक रूप से जोड़ता है। भरत ने नायिका के जो भेद बताए हैं, वे एकदम भिन्न हैं। यहाँ भी भरत आठ 'अवस्थाओं' की बात करते हैं, जो स्त्री को पुरुष के सन्दर्भ में रखकर देखते हैं। देखें : राकेश गुप्त, 'स्टडीज इन नायक-नायिका भेद' (अलीगढ़ : ग्रन्थायन, 1967), पृ. 49–51
9. खास तौर से 'मनुस्मृति' 5.147–51, 155, साथ ही वेंडी डॉनिगर (ब्रायन के. स्मिथ के साथ), अनु., 'द लॉज ऑफ मनु' (न्यूयॉर्क, पेंगुइन, 1991), पृ. 115; साथ ही देखें : आइ. जूलिया लेस्ली, 'द परफेक्ट वाइफ : द ऑर्थोडॉक्स हिन्दू वुमन एकॉर्डिंग टु द स्त्रीधर्मपद्धति ऑफ त्र्यंबकयज्वन' (दिल्ली : ऑक्सफोर्ड यूनिवर्सिटी प्रेस, 1989), पृ. 305–17
10. भक्ति के दायरे में इस मान्यता से हमारा सामना वल्लभाचार्य की 'सुबोधिनी' (10.14) में होता है, जिसमें वे कहते हैं कि कोई स्त्री गोपी की तरह भक्ति करने के योग्य तभी हो सकती है जब वह पुरुष के रूप में पुनर्जन्म ले चुकी हो। इस बिन्दु पर वल्लभ के संघर्ष के लिए देखें : मृदुला आइ. मारफतिया, 'द फिलॉसफी ऑफ वल्लभाचार्य' (नई दिल्ली : मुंशीराम मनोहरलाल, 1967), पृ. 222
11. उदाहरण के लिए देखें : जूलिया लेस्ली, सम्पा. : 'रोल्स एंड रिचुअल्स फॉर हिन्दू वुमेन'

(रदरफोर्ड, एनजे : फेयरले डिकिंसन यूनिवर्सिटी प्रेस, 1991), पृ. 71–88 पर मेरी मॅक्गी, 'डिजायर्ड फ्रूट्स : मोटिव एंड इंटेंशन इन द वोटिव राइट्स ऑफ हिन्दू वुमेन'; ग्लोरिया गुडविन रहेजा और एन ग्रॉजिन्स गोल्ड, 'लिसन टु द हेरॉन्स वर्ड्स : रीइमेजिनिंग जेंडर एंड किनशिप इन नॉर्थ इंडिया' (बर्कली : यूनिवर्सिटी ऑफ कैलिफोर्निया प्रेस, 1994), पृ. 67–72, 121–48; और पाउला रिचमैन सम्पा. 'मेनी रामायण्स : द डाइवर्सिटी ऑफ अ नैरेटिव ट्रैडीशन इन साउथ एशिया' (बर्कली : यूनिवर्सिटी ऑफ कैलिफोर्निया प्रेस, 1991), पृ. 114–36 में वेलचेरू नारायण राव, 'अ रामायण ऑफ देयर ओन : वुमेन्स ऑरल ट्रैडीशन इन तेलगू'।

12. इस विषय का विवेचन मैंने 'सूरदास : पोएट, सिंगर, सेंट' के अध्याय 4 ('विरह : सेपरेशन एंड सिम्पल रेलिजन') में पृ. 93–118 पर किया है।
13. 'सूरसागर' के प्रारम्भिक चरणों में राधा सहित अन्य गोपियों के नामों के सन्दर्भ के अभाव के बारे में देखें : हौली, 'सूरदास', पृ. 88–90
14. करेन किंग और करेन जो तोर्जेसेन, सम्पा. : 'वुमेन एंड गॉडेस ट्रैडीशंस' (मिन्नीपोलिस : फोर्ट्रेस प्रेस, 1995), पृ. 64–83 पर डॉन्ना एम. वुल्फ, 'राधाज ऑडासिटी इन कीर्तन परफॉर्मेंसेज एंड वुमेन्स स्टेटस इन ग्रेटर बंगाल'।
15. देखें : कैरोलीन वाकर बाइनम, स्टीवन हैरेल, पाउला रिचमैन सम्पा. : 'जेंडर एंड रेलिजन : ऑन द कम्प्लेक्सिटी ऑफ सिम्बल्स' (बोस्टन : बीकन प्रेस, 1986), पृ. 231–56 में जे.एस. हौली, 'इमेजेज ऑफ जेंडर इन पोएट्री ऑफ कृष्ण'।
16. इन विरोधाभासी कोशों के लिए देखें : पारिता मुक्ता, 'अपहोल्डिंग द कॉमन लाइफ : द कम्यूनिटी ऑफ मीराँबाई' (दिल्ली : ऑक्सफोर्ड यूनिवर्सिटी प्रेस, 1994), खास कर पृ. 90–105, और परशुराम चतुर्वेदी, 'मीराँबाई की पदावली' (इलाहाबाद : हिन्दी साहित्य सम्मेलन, 1973)। 'डाइड इन द कलर ऑफ हर लॉर्ड' के पृ. 254–337 पर अध्याय 5 में नैन्सी मार्टिन (–केर्शा) कई सम्बन्धित क्षेत्रों को खारिज करती हैं। मार्टिन प्रतिरोध और परित्याग के बीच के फर्क की ओर ध्यान खींचते हुए जोर देती हैं कि कभी-कभी जोर इस बात पर नहीं होता कि 'मीराँ उच्च जाति के पुरुषों के नजरिये से स्त्री के लिए तय भूमिकाओं से भटकती हैं बल्कि नजरिया उस स्त्री का लगता है जो अपनी पसन्द का जीवन उस सत्ता ढाँचे के बीच जीने की कोशिश कर रही है जो उसे गुलाम बनाना चाहता है और वह उन स्त्रियों के बीच भी जीने की कोशिश कर रही है जिन्हें ऐसा ही करना चाहिए' (पृ. 317)।
17. विस्तृत विवेचन में इस तरह के अन्धाधुन्ध साधारणीकरण के लिए भारी योग्यता की जरूरत पड़ेगी, क्योंकि 'विरह' कृष्ण से सम्बन्धित साहित्य के लिए इतना महत्त्वपूर्ण है कि इससे हमारा सामना लगभग हर जगह होता है। फिर भी, उदाहरण के लिए 16वीं सदी के 'सूरसागर' में वर्षा ऋतु से सम्बन्धित सभी कविताओं (नागरी प्रचारिणी सभा 3918–3956 से सम्बन्धित) में .विरह का भाव शामिल है और 'विरह' के 'बारहमासा' की शुरुआत गर्मी या वर्षा के मौसम से होती है। इससे जुड़ी 'चौमासा' नामक विधा का जोर इसी पर होता है। इन दोनों के लिए देखें : शार्लौट वॉदवील, 'ले शांशां डे डूज मुआ डां ले लिटराचुर एंडोआरिएन' (पोंडिचेरी : एंस्तिटू फ्रौंसे ड'एंडोलोजी, 1965), अनु. : 'बारहमासा इन

इंडियन लिटरेचर्स' (दिल्ली : मोतीलाल बनारसीदास, 1986)। उदाहरण के लिए, जहाँ तक योग्यता की बात है, कोई भी यह तुरन्त मान लेगा कि राजस्थान का रेगिस्तानी मौसम पूरे साल 'वियोग की संस्कृति' को पोषण देता है, जैसाकि फ्रीडहेम हार्डी ने अपनी 'विरह-भक्ति' (दिल्ली : ऑक्सफोर्ड यूनिवर्सिटी प्रेस, 1983), पृ. 568 में कहा है।

18. लॉरेंस ए. बैब, 'द डिवाइन हाइरार्की : पॉपुलर हिन्दुइज्म इन सेंट्रल इंडिया' (न्यूयॉर्क, कोलंबिया यूनिवर्सिटी प्रेस, 1975), पृ. 128-53। कृष्ण/विष्णु से सम्बन्धित त्योहारों और वर्षा तथा उसके कुछ बाद देवी के वर्चस्व के सन्दर्भों के लिए देखें : हौली तथा वुल्फ, सम्पा. : 'द डिवाइन कन्सॉर्ट', पृ. 2-5 पर शार्लौट वॉदवील, 'कृष्ण गोपाल, राधा, एंड द ग्रेट गॉडेस'।

19. हौली तथा वुल्फ, सम्पा. : 'द डिवाइन कन्सॉर्ट', पृ. 196 में एडवर्ड सी. डिमॉक जूनियर का 'अ थिओलॉजी ऑफ द रिपल्सिव : द मिथ ऑफ द गॉडेस शीतला'। वैसे, डिमॉक कहते हैं (पृ. 184) कि प्राय: उनके साथ रहनेवाला ज्वरासुर पुरुष है।

20. डोरोथी डिनरस्टीन, 'द मरमेड एंड द मिनोटॉर : सेक्सुअल अरेंजमेंट्स एंड द ह्यूमन मलैज' (न्यूयॉर्क : हार्पर एंड रोव, 1976); मिशेल जिंबालिस्ट रोजाल्डो और लुइज लैंफेर सम्पा. : 'वुमेन, कल्चर, एंड सोसाइटी' (स्टैनफोर्ड : स्टैनफोर्ड यूनिवर्सिटी प्रेस, 1974), पृ. 43-66 में नैन्सी शोडोरोव, 'फेमिली स्ट्रक्चर्स एंड फेमिनाइन पर्सनालिटी'; हौली, सम्पा. : 'फंडामेंटलिज्म एंड जेंडर' (न्यूयॉर्क : ऑक्सफोर्ड यूनिवर्सिटी प्रेस, 1994); खास कर पृ. 180-9 में करेन मॅकार्थी ब्राउन का 'फंडामेंटलिज्म एंड द कंट्रोल ऑफ वुमन'; सुधीर कक्कड़ और जॉन एम. रॉस, 'टेल्स ऑफ लव, सेक्स एंड डैंजर' (दिल्ली : ऑक्सफोर्ड यूनिवर्सिटी प्रेस, 1986) खास कर पृ. 99-103 में सुधीर कक्कड़ और जॉन एम. रॉस, 'द क्लोइस्टर्ड पैशन ऑफ राधा एंड कृष्ण'; जेफ्री जे. कृपाल, 'कालीज चाइल्ड : द मिस्टिकल एंड द इरॉटिक इन द लाइफ एंड टीचिंग्स ऑफ रामकृष्ण' (शिकागो : यूनिवर्सिटी ऑफ शिकागो प्रेस, 1995); खास कर पृ. 232-6; स्टैनले एन. कर्ट्ज, 'ऑल द मदर्स आर वन : हिन्दू इंडिया एंड द रीशेपिंग ऑफ साइकोएनालिसिस' (न्यूयॉर्क : कोलंबिया यूनिवर्सिटी प्रेस, 1992); पृ. 29-131

21. मैं मानता हूँ कि यह अपचयवाब्दी जैसा लगता है। मानना पड़ेगा कि यहाँ अहंकार का जो भी भाव हो, पुरुष स्व और कृष्ण में पुरुष के रूप में प्रक्षेपित स्व के बीच चाहे जितना भी मजबूत सम्बन्ध क्यों न हो, यह पुरुषों के द्वारा कृष्ण की पूजा को उस तरह आत्म-पूजा नहीं बनाता जिस तरह खुदा या अल्लाह को पुरुष के रूप में प्रस्तुत करना खुदा को उसके पुरुष पूजकों के समान बनाता है। इन सभी मामलों में पुरुष भक्त खुद को उस ईश्वर से काफी अलग मानते हैं जिसकी वे पूजा करते हैं; और कृष्ण के जीवन और घरेलू धर्म के ढाँचों में जो विरोधाभास है—जो कि अधिकतर पुरुषों के जीवन के लिए बुनियादी चीज है—वह इस बात को रेखांकित करता है। फिर भी, जैसाकि हम आधुनिक पश्चिमी ईसाई पुरोहिती में महिलाओं तथा समलैंगिकों को शामिल करने के सवाल पर बहस को सुन रहे हैं, भक्त तथा भगवान के बीच लिंग के सवाल पर उठ रही प्रतिध्वनियाँ काफी महत्त्वपूर्ण हैं। खास तौर से धर्मशास्त्रीय दायरे में, जहाँ जीव और आत्मा के बीच की सादृश्यता सीधी बहस का विषय है और जहाँ पुरुष ध्यान तथा कल्पना के जरिये अपने

शरीर पर कृष्ण की दुनिया को उकेरना सीखते हैं, वहाँ इन सूत्रों के महत्त्व को कम नहीं आँका जा सकता। विस्तृत टीका में इस सम्भावना पर भी विचार किया जा सकता है कि अप्रत्यक्ष समलैंगिकता चर्चा में है। तब, इस तथ्य को उचित महत्त्व देना होगा कि समलैंगिक आकर्षण को आधुनिक पश्चिम या आज के शहरी भारत के मुकाबले 16वीं सदी के भारत में अलग तरह से देखा जाता था। इस विषय पर और चर्चा के लिए देखें : हौली, 'द डैमेज ऑफ सेपरेशन : कृष्णाज लव्स एंड कालीज चाइल्ड', जरनल ऑफ द अमेरिकन एकेडमी ऑफ रेलिजन 72:2 (2004), पृ. 369-93

22. मार्था एन सेल्बी, 'लाइक अ पॉट ब्रिमिंग विद आयल : द केअर एंड फीडिंग ऑफ द प्रेग्नेंट बडी इन संस्कृत आयुर्वेदिक टेक्स्ट्स', धरम इंडिक रिसर्च सेंटर, कोलंबिया यूनिवर्सिटी, 12 मार्च, 1998। 'चरक संहिता' के साथ जुड़ी तारीख तथा लेखकीय स्वामित्व की समस्या के लिए देखें : केनिथ जी. जिस्क, 'एसेटिसिज्म एंड हीलिंग इन एशिएंट इंडिया' (न्यूयॉर्क : ऑक्सफोर्ड यूनिवर्सिटी प्रेस, 1991), पृ. 33; भारतीय चिकित्सा विज्ञान पर चरक का काफी प्रभाव रहा है—16वीं सदी से लेकर आज तक भी कुछ व्यवस्थाओं पर।
23. चैपमैन यूनिवर्सिटी में 3 अप्रैल, 1998 को प्रस्तुत मार्विन मेयेर के निबन्ध 'जेंडर ट्रांसफॉर्मेशन इन अर्ली क्रिश्चियनिटी' पर करेन तोर्जेसेन की प्रतिक्रिया ने मेरा मार्गदर्शन किया है।
24. समान अनुभवों के बीच यह सेल्बी का प्रिय उदाहरण है। संस्कृत उद्धरण है—'विमुक्तबन्धनत्वमिव वक्षसः', जो 'चरक संहिता, शरीरस्थान' 8.36 में पाया गया। देखें : अनु. 'चरक संहिता', खंड 1 (वाराणसी : चौखंभा ओरिएंटालिया, 1981), पृ. 476। ऐसा ही उदाहरण—प्रसवपीड़ा पर केरल का एक पाठ—पाया है सेरा कॉल्डवेल ने अपनी 'वेव्स ऑफ ब्यूटी, रीवर्स ऑफ ब्लड : कंस्ट्रक्टिंग द गॉडेस इन केरल' में, जो कि ट्रेसी पिंचमैन सम्पा. : 'सीकिंग महादेवी : कंस्ट्रक्टिंग द आइडेंटिटीज ऑफ द हिन्दू ग्रेट गॉडेसेज' (अल्बानी : स्टेट यूनिवर्सिटी न्यूयॉर्क प्रेस, 2001), पृ. 104 में दर्ज है। इसकी रिपोर्ट के लिए देखें : वेंडी डॉनिगर, 'द इंप्लाइड स्पाइडर : पोएटिक्स एंड थिओलॉजी इन मिथ' (न्यूयॉर्क : कोलंबिया यूनिवर्सिटी प्रेस, 1998), पृ. 114; स्त्री से स्त्री को हुए अनुभव की भाषा को पुरुष ('द इंप्लाइड स्पाइडर', पृ. 115) के लिए अनूदित करने की सम्भाव्यता या असम्भाव्यता पर डॉनिगर की टिप्पणी इस सन्दर्भ में गौर करने लायक है, और जिस अध्याय में यह दर्ज है (पृ. 109-35), वह पूरा अध्याय लेखकीय अधिकार, पाठक, इंटर-जेंडर 'दृष्टि', और निकटवर्ती तथा अन्तिम विवरण आदि से सम्बन्धित प्रश्नों को लेकर 'स्त्री स्वर' की गरिमापूर्ण पड़ताल है।
25. इसलिए एलिजाबेथ ब्यूमिलर की बहुचर्चित पुस्तक का शीर्षक 'मे यू बी द मदर ऑफ अ हंड्रेड सन्स' (न्यूयॉर्क : रैंडम हाउस, 1990)। पुंसावन और चौक नामक अनुष्ठानों में इस विषयवस्तु को लागू करने के बारे में देखें : राजबली पांडेय, 'हिन्दू संस्कार' (दिल्ली : मोतीलाल बनारसीदास, 1969), पृ. 60-3; और डोरान्न जेकबसन और सूसन वाडले, 'वुमेन इन इंडिया : टू पर्सपेक्टिव्स', द्वितीय परिवर्द्धित संस्करण (कोलंबिया, एमओ : साउथ एशिया पब्लिकेशंस, 1992), पृ. 148-53। पूर्वोक्त, 'चरकसंहिता शरीरस्थान' 8, 18-19, जैसाकि शर्मा सम्पादित 'चरक संहिता', पृ. 466-7 में है।
26. जे.एम. मेसन, 'द चाइल्डहुड ऑफ कृष्ण', जरनल ऑफ द अमेरिकन ओरिएंटल सोसाइटी

94.4 (1974), पृ. 466–9

27. यह मेरी 'कृष्ण, द बटर थीफ' (प्रिंस्टन : प्रिंस्टन यूनिवर्सिटी प्रेस, 1983) का सामान्य विषय है।

28. खास तौर से मंचीय कला के सन्दर्भ में, आपस में साझा किया जानेवाला नियंत्रित अनुभव, जिसे 'रस' कहा जाता है, उसके बारे में देखें : डॉन्ना एम. वुल्फ, 'ड्रामा एज अ मोड ऑफ रेलिजियस रिअलाइजेशन' (चीको : स्कॉलर्स प्रेस, 1984), पृ. 25–44, और डेविड एल. हैबरमैन, 'एक्टिंग एज अ वे ऑफ सैल्वेशन' (न्यूयॉर्क : ऑक्सफोर्ड यूनिवर्सिटी प्रेस, 1988); पृ. 12–39। जहाँ तक स्त्री के अन्तर्जगत में कवि के प्रवेश की बात है, जैसाकि सूरदास के मामले में हुआ है, उस धर्मशास्त्रीय प्रस्तावना को देखें जिसे हरिराय ने गोकुलनाथ को समर्पित 'सूरदास की वार्ता' में जोड़ा है। अंग्रेजी अनुवाद के लिए देखें : रिचर्ड बार्ज, 'द भक्ति सेक्ट ऑफ वल्लभाचार्य' (फरीदाबाद : थॉमसन प्रेस, 1976), पृ. 106–7

अध्याय 6 : कैसे बने 'सूरदास'

1. नाभादास, 'श्री भक्तमाल', साथ में भक्तिरसबोधिनी' पर प्रियादास का टीका (लखनऊ : तेजकुमार प्रेस, 1969), पृ. 479, 713। अतिरिक्त देखें : अध्याय 2
2. नाभादास, 'भक्तमाल', पृ. 557
3. इस मुहावरे और इसके सन्दर्भ के लम्बे विवेचन के लिए देखें मेरी पुस्तक : 'इंटु सूर्स ओशन' की भूमिका।
4. 'सूर कूर आन्हरौ माइ द्वार पर्यो गौं', नागरी प्रचारिणी सभा 166.10
5. 'द्वै लोचन साबित नहीं तेउ... निठुर विधाता दीन्है जेउ... सूर श्याम कौ नाम श्रवण सुनि दरसन नीकाइ देत न वेउ', नागरी प्रचारिणी सभा 2468.1, 6, 8
6. 'जनम कौ अंधौ, जनम कौ आँधरौ...'। आदि। नागरी प्रचारिणी सभा के 'सूरसागर' से इस तरह की अभिव्यक्तियों का सुविधाजनक संग्रह द्वारकादास पारीख तथा प्रभुदयाल मित्तल की महत्त्वपूर्ण कृतियों में पाया जा सकता है, मसलन—'सूर-निर्णय' (मथुरा : साहित्य संस्थान, 1962), पृ. 78–9; हरबंसलाल शर्मा, 'सूर और उनका साहित्य' (अलीगढ़ : भारत प्रकाशन मन्दिर, 1971), पृ. 27–9; और ब्रजेश्वर वर्मा, 'सूर-मीमांसा' (नई दिल्ली : ओरिएंटल बुक डिपो, तारीख नहीं), पृ. 27
7. इस मामले से सम्बन्धित प्रमाण पर विस्तृत चर्चा के लिए देखें : हौली, 'सूरदास' पृ. 29–32, और यहाँ जो कुछ दिया गया है, उसके अलावा मेरी पुस्तक 'इंटु सूर्स ओशन' की भूमिका का अध्याय 1
8. 'सूरसागर' से सम्बन्धित दादूपंथी पांडुलिपियों के इस विश्लेषण के लिए मैं केनिथ ई. ब्रायंट का आभारी हूँ, जो ब्रायंट तथा हौली की पुस्तक 'पोएम्स ऑफ सूरदास : डेस्क्रिप्शन ऑफ द प्रोजेक्ट' (नेशनल एंडॉमेंट फॉर द ह्यूमनिटीज, 1984), पृ. 15 पर प्रस्तुत है।
9. प्रासंगिक टिप्पणियाँ दर्ज हैं हौली की 'सूरदास' पृ. 181 पर। कविता 'सर्वांगी' के फोलियो 102ए पर है। सर्वांगी को जोधपुर के महाराजा मान सिंह पुस्तक प्रकाश अनुसन्धान केन्द्र

में हिन्दी पांडुलिपि सं. 1359/14, पद संग्रह के रूप में अधिगृहीत किया गया है।

10. नागरी प्रचारिणी सभा 296.3, पांडुलिपि जे2 और जे5 में दर्ज रूप में।
11. उद्धरण 8वीं या 9वीं सदी के स्वयंभूदेव (3.3.8-9) की 'पौमारियू' से लिया गया है, अनुवाद राम आधार सिंह द्वारा प्रस्तुत अनुवाद के जैसा है, जिन्होंने इसे अपनी 'सिंटैक्स ऑफ अपभ्रंश' (कलकत्ता : सीमांत पब्लिकेशंस, 1980), पृ. 19 में उद्धृत किया है। इस कविता की ओर ध्यान आकृष्ट करने के लिए मैं माइकल सी. शपीरो का आभारी हूँ।
12. द्वारकादास पारीख, सम्पा. 'चौरासी वैष्णवों की वार्ता' (मथुरा : श्री बजरंग पुस्तकालय, 1970), पृ. 405
13. दो उदाहरणों के अनुवाद के लिए देखें : हौली, 'सूरदास', पृ. 140, 165। अतिरिक्त उद्धरणों के लिए देखें : वही, पृ. 151 नोट 47
14. देखें : अध्याय 2
15. मार्क जुएर्गेंसेमेयेर, 'राधास्वामी रिअलिटी : द लॉजिक ऑफ अ मॉडर्न फेथ' रिवाइवल ऑफ सन्त ट्रैडीशन' (प्रिंस्टन : प्रिंस्टन यूनिवर्सिटी प्रेस, 1991), पृ. 123
16. 'वार्ता', पृ. 422 पूरा पाठ तथा अनुवाद अध्याय 1 में उपलब्ध है।
17. कई उदाहरणों में से दो हैं—शशि तिवारी, 'सूर के कृष्ण : एक अनुशीलन' (हैदराबाद : मिलिंद प्रकाशन, 1969), पृ. 48-9; और मुंशीराम शर्मा, 'सूरदास का काव्य वैभव' (कानपुर : ग्रन्थम, 1971), पृ. 161
18. यह वैज्ञानिक रूप से सम्पादित संस्करण केनिथ ई. ब्रायंट ने मन्दाक्रांता बोस तथा विद्युत अकलुजकर के सहयोग से तैयार किया है : 'सूर्स ओशन' नं. 16 (नागरी प्रचारिणी सभा 793)।
19. इस विधा का एक उदाहरण देखें : हौली, 'सूरदास', पृ. 162
20. 'चकइ री चलि चरण सरोवर जहाँ न पेम वियोगु' के वल्लभवादी प्रयोग के लिए ('सूर्स ओशन' 420, नागरी प्रचारिणी सभा 337) देखें : अध्याय 8
21. 'वार्ता', पृ. 438
22. वही। यह पद नागरी प्रचारिणी सभा के संस्करण में शामिल नहीं किया गया है।

अध्याय-7 : सूर की दुनिया में अकबर

1. विन्सेंट ए. स्मिथ, 'अकबर : द ग्रेट मुगल'; दिल्ली : एस. चन्द, 1958
2. बताया जाता है कि अकबर स्वामी हरिदास और जीव गोस्वामी से भी जाकर मिला था। इसका जिक्र देखें : ए.डब्ल्यू. एंत्विस्ल, 'ब्रज, सेंटर ऑफ कृष्ण पिलग्रिमेज' (ग्रॉनिंगेन : एगबर्ट फोर्स्टेन, 1987), पृ. 158, नोट 114। मराठी में उसे नामदेव के साथ संवाद करते दिखाया गया है, हालाँकि इस संवाद की सम्भावना विरोधाभासी लगती है। (इस जानकारी के लिए मैं क्रिस्टियन नोवेत्ज्के का आभारी हूँ, जिन्हें इस संवाद की जानकारी धुलिया में 18वीं सदी की एक पांडुलिपि में मिली)। सन्तों के जीवन-चरितों की दूसरी जो कहानियाँ अकबर के साथ सम्बन्ध का जिक्र करती हैं, उनमें प्रियादास लिखित सूरदास मदनमोहन की जीवनी शामिल है। बताया जाता है कि सूरदास मदनमोहन शाही प्रशासन

में अमीन का काम करते थे और वे जो राजस्व उगाहते थे, वह सारा साधु-सन्तों को भोजन कराने पर खर्च कर देते थे। जब बादशाह के आदमी वसूली के लिए पहुँचे तो उन्होंने उन्हें सिक्कों की जगह पत्थर से भरी बोरियाँ थमा दीं। इस पर टोडरमल ने जब उन्हें बन्दी बनवा दिया तो उन्होंने एक ऐसा दोहा लिखा जिसने अकबर को खुश कर दिया और उसने उन्हें रिहा कर दिया। देखें : नाभादास, 'भक्तमाल', साथ में प्रियादास की 'भक्तिरसबोधिनी' (लखनऊ : तेजकुमार प्रेस, 1969), पृ. 748-9; आवश्यक खंड के अंग्रेजी अनुवाद के लिए देखें : जीवन देओल, 'सूरदास : पोएट एंड टेक्स्ट इन द सिख ट्रैडीशन', बुलेटिन ऑफ द स्कूल ऑफ ओरिएंटल एंड अफ्रीकन स्टडीज 63.2 (2000), पृ. 171

3. नाभादास, 'भक्तमाल' में प्रियादास, पृ. 721
4. चूँकि टेक्सस में हुए दक्षिण एशिया सेमिनार में समन्वय और पार्थक्य शब्दों को प्रतिबन्धात्मक या सटीक नहीं बल्कि सांकेतिक माना गया इसलिए मैंने उन्हें इसी अर्थ में लिया है। अगर नामकरण के मसले पर गहराई से विचार किया जाए तो इनमें किए गए प्रयोगों पर विचार करना होगा—असीम राय, 'द इस्लामिक सिंक्रेटिस्टिक ट्रैडीशन इन बंगाल' (प्रिंस्टन : प्रिंस्टन यूनिवर्सिटी प्रेस, 1983), और जुडिथ ए. बर्लिंग, 'द सिंक्रेटिक रेलिजन ऑफ लिन चाओ-एन' (न्यूयॉर्क : कोलंबिया यूनिवर्सिटी प्रेस, 1980)। विभाजन के मामले में, सम्प्रदायवाद के विशेष अर्थ पर विचार करना पड़ेगा।
5. देखें : जे.एस. हौली, 'सूरदास : पोएट, सिंगर, सेंट' (सिएट्ल : यूनिवर्सिटी ऑफ वाशिंगटन प्रेस; दिल्ली : ऑक्सफोर्ड यूनिवर्सिटी प्रेस, 1984); पृ. 7
6. हिन्दवी में हिन्दू-मुस्लिम साहित्य के लिए दुनिया/विलायत से सम्बन्ध महत्त्वपूर्ण है। इस पर नजरिया बनाने में मदद करने के लिए मैं आभारी हूँ—आदित्य बहल, 'लव्स सट्ल मैजिक : ऐन इंडियन इस्लामिक लिटररी ट्रैडीशन, 1379-1545' (न्यूयॉर्क : ऑक्सफोर्ड यूनिवर्सिटी प्रेस, 2012)
7. 'अष्टछाप के कवि', कुम्भनदास की 'वार्ता' इस मामले में अलग है। उन्हें अकबर के दरबार में पीटते हुए घसीट कर लाया जाता है। वे कहते रह जाते हैं कि उनके जैसे साधारण किसान का दरबार में क्या काम हो सकता है लेकिन अकबर के कारिंदे उन्हें ले ही आते हैं। बहरहाल, वे अपनी बात मनवा लेते हैं और अकबर द्वारा भेजी गई पालकी में नहीं बल्कि पैदल चलकर जाते हैं। यानी स्वतंत्रता का प्रश्न निश्चित ही प्रमुखता पाता है। उन्हें जाना तो है ही मगर वे अपनी मर्जी के तरीके से जाते हैं।
8. एंत्विस्ल, 'ब्रज', पृ. 153, खास कर प्रभुदयाल मित्तल पर नोट 92
9. यह चौथा 'फरमान' है, जो अकबर ने विट्ठलनाथ को भेजा। पहला 1577 में भेजा था। गोवर्धन का अप्रत्यक्ष उल्लेख 1588 में जारी फरमान में किया गया था लेकिन 1593 के फरमान में गोवर्धन में निर्माण की विट्ठलनाथ की योजना को स्वीकार किया गया। गौरतलब है कि मन्दिर के स्वामित्व का कोई उल्लेख नहीं है, केवल सहवर्ती भवनों के लिए भूमि अधिग्रहण का जिक्र है। इसी पर विट्ठलनाथ ने गोकुल से अपना निवास हटाकर (जैसाकि 1577 के फरमान में कहा गया है) गोवर्धननाथ जी के करीब बना लिया। देखें : कृष्णलाल मोहनलाल झावेरी, 'इम्पीरियल फरमान्स (1577 से 1805) ग्रांटेड टु द एनसेस्टर्स ऑफ

हिज होलिनेस द तिलकायत महाराज' (बम्बई : द न्यूज प्रिंटिंग प्रेस, 1928)।

10. उद्धरण फरमान 1 और 4 के हैं, आखिरी फरमान गोवर्धन से सम्बन्धित है।
11. देखें : झावेरी, 'इम्पीरियल फरमान्स, फरमान 1', काल : 1577। यह फरमान मन्दिर के बारे में कुछ नहीं कहता है। ऐसा लगता है कि यह यह मानकर चल रहा है कि यह फरमान जारी होने के समय गोकुलनाथ वहाँ के निवासी थे। रिचर्ड बार्ज कहते हैं कि 1572 में अकबर ने उस इलाके में विट्ठलनाथ को एक भूखंड दान में दिया था, और यह कि तभी से उनका निवास वहीं था लेकिन दावे के लिए प्रमाण नहीं देते। देखें : बार्ज, 'द भक्ति सेक्ट ऑफ वल्लभाचार्य' (फरीदाबाद : थॉमसन प्रेस, 1976), पृ. 54
12. ब्रायंट और हौली, 'सूर्स ओशन' में नं. 420, नागरी प्रचारिणी सभा 337
13. द्वारकादास पारीख सम्पा. 'चौरासी वैष्णवों की वार्ता' (मथुरा : श्री बजरंग पुस्तकालय, 1970, मूलत: 1948), पृ. 406
14. इसका मकसद इस बात का खंडन करना नहीं है कि इस तरह का वियोजन आंशिक तौर पर तब हासिल किया जा सकता है जब सभी सम्प्रदायों के लिए मान्य दस्तावेज (मसलन, 'भागवत पुराण') का उपयोग किया जाए। वैधानिकता हासिल करने के ऐसे प्रयास साम्प्रदायिक पहचान बनाने के परिचित औजार हैं।
15. डेविड लोरेंजेन इस निष्कर्ष से सहमत नहीं हैं। देखें : उनकी 'कबीर लीजेंड्स' (अल्बानी : स्टेट यूनिवर्सिटी ऑफ न्यूयॉर्क प्रेस, 1991), पृ. 9-18
16. मैंने सीतारामशरण भगवान प्रसाद रूपकला द्वारा संकलित तेजकुमार प्रेस वाले संस्करण की जगह नरेन्द्र झा द्वारा तैयार किए गए महत्त्वपूर्ण संस्करण 'भक्तमाल : पाठानुशीलन एवं विवेचन' (पटना : अनुपम प्रकाशन, 1970) का हवाला दिया है। रूपकला वाला संस्करण चैतन्य पर नाभादास और प्रियादास द्वारा रचित बताई गई कविताओं को शामिल करके चैतन्य के साथ जुड़ाव की पुष्टि की है। इन्हें रघुनाथ गोसाईं (गोस्वामी) और सूरदास के बीच रखा गया है।
17. मैं हाइदी पाउवेल्स का बहुत आभारी हूँ कि उन्होंने इस कविता की ओर मेरा ध्यान खींचा। इसे देखें : पाउवेल्स की 'इन प्रेज ऑफ होली मेन : हैजियोग्राफिकल पोएम्स बाइ एंड अबाउट हरिराम व्यास' (ग्रॉनिंजेन : एगबर्ट फोर्स्टेन, 2002), पृ. 85-6
18. इस दृष्टिकोण के लिए भी मैं हाइदी पाउवेल्स की उस रिपोर्ट का आभारी हूँ, जो उन्होंने नव भारतीय-आर्यन भाषाओं में प्रारम्भिक साहित्य विषय पर 25 अगस्त, 2000 को ल्युवेन में आयोजित आठवें अन्तरराष्ट्रीय सम्मेलन में प्रस्तुत की थी। साथ में देखें : एलन डब्ल्यू, एंत्विस्ल तथा फ्रांस्वा मैलिसां, सम्पा. 'स्टडीज इन साउथ एशियन डिवोशनल लिटरेचर' (नई दिल्ली : मनोहर, और पेरिस : इकोल फ्रांस्वा डिएक्स्ट्री ओरिएंट, 1994), पृ. 33-40 में पाउवेल्स की 'द अर्ली भक्ति मिलिउ ऐज मिरर्ड इन द पोएट्री ऑफ हरिराम व्यास'। व्यास तथा अन्य कवि जिन लोगों को 'विमुख' (हरि की ओर से मुँह फेरनेवाले) कहते हैं, वे गौड़िया साहित्य के 'पाखंडी' वाली भूमिका निभाते दिखते हैं। और यह जानना दिलचस्प होगा कि 18वीं सदी के उत्तरार्द्ध में बेतिया का दौरा करनेवाले मार्को डेल्ला तोंबा ने जिस 'पासंड' शब्द का प्रयोग किया है, वह कहीं इसी की प्रतिध्वनि तो नहीं है। वे इसे 'भोगवादी' के रूप में प्रस्तुत करते हैं और इसका प्रतिधिनित्व करनेवालों

को वैष्णवों, शैवों, रामानंदियों आदि के विपरीत बताते हैं। देखें : डेविड एन. लोरेंजेन, 'हू इनवेंटेड हिन्दुइज्म ?', कंपरेटिव स्टडीज इन सोसाइटी एंड हिस्टरी 41.4 (1999), पृ. 642

19. गाइ बेक, सम्पा. 'आल्टरनेटिव कृष्णाज' (अल्बानी : स्टेट यूनिवर्सिटी ऑफ न्यूयॉर्क प्रेस, 2005), पृ. 120-6
20. रिचर्ड बर्घार्ट, 'द फाउंडिंग ऑफ द रामानन्दी सेक्ट', एथनोहिस्टरी 25.2 (1978), पृ. 121-39, और 'द हिस्टरी ऑफ जनकपुर', कैलाश 6:4 (1978), पृ. 257-84
21. अनु., आदित्य बहल, 'लव्स सट्ल मैजिक'। यह ब्रिटिश लाइब्रेरी अफसानह-इ-शाहाँ (फारसी पांडुलिपि 24409) के फोलियो 151ए का अनुवाद है। मैं यह ध्यान दिलाने के लिए आदित्य बहल का आभारी हूँ कि इस उद्धरण में सूरदास का उल्लेख है, और अलीगढ़ मुस्लिम विश्वविद्यालय के शकील अहमद खान का आभारी हूँ कि उन्होंने यह बताया कि यह कहाँ उपलब्ध है। फारसी पाठ का देवनागरी में लिप्यंतरण और साथ में अलीगढ़ मुस्लिम विश्वविद्यालय की रोटोग्राफ प्रति के हिन्दी अनुवाद के लिए देखें : परमेश्वरीलाल गुप्त सम्पा. 'कुतुबन कृत मृगावती' (मूल पाठ, पाठांतर, टिप्पणी एवं शोध) (वाराणसी : विश्वविद्यालय प्रकाशन, 1967), पृ. 39। बहल के पाठ में उपलब्ध लिप्यंतरण मूल पांडुलिपि में अलग तरह से आए फारसी शब्दों के मानक रूपों को प्रस्तुत करता है—'खुशक' के लिए 'खोशक', 'घलिया' के लिए 'गलिया'।
22. फरमूली का केवल एक दोहा बचा रहा है, कोई सम्पूर्ण संकलन नहीं, लेकिन इस दोहे और 'अफसानह-इ-शाहाँ' आदि में उनके विवरण से स्पष्ट है कि मुहम्मद कबीर उन्हें हिन्दी का सम्मानित कवि मानते थे (सिद्दीकी, 'शेख मुहम्मद कबीर', पृ. 74-5)।
23. सिद्दीकी, 'शेख मुहम्मद कबीर', पृ. 59-69; अस्करी, 'हिस्टॉरिकल वैल्यू', पृ. 184-8
24. सिद्दीकी, 'शेख मुहम्मद कबीर', पृ. 74-5; इसी तरह, अस्करी, 'हिस्टॉरिकल वैल्यू', पृ. 188; और प्रस्तुत उद्धरण, पृ. 194 के मामले में भी; साथ में, आदित्य बहल तथा सिमोन वेटमैन के अलावा एस.एन. पांडे, 'मीर सैयद मंझन शट्टारी राजगिरि : 'मधुमालती, ऐन इंडियन सूफी रोमांस' (ऑक्सफोर्ड : ऑक्सफोर्ड यूनिवर्सिटी प्रेस, 2000), भूमिका, पृ. 12-13
25. विन्सेंट स्मिथ की पुस्तक सरीखी अन्य पुस्तकों में अकबर का आख्यान जिस तरह प्रस्तुत किया गया है, आत्मप्रचार उसकी बड़ी विशेषता नहीं है। स्मिथ चाहते थे कि इस 'महान मुगल' को भारतीय इतिहास के अशोक मौर्य सरीखे, सैद्धान्तिक रूप से प्रबुद्ध सम्राटों के समकक्ष स्थापित किया जाए। उन्होंने अपनी पुस्तक 'अशोक, द बुद्धिस्ट एम्परर ऑफ इंडिया' (नई दिल्ली : एशियन एडुकेशनल रिसोर्सेज, 1997, मूलतः 1901) में अशोक को ऐसे ही सम्राट के रूप में प्रस्तुत किया है। लेकिन दूसरे इतिहासकारों ने 'दीन-ए-इलाही' मत से जुड़े 'अल्लाहू अकबर' नारे के दोहरे अर्थ की ओर ध्यान आकृष्ट किया है। देखें : हरमन कुल्के तथा डायटर रॉदरमंड, 'अ हिस्टरी ऑफ इंडिया' (लन्दन : राउतलेज, 1986), पृ. 203
26. यहाँ मैं 'सूरसागर' के प्रथम संस्करण के प्रायोजक के तौर पर अकबर की कहानी को

विशेष तौर पर याद करता हूँ। 'सूरदास की वार्ता' के अध्याय 4 में जल परीक्षा की कथा कही गई है। इस प्रकरण की समीक्षा मेरी पुस्तक 'सूरदास' के पृ. 10 पर है और अनुवाद बार्ज की पुस्तक 'भक्ति सेक्ट' में पृ. 122-3 पर है।

27. उदाहरण के लिए, मैं विभिन्न व्यक्तियों, पदों, और ग्राहकों तक के एकीकरण पर विचार कर रहा हूँ, जो कि 'अष्टछाप' के निर्देशों के जरिये हासिल किया गया।

अध्याय-8 : प्रारम्भिक 'सूरसागर' और सूर की परम्परा

1. शार्लौट वॉदवील, 'एच्युड सूर ले सूर्स ए ला कंपोजीशिओं द्यू रामायण द तुलसीदास' (पेरिस : लीब्रेरी द'अमेरीक ए द'ओरिओं, 1955), भूमिका, पृ. 16-22
2. उनका 'दशमस्कन्ध', जिस पर हम नन्ददास का परिचय देखते हैं आर.एस. मॅक्ग्रेगर द्वारा उनकी पुस्तक 'द राउंड डांस कृष्ण एंड उद्धव्स मेसेज' (लंदन : लॉजाक, 1973), पृ. 35 में।
3. वैसे, इस पांडुलिपि के साथ कुछ रहस्य जुड़ा है। रत्नाकर कहते हैं कि इसके मालिक शाह केशवदास रईस ने इसे कुछ समय के लिए उन्हें उधार में दिया था, लेकिन वे इसकी संरचना पर कोई टिप्पणी नहीं करते। (सूरसागर, प्रथम संस्करण, खंड 2, पहला खंड कभी सामने आया नहीं; काशी : नागरी प्रचारिणी सभा, 1934, पृ. 2)। इसका पहला विवरण जवाहरलाल चौधरी ने 'स्कन्धात्मक' ढाँचे में किया लेकिन यह सन्देहास्पद है कि उन्होंने पांडुलिपि को देखा था या नहीं, या नागरी प्रचारिणी सभा संस्करण के स्कन्धात्मक ढाँचे के आधार पर इसके स्वरूप के बारे में फैसला कर लिया। ('सूरदास : अध्ययन सामग्री'। मथुरा : अखिल भारतीय ब्रज साहित्य मंडल, 1959, पृ. 7) केनिथ ई. ब्रायंट ने 1977 में इस पांडुलिपि को खोजने की असफल कोशिश की। ऐसी अनिश्चितता वि.सं. 1740 की उस पांडुलिपि के साथ भी है, जो मथुरा के नटवरलाल चतुर्वेदी के संग्रह में थी। जवाहरलाल चतुर्वेदी से मिली सूचना के आधार पर हरबंसलाल शर्मा कहते हैं कि यह 'संग्रहात्मक' है, लेकिन चतुर्वेदी बाद में इसे 'स्कन्धात्मक' के रूप में सूचीबद्ध करते हैं। (शर्मा, 'सूर और उनका साहित्य'; अलीगढ़ : भारत प्रकाशन मन्दिर, 1965, पृ. 51)। वी.एस. अग्रवाल सम्पा. 'कन्हैयालाल पोद्दार अभिनन्दन ग्रन्थ', चतुर्वेदी, 'सूरसागर का विकास और उसका रूप', (मथुरा : अखिल भारतीय ब्रज साहित्य मंडल, 1953, पृ. 128)। चौधरी, 'सूरदास : अध्ययन सामग्री', पृ. 14। 1976 में मैंने और 1977 में ब्रायंट ने इस पांडुलिपि को खोजने की कोशिश की लेकिन असफल रहे। इन तथा सम्बन्धित मामलों के लिए देखें : मेरी पुस्तक 'सूरदास : पोएट, सिंगर, सेंट' का अध्याय 2
4. इस दिशा में दो उल्लेखनीय प्रयास हैं—वेद प्रकाश शास्त्री, 'श्रीमद्भागवत और सूरसागर का वार्ण्य विषय का तुलनात्मक अध्ययन' (आगरा : सरस्वती पुस्तक सदन, 1969), और विश्वनाथ शुक्ल, 'हिन्दी कृष्णभक्ति काव्य पर श्रीमद्भागवत का प्रभाव' (अलीगढ़ : भारत प्रकाशन मन्दिर, 1966), पृ. 196-216
5. प्राय: उद्धृत किया जानेवाला नागरी प्रचारिणी सभा पद 1792, जो सूर को भागवत तथा गुरु (वल्लभाचार्य) से जोड़ता है, इस तरह की परिघटना का एक उदाहरण है, जैसाकि

नागरी प्रचारिणी सभा 225–31 पद हैं जिनका प्रकट विषय 'भागवत' है।

6. विस्तार के लिए देखें : मेरी पुस्तक 'इंटु सूर्स ओशन', खंड 1 की भूमिका के अध्याय 1 में 'इंटरटेक्स्चुअल लीनिएज एंड द भागवत पुराण' शीर्षक खंड। यहाँ मेरा एक उद्देश्य यह बताना है कि सूर का पाठांतर क्षितिज 'भागवत' से भी आगे फैला है।
7. नागरी प्रचारिणी सभा (1902 और इसके ठीक बाद के वर्षों में) की प्रारम्भिक 'खोज रिपार्टों' के अलावा रत्नाकर, जवाहरलाल चतुर्वेदी, माताप्रसाद गुप्त के शोध। प्रकाशित निष्कर्षों के लिए देखें : रत्नाकर, उपरोक्त; चतुर्वेदी, 'सूरदास : अध्यय न सामग्री', और 'सूरसागर' (मथुरा : जवाहरलाल चंतुर्वेदी, 1965); माता प्रसाद गुप्त (दिवंगत, सम्पा. उदय शंकर शास्त्री), 'सूरसागर की भूमिका', भारतीय साहित्य 13:1–2 (1968), पृ. 43–94; 15:1–2 (1970), पृ. 145–472; 16:1–2 (1971), पृ. 149–84; 17:1–2 (1972), पृ. 155–96; 17:3–4 (1972), पृ. 195–203; 18:1–2 (1973), पृ. 145–205; 18:3–4 (1973), पृ. 163–210; 19:1–2 (1974), पृ. 159–208; 19:3–4 (1974), पृ. 173–220; और आगे 'सूरसागर' (आगरा : आगरा विश्वविद्यालय, 1979)। साथ में देखें : शास्त्री, 'सूरसागर की सामग्री का संकल्पन और उसका सम्पादन', भारतीय साहित्य 17:1–2 (1972), पृ. 73–103; इस इतिहास का एक विवरण हौली-ब्रायंट की 'सूर्स ओशन', खंड 1 की भूमिका के अध्याय 3 में उपलब्ध है।
8. सूरदास द्वारा रचित बताई गई दूसरी कृतियों—'सूर सारावली', 'साहित्य लोहरी', 'नल-दमन' (अल हिज्री 1110 या 1698–9 ई.)—की इतनी प्राचीन पांडुलिपियाँ नहीं मिलतीं। ये कृतियाँ मुंबई के प्रिंस ऑफ वेल्स संग्रहालय में संगृहीत हैं। देखें : विश्वनाथ प्रसाद, सम्पा. 'कवि सूरदास कृत नल-दमन' (आगरा : आगरा विश्वविद्यालय, 1961)। इसलिए मैंने उन पर विचार नहीं किया। सूर की चुनिंदा कविताएँ पुराने चयनों (फुटकर पद) में उपलब्ध हैं, जैसाकि हम देख चुके हैं। पृ. 80 पर उल्लिखित आगरा पांडुलिपि खास कर ध्यान देने योग्य है लेकिन जे1 के मध्यवर्ती खंड के अलावा इन पर भी विचार नहीं किया गया है।
9. बताया जाता है कि ये पांडुलिपियाँ ब्रज के शेरगढ़ और चीरघाट में उपलब्ध हैं।
10. भारतीय साहित्य 13:1–2 (1968), पृ. 43–5
11. इस पांडुलिपि की प्रारम्भिक समीक्षा प्रभुदयाल मीतल ने 'सूर कृत पदों की सबसे प्राचीन प्रति', नागरी प्रचारिणी पत्रिका 67:3, 1962 (वि.सं. 2013), पृ. 262–7 में की है।
12. हालाँकि पुष्पिका लुप्त हो चुकी है, इस पांडुलिपि की तारीख विश्वसनीय रूप से दी जा सकती है क्योंकि यह बीकानेर के महाराजा सूर्य सिंह के एक प्रिय लिपिक के हाथों से लिखी गई है। एक ही संग्रह की हिन्दी पांडुलिपि 157 और संस्कृत पांडुलिपि 209 क्रमशः वि.सं. 1681 और 1668 की, एक ही हाथ में हैं और इसके क्यूरेटर दीनानाथ खत्री को पांडुलिपि 156 के कागज से अन्दाजा मिला कि यह तीनों में से सबसे पुरानी होगी।
13. 'मथुराक्षेत्रे' शब्द का प्रयोग यह सुनिश्चित नहीं करता कि लिपिक मथुरा क्षेत्र का है या वहाँ बैठकर लिख रहा है या दोनों ही बातें सच हैं।
14. जो तारीख पढ़ी जा पा रही है, 1724, उसका तीसरा अंक अस्पष्ट है और यह पुराने छह

या सात अंक का परिवर्तित रूप हो सकता है। सात का अंक मानें तो यह तारीख काफी देर की हो जाएगी क्योंकि 1774 औरंगजेब के शासन के बाद की तारीख होगी, जब पुष्पिका के मुताबिक पांडुलिपि की नकल तैयार की गई।

15. यहाँ भाषा उतनी ही अस्पष्ट है, जैसाकि नोट 13 में बताया गया है।
16. केनिथ ब्रायंट ने पुष्टि की है कि इस अन्तिम पांडुलिपि का पता नहीं लग सकता।
17. 16वीं सदी में सूरदास के कितने पद प्रसारित हो चुके थे, इस संख्या के बारे में अगर कहा जाए, तो यह 400 से ऊपर जाती है। यह निर्णय 17वीं सदी की पांडुलिपियों में उपलब्ध प्रमाणों के आधार पर किया जाता है। इस आधार पर सूर की 433 कविताओं को ब्रायंट के अगले महत्त्वपूर्ण संस्करण, जैसाकि उपलब्ध है इसमें—ब्रायंट तथा हौली, 'सूर्स ओशन : पोएम्स फ्रॉम द अर्ली ट्रैडीशन'।
18. केनिथ ब्रायंट ने लेखों की शृंखला 'टुवर्ड अ क्रिटिकल एडीशन ऑफ द सूरसागर' में इन प्रतिमानों को स्पष्ट किया है। इसके लिए देखें : वाइनांद एम. कैलेवर्त सम्पा. 'अर्ली हिन्दी डिवोशनल लिटरेचर इन करेंट रिसर्च' (दिल्ली : इम्पेक्स इंडिया, 1980), पृ. 5–16; गोपाल नारायण बहुरा तथा वाइनांद एम. कैलेवर्त सम्पा. 'पद सूरदास जी का/द पद्स ऑफ सूरदास' (जयपुर : महाराजा सवाई मानसिंह-द्वितीय संग्रहालय, 1982, वास्तव में प्रकाशित 1984 में), भूमिका, पृ. 7–20 में 'द मैनुस्क्रिप्ट ट्रैडीशन ऑफ द सूरसागर : द फतेहपुर मैनुस्क्रिप्ट'; और मोनिका थीएल-हॉर्स्टमैन, सम्पा. 'भक्ति इन करेंट रिसर्च, 1979–1982' (बर्लिन: दित्रिख राइमर वेर्लाग, 1983), पृ. 37–52 में 'द फतेहपुर मैनुस्क्रिप्ट एंड द सूरसागर क्रिटिकल एडीशन प्रोजेक्ट'।
19. यू1 में सामान्यत: यही प्रतिमान है।
20. इस दिलचस्प पांडुलिपि के ढाँचे के बारे में चर्चा अध्याय 3 तथा 10 में की गई है।
21. यही मामला जे4 का लगता है, क्योंकि इस काम के लिए जिस लिपिक को चुना गया, वह गोकुल की पुरानी वल्लभ पीठ का था। अधिक समस्याग्रस्त मामला बीकानेर, कोटा, कुछ हद तक जयपुर के शाही घरानों के मुखियों का है, जो परम्परा से वल्लभ सम्प्रदाय से जुड़े रहे हैं। इन शाही अभिलेखागारों में इस प्राचीन काल की वल्लभ सेवा प्रणालियों की पुस्तकों का न होना यह संकेत करता है कि सम्प्रदायवादी झुकाव बाद में उभरे?
22. यह पांडुलिपि संख्या 10/2 का प्राचीन रूप है, जिस पर वह तारीख पड़ी है।
23. देखें : शार्लौट वॉदवील, 'पास्टोराल पार सूरदास' (पेरिस : गैल्लिमार्ड, 1971), पृ. 38–9; साथ में महावीर सिंह गहलोत, 'सूरदास का शृंगार वर्णन : ऐतिहासिक, धार्मिक और साहित्यिक पारम्परिक विवेचन सहित सूर के शृंगार वर्णन का दार्शनिक तथा अलंकारिक मूल्यांकन' (पी-एच.डी. शोधप्रबन्ध, जोधपुर विश्वविद्यालय, 1963), पृ. 275–88
24. सूर तथा विट्ठलनाथ के बारे में वॉदवील के अनुमानों के आधार पर की जानेवाली अपेक्षा के विपरीत, देखें : वही, पृ. 38
25. नागरी प्रचारिणी सभा 894, 989, 909 और 946 के पुराने संस्करण नमूने हैं। 'पुराने' से मेरा तात्पर्य 17वीं सदी या उससे पहले से है।
26. जैसाकि नागरी प्रचारिणी सभा 923, 933, 1392 में है, सभी पुरानी कविताएँ।

27. तुलना, नागरी प्रचारिणी सभा 908.7-8
28. निम्नलिखित कविताएँ विभिन्न प्रकार से इस मकसद को पूरा करती हैं—नागरी प्रचारिणी सभा 882, 890, 891, 906, 907, 916, 921, 939, 940, 955 और 985
29. नागरी प्रचारिणी सभा 886.1-4
30. नागरी प्रचारिणी सभा 4061 (1976 संस्करण)।
31. उदाहरणार्थ नागरी प्रचारिणी सभा 1009 या छोटे पैमाने पर दैवी परिप्रेक्ष्य, जो नागरी प्रचारिणी सभा 960, 961, 983, 985 जैसी कविताओं को नया अर्थ प्रदान करता है।
32. उदाहरण के लिए, लोकप्रिय कविता 'प्रथम करी हरि माखन चोरी' की टेक इसे अपेक्षाकृत बाद की कविता बताती है (नागरी प्रचारिणी सभा 886)।
33. पूर्वोक्त, उदाहरणार्थ, सुख सिन्धु, रस सिन्धु, सुख समुद्र आदि—'हित चौरासी' में। ये चार्ल्स एस.जे. व्हाइट, 'द चौरासी पद ऑफ हित हरिवंश' (होनोलुलु : यूनिवर्सिटी ऑफ हवाई प्रेस, 1977) द्वारा प्रस्तुत पाठ में 12.6, 18.2, और 22.4
34. इस स्थान का एक अच्छा उदाहरण नागरी प्रचारिणी सभा 720 की इस अन्तिम पंक्ति में मिलता है : 'सूरदास स्वामी सुख सागर जसुमती प्रीति बढ़ावत'। खास तौर से गौर करनेवाली बात यह है कि 'सुख सागर' शब्द से शुरू होनेवाली पंक्ति का अंश उस कविता में बाद में एक संशोधन बन जाता है, जिसे प्राचीन पांडुलिपियों में सत्यापित किया गया है, शायद इसलिए कि इस फॉर्मूले को शामिल किया जा सके।
35. उदाहरणार्थ, नागरी प्रचारिणी सभा 2527, 2573, और नागरी प्रचारिणी सभा 2683 से शुरू होनेवाली श्रृंखला।
36. नागरी प्रचारिणी सभा 2584 से 2634 तक
37. नागरी प्रचारिणी सभा 1362 से 1381 तक
38. उदाहरण के लिए, कंठहार प्रकरण में अन्तिम कविता की टेक है 'परम चतुर वृषभानु दुलारी' (नागरी प्रचारिणी सभा 2634.1)।
39. इस शैली की कविता को प्रोत्साहित करने की दूसरी वजह शायद यह थी कि नन्ददास तथा तुलसीदास सरीखे कवि लम्बी कविताएँ लिख रहे थे।
40. 'सूरसागर की भूमिका', भारतीय साहित्य 13:1-2 (1968), पृ. 74
41. देखें : गोवर्धन शुक्ल का संस्करण (अलीगढ़ : भारत प्रकाशन मन्दिर, तारीख नहीं—1958 ?)।
42. इन सबके प्रति मेरा ध्यान आकृष्ट करने के लिए रुपर्ट स्नेल का आभारी हूँ। ये हैं—नागरी प्रचारिणी सभा 1303, 1809, 1917, 1819, 1971, और 2455।
43. देखें : आर.एस. मॅक्ग्रेगर, 'तुलसीदासेज श्रीकृष्णगीतावली', जरनल ऑफ द अमेरिकन ओरिएंटल सोसाइटी 96:4, पृ. 526

अध्याय-9 : कबीर : देश और विदेश

1. रवीन्द्रनाथ ठाकुर, एवलिन अंडरहिल के साथ, 'सांग्स ऑफ कबीर' (नई दिल्ली : कॉस्मो पब्लिकेशंस, 1985, मूलत: 1917), पृ. 42; क्षितिमोहन सेन, 'कबीर के पद' (चार खंड)

(शान्तिनिकेतन : विश्व भारती, 1910-11)। 'सांग्स ऑफ कबीर' की रचना के पहलुओं पर विजय सी. मिश्र ने अध्ययन किया है। देखें : कैरीन शोमर तथा डब्ल्यू.एच. मॅक्लॉड सम्पा. : 'द संट्स : स्टडीज इन अ डिवोशनल ट्रैडीशन ऑफ इंडिया' (बर्कली : ग्रेजुएट थिओलॉजिकल यूनियन, और दिल्ली : मोतीलाल बनारसीदास, 1987), पृ. 167-80, खास कर 173-4 में विजय सी. मिश्र की 'टू ट्रुथ्स आर टोल्ड : टैगोर्स कबीर'।

2. रॉबर्ट ब्लाइ, 'द कबीर बुक : फोर्टीफोर ऑफ द एक्स्टैटिक पोएम्स ऑफ कबीर' (बोस्टन : बीकन प्रेस, 1971), पृ. 61
3. लिंडा हेस ने विश्वसनीय रूप से दिखाया है कि बनारस में पहली बार सुने गए गीत जब पश्चिम में पहुँचे तो उन्होंने अपना चोला बदल लिया। गीतों के प्रारम्भ तथा अन्त में कृष्ण या राम की भक्ति की मोटी परत दिखती है। हेस का मानना है कि यह बाद में हुआ। देखें : शोमर तथा मॅक्लॉड, सम्पा. 'द संट्स', पृ. 111-41 पर लिंडा हेस, 'श्री कबीर कलेक्शंस : अ कम्परेटिव स्टडी'।
4. मार्क जुर्गेंसेमेयेर तथा एन. गेराल्ड बेरियर सम्पा. : 'सिख स्टडीज : पर्सपेक्टिव्स ऑन अ चेंजिंग ट्रैडीशन' (बर्कली: ग्रेजुएट थिओलॉजिकल यूनियन, 1979), पृ. 75-86 में कैरीन शोमर, 'कबीर इन द गुरुग्रन्थ साहिब : ऐन एक्सप्लोरेटरी एस्से'।
5. शोमर तथा मॅक्लॉड, सम्पा. 'द संट्स', पृ. 143-65 पर लिंडा हेस तथा सुखदेव सिंह, 'द बीजक ऑफ कबीर' (सैन फ्रांसिस्को : नॉर्थ प्वाइंट प्रेस, 1983), और लिंडा हेस, 'कबीर्स रफ रेटरिक'।
6. देखें : शोमर तथा मॅक्लॉड सम्पा. 'द संट्स', पृ. 113 पर लिंडा हेस, 'श्री कबीर कलेक्शंस'। कभी प्राचीन पांडुलिपियाँ उपलब्ध रही होंगी, जो इस्तेमाल के कारण खराब हो गई होंगी और साफ प्रतिलिपि तैयार होने के बाद उन्हें गंगा में प्रवाहित कर दिया गया होगा (लिंडा हेस तथा सुखदेव सिंह, 'द बीजक ऑफ कबीर', पृ. 165)। प्राचीन पांडुलिपियों के अभाव के कारण के बारे में यह व्याख्या कई धर्मग्रन्थों की परम्पराओं के संरक्षकों ने की है लेकिन यह तय करना मुश्किल है कि सचमुच यह व्याख्या कहाँ लागू होती है।
7. गुरिंदर सिंह मान, 'द गोइंदवाल पोथीज : द अर्लिएस्ट एक्स्टैंट सोर्स ऑफ द सिख कैनन' (कैम्ब्रिज : हार्वर्ड यूनिवर्सिटी प्रेस, 1996), पृ. 1-50
8. एक प्रतिरूपी संस्करण प्रकाशित किया गया है—गोपाल नारायण बहुरा तथा वाइनांद एम. कैलेवर्त सम्पा. 'पद सूरदास जी का/द पद्स ऑफ सूरदास' (जयपुर : महाराजा सवाई मानसिंह-द्वितीय संग्रहालय, 1982)। इस संकलन में कबीर की प्रविष्टियों के बारे में चर्चा अगले अध्याय में की गई है।
9. इन तक आसान पहुँच उपलब्ध कराई है वाइनांद एम. कैलेवर्त ने स्वप्ना शर्मा तथा डीटर टेऊ के साथ मिलकर—'द मिलेनियम कबीर वाणी : अ कलेक्शन ऑफ पद्स' (नई दिल्ली : मनोहर, 2000)। वे इनमें भी उपलब्ध हैं—मोनिका हॉर्स्टमैन सम्पा. : 'इमेजेज ऑफ कबीर' (नई दिल्ली : मनोहर, 2002), पृ. 45-72 पर वाइनांद एम. कैलेवर्त, 'कबीर्स पद्स इन 1556'। 1614 की दादूपंथी पांडुलिपि जयपुर में संजय शर्मा संग्रहालय में संगृहीत है। इसकी सुरक्षा और इस तक पहुँच के लिए संग्रहालय के संस्थापक

रामकृपालु शर्मा के प्रति आभारी हूँ।

10. रवींद्रनाथ ठाकुर, एवलिन अंडरहिल के साथ, 'सांग्स ऑफ कबीर', पृ. 42 : वाइनांद एम. कैलेवर्त, 'द मिलेनियम कबीर वाणी : अ कलेक्शन ऑफ पद्स' (नई दिल्ली : मनोहर, 2000) पृ. 476
11. द्विवेदी ने अपना मत इन दो पुस्तकों में रखा है : 'हिदी साहित्य की भूमिका' (नई दिल्ली : राजकमल प्रकाशन, 1991, मूलतः 1940), पृ. 92-3, और 'कबीर' (नई दिल्ली : राजकमल प्रकाशन, 2002, मूलतः 1955), पृ. 121-3; हॉर्स्टमैन सम्पा. : 'इमेजेज ऑफ कबीर', पृ. 115-26 पर हॉर्स्टमैन ने 'हजारीप्रसाद द्विवेदीज कबीर' में कबीर के बारे में द्विवेदी की समझ के अन्तर्गत रामानन्द के परिचय पर जोर दिया है। इस पर चर्चा हेस ने शोमर तथा मॅक्लॉड, सम्पा. 'द संट्स' के पृ. 113 पर 'श्री कबीर कलेक्शंस' में की है।
12. हॉर्स्टमैन सम्पा. : 'इमेजेज ऑफ कबीर', पृ. 115-26 पर बहादुर सिंह, 'प्रॉब्लम्स ऑफ ऑथेंटिसिटी इन द कबीर टेक्स्ट्स'।
13. हॉर्स्टमैन सम्पा. : 'इमेजेज ऑफ कबीर', पृ. 31 पर प्रदीप बंद्योपाध्याय, 'द यूजेज ऑफ कबीर : मिशनरी राइटिंग्स एंड सिविलाइजेशनल डिफरेंशेज'।
14. रवींद्रनाथ ठाकुर, एवलिन अंडरहिल के साथ, 'सांग्स ऑफ कबीर', पृ. 11-12, 78
15. कबीर ने रामानन्द से दीक्षा 'चुरा' ली, यह कथा 18वीं सदी के शुरू में सामने आई (प्रियादास, 1712); और यह 'चोरी' रामानन्द के गंगास्नान के दौरान की गई, यह कथा इसके एक सदी बाद सामने आई। देखें : वाइनांद एम. कैलेवर्त, 'द हैजियोग्राफीज ऑफ अनन्तदास' (रिचमंड, सरे : कर्जन, 2000), पृ. 47-9। कबीर के अपने बोलों के प्राचीन संकलन रामानन्द के बारे में कुछ नहीं कहते, सिवाय एक अपवाद के। यह अपवाद है 'बीजक शब्द' 77.4 (रामानन्द रामरस माते कहि कबीर हम कहि कहि थाके), यह रामानन्द का परोक्ष उल्लेख माना जा सकता है और यह प्राचीन दिनांकित संकलनों में नहीं मिलता (दादूपंथी, सिख, फतेहपुर)। 'बीजक शब्द' 77 के लिए देखें : 'द बीजक ऑफ कबीर' के पृ. 67-8 पर लिंडा हेस तथा सुखदेव सिंह द्वारा किया गया अनुवाद, और पृ. 182 पर हेस की टिप्पणी, जो 'रामानन्द' की जगह 'राम की कृपा' का उल्लेख करती है।
16. तर्क के दूसरे पक्ष के लिए देखें : डेविड एन. लोरेंजेन, 'कबीर लीजेंड्स एंड आनन्ददासेज कबीर परचई' (अल्बानी : स्टेट यूनिवर्सिटी ऑफ न्यूयॉर्क प्रेस, 1991), पृ. 9-18, 78-9
17. नाभादास, 'भक्तमाल', साथ में 'भक्तिरसबोधिनी' पर प्रियादास का टीका (लखनऊ : तेजकुमार प्रेस, 1969), पृ. 282, 479; रॉबर्ट ब्लाइ, 'कबीर : एक्स्टैटिक पोएम्स', भूमिका, पृ. 16-17
18. प्राचीन सिख इतिहास का यह पाठ विवादास्पद है लेकिन मेरा खयाल है कि यह मजबूत है। इसके पैरोकार गुरिंदर सिंह मान कहते हैं, नानक जाट नहीं थे, फिर भी वे भूमिपति परिवार से थे। देखें : 'सिक्खिज्म' (सैड्ल रिवर रोड, एनजे : प्रेंटिश-हॉल, 2004), पृ. 18, 96-8
19. पी.डी. बर्थ्वाल ('द निर्गुण स्कूल ऑफ हिन्दी पोएट्री', 1936) पहले विद्वान थे जिन्होंने

इस सम्बन्ध पर व्यवस्थित शोध किया। उनके बाद इन लोगों ने भी यह काम किया—हजारीप्रसाद द्विवेदी ('कबीर', 1955), आर.के. वर्मा ('कबीर का रहस्यवाद', 1966), और शार्लौट वॉदवील ('कबीर', 1971; 'अ वीवर नेम्ड कबीर', 1993)। हाल का विवेचन है हॉर्स्टमैन, सम्पा. : 'इमेजेज ऑफ कबीर', पृ. 127-41 पर मारियोला ओफरेदी, 'कबीर एंड द नाथ पंथ'।

20. ब्लाइ, 'द कबीर बुक', पृ. 69
21. बहुरा तथा ब्रायंट, सम्पा. 'पद सूरदास जी का', पृ. 144, फतेहपुर, पद 88
22. गोरख बानी, सबदि 23, रामलाल श्रीवास्तव की 'गोरखबानी' (गोरखपुर : गोरखनाथ मन्दिर, 1978) पृ. 11 में।
23. नाथ योगी परिप्रेक्ष्यों और कबीर के परिप्रेक्ष्यों के बीच तीखे विरोधाभास को कई विद्वान तथा कबीर के अनुयायी स्वीकार नहीं करते। उदाहरण के लिए, लिंडा हेस कहती हैं कि मध्य प्रदेश के मालवा क्षेत्र में कबीर को गाने की जो प्रभावशाली परम्परा है, उसमें 'गोरख बानी' के पदों को, जिन्हें हमने अभी उद्धृत किया है, प्रायः कबीर रचित बताया जाता है। (निजी संवाद, नई दिल्ली, 5 सितंबर, 2003)।
24. पारसनाथ तिवारी, कबीर ग्रन्थावली, पद 174, अनु. : जे.एस. हौली और मार्क जुएर्गेंसमेयेर, 'सांग्स ऑफ द सेंट्स ऑफ इंडिया' (न्यूयॉर्क तथा दिल्ली : ऑक्सफोर्ड यूनिवर्सिटी प्रेस, 1988, 2004), पृ. 50
25. मुहम्मद हिदायतुल्लाह, 'कबीर : द एपॉस्ल ऑफ हिन्दू-मुस्लिम यूनिटी : इंटरैक्शन ऑफ हिन्दू-मुस्लिम आइडियाज इन द फॉर्मेशन ऑफ भक्ति मूवमेंट विद स्पेशल रेफरेंस टु कबीर, द भक्त' (दिल्ली : मोतीलाल बनारसीदास, 1977); हॉर्स्टमैन सम्पा. : 'इमेजेज ऑफ कबीर', पृ. 161 में पीटर गेफ्के, 'कबीर इन लिटरेचर बाइ एंड फॉर मुस्लिम्स'।
26. 'कबीर बाइ आबिदा' (मुबई : टाइम्स म्यूजिक इंडिया, 2003)। इस कैसेट के बारे में जानकारी देने के लिए मैं डेविड लेलिवेल्ड का आभारी हूँ।
27. भीमराव आम्बेडकर, 'एनिहिलेशन ऑफ कास्ट' देखें : 'डॉ. बाबा साहब आम्बेडकर राइटिंग्स एंड स्पीचेज', खंड 1 (बम्बई : महाराष्ट्र सरकार, 1936), पृ. 74; हॉर्स्टमैन सम्पा. : 'इमेजेज ऑफ कबीर', पृ. 216 में मारेन बेलविंकल-शेंप्प द्वारा उद्धृत, 'कबीरपंथीज इन कानपुर' में।
28. धर्मवीर, 'कबीर के आलोचक' (नई दिल्ली : वाणी प्रकाशन, 1997, दूसरा संस्करण, 1998), अध्याय 5, पृ. 73-96
29. पाठ में यथाप्रसंग अलग-अलग सन्दर्भों को डालने की जगह मैं यहाँ पूरे पैराग्राफ के लिए सूचीबद्ध करूँगा। ऐसा मैं दो संख्याओं के सेट के जरिये करूँगा। स्लैश (/) के बायें की संख्या कविता के ठाकुर तथा अंडरहिल द्वारा ('सांग्स ऑफ कबीर') स्वीकृत अनुवाद को बताएगी और दायें वाली संख्या उसी कविता का ब्लाइ द्वारा अनुवाद ('द कबीर बुक') को बताएगी। उद्धरण कविता की संख्या के मुताबिक है, पृ. संख्या के मुताबिक नहीं। इस तरह—43/8, 8/5। 66/37, 14/22, 42/28
30. इस पैराग्राफ के लिए—72/33, 34/6, 38/9, 67/2, 39/35, 34/6

31. इस पैराग्राफ के लिए—53/20। 12/23
32. अनाम, 'कबीर साहब का अनुराग सागर' (इलाहाबाद : बेल्वेडेयर प्रिंटिंग वर्क्स, 1918), अनु. 'द ओशन ऑफ लव' : राजकुमार बग्गा, प्रताप सिंह, और केंट बिकनेल (सैनबॉर्नटन, एनएच : सन्त बानी आश्रम, 1982)। साथ में देखें : शोमर तथा मॅक्लॉड सम्पा. 'द संट्स', पृ. 352-4 पर मार्क जुएर्गेंसमेयेर का 'द राधास्वामी रिवाइवल ऑफ द सन्त ट्रैडीशन'।

अध्याय-10 : कबीर : फतेहपुर पांडुलिपि में

1. डेविड एन. लोरेंजेन, 'कबीर लीजेंड्स एंड अनन्तदासेज कबीर परचई' (अल्बानी : स्टेट यूनिवर्सिटी ऑफ न्यूयॉर्क प्रेस, 1991), पृ. 18
2. कैरीन शोमर तथा डब्ल्यू.एच. मॅक्लॉड सम्पा. : 'द संट्स : स्टडीज इन अ डिवोशनल ट्रैडीशन ऑफ इंडिया' (बर्कली : ग्रेजुएट थिओलॉजिकल यूनियन और दिल्ली : मोतीलाल बनारसीदास, 1987), पृ. 111-41; मार्क जुर्गेंसमेयेर तथा एन. गेराल्ड बेरियर सम्पा. : 'सिख स्टडीज : पर्सपेक्टिव्स ऑन अ चेंजिंग ट्रैडीशन' (बर्कली : ग्रेजुएट थिओलॉजिकल यूनियन, 1979), पृ. 75-86 में कैरीन शोमर, 'कबीर इन द गुरुग्रन्थ साहिब : ऐन एक्स्प्लोरेटरी एस्से'।
3. गोपाल नारायण बहुरा तथा वाइनांद एम. कैलेवर्त, सम्पा. 'पद सूरदास जी का/ द पद्स ऑफ सूरदास' (जयपुर : महाराजा सवाई मानसिंह-द्वितीय संग्रहालय, 1982)।
4. गुरिंदर सिंह मान, 'द गोइंदवाल पोथीज : द अर्लिएस्ट एक्स्टैंट सोर्स ऑफ द सिख कैनन' (कैम्ब्रिज : हार्वर्ड यूनिवर्सिटी प्रेस, 1996), पृ. 1-50
5. केदारनाथ द्विवेदी ने अपनी पुस्तक 'कबीर और कबीरपंथ' (इलाहाबाद : हिन्दी साहित्य सम्मेलन, 1965), पृ. 3 पर इस पांडुलिपि की ओर विद्वत्तापूर्ण तरीके से ध्यान आकृष्ट किया है। लेकिन उन्होंने यह नहीं बताया है कि पांडुलिपि नागरी प्रचारिणी सभा में ही थी या कहीं और थी। 'खोज रिपोर्टें' में सूचीबद्ध पांडुलिपियाँ और जगहों पर पाई जा सकती हैं। डेविड लोरेंजेन ने पांडुलिपि की खोज नागरी प्रचारिणी सभा में की लेकिन उसे नहीं पा सके ('कबीर लीजेंड्स', पृ. 9)। यह बाद की 'खोज रिपोर्टें' के संक्षिप्त संस्करण में सामने आई : कृष्णदेव प्रसाद गौड़ एवं अन्य, 'हस्तलिखित हिन्दी पुस्तकों का संक्षिप्त विवरण' (वाराणसी : काशी नागरी प्रचारिणी सभा), 1964, खंड 1, पृ. 512-13; कबीर की महत्ता और पांडुलिपि की असामान्य रूप से पुरानी तारीख के कारण अपेक्षा की जाती थी कि यह 'खोज रिपार्टें' के संक्षिप्त संस्करण में दर्ज होती अगर सम्पादकों को इसके बारे में पक्की सूचना होती।

   ऐसा केवल अप्रामाणिक या अनुपलब्ध साबित हो चुकी कथित प्राचीन पांडुलिमियों के मामले में ही नहीं हुआ। मैं व्यक्तिगत तौर पर पुष्टि कर सकता हूँ कि 'सूरसागर' की जिन कई पांडुलिपियों के बारे में दावा किया गया कि वे नागरी प्रचारिणी सभा की मूल 'खोज रिपार्टें' में पाई गईं, उनका पता लगाना मुश्किल था—खास कर 1970 के दशक के बाद। जाहिर है कि इन रिपोर्टों को सम्पादकों के द्वारा एकत्रित सूचनाओं की उनके द्वारा पुष्टि किए बिना प्रकाशित कर दिया गया, खास कर तब जबकि कई तो मेल से हासिल की गई थीं। कहा जाता है कि डाकोर पांडुलिपि मीराँबाई (1585 सीई)

के लिए उपलब्ध सबसे प्राचीन स्रोत है। अगर इसे प्रामाणिक किया जाए तो यह फतेहपुर पांडुलिपि के लगभग समकालीन होगी। लेकिन इसके साथ भी समान समस्याएँ हैं (देखें : अध्याय 4)।

कबीर रचित मानी गई कविताओं की पूरी प्राचीन पांडुलिपियों की ताजा समीक्षा—वह भी कुशल समीक्षा—की है वाइनांद एम. कैलेवर्त ने स्वप्ना शर्मा तथा डीटर टेऊ के साथ मिलकर—'द मिलेनियम कबीर वाणी : अ कलेक्शन ऑफ पद्स' (नई दिल्ली : मनोहर, 2000), पृ. 1-114

6. कैलेवर्त, स्वप्ना शर्मा तथा डीटर टेऊ, 'द मिलेनियम कबीर वाणी', पृ. 19-21
7. बहुरा, 'पद सूरदास जी का' की भूमिका, पृ. 5
8. वही, भूमिका, पृ. 4-5, जिन्होंने इसे उद्धृत किया है—जनकवि, 'क्याम खाण रस', सम्पा. अगरचन्द नहाटा (जयपुर : पुरातत्त्व मन्दिर, 1953), पृ. 64-5। साथ ही देखें : मोनिका थीएल-हॉर्स्टमैन सम्पा. 'भक्ति इन करेंट रिसर्च', 1979-1982 (बर्लिन : दित्रिख राइमर, 1983), पृ. 37-8 में के.ई. ब्रायंट, 'द फतेहपुर मैनुस्क्रिप्ट एंड द सूरसागर क्रिटिकल एडीशन प्रोजेक्ट'।
9. जहाँ तक मैं देखता हूँ, यह स्थिति विनय धारवाड़कर के इस दावे को उचित नहीं ठहराती कि फतेहपुर पांडुलिपि 'शाही संरक्षण के तहत तैयार की गई' या यह कि यह कच्छवाहा 'राजकुमार' के लिए तैयार की गई थी। देखें : धारवाड़कर, 'कबीर : द वीवर्स सांग्स' (नई दिल्ली : पेंगुइन, 2003), पृ. 26, 28।
10. देखें : वाइनांद एम. कैलेवर्त, 'द सर्वांगी ऑफ गोपालदास : अ सेवेंटींथ सेंचुरी एँथोलॉजी ऑफ भक्ति लिटरेचर' (दिल्ली : मनोहर, 1993), पृ. 28-9। याद कीजिए अध्याय 6 में वर्णित सूरदास की कविता 'अज हों अंध' से सम्बन्ध को।
11. शोमर तथा मॅक्लॉड सम्पा. : 'द संट्स', पृ. 3, 7-8 की कैरीन शोमर द्वारा लिखित भूमिका।
12. 1-106; 1-181; 1-(1) 27। मैं विचार कर रहा हूँ कि इस तीसरे क्रम में 101-27 संख्याएँ शामिल हैं लेकिन सैकड़ा के अंक को मिटाकर, वरना 1-100;1-27 सेट को विभाजित किया जाएगा। यह सच है कि इस बिन्दु पर रागों में काफी अदला-बदली होती है लेकिन 1-27 सेट में सूचीबद्ध कोई भी कविता 1-100 सेट में दोहराई नहीं जाती।
13. शायद 'सूर पचीसी' की प्राचीन पांडुलिपि में प्रस्तावना वाले दोहे के बाद हर चौथे दोहे पर एक नया नंबर दिया गया। यही वजह है कि लिपिक इसके पहले के पद को 49 नम्बर देता है और बाद के पद को 56 नम्बर देता है, जबकि 'सूर पचीसी' को बिना नम्बर के रखा है—सिवाय आन्तरिक दोहों के। देखें : बहुरा तथा कैलेवर्त सम्पा. 'पद सूरदास जी का', पृ. 114-20। पृ. 5 पर गलत नंबर इसलिए पड़ गया है कि कुल पदों की गणना 183 की जगह 181 की गई है और 'सूर पचीसी' के लिए 6 संख्या गिनी गई है : 183-5 = 178
14. इस कान्हाँ के बारे में अध्ययन करने की जरूरत है। उन्हें भक्ति तथा सन्त साहित्य पर आर.एस. मॅक्रगेगर, परशुराम चतुर्वेदी, या ए. एंत्विस्ल के अध्ययनों में सूचीबद्ध नहीं किया गया है—मॅकग्रेगर, 'हिन्दी लिटरेचर फ्रॉम इट्स बिगनिंग टु द नाइंटींथ सेंचुरी' (वीजबेडेन : ओट्टो हारासोविज, 1984); चतुर्वेदी, 'उत्तर भारत की सन्त परम्परा' (इलाहाबाद, लीडर प्रेस, 1972); एंत्विस्ल, 'सेंटर ऑफ कृष्ण पिलग्रिमेज' (ग्रॉनिंगन : एग्बर्ट फोर्स्टेन, 1987)।

प्रभुदयाल मीतल ने अपनी पुस्तक 'ब्रज के धर्मसम्प्रदायों का इतिहास' (दिल्ली : नेशनल पब्लिशिंग हाउस, 1968), पृ. 353 में हरिव्यास देव के शिष्य 'कान्हर' का उल्लेख किया है, और प्रीतम सिंह उत्सुक थे कि क्या उन्हें लाहौर के कान्हा से जोड़ा जा सकता है जिन्होंने सिख धर्मग्रन्थ में अपनी कविता शामिल करवाने के लिए गुरु अर्जन को सौंपी थी लेकिन उनके अनुरोध को ठुकरा दिया गया था (थीएल-हॉर्स्टमैन सम्पा. 'भक्ति इन करेंट रिसर्च', 1979-1982, पृ. 45)

15. कविता है—'मेरी वह रग रगि दै चूनरी अव सो रग कवहू न जाइ'। इसकी अन्तिम पंक्ति में कवि का दावा है कि रामानन्द कबीर के गुरु थे ('साहव कवीर चूनरी वुनी गुरू ठेका रामानन्द')। इसका अर्थ है कि रामानन्दी सम्बन्ध था। कबीर ने रामानन्द का शिष्यत्व धोखे से हासिल किया था, यह कथा 18वीं सदी के शुरू में काफी प्रचलित थी—यह नाभादास की 'भक्तमाल' पर प्रियादास के टीके में भी दर्ज है। लेकिन इस बात के प्रमाण नहीं हैं कि यह कथा इससे पहले ज्ञात थी। (देखें : अध्याय 11, नोट 34)। कबीर द्वारा रचित कविताओं के प्राचीन संकलनों में रामानन्द का कोई उल्लेख नहीं है, सिवाय एक छोटे-से अपवाद के। यह अपवाद है : 'बीजक शब्द' 77.4 (रामानन्द रामरस माते कहि कबीर हम कहि कहि थाके), यह रामानन्द का परोक्ष उल्लेख माना जा सकता है और यह प्राचीन दिनांकित संकलनों में नहीं मिलता (दादूपंथी, सिख, फतेहपुर)। दतिया 'सूरसागर' में शुरू में जो कविता पाई जाती है, वैसी कविता का एक मकसद इस अन्यथा लुप्त सम्बन्ध को स्थापित करना है, जो कि रामानन्द सम्प्रदाय के लिए काफी महत्त्व रखता है। रामानन्द के साथ कबीर के सम्बन्ध के बारे में देखें : शार्लौट वॉदवील, 'कबीर' (ऑक्सफोर्ड : क्लेअरेंडन प्रेस, 1974), पृ. 110-17; दोबारा वॉदवील, 'अ वीभर नेम्ड कबीर', 1993)। हाल का विवेचन है हॉर्स्टमैन सम्पा. : 'इमेजेज ऑफ कबीर' (दिल्ली : ऑक्सफोर्ड यूनिवर्सिटी प्रेस, 1993), पृ. 87-91; तुलना करें कैलेवर्त से, जैसाकि अध्याय 11 नोट 34 में है। इसके विपरीत लोरेंजेन, 'कबीर लीजेंड्स', पृ. 9-18, 78-9। 'बीजक शब्द' 77.4 के लिए देखें : 'द बीजक ऑफ कबीर' का अनुवाद लिंडा हेस तथा सुखदेव सिंह के द्वारा, पृ. 67-8, और पृ. 182 पर हेस का नोट, जो 'रामानन्द' की जगह 'राम का आनन्द' वाली बात का समर्थन करता है।

16. सुविधा के लिए मैं इसे कविता 15 कहूँगा। इसी तरह दूसरी कविताओं की भी संख्या दी गई है पूरे अध्याय में। फतेहपुर पांडुलिपि के प्रतिरूप संस्करण में हरे कविता का पता लगाने के लिए एक परिवर्तन तालिका तालिका 10.1 के रूप में दी गई है।

17. 16वीं सदी में जो कविताएँ सूरदास द्वारा रचित मानी जाकर प्रसार में थीं, उनमें इस अभिव्यक्ति के उदाहरणों में वे भी शामिल हैं जिन्हें नागरी प्रचारिणी सभा के सम्पादकों ने 749, 116, 1989, और 3085 के रूप में सूचीबद्ध किया है। एनपीएस पाठ है—जगन्नाथदास 'रत्नाकर', नन्ददुलारे वाजपेयी एवं अन्य द्वारा सम्पा. 'सूर सागर' 2 खंडों में (वाराणसी : काशी नागरी प्रचारिणी सभा), 1972 और 1976 (मूलत: 1948)।

18. भारतीय इतिहास के इस काल तथा क्षेत्र में वैष्णववाद के विशेष भाव को स्पष्ट करने के लिए 'कैथलिक' शब्द का प्रयोग करनेवाला मैं कोई पहला व्यक्ति नहीं हूँ। मुझसे पहले विलियम पिंच ने अपने शानदार निबन्ध 'हिस्टरी, डिवोशन, एंड द सर्च फॉर नाभादास

ऑफ गाल्टा' में किया है। इस निबन्ध के लिए देखें : दाऊद अली सम्पा. 'इनवोकिंग द पास्ट : द यूजेज ऑफ हिस्टरी इन साउथ एशिया' (दिल्ली : ऑक्सफोर्ड यूनिवर्सिटी प्रेस, 1999), पृ. 367-99। हम दोनों ने इस 'कैथलिकता' को वैष्णव आत्मबोध की उस शैली के विरोधाभास के रूप में देखा है जो 'सम्प्रदाय' नामक संस्था से जुड़ी है। इसका तात्पर्य एक स्पष्टतः परिभाषित गुरु वंश के द्वारा दी जानेवाली शिक्षण परम्परा से है। वैसे, इस बिन्दु पर हम दोनों थोड़ी भिन्न राय रखते हैं। पिंच इस भिन्नता को ब्रह्मचर्य तथा वैराग की परम्परा के सन्दर्भ में देखते हैं, जो कि नाभादास के मामले में उपयुक्त बैठता है, जिन्होंने गाल्टा के मठ में रहकर अपनी कृति की रचना की थी। मैं विवाहित गुरुओं द्वारा स्थापित परम्परा की बात करूँगा, जो कि इस पाराग्राफ में उन उदाहरणों से स्पष्ट है जो मैंने दिये हैं। इस सामान्य रौ में लेकिन रामानन्दी सन्दर्भ में देखें : लॉरेंस ए. बैब, वर्षा जोशी, तथा माइकल माइस्टर, सम्पा. 'मल्टिपल हिस्टरीज : कल्चर एंड सोसाइटी इन द स्टडी ऑफ राजस्थान' (9 जयपुर : रावत, 2002), पृ. 152-3 में मोनिका हॉर्स्टमैन, 'द रामानन्दीज ऑफ गाल्टा'।

19. यह मुहावरा 'गुरु नानक एंड द सिख रेलिजन' (ऑक्सफोर्ड : क्लेअरेंडन प्रेस, 1968), पृ. 152 के लेखक डब्ल्यू.एच. मॅक्लॉड ने बनाया लेकिन उनकी कृति शार्लौट वॉदवील की पुस्तक 'ओ कैबरे द ल आमूर' (पेरिस : गाल्लीमार्ड, 1959), पृ. 7-9 और उनकी 'कबीर ग्रन्थावली' (दोहा) (पोंडिचेरी : एंस्तिटू फ्रौंसे ड'एंडोलोजी, 1957) की भूमिका पर आधारित है। वॉदवील का ताजा पक्ष शोमर तथा मॅक्लॉड सम्पा. 'द संट्स', पृ. 21-40 में 'सन्त मत : सन्तीज्म ऐज द यूनिवर्सल पाथ टु सैंक्टिटी' है।
20. पुस्तक है—मुहम्मद हिदायतुल्लाह की 'कबीर : द एपॉस्ल ऑफ हिन्दू-मुस्लिम यूनिटी : इंटरैक्शन ऑफ हिन्दू-मुस्लिम आइडियाज इन द फॉर्मेशन ऑफ भक्ति मूवमेंट विद स्पेशल रेफरेंस टु कबीर, द भक्त' (दिल्ली : मोतीलाल बनारसीदास, 1977)। अनिल चौधरी द्वारा निर्मित तथा निर्देशित 13 कड़ियों वाला टीवी धारावाहिक 1987 में दूरदर्शन पर प्रसारित किया गया था। इसकी ज्यादा कड़ियाँ बनाने की योजना थी लेकिन निर्माण को लेकर मुश्किलों के चलते इसे जल्दी खत्म करना पड़ा। अध्याय 11 में मैंने इस विमर्श के कुछ पहलुओं की शैक्षणिक दृष्टि से समीक्षा की है।
21. इस तरह के पदों के संग्रह के लिए देखें : वॉदवील, 'वीवर', पृ. 216-19; साथ ही हेस, 'बीजक', पृ. 3, 46
22. नाभादास, 'भक्तमाल', साथ में 'भक्तिरसबोधिनी' पर प्रियादास की टीका (लखनऊ : तेजकुमार प्रेस, 1969), पृ. 479
23. जहाँ तक फतेहपुर पांडुलिपि की बात है, यह मुझे 'कबीर नाम के कवियों'—अगर इतिहास-सम्मत कबीर को न भी देखें : के उस एकात्म धर्मसिद्धान्त के विरोध में खड़ा करता है जिसे विनय धारवाड़कर ने अपनी ताजा पुस्तक में प्रस्तुत किया है। धारवाड़कर के कबीर नाम वाले कवि सामूहिक तौर पर उपनिषदीय सन्त सरीखे लगते हैं, जो अपने 'निर्गुण ईश्वर' को स्पष्ट रूप से व्याख्यायित करते हैं ('कबीर : द वीवर्स सांग्स', पृ. 78, 85)। धारवाड़कर मानते हैं कि इस स्थिति को फतेहपुर पांडुलिपि में विशेष स्पष्टता से रखा गया है, हालाँकि वे इससे उद्धरण स्पष्ट रूप से नहीं लेते। इसकी वजह—वे मानते हैं कि इसमें

तथा 'गोइंदवाल पोथियाँ' व 'कबीर की मूल रचनाओं में उनकी प्राचीन तिथियों के कारण सबसे ज्यादा समानता हो सकती है'। इसलिए वे 'संरचना को लघु या आरम्भिक रूप में प्रदर्शित' करने में सक्षम हैं, जो कबीर के कोश के भाव को सम्पूर्णता में स्पष्ट कर सकता है (पृ. 94-95)। मैं खुशी से यह स्वीकार कर सकता हूँ कि कबीर द्वारा रचित बताई गई कविता में इस तरह का रुख और कहीं मजबूती से उभरता है लेकिन जैसाकि शेष अध्याय से स्पष्ट है, मैं फतेहपुर में ऐसा नहीं पाता। और जैसाकि धारवाड़कर कहते हैं, 'कबीर नाम के कवियों' के क्षितिज पर जो कबीर खड़े हैं, भले ही उन्हें हम प्रत्यक्ष रूप में न देख पाएँ, उस कबीर के बारे में राय बनाने में फतेहपुर का खयाल रखना बहुत महत्त्वपूर्ण है।

24. ताजा समीक्षा के लिए देखें : मोनिका हॉर्स्टमैन, सम्पा. : 'इमेजेज ऑफ कबीर' (दिल्ली : मनोहर, 2002), पृ. 127-41 पर मारियोला ओफरेदी, 'कबीर एंड द नाथ पंथ'।
25. यह विचार दो मुश्किलों में डालता है। पहली तो यह कि मैं 'दह' को वैसा ही पढ़ता हूँ, जैसाकि लिखा हुआ है। उसे 'देह' नहीं पढ़ता, जैसाकि शालौट वॉदवील ('वीवर', पृ. 250) ने इस कविता के दूसरे का अनुवाद किया है। दूसरी यह कि मैं 'जंजुक' शब्द को लेकर उलझन में हूँ, जैसाकि यह पंक्ति के अन्त में 'जंजुक षाइ' के रूप में लिखा गया है। सुखदेव सिंह (बातचीत, 12 नवम्बर, 2003) ने इस समस्या का समाधान यह सुझाया है कि इसे 'जंजु कषाइ' पढ़ा जाए, जिसमें जंजु का अर्थ 'जंजीर' है और 'कषाइ' यानी कसना। अगर कवि का आशय यही है तो इसका संकेत यह होगा कि शव को अरथी से कसकर बाँधा जाए। लेकिन कविता में जो पार्थिव क्रम सुझाया गया है, वह इसका उलटा है।
26. 'अष्टमहासिद्धि' का उल्लेख स्पष्ट है। 'नवमडारी' का अर्थ शायद कुबेर के नौ आभूषणों से है। ऐसा लगता है कि बाद में किसी ने इसमें 'नि' जोड़कर 'नव मनि डारी' कर दिया ('आपने नौ आभूषणों को फेंक दिया')। यह सम्पूर्ण पाठ के साथ मेल नहीं खाता लेकिन 'नौ आभूषणों' की बात की पुष्टि करता है।
27. यति के बाद पहले शब्द को यह 'अनहल' के रूप में पढ़ता है हालाँकि अन्तिम शब्दांश 'ल' के अन्य प्रयोगों के जैसा नहीं दिखता। इसलिए शायद 'त्व' पढ़ा जाए मानो इसे अनहद के साथ जोड़ा जा सके, जैसेकि अनहद नाद में जोड़ा गया है। इसे 'अनहत्व' चित्र (7.1) की ओर संकेत भी माना जा सकता है, जिसे पाँचवें चक्र के साथ प्रायः जोड़ा जाता है।
28. अगर अरबी ('लम्बी जान-पहचान') के बाद 'सावका' को पढ़ा जाए, तो दूसरा अनुवाद सामने आएगा।
29. इस कविता के आधुनिक मुद्रित संस्करणों को—जो यहाँ प्रस्तुत पाठ से भिन्न हैं—उद्धृत किया गया है जयदेव सिंह तथा वासुदेव सिंह, सम्पा. 'कबीर वाङ्मय' खंड 3 (वाराणसी : विश्वविद्यालय प्रकाशन, 1981), पृ. 90-1 पर।
30. एक काफी भिन्न रूप में यह कविता संजय शर्मा संग्रहालय की 1614 'पंचवाणी' में भी उपलब्ध है। देखें : कैलेवर्त, शर्मा, तथा टेऊ की 'द मिलेनियम कबीर वाणी', पृ. 250
31. पंक्ति 4 में मैंने 'मधुवा' के अर्थ से 'महाया' पढ़ा है, जैसाकि श्यामसुन्दर दास के संस्करण में है। लेकिन यह स्वरूप माया का एक रूप हो सकता है, जोकि वैसे भी 'मधुवा' है।

कबीर की पसन्द के वार्ताकार गोपाल की पहचान स्पष्ट नहीं है।

32. अधिकतर मुद्रित संस्करणों में अन्तिम पद एकदम भिन्न स्वरूप में—और मेरी दृष्टि में काफी कम भिन्न स्वरूप में—प्रकट होता है, देखें : 'कबीर वाङ्मय' खंड 2, पृ. 154 :

    कहै कबीर नर सुन्दर रूप
    राम भगति बिनु कुचिल कुरूप।

33. कबीर की कविता के बड़े प्रारम्भिक पाठ के संक्षिप्त विवरण के लिए देखें : अध्याय 9
34. इसी रौ में 'वर्ड' के लिए हेस की 'द बीजक ऑफ कबीर', पृ. 161 की तुलना पेर क्वेर्ने की 'एन एंथोलॉजी ऑफ बुद्धिस्ट तांत्रिक सांग्स' (ओस्लो : नॉर्वेजियन रिसर्च काउंसिल, 1977) के उल्लेख के साथ करें।
35. पारसनाथ तिवारी, 'कबीर ग्रन्थावली' (इलाहाबाद : प्रयाग विश्वविद्यालय, 1961), पद 112.2 (यानी 112.3), पार्ट 2, पृ. 66। परस्पर विरोधी उदाहरण के लिए देखें : सुखदेव सिंह, सम्पा. : 'कबीर बीजक' (इलाहाबाद : नीलाभ प्रकाशन, 1972), पृ. 132 में 'शब्द' 63 को, और अनुवाद के लिए देखें : हेस की 'द बीजक ऑफ कबीर', पृ. 62
36. कबीर द्वारा रचित बताई कविताओं में कभी-कभी 'विरह' को सर्प के रूप में चित्रित किया गया है (उदाहरण : 'बीजक साखी' 99, अनु. के लिए देखें : हेस की 'बीजक', पृ. 100), लेकिन उन्होंने 'गारुड़ी' रूपक का जो प्रयोग किया है, वह कुछ व्यापक अर्थ रखता है (उदाहरण : 'बीजक शब्द, 39, अनु. : हेस, 'बीजक', पृ. 54)। अच्छी तुलना के लिए देखें : वॉदवील, 'वीवर', पृ. 268
37. यह इस कविता और कविता 8.2 में प्रस्तुत (अनुवाद ऊपर दिया गया है) पद की भाषा के बीच उल्लेखनीय आवाजाही है। दोनों कविताओं की रचना 'विचारी' और 'महतारी' की लयों के बीच की गई है और भावना में काफी समानता है।
38. 'सूर्स ओशन' नं. 51, 314, और 315 (नागरी प्रचारिणी सभा 1365-1367) 16वीं सदी में प्रसार में थी, काफी कुछ बाद में जोड़ा गया। देखें : मेरी 'सूरदास : पोएट, सिंगर, सेंट' (सिएट्ल : यूनिवर्सिटी ऑफ वाशिंगटन प्रेस, 1984), पृ. 53, 83। सामान्य विषयवस्तु के लिए देखें इस पुस्तक का अध्याय 5।
39. 'कबीर वाङ्मय', पद 245, 4, पृ. 183 :

    कहै कबीर को को नहीं राखैं
    राम रसाइन जिनि जिन चाखै।

40. वही, पद 3.1; राम का नाम जपने की सीख देनेवाले पदों के 'बीजक' से चयन के लिए देखें : हेस की 'बीजक', पृ. 159
41. यह 'घटोर्ध्व' (उलटे रखे घड़े) के भाव से स्पष्टत: कुछ अलग भाव है। हेल्मुट वोन ग्लासनाप के शब्दों में, जैसाकि अगेहानन्द भारती ने अनुवाद किया है, 'घटोर्ध्व' का सामान्य अर्थ है—'गहरा विचार, जिसे विचलित नहीं किया जा सकता'। देखें : ग्लासनाप, 'बुद्धिस्टिश मिस्टेरिएन' (स्टुटगार्ट : 1940), पृ. 103; भारती, 'द तांत्रिक ट्रैडीशन' (न्यूयॉर्क : एंकर बुक्स, 1970), पृ. 177
42. फूलों के रूपक की प्रचुरता कबीर द्वारा रचित बताई गई रचनाओं में पाई जा सकती है। ऐसी एक रचना का अनुवाद वॉदवील ने 'वीवर', पृ. 283-4 पर किया है। 'द बीजक

ऑफ कबीर', पृ. 52, 62, 156 पर हेस एवं कई अन्य।

43. पुष्पपाल सिंह, 'कबीर ग्रन्थावली सटीक' (नई दिल्ली : अशोक प्रकाशन, 1972), पद 4.15। पंक्ति है :

 षोडस कँवल जब चेतिया तब मिलि गए श्री वनवारि रे
 जुरामरण भ्रम भाजिया पुनरपि जनम निवारि रे।

 पूरी कविता नाथ योगी योजना के मुताबिक, पंखुड़ियों की बढ़ती संख्या वाले कमल फूलों के इर्द-गिर्द केन्द्रित है। इसलिए पुष्पपाल सिंह का पक्का विचार है कि 16 पंखुड़ियों वाला कमल 'विशुद्ध चक्र' ('कबीर ग्रन्थावली सटीक', पृ. 290) का द्योतक है। यह कविता पारसनाथ तिवारी की 'कबीर ग्रन्थावली' में शामिल नहीं है—इस शीर्षक के अन्तर्गत तो नहीं ही है। वैसे, यह दूसरे संस्करणों में है, उदाहरण के लिए—भगवतस्वरूप मिश्र, 'कबीर ग्रन्थावली' (संजीवनी व्याख्या सहित) (आगरा : विनोद पुस्तक मन्दिर, 1969), पृ. 207

44. उदाहरण के लिए, 'कबीर वाङ्मय', खंड 2, पद 311, पृ. 395

 कहै कबीर गुर एक बुधि बताई सहज सुभाइ मिलै राम राई।

45. डेविड गॉर्डन व्हाइट, 'द अल्केमिकल बॉडी : सिद्ध ट्रैडीशंस इन मेडाइवल इंडिया' (शिकागो : यूनिवर्सिटी ऑफ शिकागो प्रेस, 1996), पृ. 242, मूल है—'गोरख बानी', शबदि 23

46. इस विचार के लिए देखें : व्हाइट, 'द अल्केमिकल बॉडी', पृ. 242-4

47. मैं सूरदास की प्रसिद्ध कविता 'चकई री चलि चरण सरोवर जहाँ न पेम वियोगु' ('सूर्स ओशन' 420, नागरी प्रचारिणी सभा 337), या मीराँबाई की कविता 'चाणां अगम वा देस काल देख्यं डरं' (परशुराम चतुर्वेदी 193) को विशेषकर याद कर रहा हूँ।

48. हेस, 'द बीजक ऑफ कबीर', पृ. 147

अध्याय-11 : भक्ति, लोकतंत्र और धर्म का अध्ययन

1. इस तर्क की शायद विल्फ्रेड कैंटवेल स्मिथ ने सबसे भावपूर्ण व्याख्या की है अपनी पुस्तक 'द मीनिंग एंड एंड ऑफ रेलिजन' (न्यूयॉर्क : मैकमिलन, 1962)।

2. इस सम्भावना के तुलनात्मक तथा शैक्षणिक पहलुओं पर और विचार के लिए देखें : जे.एस. हौली, 'हू स्पीक्स फॉर हिन्दुइज्म—एंड हू अगेंस्ट?', जरनल ऑफ अमेरिकन एकेडमी ऑफ रेलिजन, 68:4 (2000), पृ. 711-20; और 'कंपरेटिव रेलिजन फॉर अंडरग्रेजुएट्स : फ्रॉड? फेलयर? फ्रंटियर?'। यूनिवर्सिटी ऑफ शिकागो डिविनिटी स्कूल में 1 नवम्बर, 2002 को शिक्षाशास्त्र की कला पर वाबैश सेंटर व्याख्यान, जो 'क्राइटेरियन' (2004 के पतझड़) में और थॉमस इडिनोप्युलिस, सम्पा. 'कंपेयरिंग रेलिजन्स : पॉसिबिलिटीज एंड प्रॉब्लम्स इन क्रॉसकल्चरल एंड इंटरसोशल एनालिसिस' (लीडेन : ई.जे. ब्रिल)।

3. देखें : विल्हेम हाल्बफास, 'इंडिया एंड यूरोप : एन एस्से इन अंडरस्टैंडिंग' (अल्बानी: स्टेट यूनिवर्सिटी ऑफ न्यूयॉर्क प्रेस, 1988), विशेषकर पृ. 3 (डायोजिनिस लाएर्टियस के बारे में), पृ. 8 (यूसीबियस के बारे में), और गिम्नासोफोई पर सामान्य चर्चा अध्याय 1 में। तुलना करें—एंजली टी. एंब्री, 'इमेजिनिंग इंडिया' (दिल्ली : ऑक्सफोर्ड यूनिवर्सिटी

प्रेस, 1989), पृ. 28-39

4. फ्रीडरिख श्लायरमाखर, 'उबेर डाइ रेलिजन : रेडेन ऐन डाइ गेबिदेतें उंटेर आइह्रेर वेराख्तर्न' (बर्लिन : राइमर, 1831)।
5. रुस्तम भरूचा, 'द क्वेश्चन ऑफ फेथ' (नई दिल्ली : ओरिएंट लांगमैन, 1993), पृ. 92
6. उनके चिन्तन में दूसरे क्षेत्रों में प्रशिक्षित पश्चिमी लेखक जरूर शामिल हैं। उदाहरण के लिए, नीता कुमार और सांड्रिया फ्राइटैग।
7. वी. राघवन, 'द ग्रेट इंटीग्रेटर्स : द सेंट-सिंगर्स ऑफ इंडिया' (नई दिल्ली : प्रकाशन विभाग, भारत सरकार), पृ. 32
8. इस दृष्टिकोण के एक प्रभावशाली स्वर हैं रणजीत गुहा, 'डॉमिनेंस विदाउट हेजेमनी एंड इट्स हिस्टोरियोग्राफी', 'सबाल्टर्न स्टडीज-6' (दिल्ली : ऑक्सफोर्ड यूनिवर्सिटी प्रेस, 1989), पृ. 249-64
9. उत्तर भारत में धार्मिक मान्यता के अनुसार मृतक के अस्थि अवशेषों को फूल माना जाता है। देखें : एन ग्रॉजिन्स गोल्ड, 'फ्रूटफुल जर्नीज : द वेज ऑफ राजस्थानी पिलग्रिम्स' (बर्कली : यूनिवर्सिटी ऑफ कैलिफोर्निया प्रेस, 1988), पृ. 181-191। कहानी अच्छी तरह बताती है कि कबीर के कद की हस्ती के लिए इस वक्तव्य को शब्दश: लेने की जरूरत है।
10. कबीर का दोहा यहाँ मगहर का उल्लेख कर रहा है या नहीं, इस पर विद्वत्तापूर्ण बहस की गुंजाइश है। देखें : शार्लौट वॉदवील, 'कबीर' (ऑक्सफोर्ड : क्लेअरेंडन प्रेस, 1974), पृ. 32-4; और जगदीश कुमार तथा उमा ठुकराल के साथ डेविड एन. लोरेंजेन, 'कबीर लीजेंड्स एंड अनन्तदासेज कबीर परचइ' (अल्बानी : स्टेट यूनिवर्सिटी ऑफ न्यूयॉर्क प्रेस, 1991), पृ. 17, 40-2; उस स्थान पर बने दो पूजा स्थलों में से मुसलमानों के इबादतखाने में हिन्दू, मुस्लिम दोनों जाते हैं। यह स्पष्टत: प्राचीन है, शायद औरंगजेब के राज में 1110 एएच (1698/99 ई.) में मुगलिया अनुदान से बनाया गया था।
11. पूरा उद्धरण है—मुहम्मद हिदायतुल्लाह की 'कबीर : द एपॉस्ल ऑफ हिन्दू-मुस्लिम यूनिटी : इंटरैक्शन ऑफ हिन्दू-मुस्लिम आइडियाज इन द फॉर्मेशन ऑफ भक्ति मूवमेंट विद स्पेशल रेफरेंस टु कबीर, द भक्त' (दिल्ली : मोतीलाल बनारसीदास, 1977)।
12. डॉली रिजवी, 'कबीर : द मिस्टीक हू ट्रायड टु ब्रिंग द हिन्दूज एंड द मुस्लिम्स टुगेदर', अमर चित्र कथा, 55 (बम्बई, इंडिया बुक हाउस एजुकेशन ट्रस्ट, तारीख नहीं), पृ. 14। देखें चित्र 8, पृ. 154
13. पारसनाथ तिवारी, 'कबीर ग्रन्थावली' (इलाहाबाद : इलाहाबाद विश्वविद्यालय, 1961) पद 178। यह संस्करण मुख्यत: दादूपंथी 'पंचवाणी' के पांडुलिपि रूपों में दिये गए पाठ पर आधारित है।
14. ये उद्धरण पद 191 तथा 178 से लिये गए हैं।
15. अनुवाद खुद हिदायतुल्लाह का है। देखें : 'कबीर—द एपॉस्ल', पृ. 301, थोड़ा भिन्न रूप पृ. 206 पर है। मूल है—'गुरुग्रन्थ साहिब, राग परभाती 2 (अलाहू एक मसीती...।)।
16. शार्लौट वॉदवील, 'वीवर नेम्ड कबीर' (दिल्ली : ऑक्सफोर्ड यूनिवर्सिटी प्रेस, 1974), पृ. 218; इस कविता को पारसनाथ तिवारी ने 177 नम्बर के तौर पर सूचीबद्ध किया है और यह 'कबीर ग्रन्थावली' पृ. 104 पर दर्ज है।

17. हिदायतुल्लाह, 'कबीर : द एपॉस्ल', पृ. 299
18. वही,
19. जैसाकि हम जानते हैं, कबीर के दोहों की सबसे पुरानी दिनांकित पांडुलिपि 1582 और 1604 (देखें : अध्याय 10। 'पंचवाणी' पहली बार 1614 में सामने आती है। (देखें : डब्ल्यू.एम. कैलेवर्त तथा बार्ट ओप द बेक, 'निर्गुण-भक्ति-सागर : डिवोशनल हिन्दी लिटरेचर', खंड 1 (नई दिल्ली : मनोहर, 1991), पृ. 23-4; पूर्वोक्त, तिवारी, खंड 1, पृ. 55-60। साथ में कैलेवर्त, शर्मा, तथा टेलिउ की 'द मिलेनियम कबीर वाणी', (नई दिल्ली : मनोहर, 1991), पृ. 21-3। कवि शायद 1604 से एक सदी पहले हुए थे, हालाँकि इस पर भी विवाद है। इस बारे में देखें : वॉदवील, 'वीवर नेम्ड कबीर', पृ. 52-5, और लारेंजेन के साथ, 'कबीर लीजेंड्स', पृ. 9-18। लिंडा हेस का मानना है कि कबीर के पाठों के मामले में दादूपंथी रज्जब की 'सर्वांगी' को ज्यादा तवज्जो देने की जरूरत है क्योंकि उनकी तारीखें 1570-1680 के बीच की हैं और क्योंकि 'सर्वांगी' 'पंचवाणी' से छोटी है और उसमें लगभग पूरी तरह समाहित है। देखें : हेस, 'स्टडीज इन कबीर : टेक्स्ट्स, ट्रैडीशंस, स्टाइल्स एंड स्किल्स' (पी-एच.डी. शोधप्रबन्ध, यूनिवर्सिटी ऑफ कैलिफोर्निया, बर्कली, 1980), पृ. 16-17; कैरीन शोमर तथा डब्ल्यू.एच. मॅक्लॉड सम्पा. : 'द संट्स : स्टडीज इन अ डिवोशनल ट्रैडीशन ऑफ इंडिया' (बर्कली : ग्रेजुएट थिओलॉजिकल यूनियन और दिल्ली : मोतीलाल बनारसीदास, 1987), पृ. 112 पर हेस की 'श्री कबीर कलेक्शंस'।
20. कई अध्ययनों में मैंने यह दिखाने की कोशिश की है। देखें : अध्याय 8 और 'सूरदास : पोएट, सिंगर, सेंट' (सिएट्ल : यूनिवर्सिटी ऑफ वाशिंगटन प्रेस; दिल्ली : ऑक्सफोर्ड यूनिवर्सिटी प्रेस, 1984), पृ. 35-63
21. गुरिंदर सिंह मान, 'द गोइंदवाल पोथीज : द अर्लिएस्ट एक्स्टैंट सोर्स ऑफ द सिख कैनन' (कैम्ब्रिज : हार्वर्ड यूनिवर्सिटी प्रेस, 1996), पृ. 1-50। भ्रम से बचने के लिए इस पूरे अध्याय में मैंने ईसाई कैलेंडर की तारीखें ली हैं हालाँकि पांडुलिपियों में विक्रम संवत की तारीखें दी गई हैं। मैंने ऐसा किसी सांस्कृतिक भेदभाव को ध्यान में रखकर नहीं किया है और अगर ऐसा लगता हो तो मैं क्षमाप्रार्थी हूँ।
22. वाइनांद एम. कैलेवर्त, 'द सर्वांगी ऑफ द दादूपंथी रज्जब' (ल्युवें : काथोलिएक यूनिवर्सिटेट, 1978), पृ. 81; 'द सर्वांगी ऑफ गोपालदास : अ सेवेंटींथ सेंचुरी एंथोलॉजी ऑफ भक्ति लिटरेचर' (नई दिल्ली : मनोहर, 1993), पृ. 13; और 'द मिलेनियम कबीर वाणी', (नई दिल्ली : मनोहर, 2000), पृ. 21-3
23. कैलेवर्त तथा ओप द बेक, 'निर्गुण-भक्ति-सागर: डिवोशनल हिन्दी लिटरेचर', पृ. 24; पूर्वोक्त वाइनांद एम. कैलेवर्त, 'मैनुस्क्रिप्ट्स ऑफ सम भक्तिमालाज, पंचवाणीज ऐड सर्वांगीज', आइएवीआरआइ बुलेटिन 3 (1976), पृ. 10-12; तिवारी, 'कबीर ग्रन्थावली', पृ. 55-60; हेस, 'स्टडीज इन कबीर', पृ. 15
24. हेस, 'स्टडीज इन कबीर', पृ. 23-4; पूर्वोक्त 63-8; सुखदेव सिंह, 'कबीर बीजक' (इलाहाबाद : नीलाभ प्रकाशन, 1972), पृ. 30-79
25. मार्क जुर्गेंसेमेयेर तथा एन. गेराल्ड बेरियर, सम्पा. : 'सिख स्टडीज : पर्सपेक्टिव्स ऑन

अ चेंजिंग ट्रैडीशन' (बर्कली : ग्रेजुएट थिओलॉजिकल यूनियन, 1970), पृ. 84

26. देखें : शोमर, 'कबीर इन द गुरुग्रन्थ साहिब', पृ. 80-6

27. शब्द 42, 'हरि' और 'राम' के नाम कई बार आते हैं। वैसे, यह अलग विषय है। इन मामलों से सम्बन्धित शब्दों की सूचनाप्रद सूची के लिए देखें : हेस, 'स्टडीज इन कबीर', पृ. 38-41, और 'थ्री कबीर कलेक्शंस', पृ. 119-23

28. हेस, 'स्टडीज इन कबीर', पृ. 23

29. कैलेवर्त कहते हैं कि गोपालदास की 'सर्वांगी' में कबीर की 'भनिता, छाप' उनके नाम से जुड़े दोहे (कैलेवर्त, 'सर्वांगी', पृ. 30) प्रायः बेमानी हैं। कबीर रचित बताए गए ऐसे दोहों के लिए, जिनमें उनका हस्ताक्षर नहीं है, देखें : करुणापति त्रिपाठी द्वारा सम्पादित लोकप्रिय संकलन 'काव्य संग्रह' खंड 1 (इलाहाबाद : हिन्दी साहित्य सम्मेलन, 1966), पृ. 33-7

30. छाप के अधिकार पर चर्चा के लिए देखें : अध्याय 1

31. हेस, 'स्टडीज इन कबीर', पृ. 69; 'थ्री कबीर कलेक्शंस', पृ. 141

32. वॉदवील, 'कबीर' खंड 1, पृ. 30, उद्धरण के लिए स्वीकृति हेस, 'स्टडीज इन कबीर', पृ. 66; 'थ्री कबीर कलेक्शंस', पृ. 139

33. हेस, 'स्टडीज इन कबीर', पृ. 45-9; 'थ्री कबीर कलेक्शंस', पृ. 123-6; हेस जब अध्ययन कर रही थीं तब फतेहपुर पांडुलिपि उपलब्ध नहीं करवाई गई।

34. कथित तौर पर कबीर रचित कविताओं में रामानन्द का उल्लेख है। उनके बारे में जानकारी के लिए देखें; अध्याय 10, नोट 15। रामानन्द के साथ कबीर के सम्बन्धों का विकास किस तरह हुआ, इसकी कहानी को स्पष्ट करनेवाले पाठ वाइनांद कैलेवर्त के हैं, जिन्हें उनकी 'द हैजियोग्राफीज ऑफ अनन्तदास : द भक्ति पोएट्स ऑफ नॉर्थ इंडिया' (रिचमंड, सरे : कर्जन, 2002), विशेषकर पृ. 44-9। (इसका लेखन स्वप्ना शर्मा के साथ किया गया)। कैलेवर्त 'कबीर परचई' ('कबीर लीजेंड्स', पृ. 129) के डेविड लोरेंजेन वाले संस्करण में सम्बद्ध पहली पाद टिप्पणी की ओर ध्यान खींचते हैं। वे बताते हैं कि उनके 'लेम्मा' पाठ का पहला खंड प्राचीनतम पांडुलिपियों में, जो इसका समर्थन करती हैं, नहीं शामिल है। इसी खंड में कबीर की दीक्षा की कहानी सामने आती है। साथ ही देखें : हौली, 'अ स्टॉर्म ऑफ सांग्स : इंडिया एंड द आइडिया ऑफ द भक्ति मूवमेंट', (कैंब्रिज : हार्वर्ड यूनिवर्सिटी प्रेस, 2015) पृ. 313-15

35. लोरेंजेन, 'कबीर लीजेंड्स', पृ. 9-18। पूर्वोक्त वॉदवील, 'कबीर', खंड 1, पृ. 36-7; 41; हौली और जुएर्गेंसमेयेर, 'सांग्स ऑफ द सेंट्स ऑफ इंडिया', पृ. 40

36. गुरु नानक के मामले में और तीखेपन से। डब्ल्यू.एच. मॅक्लॉड ने सिख परम्परा की 'जनम साखियाँ' की जिस तरह विद्वत्तापूर्ण तथा गम्भीर विवेचना करने की कोशिश की, उसके चलते इस समुदाय के कुछ हलकों ने उन्हें सन्देहपूर्ण अभियान का निशाना बनाया। देखें : डब्ल्यू.एच. मॅक्लॉड, 'अर्ली सिख ट्रैडीशन : अ स्टडी ऑफ जनम साखीज' (ऑक्सफोर्ड : क्लेअरेंडन प्रेस, 1980)। इस विवाद के लिए देखें : मान तथा हौली, सम्पा. 'स्टडिइंग द सिख्स : इशूज फॉर नॉर्थ अमेरिका' (अल्बानी : स्टेट यूनिवर्सिटी ऑफ न्यूयॉर्क प्रेस, 1993), पृ. 14-16, 55-60, 107-10, 123-5; अलग परिप्रेक्ष्य के लिए देखें : बछित्तर सिंह ज्ञानी, 'प्लान्ड अटैक ऑन आदिश्री गुरुग्रन्थ साहिब : एकेडेमिक्स ऑर ब्लैसफेमी'

(चंडीगढ़ : इंटरनेशनल सेंटर ऑफ सिख स्टडीज, 1994)।

37. हजारीप्रसाद द्विवेदी, 'कबीर' (नई दिल्ली : राजकमल प्रकाशन, 2002, मूलतः 1976), पृ. 159; साथ ही देखें : 'श्री कबीर कलेक्शंस', पृ. 133–5 पर द्विवेदी के मत के बारे में हेस की परिचर्चा, और मोनिका हॉर्स्टमैन सम्पा. : 'इमेजेज ऑफ कबीर' (दिल्ली : मनोहर, 2002), पृ. 115–26 पर हॉर्स्टमैन का लेख 'हजारीप्रसाद द्विवेदीज कबीर'। सूरदास तथा नामदेव द्वारा रचित बताई गई कविताओं में इस तरह की प्रकट अनियमितताओं को मतातंरण की कथा का सहारा लेकर सन्तचरितात्मक व्याख्या करने की कोशिश के लिए देखें : हौली, 'सूरदास', पृ. 126–9
38. हिदायतुल्लाह, 'कबीर : द एपॉस्ल', पृ. 2–67, 282, 294–5
39. विस्तार के लिए देखें : अध्याय 4
40. कुमकुम संगारी, 'मीराँबाई एंड द स्पिरिचुअल इकोनॉमी ऑफ भक्ति', इकोनॉमिक एंड पॉलिटिकल वीकली, स्पेशल आर्टिकल्स (7–14 जुलाई, 1990), पृ. 1464–75, 1537–52। उद्धरण पृ. 1465 का है। इतिहास के मजबूत आधार की अपेक्षा कई स्थानों पर स्पष्ट महसूस होती है। उदाहरण के लिए, संगारी मीराँ की तुलना उनसे 'पहले के तथा समकालीन भक्तों' से करके 'इतिहास के उस क्षण का आकलन' करना चाहती हैं जिसमें 'मीराँ रह रही थीं' (पृ. 1464–65)। वे स्वीकार करती हैं कि 'वास्तविक' मीराँबाई को उबार पाना मुश्किल है', फिर भी इससे पहले के वाक्य में 'उस मीराँ' की बात करती हैं 'जिन्हें इतिहास के तथ्यों से बीन कर हासिल किया जा सकता है' (पृ. 1465)। संगारी के तरीके की ऐसी ही आलोचना के लिए देखें : पारिता मुक्ता, 'अपहोल्डिंग द कॉमन लाइफ : द कम्यूनिटी ऑफ मीराँबाई' (दिल्ली : ऑक्सफोर्ड यूनिवर्सिटी प्रेस, 1994), पृ. 32–4
41. पारिता मुक्ता, 'अपहोल्डिंग द कॉमन लाइफ : द कम्यूनिटी ऑफ मीराँबाई' (पी-एच.डी. शोधप्रबन्ध, यूनिवर्सिटी ऑफ मैनचेस्टर, 1990) और इस पर आधारित इसी नाम की पुस्तक; परशुराम चतुर्वेदी, 'मीराँबाई की पदावली' (इलाहाबाद, हिन्दी साहित्य सम्मेलन, 1973)। चतुर्वेदी इस पुस्तक को आलोचनात्मक संस्करण के रूप में प्रस्तुत करते हैं लेकिन पांडुलिपियों के अपने स्रोतों का कोई प्रमाण नहीं प्रस्तुत करते, न ही उनके उपयोग के तरीके के बारे में बताते हैं। दोनों ही बातों के लिए कल्याणसिंह शेखावत की कृतियाँ ज्यादा मजबूत हैं—'मीराँबाई का जीवनवृत्त एवं काव्य' (जोधपुर : हिन्दी साहित्य मन्दिर, तारीख नहीं), और 'मीराँ-बृहत्पदावली' खंड 2 (जोधपुर : राजस्थान प्राच्यविद्या प्रतिष्ठान, 1975)।
42. मुक्ता ने जिन समुदायों का अध्ययन किया है, उनसे काफी अलग एक समुदाय है सिंधियों का, जिसने पुणे में सेंट मीराँ स्कूल तथा कॉलेज की स्थापना की है। देखें : हौली और जुएर्गेंसेमेयेर, 'सांग्स ऑफ द सेंट्स ऑफ इंडिया', पृ. 120–1। मीराँ पर गांधीवादी परिप्रेक्ष्य का बोध, जिससे इस समुदाय का चिन्तन जुड़ा है, मुक्ता की 'अपहोल्डिंग द कॉमन लाइफ' में कई स्थानों पर उभरता है, खास कर पृ. 119 पर।
43. फिलिप लुत्गेनडॉर्फ, 'द लाइफ ऑफ अ टेक्स्ट : परफॉर्मिंग द रामचरितमानस ऑफ तुलसीदास', (बर्कली : यूनिवर्सिटी ऑफ कैलिफोर्निया प्रेस, 1991), खास कर

पृ. 13–29, 33–41, 53–164

44. ब्रायंट, 'पोएम्स टु द चाइल्ड-गॉड : स्ट्रक्चर्स एंड स्ट्रेटेजीज इन द पोएट्री ऑफ सूरदास' (बर्कली : यूनिवर्सिटी ऑफ कैलिफोर्निया प्रेस, 1978)। इस तरह का विश्लेषण कुछ बिन्दुओं पर प्राचीन रस सिद्धान्त के एकदम विपरीत जाता है, जो यह कहता है कि रचनाकार की उपलब्धि का आकलन इस बात से किया जाना चाहिए कि वह रचानकार तथा पाठक के बीच साझेपन के भाव को कितनी दूर तक ले जा सकता है। देखें : ब्रायंट, 'चाइल्ड-गॉड', पृ. 21–39

45. लिंडा हेस तथा सुखदेव सिंह, 'द बीजक ऑफ कबीर' (सैन फ्रांसिस्को : नॉर्थ प्वाइंट प्रेस, 1983), पृ. 7–24

46. उदाहरणार्थ—लोरेंजेन सम्पा. 'रेलिजियस चेंज एंड कल्चरल डॉमिनेशन' (मेक्सिको सिटी : एल कोलेजियो डि मेक्सिको, 1981), पृ. 151–71 पर लोरेंजेन का 'द कबीर पंथ : हेरेटिक्स टु हिन्दूज'; 'ट्रैडीशंस ऑफ नॉन-कास्ट हिन्दुइज्म : द कबीर पंथ', कंट्रीब्यूशंस टु इंडियन सोशियोलॉजी, एन.एस. 21.2 (1987), पृ. 263–83; शोमर तथा डब्ल्यू.एच. मॅक्लॉड सम्पा. : 'द संट्स', पृ. 281–303 में 'द कबीर पंथ एंड सोशल प्रोटेस्ट'; 'पॉलिटिक्स एंड द कबीर पंथ', यूनिवर्सिटी ऑफ वाशिंगटन में 13 अक्टूबर, 1981 को दिया गया व्याख्यान।

47. डब्ल्यू.सी. स्मिथ, 'व्हाट इज स्क्रिप्चर? : अ कंपरेटिव अप्रोच' (मिन्निपोलिस : फोर्ट्रेस प्रेस, 1993)।

48. धर्मवीर, 'कबीर के आलोचक' (नई दिल्ली : वाणी प्रकाशन, 1997, दूसरा संस्करण, 1998), अध्याय 5, पृ. 73–96। जवाब में पुरुषोत्तम अग्रवाल, 'जात ही पूछो साधु की...'; 'बहुवचन' 2:6 (2001) में पृ. 311–25 पर 'अस्मितावादी अतिचार के सामने कबीर की कविता'।

49. इस बिन्दु के लिए व्यापक तौर पर देखें : वसुधा डालमिया, अंगेलिका मालिनार तथा मार्टिन क्रिस्टॉफ सम्पा. 'करिश्मा एंड कैनन : एस्सेज ऑन द रेलिजियस हिस्टरी ऑफ द इंडियन सबकंटिनेंट' (दिल्ली : ऑक्सफोर्ड यूनिवर्सिटी प्रेस, 2001)।

50. जे.एस. हौली, क्रिस्टियन नोवेत्ज्के, तथा स्वप्ना शर्मा (सम्पा.), 'भक्ति एंड पावर : डिबेटिंग इंडियाज रेलिजन ऑफ द हार्ट (सिएट्ल, यूनिवर्सिटी ऑफ वाशिंगटन प्रेस, और दिल्ली : ओरिएंट ब्लैकस्वान, 2019)

51. देखें : हौली और जुएर्गेंसमेयेर, 'सांग्स ऑफ द सेंट्स ऑफ इंडिया', पृ. 13–58, 140। मूल के लिए देखें : चतुर्वेदी, 'मीराँबाई की पदावली', पृ. 156 (नं. 193), और पद्म गुरचरण सिंह, 'सन्त रविदास : विचारक और कवि' (जालंधर : नवचिन्तन प्रकाशन, 1977), पृ. 192 (नं. 3, गुरुग्रन्थ साहिब में)।

52. सी.जे. फुलर, 'द कैम्फर फ्लेम : पॉपुलर हिन्दुइज्म एंड सोसाइटी इन इंडिया' (प्रिंस्टन : प्रिंस्टन यूनिवर्सिटी प्रेस, 1991), पृ. 156–63, पूर्वोक्त 221–23। पूर्वोक्त, मिल्टन सिंगर, सम्पा. 'कृष्ण : मिथ्स, राइट्स, एंड एटिच्यूड्स' (शिकागो : यूनिवर्सिटी ऑफ शिकागो प्रेस, 1971, मूलतः 1966), पृ. 90–138 पर सिंगर : 'द राधा-कृष्ण भजन्स ऑफ मद्रास सिटी'।

53. डेविड एफ. पोकॉक, 'माइंड, बॉडी, एंड वेल्थ : अ स्टडी ऑफ बिलीफ एंड प्रैक्टिस इन

एन इंडियन विलेज' (ऑक्सफोर्ड : ब्लैकवेल, 1973), पृ. 90-105

54. भाषाशास्त्र के सख्त दायरे में इसे स्पष्ट करने का एक अच्छा तरीका वह है जो केनिथ ब्रायंट ने सुझाया है, कि 'सूरसागर' की प्राचीनतम कविताओं के महत्त्वपूर्ण संस्करण को इस तरह प्रस्तुत किया जाए ताकि पाठकों को सूर के कोश के साथ संवाद परम्परा की जो विविधता जुड़ी है, उसके औपचारिक परिचय से कहीं गहरा बोध हो सके। ब्रायंट एक ऐसा फॉर्मेट प्रस्तावित करते हैं, जो किसी कविता का एकल आलोचनात्मक संस्करण प्रस्तुत करेगा, जिसमें विविधताओं के लिए सम्पूर्ण व्यवस्था हो, जैसाकि इस प्रकार के विस्तृत संस्करण में आम तौर पर होता ही है। लेकिन यह फॉर्मेट दूसरी कविता को असम्पादित रूप में प्रस्तुत करेगा, जो किसी पांडुलिपि से लिया गया होगा और उसके साथ एकदम भिन्न व्यवहार किया गया होगा तथा उसे आलोचनात्मक दृष्टि से सम्पादित उसके समांतर रूप के साथ ही मुद्रित किया गया होगा। (ए. डब्ल्यू. एंत्विस्ल, कैरल सालमन के साथ हाइदी पाउवेल्स तथा माइकल सी. शपीरो द्वारा सम्पा. 'स्टडीज इन अर्ली मॉडर्न इंडो-आर्यन लैंग्वेज, लिटरेचर, एंड कल्चर' (दिल्ली : मनोहर, 1999), पृ. 87-100 पर के.ई. ब्रायंट, 'द बॉटम ऑफ द पेज : रिप्रेजेंटिंग वैरिएशंस इन एन ऑरल ट्रैडीशन'। भारत के मूर्ति क्लासिकल पुस्तकालय जिस समरूप फॉर्मेट पर चलता है, उसने ब्रायंट को अन्ततः मुद्रण में इस लक्ष्य को हासिल करने से रोका लेकिन मूर्ति के प्राटोकॉल का पालन करने से पहले उन्होंने पूरा प्रारूप तैयार कर लिया था। देखें : ब्रायंट और हौली, 'सूर्स ओशन'

55. फिलिप लुत्गेंडॉर्फ अपनी रचना 'इमेजिनिंग अयोध्या : नोट्स ऑन ब्रजिफिकेशन एंड अदर फॉर्म्स ऑफ अर्बन रिन्यूअल' (वृंदावन में जनवरी, 1994 में 'द कंटीन्यूइंग क्रिएशन ऑफ व्रज' शीर्षक विषय पर आयोजित सम्मेलन में प्रस्तुत पर्चा, पृ. 21-9) में 'द ब्रजिफिकेशन ऑफ ब्रज' शीर्षक के अन्तर्गत वे इसी तरह के मामलों की चर्चा करते हैं।

56. मैंने भरूचा के मुहावरे 'द क्वेश्चन ऑफ फेथ' का उपयोग किया है।

अनुक्रमणिका

❂❂❂